48-
/32-
W0196394

Alexander Demandt
Das Ende der Weltreiche

Das Ende der Weltreiche

Von den Persern bis zur Sowjetunion

Herausgegeben von
Alexander Demandt

Verlag C.H.Beck München
1997

Die Beiträge von Donald Nicol, Bernard Porter und Toru Yuge wurden von Michael Redies aus dem Englischen ins Deutsche übertragen.

Die Deutsche Bibliothek – CIP-Einheitsaufnahme
Das Ende der Weltreiche : von den Persern bis zur Sowjetunion / hrsg. von Alexander Demandt. [Die Beitr. von Donald Nicol ... wurden von Michael Redies aus dem Engl. ins Dt. übertr.]. – München : Beck, 1997
ISBN 3 406 41850 3
NE: Demandt, Alexander [Hrsg.]

ISBN 3 406 41850 3

© C.H.Beck'sche Verlagsbuchhandlung (Oscar Beck), München 1997
Gesamtherstellung: Kösel, Kempten
Gedruckt auf säurefreiem, alterungsbeständigem Papier
(hergestellt aus chlorfrei gebleichtem Zellstoff)
Printed in Germany

Inhalt

Anhang

Vorwort

Für den 18. Internationalen Historikertag in Montreal hatte Wolfgang J. Mommsen eine Sektion unter dem Thema „The Fall of Empires in Comparative Perspective“ vorgeschlagen, mit deren Durchführung ich betraut wurde. Die Zuversicht der Organisatoren gründete sich auf mein Buch *Der Fall Roms. Die Auflösung des römischen Reiches im Urteil der Nachwelt,* München 1984. Mitverantwortlich sollte Toru Yuge aus Tokyo sein, doch war er durch Krankheit und Überlastung an der Mitwirkung bei der Organisation verhindert. Daß er dennoch einen Beitrag lieferte, verdient um so höheren Dank.

Die Zusammenstellung der Themen ergab sich aus der Aufgabe: Es ging um die zentral regierten, in der Regel monarchisch verfaßten Vielvölkerstaaten, die zeitweise von großer historischer Bedeutung waren, dann aber zerfallen sind oder zerschlagen wurden. So mußte am Anfang das Perserreich der Achämeniden stehen, das zwar von Alexander erobert wurde, dessen Strukturen jedoch in den hellenistischen Reichen fortwirkten. Deren Erbe wurde das Imperium Romanum, in vieler Hinsicht der Prototyp eines Weltreiches überhaupt. Es fand in Mittel- und Westeuropa seine Fortsetzung im Frankenreich der Merowinger und Karolinger, das im 9. Jahrhundert zerbrach. Länger hielt sich das Byzantinische Reich, bis es unter die Herrschaft der Osmanen geriet. Diese wiederum hatten den größeren Teil der schon von den Arabern besetzten römischen Provinzen übernommen und behaupteten sich, wenn auch auf schrumpfendem Gebiet, bis zum Ersten Weltkrieg. Er brachte ebenfalls das Ende der Donaumonarchie – den nationalen Spannungen waren diese Reiche nicht gewachsen. Dauerhaft schien das russische Großreich, der größte Flächenstaat der Geschichte. Er verwandelte sich in der Oktoberrevolution nur dem Namen nach in eine „sozialistische Union“. Ihre Auflösung 1989 – eine welthistorische Zäsur der Verfassungsgeschichte – war der eigentliche Anlaß für die Wahl des Themas. Dabei durften auch die auf Seeherrschaft gegründeten Kolonialreiche, zumal die der Spanier und der Briten nicht übergangen werden, die ebenfalls verschwunden sind, aber das politische Bild des Globus konstruktiv verändert haben, während das mit Hiroshima untergegangene pazifische Reich der Japaner eine verlustreiche Episode blieb.

Bei der Auswahl der Autoren versuchte ich zunächst, den Vorschlägen von François Bédarida als Generalsekretär des Internationalen

Komitees der Geschichtswissenschaften in Paris zu folgen. Das aber machte technische und organisatorische Schwierigkeiten. Daß die Hälfte der Mitarbeiter mit Berlin verbunden ist, ergab sich aus dem mir verfügbaren Netz. Aus organisatorischen und thematischen Gründen konnten nur vier ausländische Kollegen Referate beisteuern. Beiträge zum Zerfall des Inkareiches und der Herrschaft der Romanows waren nicht zeitgerecht zu gewinnen; die aus Moskau gelieferten Texte zum Fall Roms und zum Ende von Byzanz mußten mit Rücksicht auf den Forschungsstand neu geschrieben werden, ersteren übernahm ich nachträglich selbst, letzteren verdanken wir der freundlichen Bereitschaft von Donald M. Nicol in Cambridge.

Am 29. August 1995 stand unsere Sektion in Montreal auf dem Programm. Ich hielt meinen Überblicksvortrag auf Englisch, dem die mir zuvor zugesandten Einzelartikel zugrunde lagen. Ihre Autoren mußten sich der knappen Zeit halber auf Thesen beschränken. Es folgte eine lebhafte Diskussion, die in die überarbeiteten, nun vorliegenden Fassungen eingegangen ist. Auch mein in den Kongreßakten (S. 293 ff.) deutsch bereits publizierter Text erscheint hier verbessert und erweitert. Daß die einzelnen Beiträge formal voneinander abweichen, ergab sich aus der Entstehung des Bandes. Ich konnte und wollte die Texte nur behutsam vereinheitlichen, schon um die Vielfalt der Darstellungsmöglichkeiten nicht unnötig einzuschränken.

Das Thema liegt in der Luft: Nach der einschlägigen Tagung des norwegischen Nobel-Instituts in Tromsö 1993 war es Gegenstand zweier Vortragsreihen an deutschen Universitäten – in Kassel und Erlangen/Nürnberg, jeweils im Winter 1994/95. Erschöpfend ist es nicht zu behandeln: anders als die Geschichte der Reiche kennt das Reich der Geschichte kein Ende und wenn, dann wäre dies ein Gegenstand endlosen Nachdenkens für die Historiker. Himmel und Erde müssen vergehn, doch die Historici bleiben bestehn!

Lindheim, 17. August 1996 Alexander Demandt

Der Zusammenbruch des Perserreiches der Achämeniden

Josef Wiesehöfer

Im biblischen Buch Daniel wird berichtet, der babylonische König Nebukadnezar habe in einem Traum ein gewaltiges Standbild gesehen, dessen Haupt aus reinem Gold, Brust und Arme aus Silber, Körper und Hüften aus Bronze, Beine und Füße aus Eisen bzw. zum Teil aus Eisen und zum Teil aus Ton gewesen seien. Dieses Standbild sei, ohne menschliches Zutun, von einem Stein zermalmt worden, einem Stein, der zu einem großen Berg geworden sei und die ganze Erde erfüllt habe. In der Nachfolge Daniels (Dan. 2, 37–44), der dem König die Teile der Skulptur als Aufeinanderfolge der großen geschichtlichen Reiche der Neubabylonier, Meder, Perser und Griechen deutete und ihre Zerstörung durch den Stein als Ankunft des messianischen Reiches, hat man bis in die frühe Neuzeit hinein die Abfolge von Weltreichen als Ordnungsprinzip der Weltgeschichte angesehen, ein Prinzip, „an dem nicht nur politische wie geistesgeschichtliche Ereignisse chronologisch festgemacht wurden, sondern das auch zum weithin verstandenen Vehikel eschatologischer Propaganda werden konnte".[1] Und wie die Juden der hellenistischen Epoche so hat Menschen zu allen Zeiten dabei auch die Frage beschäftigt, warum das Reich von Eisen, das Reich Alexanders und seiner Nachfolger, das Reich von Bronze, das Perserreich, „zerschlagen und zerschmettern" konnte, wie es im Buche Daniel heißt.

Drei – idealtypische – Erklärungsmuster für den Untergang des Achämenidenreiches werden besonders häufig bemüht: Das erste sieht die Ursache für das Ende persischer Herrschaft in wie auch immer gearteten und wann, wie und warum auch immer aufgetretenen moralisch-charakterlichen oder auch physischen Defiziten der Perser; das zweite geht von Schwierigkeiten aus, die der Herrschaft von Anfang an oder ab einem bestimmten Zeitpunkt inhärent gewesen seien und sich als unüberwindlich erwiesen hätten; das dritte schließlich, eher neueren Datums, betont demgegenüber die erstaunliche Vitalität des Reiches noch kurz vor seinem Untergang und spricht demzufolge von einem überraschenden Ende der Perserherrschaft. Man könnte diese drei Typen der Deutung demnach vielleicht am ehesten als ‚Dekadenz' oder ‚Niedergangs-', als ‚Krisen-' und als ‚Katastrophenmodell' bezeichnen. Daß diese Grundtypen durchaus auch in Kombination auftreten können, hat Hermann Bengtson in dem bekanntesten deutschsprachigen Handbuch zur Griechischen Geschichte deutlich gemacht.[2]

„Das Achämenidenreich, das seit zwei Jahrhunderten die Nationen des Vorderen und des Mittleren Orients zu einer großen Staats- und Schicksalsgemeinschaft zusammengeschlossen hatte, imponierend durch seine riesenhafte Ausdehnung, sein unerschöpfliches Menschenmaterial und seine märchenhaften materiellen Hilfsquellen, war nur noch ein ‚Koloß auf tönernen Füßen'. Es war der persischen Zentrale nicht gelungen, die vielen Völker und Stämme miteinander zu einem organischen Ganzen zu verschmelzen und die starken feudalistischen zentrifugalen Tendenzen ... zu bändigen. Eine große Zahl der persischen Untertanen hat sich allerdings unter dem patriarchalischen Regiment wohlgefühlt, eine ‚Befreiung' durch eine auswärtige Macht herbeizusehnen hatten sie keinen Grund. Und im iranischen Hochland lebte noch viel von der kalten Kraft des persischen Stammes, der sich einst die Welt zu Füßen gelegt hatte. Bis in diese entlegenen Gebiete war der narkotisierende Einfluß der altorientalischen Kulturen, insbesondere des alten Babylonien, nicht gedrungen, der im Westen des Reiches die iranische Führerschicht korrumpiert hatte. Die Kriege der beiden letzten Menschenalter hatten den Kern des Reiches nicht berührt, der Zug der Zehntausend war nur eine Episode gewesen. ... Europa war weit, und die Hofschranzen in Susa sorgten dafür, daß dem Herrscher der Welt unangenehme Nachrichten vorenthalten blieben. Zudem besaß man in der trefflich geschulten griechischen Söldnerarmee eine Truppe, die es mit jedem Gegner in der Welt aufnehmen konnte."[2]

Bevor ich mich im folgenden den vorgeschlagenen drei Erklärungsmustern zuwende, sei noch eine kurze Bemerkung gestattet: Der Untergang des Achämenidenreiches hat nicht zuletzt deshalb so viele Menschen beschäftigt, weil man mit ihm auch die endgültige Verlagerung des Schwerpunktes der Zivilisationsgeschichte von den Regionen des fruchtbaren Halbmonds und des iranischen Hochlandes in den Mittelmeerraum verband, der nun im Gegenzug den kulturell stagnierenden Orient zivilisatorisch durchdrungen habe. Die Geschichte des Alten Orients wird aber weder als Vorspann zur griechisch-römischen Geschichte adäquat erfaßt, noch geht sie mit dem Sieg Alexanders zu Ende oder in der Geschichte des Alexanderreiches und seiner Nachfolgereiche auf. Eben dies macht ja auch den Reiz der Beschäftigung mit dem Phänomen aus, das wir als ‚Hellenismus' zu bezeichnen pflegen, den vielfältigen Kontakten zwischen griechisch-makedonischer und den indigenen Kulturen.

Zurück zum Thema und zum ersten, dem ‚Dekadenz-' oder ‚Niedergangsmodell': Dahinter verbirgt sich nicht eigentlich ein moderner Deutungsversuch, denn er hat, wie kein anderer, seine Wurzeln in der antiken Überlieferung und damit auch im griechischen Selbstverständnis und der Wahrnehmung des Fremden in klassischer Zeit.

Im 3. Buch seiner ‚Gesetze', seinem letzten und umfangreichsten Dialog, behandelt Platon in der Rückschau auf die geschichtliche Entwicklung der bestehenden Staatsformen auch das Perserreich. Es verkörpert für ihn eine Staatsordnung, die nicht, wie etwa Sparta oder Kreta, für ein ausgewogenes Verhältnis zwischen Einsicht, Freiheit und Eintracht der Bürger sorgte, was ihren Bestand gesichert hätte, sondern die die Herrschergewalt über Gebühr steigerte: So wurde aus einer von dem verständigen Regenten Kyros begründeten Monarchie schon unter dem Sohn Kambyses eine drückende Despotie, eine Folge, die sich unter Dareios und seinem Nachfolger Xerxes wiederholte. Die Ursache dieser unheilvollen Entwicklung vermuten die Dialogpartner in der Erziehung der Königssöhne durch die Frauen (und Eunuchen) des Königshauses, eine Erziehung, die aus ihnen verweichlichte, zucht- und zügellose Menschen habe machen müssen (*Leg.* 695a–b).

Man findet ein ähnliches Bild vom negativen Einfluß der Frauen des Königshauses und des Lebens bei Hofe insgesamt schon zu Beginn des 4. Jahrhundert v. Chr. bei Ktesias, dem griechischen Leibarzt des persischen Großkönigs Artaxerxes II. (*FgrHist* 688); allerdings wird dort der eigentliche Grund für die Instabilität persischer Herrschaft nicht in der Erziehung der Königssöhne, sondern in den politischen Intrigen der Frauen und Eunuchen gesucht. Die in der griechischen Literatur jener Zeit nachzuweisende Vorstellung von der Degeneration persischer Charaktereigenschaften und dem daraus resultierenden Niedergang persischer Macht spätestens ab der Regierungszeit des Xerxes wird besonders deutlich bei Xenophon und Isokrates. Ersterer hebt – im letzten Kapitel des 8. Buches seiner *Kyroupaideia* (VIII 8, 1f.; 27) – bei seiner Kontrastierung der Sitten und Gebräuche im Persien der glanzvollen Zeit des Reichsgründers Kyros mit denen seiner persischen Zeitgenossen auch auf das Erziehungswesen ab, sieht aber vor allem in der Änderung der Erziehungs*inhalte* eine der Ursachen für den Niedergang: im Verzicht nämlich auf echten Unterricht, die Reitkunst und die Jagd, „wo sie sich zeigen und rühmlich erproben können". Daneben begründet Xenophon die Wende zum Negativen, die nach ihm bereits mit dem Tode des Kyros begonnen und sich geradlinig fortgesetzt haben soll, mit der Treulosigkeit der Könige gegenüber gegebenen Versprechen, ihrer Gottlosigkeit und Ungerechtigkeit, ganz besonders aber mit ihrer ‚Verweichlichung' (*thrypsis*). Letztere manifestiert sich für ihn in üppigen Mahlzeiten ebenso wie in Kleidung und Palasteinrichtung, in dem Verzicht auf körperliche Ertüchtigung ebenso wie in mangelndem Kampfesmut. Zu allem steuert der Redner Isokrates (*Paneg.* 144ff.) in seinen großen Aufrufen zu einer gesamtgriechischen Unternehmung gegen den Großkönig noch den Hinweis auf die militärische Schwäche des Perserreiches im 4. Jahrhundert bei, die er in Verweichlichung und sklavischer Gesinnung der Perser begründet sieht.

Nun hatten schon andere vor diesen Autoren Gefahren für das mächtige Perserreich heraufziehen sehen: Die Vorstellung vom Großkönig als Despoten etwa, demgegenüber selbst höchste Würdenträger wie Sklaven erschienen, hat ihre Wurzeln bereits im 5. Jahrhundert. Schon in Aischylos' *Persern* wird aufgrund gewisser elementarer Analogien – etwa der persönlichen Machtfülle, der Erhabenheit über die Gesetze, der mangelnden Rechenschaftspflicht, der Prunkentfaltung – das Bild des Großkönigs (verkörpert namentlich durch Xerxes) mit der sich damals ausbildenden negativen Tyrannenvorstellung identifiziert und prägt diese dann ihrerseits nachhaltig mit: Der Perserkönig galt fortan als Tyrann *par excellence* (z.B. *Pers.* 242). Weiterhin fand man, als man nach den Ursachen für die erstaunlichen Siege der Griechen fragte, eine Antwort in der Vorstellung einer aus dem Bewußtsein der individuellen wie kollektiven Freiheit erwachsenden Selbständigkeit und Kraft des hellenischen Menschen.

Auch der Gedanke, daß die Macht ihren Inhaber zu Luxus und Lebensgenuß verleite und ihn verweichliche, so daß ein herrschendes Volk über kurz oder lang seine Kampfkraft verliere und der ungebrochenen Energie eines armen, aber unverdorbenen Volkes unterliege, ist nicht neu. Diese Vorstellung wird im 5. Jahrhundert mit jenen soziomedizinischen Theorien verbunden, die zwischen Klima, Fruchtbarkeit und Menschenschlag einer Gegend einen unmittelbaren Zusammenhang herstellen, wie es etwa die hippokratische Schrift *Über die Umwelt* tut (*De aere locis aquis* 23). Insofern sich daraus folgern läßt, daß sich die Veränderung der Lebensbedingungen eines Volkes auf dessen Charakter und Verhaltensweisen auswirken wird, ist diese Theorie praktisch verwertbar. Für ihre Anwendung auf die Geschichtsdeutung liefert Herodot in einer Anekdote am Schluß seines Werkes ein eindrucksvolles Zeugnis, das auf Xenophon oder Isokrates vorverweist: Kyros wird von seinen Persern bedrängt, sie, wie es sich für ein herrschendes Volk gezieme, aus ihrer kleinen und unwirtlichen Heimat in eines der reichen Länder übersiedeln zu lassen, die sie erobern könnten. Der König ist jedoch in der Lage, seinen Soldaten mit dem Hinweis auf die korrumpierende Wirkung von Luxus und Üppigkeit solche Pläne auszureden (IX 122). Nun, mit der Zeit erlagen sie eben doch den in ihrer Herrschaft angelegten Verlockungen, und ihre Niederlage gegen die Griechen, ein armes Volk in einem rauhen Land, leitete den Niedergang ihrer Macht ein, so jedenfalls deutet Herodot den tieferen Sinn des historischen Geschehens.

Sind demnach Aufstiegs- und Niedergangsvorstellungen in der griechischen Literatur des 4. Jahrhunderts keineswegs neu, auch nicht Gedanken von der verderblichen Wirkung des Luxus auf siegreiche Völker oder etwa die Identifizierung des Großkönigs mit einem Tyrannen oder Sklavenbesitzer, so doch die Schilderung des Königshofes als einer Stätte von Weiberherrschaft, Unmoral, Intrigen und Speichelleckerei bei Ktesias, die Bedeutung der Erziehungsformen für den Niedergang des Reiches bei Platon oder die allgemeine Geringschätzung der persischen Kampfkraft bei Xenophon und Isokrates. Bei dem großen Redner bündelt sich vieles zu geradezu topischer Barbarenverachtung; der ursprüngliche Barbarenbegriff der Griechen, der (nach einem bei vielen Völkern verbreiteten Muster) die eigene Kultur gegen die gesamte Außenwelt abgrenzen sollte, hatte sich bereits ab der Mitte des 5. Jahrhunderts einerseits auf die Perser verengt, andererseits aber auch deutlich pejorative Züge erhalten. Das dabei entstandene, vor allem attische Feindschema der Barbarenkarikatur benutzte Isokrates, vergröberte und vereinfachte es jedoch noch. Der von ihm in Aussicht genommene Krieg sollte sich gegen „Feinde der Natur nach" (*physei polemioi: Paneg.* 184) richten und so seine moralische Rechtfertigung finden. Die Barbaren verdienten wegen ihrer inferioren Art nichts anderes, als griechische Untertanen zu werden, Perioiken, wie Isokrates mit spitzer Tendenz gegen Sparta sagt (*Paneg.* 131). Und hatte noch Herodot die Ursache des epochalen Gegensatzes zwischen Barbaren- und Hellenenwelt letztlich in der Überschneidung ihrer geographischen Lebensräume gefunden und folgerichtig deren Entflechtung, auch unter Preisgabe Kleinasiens, befürwortet, so rief Isokrates im Gegenteil zur Eroberung asiatischen Barbarenlandes auf (Hdt. *passim;* Isokr. *Phil.* 121–123).

Wie sind solche griechischen Bilder ‚persischer Dekadenz' zu erklären und welchen Rückhalt haben sie in der iranischen Überlieferung? Durch alle Zeugnisse zieht sich die Idee von der Verweichlichung der Perser infolge des einströmenden Luxus. Unabhängig vom Toposcharakter dieses Vorwurfs ist doch die Tatsache der Zurschaustellung von Reichtum durch den König nicht zu leugnen; allerdings entging den griechischen Zeitgenossen ihr tieferer Sinn, oder sie unterschlugen ihn aus Gründen der Argumentation. Geschenke an den und vom König in Form von Luxusartikeln waren von besonderer Bedeutung im achämenidischen Herrschaftssystem. Sie machten zum einen Statusunterschiede deutlich, erfüllten ihren Zweck aber auch im Rahmen der Etablierung und Sicherung von Beziehungen zwischen König und Untertanen. Bei dem hier nur angedeuteten Austauschmodus, der mit einem Terminus aus der Ethnologie als ‚Redistribution' bezeichnet zu werden pflegt, spielten Gastmähler und Bankette eine wichtige Rolle: Zu diesen Gelegenheiten, die die Macht des Königs sinnbildlich und sinnenhaft zum Ausdruck bringen sollten, gab der Herrscher in überreichem Maße Geschenke an die aus, die ihrerseits den König beschenkt oder sich durch besondere Loyalität ausgezeichnet hatten.

Auch der angebliche Niedergang des persischen Erziehungswesens und der postulierte negative Einfluß der Frauen des Königshauses sind als Niedergangskennzeichen zu hinterfragen: Besonders bekannt ist in diesem Zusammenhang Herodots Satz, die Perser lehrten ihre Söhne „vom fünften bis zum zwanzigsten Jahr nur drei Dinge: Reiten, Bogenschießen und die Wahrheit sagen" (I 136); an die Seite stellen könnte man diesem Zitat Xenophons Bemerkungen in seiner *Anabasis* (I 9, 3) und im 1. Buch der *Kyroupaideia* (I 2, 2 ff.) über die Erziehungspraxis unter Kyros. Im letzten Kapitel seines ‚Fürstenspiegels' beschreibt Xenophon dann aber, wie gesagt, den Niedergang des Erziehungswesens: Durch Verzicht auf das Reiten und die Jagd hätten die Königs- und Aristokratensöhne die Stärkung und das Messen ihrer Körperkräfte vernachlässigt, durch die Billigung der Bestechung als Mittel der Konfliktbeilegung das Gefühl für Gerechtigkeit verloren. Nun ist ganz offensichtlich, daß die von Herodot und Xenophon überlieferten Erziehungsinhalte der persischen Frühzeit einen ‚Verhaltenskodex' widerspiegeln, Regeln also, die Herrscherqualitäten ausmachen sollen. Genauso hat Dareios sie in seiner unteren Grabinschrift verstanden und ihre Befolgung für sich in Anspruch genommen (*DNb* 5–45):

„Nach dem Willen Auramazdas bin ich so, daß ich das Recht liebe, das Unrecht hasse. … Was recht ist, daran habe ich Gefallen. Einem Lügenknecht bin ich nicht freund. … Kraftvoll bin ich mit Händen und Füßen. Als Reiter bin ich erprobt. Als Bogenschütze bin ich erprobt, zu Fuß wie zu Pferde."

Ein solcher Kodex, eine solche Selbststilisierung sagt natürlich nichts über das tatsächliche Verhalten des Herrschers aus, und Gerechtigkeit und Wahrhaftigkeit sind als Tugenden von dem bestimmt, was ihm nützt. Wenn Xenophon in der *Kyroupaideia* den Verlust dieser Tugenden unmittelbar nach dem Tode des Kyros beklagt, dann tut er dies demnach nicht, um historische Fakten mitzuteilen, sondern als Literat: Die außergewöhnlichen Qualitäten seines Idealherrschers und die Notwendigkeit solcher Eigenschaften auch für die eigene Zeit werden dadurch nur um so deutlicher. Daß militärische Fähigkeiten und die Bewährung auf der Jagd für die Perser bis zuletzt Herrschertugenden, die Erprobung der Waffen und die Tierhatz aber auch Kennzeichen königlichen und adeligen Alltags blieben, davon künden – auch noch im 4. Jahrhundert und darüber hinaus – die (Wild-)Parks (*paradeisoi*) ebenso wie zahllose Münz-, Siegel- und Reliefbilder, die den König als Bogenschützen oder auf der Jagd zeigen. Zu erinnern ist auch an den Einfluß dieser Motive auf die künstlerische und inschriftliche Selbstdarstellung perserzeitlicher Lokalfürsten in Kleinasien. So wird von dem lykischen Dynasten Arbinas in einer Versinschrift vom Beginn des 4. Jahrhunderts rühmend gesagt (*SEG* XXVIII 1245, 14f.):

„Alles zeichnet Dich aus, worauf weise Männer sich verstehn, Bogenschießen, Tugend und die Jagd zu Pferde."

Auch Platons Bemerkungen zu den Ursachen persischer Despotie sind nicht als historische Aussagen, als Beschreibungen persischer Wirklichkeit des 4. Jahrhunderts aufzufassen: Sie haben ihren Platz in der politischen Theorie des Philosophen, seinen Gedanken über den besten oder – in den *Gesetzen* – doch zumindest einen gut regierten Staat, in dem das sittlich gute Leben der Bürger an erster Stelle steht. Dies erfordert, nach Platon, eine radikal reformierte Erziehung, und so verwundert nicht, daß er in einer falschen Erziehung der Königssöhne denn auch die Hauptursache für den Niedergang der persischen Staatsordnung sieht.

Auch die verderbliche Rolle, die den Frauen des Achämenidenhauses, etwa bei Ktesias, zugewiesen wird, sollte nicht als historisches Faktum, sondern als literarisches Klischee begriffen werden. In diesen Geschichten spiegelt sich die misogyne Tendenz eines Teils der griechischen Literatur des 5. und 4. Jahrhunderts wider, die Frauen als etwas Bedrohliches für die von Männern bestimmte Welt des Politischen wahrnahm; wenn in den Geschichten von intrigierenden Frauen ein historischer Kern steckt, dann der, daß in einem monarchischen Herrschaftssystem innerhalb einer ursprünglich tribalen Gesellschaft politischen Heiraten zur Sicherung von Loyalität eine besondere Bedeutung zukam, zudem die Thronfolgerfrage im polygamen persischen Königshaus zuweilen existentiell bedeutsam werden konnte. Die, wenn man so will, ‚geteilten Loyalitäten' von Frauen, wie sie Ktesias für die Zeit Artaxerxes II., aber auch bereits Herodot für die Frauen in der Umgebung des Xerxes andeuten, mögen Ausdruck solcher Spannungen im Herrschaftssystem sein, historisch verwertbar im Sinne weiblicher Persönlichkeitsporträts sind sie kaum.

Die Heiratspolitik der Achämenidenherrscher, zunächst durch Rücksichtnahme auf die Familien des Hochadels (zur Sicherung von deren Loyalität) bestimmt, dann durch den Versuch der Anbindung der Dynastie an die Familie der Reichsgründer (unter Gaumata und Dareios), hatte sich unter Dareios' Nachfolgern geändert: Man war nun bestrebt, zur Sicherung der Herrschaft vor allem Alliancen innerhalb des Königshauses selbst einzugehen; Verbindungen zum Hochadel wurden weniger geknüpft, um dessen Loyalität zu begründen und zu sichern, als vielmehr zur Belohnung für bereits erwiesene Treue und Dienste. Endogame Eheverbindungen, wie etwa zwischen Kambyses und seinen Schwestern oder Artaxerxes II. und seiner Tochter, haben die Griechen besonders beschäftigt und sind von ihnen abfällig kommentiert worden. Was Kambyses angeht, so wird deutlich, daß Herodot hier dessen Ehen als weitere königliche Missetaten vorstellen möchte, Missetaten, die zu einem großen Teil unhistorisch sind (Hdt. III 31). Vermutlich muß man auch im Falle des angeblich von Kambyses bewirkten Todes der Schwester eher vorsichtig sein: Seine Ehen mit den Schwestern, mit der ungenannt gebliebenen verstorbenen (Roxane?) und mit Atossa, wurden eingegangen, weil die eheliche Verbindung mit Phaidymie – der Tochter des Otanes – offensichtlich kinderlos (bzw. sohnlos) geblieben war, was wiederum seinen Bruder Bardiya und dessen Nachkommen zu Thronerben gemacht hätte. Atossa wie Roxane waren zudem nicht Voll-, sondern allein Halbgeschwister des Kambyses, und nur diese Form der Bruder-Schwester-Ehe wurde von den Achämeniden eingegangen, wenn sie denn nicht überhaupt entferntere Mitglieder des Clans bzw. der Familie heirateten.

Auch die Verbindung Artaxerxes II. mit seiner Tochter Atossa, die Plutarch (*Artox.* 23, 3) so heftig als inzestuös kritisiert (wobei er ebenfalls mit dem Verweis auf die unbegrenzte Macht des Königs arbeitet), wird erst auf den zweiten Blick verständlich: Wenn sie denn überhaupt stattgefunden hat und Atossa nicht einfach die Stellung einer ‚Frau des Königs' einnahm (die eigentliche ‚Frau des Königs', *gynē tou basileōs*, ist immer die Mutter des Thronfolgers), dann ist das Motiv für diese ‚Ehe' in dem Wunsch des Königs zu sehen, nach dem Tode der Parysatis die Stellung einer ‚Frau des Königs' mit einer loyalen Person zu bekleiden und so die Position des Thronerben bei Hofe abzusichern.

Polygamie war Kennzeichen achämenidischer Heiratspraxis; die Kinder aus diesen Verbindungen sollten Thronerben werden (wozu der König einen von seinen Söhnen bestimmte), in verantwortungsvolle Positionen im Reichs- oder Hofdienst gelangen und – als potentielle Heiratskandidaten – den Zusammenhalt des Clans und die Verbindung zum Hochadel sichern helfen.

Weibliche Angehörige des Königshauses begegnen uns auch auf den elamischen Verwaltungstontäfelchen aus Persepolis, unseren inzwischen wichtigsten zeitgenössischen Zeugnissen aus dem Kernland des Reiches.

Alle Frauen des Königshauses, soweit sie in den Texten aus Persepolis Erwähnung finden, erscheinen dort als ausgesprochen aktiv, unternehmungslustig und entscheidungsfreudig. Sie nehmen an königlichen Festivitäten und Banketten teil oder richten eigene Feste aus, sie reisen über Land und geben Anweisungen, sie kontrollieren ihre Güter und Arbeitskräfte. Die Alexanderhistoriker erwähnen sie auch im Troß des Königs bei seinen Feldzügen. Es verwundert nicht, daß mancher Grieche, der dem Ideal der zurückgezogen lebenden, unbescholtenen (Ehe-)Frau huldigte, die Frauen des persischen Königshauses ebenfalls im ‚Haus verortete' (vgl. etwa Plut. *Them.* 26); die Täfelchen beweisen, daß von dieser Zurückgezogenheit keine Rede sein kann. Daß die Perserinnen einem solchen Griechen zugleich attraktiv wie gefährlich erschienen, ist nun keine Überraschung mehr; wenn persische Frauen – hinter den Mauern des Palastes – auch politisch aktiv wurden, dann konnte dies nur zum Schaden des Hauses geschehen! Eine solche Auffassung hat, gepaart mit westlichen Vorstellungen orientalischen Palastlebens (im ‚Harem'), bis in die jüngste Zeit fortgewirkt.

Wie ist es zu erklären, daß von der Vorstellung ‚persischer Dekadenz', zu der die intrigierenden Frauen ein gerüttelt Maß beigetragen haben sollen, eine solche Faszination ausgehen konnte? Eine solche Einschätzung hat ihre Wurzeln einerseits sicherlich in den eben vorgestellten antiken Zeugnissen, andererseits aber auch in der Sicht der Antike im Deutschland des 19. Jahrhunderts. Mit der neuhumanistischen Wiederentdeckung und Idealisierung des Griechentums und dem Versuch, dessen Leistungen und Vorzüge mit dem Wesen der Hellenen in Zusammenhang zu bringen, war der erste Schritt zu einem Messen der eigenen Zeit an der der Griechen getan; es entwickelten sich Vorstellungen, daß die Deutschen aufgrund ihrer Geistes- und Wesensverwandtschaft mit den Griechen der Antike jenen besonders nahe stünden. Romantische Volksgeistlehre und deutsches Nationalbewußtsein fanden hier ihren Ansatzpunkt.

Es war die bereits seit der Antike vorgegebene, nun aber noch weiter zugespitzte Vorstellung vom unüberbrückbaren Gegensatz zwischen der Freiheitsliebe der so verehrten Griechen und dem persischen Despotismus, die die Einschätzung der alten Iraner in Deutschland im folgenden entscheidend bestimmte. Daneben (oder an seiner Stelle) betonte man aber auch die Unterschiede zwischen den mit der freien Entfaltung der Einzelpersönlichkeit begründeten kulturellen Leistungen der Griechen und der angeblich durch eine theokratisch-autoritäre ‚Priesterherrschaft' behinderten Entfaltung der Geisteskräfte auf Seiten ihrer östlichen Nachbarn. An dieser Antinomie änderte sich im Grundsatz auch nichts, als man die Verwandtschaft zwischen den iranischen (arischen) und den germanischen Sprachen erkannt hatte und es bald darauf – im Rahmen der Volksgeistlehren – auch zur Annahme eines kulturell besonders hochstehenden indogermanischen Urvolks und einer vor allem auch charakterlich-wesensbestimmten Nähe der indogermanischen Völker zueinander kam. Die daraus resultierende, insgesamt positivere Bewertung der Perser des Altertums hob diese nun zwar aus der Gemeinschaft der übrigen Völker des Orients heraus, änderte aber nichts an der weiterhin deutlichen Stellungnahme für den griechischen (d.h. zumeist athenischen) Weg der Entwicklung von Kunst, Kultur und Staat. Es ist genau diese Einstellung, die sich noch in den Handbüchern der neueren Zeit niederschlägt.

War die These vom Niedergang persischer Größe und Macht, aber auch persischer Moral und Leistungskraft im 4. Jahrhundert Allgemeingut der Geschichtsbetrachtung im Deutschland des 19. und beginnenden 20. Jahrhunderts, so bestand, wie in den antiken Zeugnissen, doch nicht immer Übereinstimmung über seine Ursachen und Erscheinungsformen. Obwohl man sich zur Klärung dieser Fragen zu allen Zeiten an Platon, Xenophon, Ktesias, Isokrates und anderen orientierte, glaubte man in der Zeit des Nationalsozialismus doch auch die tieferen Ursachen für die negative Entwicklung des Perserreiches eruieren zu können: Man fand sie in den rassisch-biologistisch bestimmten negativen Einflüssen des ‚semitischen' Orients auf die ‚arischen' Perser. Wozu das führte, hat in der Sprache des ‚Dritten Reiches' 1942 der bekannte Indogermanist und Iranist Walter Wüst, bekannt als Rektor der Universität München zur Zeit der Verhaftung der Geschwister Scholl, folgendermaßen beschrieben:

„Es kommt zur Rassenmischung und damit zur Entartung, zur Entnordung. Die nicht zu umgehende Vergeudung des Blutes altadeliger Geschlechter in weitentferntem Reichsdienst, die Klima-Ausmerze, die Gegenauslese durch Kriege, die allmählich von Berufsheeren geführt werden müssen, die Abwanderung der eingesessenen Erbhofgeschlechter in die Haupt- und Großstädte Susa, Babylon, Ekbatana, und deren Gesittungskreis, schließlich der zersetzende Einfluß der in Mesopotamien höchstentwickelten Geldwirtschaft auf die überkommene Naturalwirtschaft: all das zehrte an dem Stand der herrschenden Rasse und ihren Grundlagen, Blut und Boden." [3]

Nach dem Kriege wurde – übrigens nicht nur in Deutschland – für einige Jahrzehnte wieder das Bild vom unüberbrückbaren Gegensatz zwischen Despotismus und freiheitlicher Entwicklung, vom moralischen Niedergang des Perserreiches bemüht.

Zunehmend glaubte man in den letzten Jahrzehnten aber auch, andere als ‚ethisch-moralische' Ursachen für den Untergang der Achämenidenherrschaft ausmachen zu können: Man sprach von einer entscheidenden politisch-militärischen, einer wirtschaftlichen und sozialen Krise, in die das Perserreich unter Xerxes und seinen Nachfolgern geraten sei, einer Krise, die die Könige nicht hätten bewältigen können. Einige Krisenursachen und Krisenphänomene wurden dabei immer wieder genannt: die Unfähigkeit der Herrscher, das Reich zu einem organischen Ganzen zu gestalten und separatistischen Tendenzen von

Reichsteilen vorzubeugen, die Spannungen innerhalb des Königshauses und zwischen Königen und sich von der Zentrale emanzipierenden Provinzgouverneuren, die zunehmende Abhängigkeit von auswärtigen Söldnertruppen bei gleichzeitigem Verlust der Kampfkraft der einheimischen Verbände, schließlich auch die wirtschaftliche Stagnation infolge massiver Thesaurierung von Edelmetallressourcen, einer Erschöpfung des Bodens sowie übergroßen Steuerdrucks und eine daraus resultierende Verschärfung der sozialen Gegensätze.

Die Beziehungen zwischen König und Untertanen adäquat zu erfassen und zu beschreiben, setzt voraus, daß man sich von zwei Vorstellungen freimacht, die den Verhältnissen im Achämenidenreich nicht angemessen sind: Die eine versucht, das Reich als einen modernen, zentral gelenkten Nationalstaat aufzufassen, der bis in den Alltag hinein die Angelegenheiten der Reichsbewohner zu überwachen und zu reglementieren versucht; lokale Autonomie, politische, sprachlich-kulturelle und religiöse Heterogenität des Reiches, das Fehlen einer „gesamtimperialen Wertegemeinschaft auf der Ebene der Volkskulturen“[4] erscheinen hier als Zeichen zunehmender Unfähigkeit der Zentralinstanz, das Reich zu einem organischen Ganzen zu gestalten oder als Ganzes zu erhalten. Manch klassisches literarisches Zeugnis über die von den Großkönigen angewandten Kontrollmechanismen (Garnisonen, Festungen, aber etwa auch das angebliche Spitzelsystem der ‚Augen und Ohren des Königs‘) bzw. über die nicht unerhebliche Macht der Satrapen dient dabei als Argument für eine solch ‚zentralistische‘ Sicht der Reichsorganisation und für die Vorstellung vom ‚schwachen Staat‘; in Wirklichkeit sind diese Mechanismen (neben der Herrscherideologie) die üblichen Formen der Sicherung des Zusammenhalts von Imperien. Andere Gelehrte gehen gerade von der eben beschriebenen und etwa in den Königsinschriften und Reliefs besonders hervorgehobenen Heterogenität der Verhältnisse, dem erstaunlichen Ausmaß lokaler Autonomie und der strukturellen Toleranz aus, halten dies alles sogar zu Recht für den gewollten Regelfall, glauben aber gleichfalls, daraus einen Mangel an zentraler Autorität ableiten zu müssen; das ‚schwache Reich‘ liegt hier in der zwar gut gemeinten, jedoch die Reichseinheit gefährdenden Herrschaftskonzeption selbst begründet. Der gerade im archäologischen Befund außerhalb der Persis nur sehr begrenzt bemerkbare achämenidische Einfluß auf die materielle Kultur der Provinzen spielt bei dieser These eine nicht unerhebliche Rolle.

Nun haben jedoch zahlreiche regionale Studien beweisen können, daß sich im Achämenidenreich Lokalautonomie und königliche Kontrolle nach anfänglichen Schwierigkeiten sehr wohl zu ergänzen und stabile Verhältnisse zu garantieren imstande waren.

Die von den Königen auf ihren zahlreichen Reisen bewiesene Großzügigkeit gegenüber loyalen Untertanen, die in Inschriften und Bildern propagierte zeitlose Idee von weltlicher und kosmischer Ordnung, die sich göttlichem Beistand und der gegenseitigen Loyalität von König und Untertanen zu verdanken vorgibt, hat auf viele Bewohner, Besucher und Nachbarn des Achämenidenreiches Eindruck gemacht: Die vom politischen Zentrum ausstrahlenden „universal gültigen Weltdeutungssysteme" und die auf dieses Zentrum hin orientierte „ausgefeilte Herrschersymbolik"[5] haben sich im Zusammenspiel mit der Tolerierung lokaler und regionaler Traditionen und der Nutzung je spezifischer Herrscherideologien bis zum Ende ausgezahlt. Trotzdem wird man nicht umhinkönnen, auch strukturelle Schwächen und temporäre Krisen der Perserherrschaft zu benennen:

1. Trotz aller Bemühungen der Großkönige um Fortführung indigener Traditionen und Respektierung alter Institutionen und Privilegien in den ehemals unabhängigen Reichsteilen waren einschneidende Veränderungen im Status dieser Gebiete und ihrer Bewohner doch nicht zu vermeiden: Ägypten und Babylonien etwa mochten zwar eine besondere Stellung im Reichsganzen einnehmen, sie hatten dennoch ihre außenpolitische Handlungsfreiheit verloren, waren zu Tributentrichtung und Heeresfolge verpflichtet und wurden von fremden, nicht einheimischen Königen regiert. Die fiskalische und politische Neuordnung des Reiches durch Dareios I. mit ihrer stärkeren Systematisierung der rechtlichen und finanziellen Beziehungen zwischen König und Provinzialen (Hdt. III 89), im Falle Ägyptens zusätzlich die Randlage dieser Provinz, ihre Nähe zu den perserfeindlichen Mächten des Mittelmeerraumes und ihre daraus resultierende besondere militärische Sicherung trugen das Ihrige dazu bei, daß – zu bestimmten günstigen Gelegenheiten bzw. Zeiten besonderer Unzufriedenheit mit dem Zentrum – perserfeindliche Angehörige der einheimischen Eliten den Versuch der Wiederaufrichtung indigener Herrschaft machten. Erfolgreich war man dabei aber nur in Ägypten und selbst dort nur für zwei Generationen.

2. Das persische Konzept der Herrschaftssicherung ist gekennzeichnet durch eine nur begrenzte Öffnung der Elitekultur nach unten, durch das Fehlen eines Planes zur Absorption der Untertanenaspirationen, zur ‚Iranisierung', ähnlich der ‚Romanisierung': der nicht nur von den provinzialen Eliten selbst gewünschten, sondern auch von Rom betriebenen Integration der Unterworfenen in die römisch bestimmte politische und soziale Wertewelt. So findet sich etwa nichts Vergleichbares zu den römischen Kolonien und Landstätten, in denen bzw. in deren Umgebung es zu wirtschaftlichen und familiären Verflechtungen zwischen Eroberern und Untertanen kam; auch Phänomene wie die Verleihung des Bürgerrechts an die Eliten der peregrinen Städte (und

später an alle freien Reichsbewohner) mit der Chance gesellschaftlichen Aufstiegs bzw. die Öffnung der Stände und Amtspositionen für diese Aufsteiger sind im Perserreich nicht zu beobachten. Zwar wurde für manchen Untertanen des Großkönigs persische, sprich königlich-aristokratische Lebensart vorbildlich und nachahmenswert, doch nicht im römischen Ausmaß, wo sich diese Akkulturation bis in die Alltäglichkeiten des Lebens hinein fortsetzte: durch das Erlernen der lateinischen Sprache, die Übernahme der Rechtsvorstellungen, der religiösen Anschauungen, Arbeitsformen, Wohnverhältnisse, Kleidung etc. Die regionalen und lokalen Eliten des Achämenidenreiches fanden nur äußerst begrenzten Zugang zu den höchsten Ämtern, die vornehmlich Angehörigen der persischen Aristokratie vorbehalten blieben; Perser zu sein und aus Persien zu stammen, zeichnete einen Bewohner des Reiches in besonderer Weise aus. Es gab zwar Nichtperser, die hohe politisch-militärische Positionen ausfüllten, so der karische Dynast Mausolos oder das griechische Brüderpaar Memnon und Mentor, doch blieben dies eher Ausnahmen. Die Gemeinschaft zwischen Persern und loyalen Griechen etwa wurde zwar beschworen und gepflegt, doch äußerte sich der großkönigliche Dank für erwiesene Gunst und Loyalität eher in der Vergabe von Ehrentiteln oder materiellen Zuwendungen als in der Öffnung des Zugangs zur politisch-militärischen Entscheidungsebene. Weiteres kommt hinzu: Auf persischer Seite gab es zwar die Tendenz zur Gewährung religiöser, kultureller, sozialer und wirtschaftlicher Autonomie, zudem Bemühungen der Könige, sich in die herrscherlichen Traditionen der unterworfenen Länder zu stellen oder sich der lokalen Traditionen für die Verkündigung königlicher Grundsätze zu bedienen; gleichzeitig findet sich bei den Persern aber auch das Bestreben, sich selbst von den anderen Reichsbewohnern deutlich abzuheben. Zudem waren etwa Schrift, Sprache und Religion(en) der Perser, im Gegensatz zu ihren Pendants auf römischer Seite, kaum attraktiv bzw. ‚offen' genug, um das Netz zwischen Persern und Nichtpersern enger zu knüpfen. Daß in der Vorstellung vieler Ägypter die „Meder" Fremde blieben, dürfte nicht nur mit der politischen Konzeption der Nachfolgedynastie, sondern auch mit der persischen ‚Exklusivität' zusammenhängen.

3. Kein Zweifel, in den Provinzen des iranischen Hochlandes war das Prestige des Großkönigs besonders groß, war man sich der besonderen Stellung etwa der Persis, Elams, Mediens oder Baktriens im Reichsganzen bewußt. Dennoch war das Verhältnis zwischen den Großkönigen und der persisch-iranischen Reichselite gleichfalls nicht frei von Spannungen. Weitere Konflikte konnten sich ergeben, wenn etwa die an sich auch für den König wünschenswerten engen Verbindungen zwischen persischen Satrapen, ihren Familien und den Eliten

ihrer Provinzen nicht zum Zwecke der Aufrechterhaltung der *Pax Achaemenidica* genutzt wurden, sondern zur Begründung und Sicherung eigenmächtiger Positionen. Die Großkönige versuchten zu allen Zeiten, solchen Tendenzen gegenzusteuern. Kennzeichen dieser Politik waren die Vergabe von Titeln, Ämtern, Besitz, Vermögen und Ehrengeschenken an treue Untertanen oder die Aufnahme loyaler Aristokraten in den Kreis der sog. „Wohltäter" (*euergetai, orosangai*) des Königs, die samt ihren Privilegien verzeichnet waren. Die auf Loyalität zum König ausgerichtete Erziehung (*agogē*) der Aristokratensöhne, die Einrichtung von zeitlich begrenzten Kommandostellen mit häufiger Rücksprache bei Hofe und die Konzentration von Familienangehörigen der Satrapen in der Nähe des Königs boten zusätzliche Gewähr dafür, daß separatistische Tendenzen in den Grenzgebieten zeitlich und räumlich begrenzt blieben. Die der Karriere förderliche Königsnähe bewirkte zudem, daß bei Hofe eine Art ‚Dienstadel' entstand, dem die Loyalität zum König im Ernstfall wichtiger war als die zum Clan und daß das Konkurrieren um Ämter, Pfründen und die Gunst des Königs aristokratisches Zusammengehen gegen den Herrscher erschwerte. Das Scheitern der Satrapenaufstände des 4. Jahrhunderts im Westen ist nicht zuletzt in dieser Konkurrenz der Beteiligten begründet.

4. Eine vierte und letzte strukturelle Schwäche der Perserherrschaft ist allen Großreichen mit monarchischer Spitze eigen: Obgleich in Iran weder über das Königtum an sich noch über seine Zuweisung an den Achämenidenclan gestritten wurde, kam es doch immer wieder zu Thronstreitigkeiten und dynastischen Krisen. Dabei war vor allem die kurze Phase zwischen dem Tod eines Königs und dem Regierungsantritt seines Nachfolgers für alle Achämeniden und alle diejenigen, die bei der Vergabe der Macht ein Wort mitzureden gedachten, bedeutsam. Denn der vom Vater bestimmte Thronfolger trat nicht sogleich die Herrschaft an, sondern erst nach einer gewissen Zeit der Trauer und ‚Aussetzung gesetzlicher Zustände' (*anomia*) sowie nach Erfüllung bestimmter Pflichten (Bestattung des Vorgängers, Ausführung der Bestimmungen seines ‚Testaments') und Beachtung bestimmter Rituale. Eine von Ktesias überlieferte und romanhaft ausgeschmückte Episode vermag die ‚Krisenhaftigkeit' dieses Zeitraums näher zu beleuchten (*FgrHist* 688 F 15): Nach dem Tode von Artaxerxes I. (425 oder 424 v. Chr.) beauftragt der Kronprinz Xerxes (II.) den Funktionär Bagozaros, die Leichname seines Vaters und seiner Mutter nach Persepolis zu überführen. Der Zug hat sich noch nicht in Bewegung gesetzt, da stirbt Xerxes durch die Hand seines Bruders Sekyndianos. Die Maultiere, die den Katafalk der Eltern ziehen sollen, weigern sich zu ziehen und setzen sich erst in Bewegung, als auch die Leiche des Xerxes herbeigebracht ist. Sekyndianos läßt daraufhin den Bagozaros hin-

richten, „unter dem Vorwand", wie Ktesias betont, „er habe ohne Einverständnis des Königs [Sekyndianos] den Leichnam seines Vaters [Artaxerxes] im Stich gelassen". Ganz offensichtlich empfand Sekyndianos das Verhalten des Bagozaros – wohl zu Recht – als Auflehnung und als Kritik an seiner Legitimation: Jener hatte die Überführung des toten Regenten nicht im Namen seines Nachfolgers unternehmen lassen wollen, dessen Recht auf den Thron er bestritt. Ambitionierte Prinzen wie Kyros d. J. oder Sekyndianos, Königinnen wie Amestris oder Parysatis, die die Thronfolge für Ihre Söhne sichern und einflußreiche Personen bei Hofe wie Bagoas, die ihre Stellung behaupten oder ausbauen wollten, hatten ihren Anteil daran, daß Thronfolge und Herrscherwechsel im Achämenidenreich sich zuweilen zu überaus ernsten Krisen zuspitzen konnten. Daß die privaten Beziehungen und die Abhängigkeiten innerhalb des Königshauses und der Hofgesellschaft zu einem Politikum werden mußten, war im Herrschaftssystem selbst angelegt; mit ‚Haremsintrigen' hat dies, wie gesagt, genauso wenig zu tun wie mit ‚moralischer Dekadenz' der Beteiligten.

Und wie steht es mit dem schon von Isokrates beobachteten Niedergang persischer Kampfkraft? Schon von Beginn ihrer Herrschaft an verpflichteten die Perser auch griechische Söldnerverbände, wobei jeder Soldat, nach Xenophon, freie Kost und Logis und (401 v. Chr.) einen Monatssold von einem Gold-Dareikos erhielt (*an.* I 3, 21). Zur Zeit Alexanders waren diese Truppen voll in die Armee des Königs integriert und ihre griechischen Kommandeure – durch Heirat, Aufnahme in den Kreis der ‚Freunde' und ‚Wohltäter' des Königs – in die Führungsschicht des Reiches aufgestiegen. Man sollte sich davor hüten, die Verpflichtung von Söldnern als Zeichen des Niedergangs der persischen Macht und Kriegskunst zu werten (wie dies schon Isokrates tat, dem viele darin bis heute folgen); dagegen sprechen die historischen Fakten, etwa die Rückeroberung Ägyptens kurz vor dem Alexanderzug oder der erst kürzlich als Phantom entlarvte, bislang für den Großkönig als überaus bedrohlich angesehene, sogenannte ‚Große Satrapenaufstand' (370 v. Chr.). Der Einsatz von Söldnern war zudem allgemeines Phänomen des 4. Jahrhunderts und gibt allein Auskunft über die Leistungsfähigkeit und Kampfkraft der griechischen Hopliten und ihre Motive für den Dienst beim Großkönig. Dieser selbst hatte gute Gründe und vor allem die notwendigen Mittel, statt der bäuerlichen Bevölkerung, die durch den Militärdienst der Kultivierung des Landes entzogen wäre, Söldner anzuwerben – Söldner zudem, die hauptsächlich im ohnehin längst griechisch geprägten kleinasiatischen Küstenbereich und kaum stationär oder gar auf Dauer im Innern des Reiches eingesetzt wurden. Daß Isokrates das Argument mangelnder Kampfkraft der Perser besonders bemüht, darf nicht verwundern: Sein Ziel war ja gerade, durch die Betonung der Schwäche des Perserreiches Athen und Sparta, später Philipp von Makedonien zum Angriff auf das Barbarenland zu ermuntern. In dieser ‚Ideologie panhellenischen Barbarenkrieges', wie man sie genannt hat, hatten Hinweise, die den Großkönig als militärisch mächtig, seine Soldaten, auch die Söldner, als tapfer und königstreu hätten erweisen können, keinen Platz.

Auch mit dem wirtschaftlichen Niedergang des Achämenidenreiches im späten 5. und im 4. Jahrhundert scheint es nicht weit her zu sein: Die Texte aus Babylonien jedenfalls, denn nur dort reicht die Überlieferung überhaupt für eine Klärung unseres Problems aus, bezeugen zwar Veränderungen im Wirtschaftssystem und Verschiebungen in der Bedeutung bestimmter Landesteile, deuten jedoch eher auf wirtschaftliches Wachstum denn auf ökonomischen Stillstand oder gar Rückschritt. Der Umstand, daß die Achämeniden in der historischen Tradition des seleukidischen Babylonien eher günstig beurteilt werden, ist uns für diese These zusätzlicher Beweis.

Daß die Thesaurierungspolitik der Großkönige wirtschaftlich unvernünftig war, der Ideologie achämenidischen Königtums allerdings höchst angemessen, sollte uns nicht dazu verleiten, wirtschaftlichen Niedergang und eine Verschärfung der sozialen Gegensätze zu postulieren.

Es ist nach diesen Bemerkungen zu den strukturellen Schwächen persischer Herrschaft nicht mehr nötig, ausführlich auf die These vom stetigen Niedergang der Herrschaft nach dem Regierungsantritt des Xerxes einzugehen.[6] Es gab keinen stetigen Niedergang, auch keine existentielle Herrschaftskrise, sondern Spannungen im Herrschaftsgefüge, die sich unter bestimmten Umständen (dynastischen Krisen, Erhebungen regionaler Funktionsträger, außenpolitischen oder militärischen Rückschlägen) zu regionalen Instabilitäten bzw. temporären Schwächungen königlicher Macht auswachsen konnten. Keine dieser Krisen war für das Achämenidenreich existenzbedrohend; selbst der Verlust Ägyptens für ca. 60 Jahre änderte nicht wirklich etwas an der herausragenden Stellung des Großkönigs im Machtgefüge des östlichen Mittelmeerraumes und des Nahen und Mittleren Ostens. Im Gegenteil, die Zeiten einer Regentschaft Artaxerxes II. oder seines Sohnes Artaxerxes III. werden wohl nur von denen als Stationen des Niedergangs persischer Macht aufgefaßt, die, wie Isokrates, mit der Propagierung solcher Zerrbilder die Unfähigkeit der Mutterlandgriechen zu gemeinsamem Handeln beenden wollen, die, wie manche späteren Zeitgenossen, den raschen Zusammenbruch der Perserherrschaft im Kampf gegen Alexander *ex eventu* zu erklären versuchen. Eben dieses überraschende Ende ist denn auch die einzig zutreffende Umschreibung des Sturzes der Achämenidendynastie.

Wie erklärt sich nun aber der Erfolg Alexanders angesichts einer keineswegs instabilen Perserherrschaft, angesichts einer weit überlegenen persischen Militärmacht, die immerhin noch kurz zuvor in der Lage gewesen war, Ägypten für das Reich zurückzugewinnen? Man hat in den letzten Jahren deutlich machen können, wie lange sich der Makedonenkönig nach seinem Übersetzen nach Kleinasien in militärisch prekärer Lage befand: Er besaß vor der Eroberung von Sardes Edelmetallreserven für nicht mehr als drei Monate, er war lange Zeit auf die Versorgung aus dem eroberten Lande angewiesen, weil die persische Flotte das östliche Mittelmeer kontrollierte, und er mußte auf alle Fälle versuchen, die persischen Flottenstützpunkte in Kilikien und Phönikien in seine Hand zu bekommen. Seine Siege am Granikos und bei Issos, die ungefähr zeitgleichen Triumphe des Antigonos in Kleinasien und des Königs selbst vor Tyros und Gaza waren für Alexander existentiell wichtig und überlebensnotwendig; er hätte sich keine Niederlage leisten können. Kein Zweifel, Alexander war ein herausragender Feldherr, sein Heer zwar nicht an Mannschaftsstärke und Kampfmoral, aber in Ausbildung, Taktik und Militärtechnik (vor allem auch auf dem Gebiete des Belagerungswesens) dem Gegner überlegen. Doch erklärt dies allein seinen Triumph? Glaubt man dem griechischen Historiker Arrian und den meisten modernen Gelehrten, dann stand dem Sohne Philipps ein politisch wie militärisch hoffnungslos überforderter Großkönig Dareios gegenüber, ein König, der ohne Grund in den Schlachten bei Issos und Gaugamela seine Sache vorschnell verlorengab. Ein genauerer Blick auf die Überlieferung ergibt ein anderes Bild: Die Vulgata-Tradition (vgl. Diod. XVII 6, 1–3) beschreibt den letzten Großkönig vor seiner Thronbesteigung als tapfer und höchst qualifiziert, er beendet die Thronwirren nach der Ermordung des zeitweiligen Herrschers Arses durch energisches Auftreten, er wählt – wohl nicht zufällig – den Thronnamen Dareios in Erinnerung an seinen Urgroßvater oder an Dareios I., und auch seine militärischen Operationen und Verteidigungsmaßnahmen sind erst kürzlich als von Sachverstand und Logik bestimmt gewürdigt worden. Und seine Flucht von den Schlachtfeldern in Issos und Gaugamela? Die Bewährung im Kampf war zwar ein wichtiger Aspekt achämenidischer Königsideologie, doch spricht viel dafür, daß der Tod oder gar die Gefangennahme des Königs, des von den Göttern eingesetzten Garanten der weltlichen Ordnung, anders als im Falle des hellenistischen Herrschers, der sein Charisma gerade aus seiner aktiven Teilnahme in der Schlacht bezog, von den Untertanen eher als traumatisch empfunden, denn als Auszeichnung angesehen worden wären. Dareios verläßt das Schlachtfeld, weil nur er die gestörte Ordnung wiederherstellen, nur er den weiteren Widerstand organisieren kann. Es bleiben die unterlassene Sperrung des Hellesponts im Jahre 334 und die recht späte Aufstellung des Reichsheeres. Alexanders Übergang nach Kleinasien erhält erst aus der Rückschau und aus der Sicht der Alexanderhistoriker seine überragende Bedeutung; für Dareios war dies ein weiterer Versuch der Art, wie ihn der Spartanerkönig Agesilaos von 396–394 und der Makedonengeneral Parmenion 336 ohne Erfolg unternommen hatten, ein Versuch, dessen Abwehr man den vereinten Verbänden der kleinasiatischen Satrapen überlassen konnte. Zudem war die Zusammenziehung des gesamten Reichsaufgebots eine Maßnahme des äußersten Notfalls, enorm zeitaufwendig und zudem bislang nur sehr selten notwendig gewesen.

Hat sich Alexander nicht auch den meisten Untertanen der Perser gegenüber als Befreier erwiesen, in Kleinasien etwa, Ägypten oder Babylonien? Zweifel sind auch an dieser weit verbreiteten These angebracht. „Die Vergünstigungen, die man (in Kleinasien) bei freiwilliger Übergabe erhielt, waren ... nur verbal oder atmosphärisch, aber mindestens für den Moment eindrucksvoll: Die Lyder z.B. konnten nun nach ihren alten Gesetzen leben, frei und autonom – aber was hieß das? Die ‚Tribute', die die Griechen den Persern zu zahlen hatten, wurden abgeschafft – ersetzt durch ‚Beiträge' an den König. Besatzungen waren an sich nicht vorgesehen – wurden aber eingesetzt, wenn es dem König aus militärischen Gründen opportun erschien. Ansonsten aber blieb alles beim alten, indem Alexander statt persischer makedonische Satrapen – mit entsprechendem Amtssprengel – einsetzte."[7] Die Ägypter akzeptierten Alexander weniger deshalb ohne Schwierigkeiten, weil er die Perser vertrieben hatte, sondern weil er darauf achtete, sich als Herrscher in ägyptischem Gewande darzustellen und die königlichen Pflichten gegenüber Göttern und Heiligtümern gewissenhaft zu erfüllen. Ansonsten unterschied sich seine Politik in diesem Land nur wenig von der seiner Vorläufer. In Babylon schließlich empfingen der persische Satrap Mazaios, der später im Amt belassen wurde, und die zivilen und religiösen Autoritäten der Stadt den Sieger von Gaugamela und organisierten seinen triumphalen Einzug in die Stadt (Curt. V 1, 17–23), auf den der König mit der Verehrung der Götter und der Restaurierung der Kultstätten antwortete. Dieses Zeremoniell und diese königlichen Maßnahmen, die üblichem babylonischen Brauch entsprachen, verdeutlichen die unangefochtene Stellung Alexanders im Zweistromland und sein Wissen um die Pflichten eines legitimen Königs von Babylon, die Unzufriedenheit der Babylonier mit den achämenidischen Vorläufern vermögen sie jedoch nicht zu belegen.

Ein letztes: Gleichzeitig mit der Rehabilitierung des Dareios hat man erkannt, in welchem Maße sich Alexander bereits vor dem Tode seines Gegenspielers achämenidisch gerierte, nicht seinen Makedonen oder den Griechen gegenüber, aber doch mit Blick auf die Untertanen und Funktionäre des Großkönigs und auf Dareios selbst. Bestens vertraut mit den Voraussetzungen persischen Königtums, versuchte er, begünstigt durch seine Erfolge, seinen Gegenspieler an großköniglichen Tugenden zu übertreffen, den Glanz des Reichsgründers Kyros auf sich scheinen zu lassen und die hohen persischen Würdenträger auf seine Seite zu ziehen. All denen, die zu ihm überliefen, konnte er ihren bisherigen Vorrechten vergleichbare Positionen und Pfründen offerieren, durch seine Erfolge verschaffte er sich und seiner Politik das nötige Charisma. Nicht überall verfing Alexanders Bemühen, in manchem unterschied er sich von den Perserkönigen, doch seine – nach Brechung anfänglichen Widerstandes – auf Verständigung und Zusammenarbeit mit den Iranern ausgerichtete Politik verschaffte ihm Anerkennung im Osten über seinen Tod hinaus.

Es gilt, ein Fazit zu ziehen: Das Achämenidenreich der 30er Jahre des 4. Jahrhunderts war nicht der „Koloß auf tönernen Füßen“, als den man es lange Zeit gesehen hat, seine Führungsschicht war nicht dekadent und sklavisch gesinnt, sein Herrscher kein Despot, der alle Angelegenheiten seiner Untertanen zu reglementieren bemüht war. Die Perserherrschaft wies gewichtige strukturelle Schwächen auf, die sich zuweilen – und vor allem in ihrer Verbindung – zu ernsthaften Krisen des Herrschaftsgefüges auswachsen konnten, sie fand aber erst und überraschend ihr Ende, als Alexander die militärischen Auseinandersetzungen mit Dareios zu seinen Gunsten entscheiden konnte und sich den Persern dabei als Großkönig achämenidischer Art vorstellte. Nicht nur die Gründe für den Zusammenbruch persischer Herrschaft sind es demnach, die unsere Aufmerksamkeit auch heute noch verdienen, sondern auch die Mittel der Politik, die den Bestand des ethnisch, kulturell, wirtschaftlich, sozial und politisch doch so heterogenen Achämenidenreiches für mehr als 200 Jahre zur Zufriedenheit einer Mehrheit seiner Bewohner sichern halfen. Solche Politikmuster, die weit über das Jahr 330 hinaus fortwirkten, sind zwar auch in diesem Beitrag angesprochen worden, verlangen eigentlich aber ausführlichere Behandlung.

Die Auflösung des Römischen Reiches

Alexander Demandt

magna imperia mortalia
Livius

Zu den Sternstunden der Geschichtswissenschaft gehört der Abend des 15. Oktober 1764. Ein junger englischer Gentleman – er war 27 Jahre – saß auf den Ruinen des Capitols in Rom und hörte die Franziskaner die Vesper singen. Ihre Kirche war auf den Trümmern des Tempels der Juno Moneta erbaut, nicht wie er meinte, auf denen des Jupiter Capitolinus. Gleichviel – eine elegische Stimmung ergriff ihn. Edward Gibbon war stolz, das *dark age of false and barbarous science* hinter sich zu wissen, sah aber nun, daß der Prozeß der Aufklärung hohe Opfer gekostet hatte. Griechen und Römer hatten sich aus der Barbarei herausgearbeitet und waren abermals in eine solche versunken. Gibbon schloß eine dritte Phase der Barbarei nicht aus, er sah sie vielmehr im Entstehen begriffen.

Gibbon hatte in Rom die Ewigkeit gesucht und die Vergänglichkeit gefunden. So beschloß er, die *History of the Decline and Fall of the Roman Empire* zu schreiben. 1776 erschien der erste, 1788 der letzte Band. Hundert Jahre danach erklärte Theodor Mommsen es für das beste Werk, das je über das Ende Roms erschienen sei. Mommsen vertrat stets die Ansicht, daß die Geschichte mit dem Blick auf die Gegenwart zu schreiben sei. Und das meinte auch Gibbon. *In our study of past events*, schrieb er, *curiosity is stimulated by the immediate or indirect reference to ourselves.*

Seitdem ist der Niedergang Roms der klassische Krisenspiegel.[1] Chateaubriand[2] griff Gibbons Parallele 1796 auf, ebenso Johann Gottlieb Fichte, der in seiner XIV. und letzten Rede an die deutsche Nation 1808 die Verderbtheit seiner Zeit mit der unter den römischen Imperatoren verglich.[3] 1849 schloß Adalbert Stifter an seine Betrachtung über die *Zukunft des Menschengeschlechts* eine *Vergleichung unserer Lage mit der des alten Römerreiches*[4] an, in der Sittenverfall und Barbarengefahr beschworen werden. Ähnlich sodann Karl Marx 1856:[5] Heute „gibt es Verfallssymptome, welche die aus der letzten Zeit des Römischen Reiches berichteten Schrecken bei weitem in den Schatten stellen"; weiterhin Friedrich Nietzsche 1874:[6] „Wie der Römer der Kaiserzeit unrömisch wurde ... und bei dem kosmopolitischen Götter-, Sitten- und Künste-Karneval entartete, so muß es dem modernen Menschen ergehn"; nicht zuletzt Heinrich Brüning 1935: ein allgemeiner Skeptizismus gegen alles und jeden sei eingerissen, sehr ähnlich wie gegen Ende des Römischen Reiches, vor Diokletian. Die Ähnlichkeit zwischen den Zuständen damals und heute sei überraschend.[7] Stets meint man, Roms Schicksal wiederhole sich an uns. Carl Schmitt[8] erklärte das 1944 für „mehr als eine bloße Parallele", ja für den „geistesgeschichtlichen Kern des letzten Jahrhunderts". Die umgekehrte Analogie sieht in dem als „Weltbürgergesellschaft konzipierten" Römerreich eine „universalistische Weltfriedensordnung", deren säkulare und tolerante Zivilisationsidee einem künftigen Europa zum Vorbild dienen könnte – so Herzinger und Stein 1995. Für die Autoren ist die „Wiederherstellung des Römischen Reiches in den Grenzen des Jahres 60 n. Chr. als Lösung der europäischen Neuordnungsproblematik ... nicht ohne Reiz."[9] Warum schließen sie (als Berliner!) das nichtrömische Europa aus?

Das *Imperium Romanum* ist das Muster für Aufstieg und Niedergang der Weltreiche, das Standardexempel für den Umschlag des Fortschritts in Stagnation und Dekadenz. Die *Pax Romana* war das politische Ideal der Zeitgenossen, das römische Recht ein Vorbild für die Nachwelt. Die jahrhundertelang unbefestigten römischen Städte mit ihren Straßen und Brücken, ihren Tempeln und Theatern, ihren Bädern und Wasserleitungen erregen und verdienen noch heute die Bewunderung der Betrachter. Das Imperium Romanum beweist, daß ein Vielvölkerstaat möglich ist und gedeihen kann. Sein Ende in den Stürmen der Völkerwanderung hat allerdings die Hoffnung begraben, daß der einmal erreichte Stand an Wohlfahrt, Zivilisation und politischer Kultur damit auch schon ein gesicherter Besitz der Menschheit sei. Roms Ende wurde zum Fall der Fälle. Am prägnantesten hat dies August von Platen in seinem Rom-Epigramm ausgesprochen: „Wahre Geschichte, bedeutend und groß, voll strenger Entwicklung / hatten die Römer allein unter den Völkern der Welt".

1. Der Aufstieg Roms

Seit dem 5. Jahrhundert v. Chr. gewann die Siebenhügelstadt langsam und stetig an Macht und Einfluß. Sie bildete das Zentrum des bäuerlich-kriegerischen Latinerstammes, der gegen Ende des 2. Jahrtausends mit den übrigen indogermanisch sprechenden Italikerstämmen aus dem östlichen Mitteleuropa eingewandert war und unter den Einfluß der kulturell überlegenen Etrusker geriet. Der Name „Rom" wird von dem

Etruskergeschlecht *Rumlinna* abgeleitet. Die Etrusker hatten sich als gelehrige Schüler der Griechen Süditaliens erwiesen, und auch die Römer folgten ihnen darin. Sie übernahmen die Schrift, das Münzwesen, den architektonischen Formenkanon und studierten, gemäß ihrer eigenen Tradition, die Gesetze der Griechen, bevor sie selbst solche aufzeichneten. Rom unterlag bis in die Kaiserzeit einem Hellenisierungsprozeß, übernahm aber daneben von vielen Nachbarn ganz bewußt technische und militärische Errungenschaften, die ihren eigenen überlegen schienen, um sie weiter zu verbessern.

Im Jahre 510 v. Chr. – so die römische Überlieferung – wurde das Königtum durch die Senatsherrschaft ersetzt, an die Spitze traten zwei gewählte Konsuln. Ähnlich wie in Athen vollzog sich ein Demokratisierungsprozeß, indem sich der Kreis der politisch Mitspracheberechtigten erweiterte. In den 287 v. Chr. abgeschlossenen Ständekämpfen errangen die Plebejer die Gleichberechtigung mit den Patriziern.[10] Eine neue Führungsschicht, die Nobilität, entstand, mächtig durch Besitz und Klientel. Die politischen Ämter wurden jahrweise und kollegial besetzt, die Magistrate von der auch für Gesetzgebung und Kriegserklärung zuständigen Volksversammlung gewählt. Die durch die Waffen, die Gesetze und die Vätersitten (*mores maiorum*) getragene *res publica* besaß, wie Polybios (VI 3,7) bemerkte, eine aus monarchischen, aristokratischen und demokratischen Elementen bestehende Mischverfassung, deren Qualität von Cicero (*rep.* II 2) darauf zurückgeführt wurde, daß sie in einem jahrhundertelangen Lernprozeß entstanden war.

Wenn sie gleichwohl in Ciceros eigener Zeit nicht mehr reibungslos arbeitete, so hing dies paradoxerweise mit den außenpolitischen Erfolgen Roms zusammen. Die Römer hatten eine ebenso folgerichtige wie behutsame Expansionspolitik betrieben. In allen Städten, mit denen sie zu tun hatten, saßen bereits italische oder römische Kaufleute. Ökonomische Kontakte gingen den politischen und militärischen voraus. Die Kriege, die Rom, wie alle Städte und Stämme der Antike, mit seinen Nachbarn führte, endeten indessen gewöhnlich weder in der Eroberung noch im Status quo ante, sondern in einem ungleichen, auf unbestimmte Zeit abgeschlossenen Bündnis, das den Bundesgenossen (*socii*) Schutz und Frieden, den Römern Macht und Ansehen einbrachte. Diese italische Wehrgenossenschaft hielt sogar dem Ansturm Hannibals stand. Er wurde von den Italikern nicht als Befreier begrüßt. Es ist bezeichnend, daß diese im Bundesgenossenkrieg 91 bis 88 nicht für die Lösung von Rom, sondern für die Gleichberechtigung in Rom kämpften. Sie wurde ihnen trotz der militärischen Niederlage gegen die Legionen gewährt.

Im Unterschied zu allen anderen antiken Gemeinwesen haben die

Römer eine weitherzige Bürgerrechtspolitik betrieben. Gemäß ihrem Ursprungsmythos hatte bereits Romulus, um seine neugegründete Stadt zu füllen, für beliebige Zuwanderer ein Asyl eingerichtet, auch wenn es entlaufene Sklaven oder Räuber waren. Die Republik hat großzügig Fremde, ja ganze Geschlechter eingebürgert, so die *gens Claudia,* und alle von Privatleuten freigelassenen Sklaven. In anderen Staaten war dafür in jedem Einzelfall ein Volksbeschluß erforderlich. Livius (IV 3,13) formulierte das Prinzip: „Indem unsere Vorfahren jede Familie aufnahmen, die sich durch Tüchtigkeit (*virtus*) auszeichnete, ist das Imperium gewachsen". Der *populus Romanus* verstand sich laut Cicero (*rep.* I 39) nicht als Abstammungs-, sondern als Rechtsgemeinschaft zum gemeinsamen Besten: als *coëtus multitudinis, iuris consensu et utilitatis communione sociatus.* Daraus erwuchs das für Rom bezeichnende „doppelte Vaterland": das natürliche, in dem jeder Einzelne geboren war, und das politische, dem alle angehörten: Rom – so wieder Cicero (*leg.* II 5).

Die Möglichkeit, in diesen Staatsverband einzutreten und seinen Schutz zu genießen, hat Roms Aufstieg beschleunigt: Der Einigung Italiens im 4. Jahrhundert folgte der Sieg über die Seemacht Karthago im 3. Jahrhundert, der Rom zur Herrscherin im westlichen Mittelmeer machte, und die dann seit dem zweiten Jahrhundert schrittweise vollzogene Angliederung der griechischen Staatswesen im Osten. Rom bemühte sich dabei, das Prinzip des *bellum iustum* zu beachten, d.h. nur Kriege zur eigenen Verteidigung und zur Sicherheit der Bundesgenossen zu führen. Zur Einrichtung von Provinzen kam es nur langsam, in der Regel über Zwischenstufen der Abhängigkeit. Gegenüber den „Barbaren" im Westen trat Rom als Schutzmacht der Griechenstädte (Massilia, Sagunt, Salona) auf. Als Beschützerin der Kleinstaaten gegenüber den hellenistischen Großmächten unterwarf es erst Makedonien, dann den Seleukidenstaat und schließlich das reiche Ägypten. Innere Kriege, durch die allein große Mächte zerfallen, wie der Alexandriner Appian (*praef.* 10f.) schrieb, hatten im Osten den Römern vorgearbeitet, die allen Völkern durch Klugheit, Mut und Ausdauer überlegen gewesen seien. Mit der Gewinnung der Rheingrenze durch Caesar und der Donaugrenze durch Augustus war das Reich im wesentlichen vollendet.

Die letzte Phase der Expansion wurde indessen von inneren Erschütterungen begleitet. Sie beginnen mit den Reformversuchen der Gracchen und führen über die Bürgerkriege zwischen Marius und Sulla, Caesar und Pompeius zum Sieg der Caesarerben über die Caesarmörder bei Philippi 42 v. Chr. und zur Begründung des Principats durch Augustus nach der Niederwerfung Marc Antons 31 v. Chr. in der Schlacht bei Actium. Die literarischen Sittenwächter Roms und ihre späteren Nachdenker haben diese inneren Auseinandersetzungen aus einem Dekadenzprozeß abgeleitet, aus schwindender Widerstandskraft gegenüber wachsendem Wohlstand. Ob hier ein Niedergang der Moral vorliegt, wird sich kaum klären lassen. Ersichtlich aber ist, daß die Versuchungen stiegen. Die Statthalter waren in ihren Provinzen kleine Könige, sie verfügten über immer stärkere Heere, immer größere Gelder, so daß die Rückkehr zur senatorischen Egalität zunehmend problematisch wurde. Seit den Scipionen deutet sich eine Entwicklung zur Monarchie an, und es ist erstaunlicher, daß sie so spät kam, als daß die Senatsherrschaft schließlich gescheitert ist. Die römische Verfassung war auf einen Stadtstaat, nicht auf ein Weltreich zugeschnitten, und ein solches konnte unter den antiken Kommunikationsbedingungen kaum anders als zentral verwaltet werden, ohne den Zusammenhalt zu gefährden.

Die Alternative zur monarchischen Verfassung wäre eine Aufsplitterung des Imperiums gewesen. Ansätze zur Verselbständigung einzelner Regionen zeigen Sertorius in Spanien, Sittius in Africa, Vercingetorix in Gallien, im Orient Caecilius Bassus, dann Labienus Parthicus und schließlich Marc Anton. Daß die Einheit gewahrt wurde, ist das Verdienst des Augustus, der die republikanischen Traditionen des Westens mit den Erwartungen des Ostens an eine charismatische Herrschaft in seinem dynastischen Principat verknüpfte, die Versorgung der römischen Bürger in den Legionen und in der Stadt Rom sicherte und den individuellen und kollektiven Ehrgeiz der altrömisch gesinnten Senatoren beschnitt. Sie beklagten den Verlust ihrer Freiheit, während Stadtvolk, Italiker und Provinzialen nach Jahrzehnten des Bürgerkrieges den lang entbehrten Frieden begrüßten. So meldet es Tacitus (*ann.* I 2).

2. Das Imperium als System

Rom wurde unter den Kaisern zum Zentrum einer befriedeten Welt. Augustus schmückte die Stadt mit Nutz- und Repräsentationsbauten und versorgte die Bevölkerung mit Brot und Spielen. Die Zeitgenossen waren stolz auf Glanz und Größe der *Urbs Aeterna*, die nun die Metropolen des Ostens wie Alexandria, Antiochia und Athen in den Schatten stellte. Italien genoß Steuerfreiheit. Die älteren, befriedeten Provinzen wurden von senatorischen Prokonsuln, die jüngeren, grenznahen seit 27 v. Chr. von kaiserlichen Legaten verwaltet. Die Armee, etwa zu gleichen Teilen aus Bürgersoldaten und Hilfstruppen zusammengesetzt, wurde stark verkleinert und an den Grenzen stationiert. 300000 Soldaten bewachten 50 Millionen Reichsangehörige: Kein antiker Staat war in einem solchen Grade demilitarisiert. Dies kam der Wirtschaft zugute, und deren sichtbare Erfolge erhöhten die Akzeptanz der römischen Herrschaft. Das gesamte Reich zerfiel in Stadtkreise (*civitates*), die ihre kommunalen Angelegenheiten selbst regelten. Nur Blutgerichtsbarkeit und Reichssteuern unterstanden der Zentralverwaltung.

Anfänglicher Widerstand gegen die Kaisergewalt aus altsenatorischen Geschlechtern wurde, zumal unter Tiberius, Caligula und Nero, durch Majestätsprozesse gebrochen. In den Provinzen gab es kurz nach der Machtübernahme durch Rom vielfach Aufstände. Erfolgreich war nur Arminius im Teutoburger Wald. Niedergeworfen wurde die Erhebung in Numidien unter Tacfarnias, in Gallien unter Florus und Sacrovir, in Pannonien unter Bato, in Britannien unter Boudicca, in Judäa unter Eleazar und Johannes von Gischala und in Belgien unter Civilis. Dessen Anhängern hält bei Tacitus (*hist.* IV 74) der römische Feldherr Petilius Cerialis eine Rede: „Immer gab es Kriege, bis die Römer kamen, und wir fordern nicht mehr, als der Friede benötigt. Für die Ruhe unter den Völkern bedarf es der Waffen, für die Soldaten der Löhnung, für den Sold der Steuern – alles andere ist euch und uns gemeinsam, einschließlich der militärischen und zivilen Ämter. *Nihil separatum clausumve* – nichts ist euch verschlossen oder verboten." So sahen dies auch Roms Anhänger in den Provinzen. Bereits die zweite Generation suchte ihr Glück nicht mehr in der nationalen Selbständigkeit, sondern in den politischen und wirtschaftlichen Aufstiegsmöglichkeiten, die das Imperium bot. Über die Kommunalverwaltung und den Heeresdienst konnte man das Bürgerrecht legal erwerben; daß es durch Bestechung erhältlich war, lehrt die Apostelgeschichte (22,28). So wuchs die Zahl der Vollbürger, bis Caracalla im Jahre 212 alle freien Provinzialen zu *cives Romani* erklärte.

Die Aufstiegsmöglichkeiten zeigten sich in der wachsenden Zahl von gebürtigen Nichtrömern im Senat, in der Verwaltung und im Heer. Auch die Kaiser selbst kamen seit dem Ende der Flavier 98 nicht mehr aus Rom und Italien, sondern aus Gallien, Spanien, Africa, Syrien und seit dem 3. Jahrhundert fast ausschließlich aus den spät romanisierten Donauländern, wo die besten und meisten Truppen ausgehoben wurden. Der Weg zum Thron führte über das Heer, das den neuen Imperator ausrief und als Nachfolger dessen Sohn oder Adoptivsohn betrachtete. Der Senat stimmte in der Regel zu.

Nachdem der Osten bereits hellenisiert war – nur Ägypten behielt seine kulturelle Eigenständigkeit –, wurde der Westen romanisiert. Griechisch war die Sprache der Gebildeten im ganzen Reich, im Osten auch Amtssprache; Testamente waren gleichwohl in allen Schriftsprachen rechtsgültig.[11] Das Keltische, Punische, Illyrische und Thrakische verschwanden erst in frühchristlicher Zeit. Latein mußte beherrschen, wer ins Heer eintrat oder das Bürgerrecht erwerben wollte.

Die Vielfalt der Religionen wurde nicht beschränkt; verboten waren indes die bei den Karthagern und Galliern üblichen Menschenopfer. Man glaubte, daß die verschiedenen Götter nur unterschiedliche Bezeichnungen für dieselben Wesen seien. Zeus dachte man demgemäß wesensgleich mit Jupiter, Donar, Ammon-Re, Jahwe, Marnas und Ahura Mazda.[12] Kein Kult beanspruchte von seinen Anhängern Ausschließlichkeit, außer dem jüdischen. Nur die strenggläubigen Juden verweigerten die Tischgemeinschaft mit den „Heiden". Dennoch wurden ihre Sitten grundsätzlich respektiert. Messiaserwartungen führten zu jenen beiden Erhebungen in Palästina, die Vespasian und Hadrian unter großen Opfern auf jüdischer Seite niederwarfen.

Verboten war das Christentum, weil – anders als bei den Juden – keine Glaubensfremden zu den hinter verschlossenen Türen abgehaltenen Gottesdiensten zugelassen waren, bei denen gemäß den Herrenworten „Dies ist mein Blut, dies ist mein Fleisch" Sakralkannibalismus vermutet wurde. Die Christen missionierten und standen unter dem Verdacht der Geheimbündelei. Zeit- und gebietsweise wurden sie blutig verfolgt. Den ideologischen Zusammenhalt der religiös so bunten römischen Gesellschaft lieferte der Kaiserkult, die numinose Verehrung für den Genius des Herrschers, von Kaisern wie Domitian und Aurelian in maßloser Selbstüberschätzung auch für ihre Person gefordert.

Protest gegen das Gottkaisertum gab es im Senat, bei Christen und Juden, er richtete sich nicht gegen das System, sondern gegen schlechte Kaiser und korrupte Statthalter. Nachdem schon Polybios (Buch VI) die Vorzüge des Imperiums gepriesen und Judas Makkabäus (1. *Makk.* 8) die Gerechtigkeit der Römer gerühmt hatte, meinte der Pharisäer Flavius Josephus (*BJ.* III 401), die Juden sollten ihre Zukunft nicht in der Lösung von Rom, sondern unter dem Schutz der Kaiser suchen, und der delphische Apollonpriester Plutarch (*mor.* 824 c) bemerkte, daß die Griechen von ihrer Freiheit doch so viel behalten hätten, wie ihnen zuträglich sei. Der jüngere Plinius aus Como in Gallia Cisalpina und der Redner Aelius Aristides aus dem kleinasiatischen Mysien – jener in seinem Panegyricus auf Trajan aus dem Jahre 100, dieser in seiner Rede auf Rom aus dem Jahre 143 n. Chr. – haben das Hohe Lied Roms gesungen – die *patria gentium*, die allerorten Frieden, Recht und Wohlfahrt stifte und Krieg und Not, wie man hoffte, auf immer überwunden hätte.

3. Decline and Fall

Edward Gibbon schrieb 1776: *If a man were called to fix the period in the history of the world, during which the condition of the human race was most happy and prosperous, he would, without hesitation, name that which elapsed from the death of Domitian to the accession of Commodus* (I 1838, S. 136). Zweihundert Jahre Forschung seit Gibbon haben an diesem Urteil ebensowenig geändert wie die zweihundert Jahre Geschichte, die wir seit Gibbon erlebt haben. Das verschärft die Frage: Wie konnte ein solch blühendes Gemeinwesen, ein solch hoher Kulturstand verloren gehen?

Die Perspektive des Historikers verführt dazu, vom Ende her zu denken und den „Keim des Verfalls" so früh wie möglich aufzuspüren, so daß der Zusammenbruch schließlich als Ergebnis eines lange angelegten und daher nicht weiter verwunderlichen Niedergangs erscheint. Das aber trügt. Trotz aller Mißstände, die nach der *most happy period* bereits unter den Nachfolgern Marc Aurels (161–180) auftraten, kann von gravierenden Strukturschwächen in dieser Zeit noch keine Rede sein. Auch unter den Severern um 200 n. Chr. war das Reich noch stabil.

Erst als zu Beginn des 3. Jahrhunderts im Osten die Perser zum Angriff übergingen und an Rhein und Donau die Germanen unruhig wurden, veränderte sich die Lage. In Persien entfaltete die 224 zur Macht gelangte Dynastie der Sassaniden eine ungeahnte Dynamik. 259 geriet Kaiser Valerian in persische Gefangenschaft[13], am Niederrhein bildete sich der fränkische, am Oberrhein der alamannische Stammesverband.[14] Beide unternahme große Kriegszüge ins Reich, während die Sachsen als Seeräuber die Küsten Galliens und Britanniens plünderten. An der unteren Donau drangen die kürzlich hier angelangten Goten tief ins Reichsinnere ein. 251 fiel Kaiser Decius im Kampf gegen sie. So standen die Römer vor einer völlig neuen außenpolitischen Situation.

Die militärisch gebotene Präsenz des Kaisers an mehreren Fronten zugleich führte zu Pronunciamentos erfolgreicher Generäle durch die Legionen, und daraus ergab sich der Bürgerkrieg mit dem legitimen Kaiser und der unter den Usurpatoren. Jede Armee suchte ihren Kandidaten durchzubringen, die Usurpation begünstigte den militärisch Fähigsten. Wäre das Verfahren nicht so kostspielig gewesen, müßte man ihm systemstabilisierende Wirkung zuschreiben. Die Erhebungen richteten sich nie gegen den Staat oder die Staatsgewalt als solche, sondern immer nur gegen deren jeweiligen Inhaber. Zeitweilig bildeten sich Sonderreiche in den am stärksten gefährdeten Gebieten, so in Gallien (258–273) und in Syrien (260–272). Die Landbevölkerung litt unter den Kriegskosten, die Währung verfiel infolge minderwertiger Münzen, die in großen Mengen zur Entlöhnung der Soldaten geprägt wurden. In den fünfzig Jahren der Soldatenkaiser (235–284) kämpften siebzig, meist aus den Donauländern stammende Prätendenten um die Macht.[15]

Erst Diocletian gelang es in einer langen Regierungszeit 284–305, das Reich zu stabilisieren.[16] Er legalisierte das Mehrkaisertum durch die Tetrarchie, verlagerte die Residenzen aus Rom nach Nikomedien, Thessalonike, Mailand und Trier, in die Nähe der Krisenherde, und begann, Wirtschaft, Verwaltung und Hof zu reformieren. Dies vollendete jedoch erst Constantin (306–337), der nach erfolgreichen Bürgerkriegen gegen Maxentius in Rom (312) und Licinius im Osten (324) gemeinsam mit seinen Söhnen regierte, in Byzanz, nun Konstantinopel genannt, die Hauptstadt des Ostens errichtete und mit seiner Hinwendung zum christlichen Glauben die Christianisierung des gesamten Imperiums einleitete.[17] Das Christentum hatte sich von Osten nach Westen, von den Städten aufs Land und von den Unter- und Mittelschichten auf die Oberschicht ausgebreitet.[18] Lebhafte Mission, fester Zusammenhalt, Nächstenliebe und Glaubensstärke machten es allen anderen Religionen überlegen.

Die Nachfolger: Constantius II (337–361), danach der nochmals dem Heidentum zugeneigte Julian (355–363) und Valentinian (364–375) vermochten die weiterhin umkämpften Grenzen zu schützen, doch unterlag Valens 378 bei Adrianopel den über die untere Donau eingedrungenen Goten. Sie waren hinfort nicht mehr zu vertreiben. Der Donauraum wurde von den Germanen beherrscht. Zu Recht bezeichnete der Kirchenhistoriker Rufinus (I 13) diese Schlacht als den Anfang aller Übel für das Römerreich. 382 wurde die Landnahme der Goten legalisiert.[19]

Nachdem schon Augustus größere Gruppen von Germanen ins Reich aufgenommen hatte, setzte sich diese Ansiedlungspolitik in allerdings überschaubarem Umfang fort, verbunden mit Zahlungen von Subsidien an Satellitenfürsten jenseits des Limes und einem wachsenden Anteil germanischer Söldner in den Hilfstruppen und den Legionen.[20] Unter Constantin stiegen einzelne „Reichsgermanen" in das neu geschaffene höchste Militäramt des Heermeisters (*magister militum*) auf, und diese Militärs gewannen zunehmend Einfluß auf die Politik. Theodosius I (379–395), der die bedeutendsten der alten Kulte unterband und als einzige nichtchristliche Religion das Judentum anerkannte, hatte das Reich noch einmal im Griff. Er wird als „Freund des Friedens und der Goten"[21] gerühmt; Germanen saßen bereits in Schlüsselstellungen, die wichtigsten Männer trugen nun Namen wie Merobaudes und Arbogast, Bauto und Stilicho.

Zwischen den in Konstantinopel und Ravenna residierenden Söhnen des Theodosius kam es zu Spannungen; Stilicho wurde gestürzt, was der Westgote Alarich nutzte, um 410 Rom zu plündern. Sein Nachfolger besetzte den Süden Galliens, das seit dem Sturz des Gegenkaisers Maximus 388 nicht mehr wirksam verteidigt wurde. 407 zogen die über den Rhein eingedrungenen Sweben, Alanen und Vandalen nach

Spanien und Nordafrika, die Franken kontrollierten Nordgallien und die Alamannen das Voralpenland. Die überwiegend an den Grenzen stationierten Legionen bekamen den ins Innere vorgestoßenen Feind nicht zu fassen. Die römische Verwaltung zog sich nach Südgallien, dann nach Oberitalien zurück.

Da im Osten die Perser und Hunnen angriffen und Unruhen, wie sie auch den Westen belasteten (Bagauden), Kleinasien verunsicherten (Isaurier), war von dort keine Hilfe zu erhoffen. Im Westen regierten die Heermeister Aëtius, der 451 mit westgotischen Föderaten die Hunnen auf den Katalaunischen Gefilden schlug, und Rikimer, der gegen den Vandalenkönig Geiserich in Karthago erfolglos blieb, bis der Thüringer Odovakar, um die Landwünsche der von Rom angeworbenen Truppen erfüllen zu können, den letzten Kaiser des Westens, Romulus Augustulus, 476 absetzte, dessen Herrschaft jedoch nur noch ein Schatten der alten Kaisermacht war. Odovakar hielt sich – offiziell als *patricius* im Namen des Ostkaisers regierend – bis zum Einmarsch der Ostgoten unter Theoderich 492.

Das von den Germanen weitgehend verschonte Ostreich hatte zwar gleichfalls Probleme mit germanischen Heermeistern, konnte sich ihrer aber, wenn auch mit zweifelhaften Mitteln, entledigen: Gainas und Fravitta wurden 400 gegeneinander ausgespielt, Aspar und Ardabur 471 beim Festmahl ermordet, Theoderich und die Goten 488 nach Italien abgeschoben. Der Osten mit der starken Festung Konstantinopel erlebte unter Justinian (527–565) nochmals eine Blüte. Sein Versuch, die Reichseinheit wiederherzustellen, scheiterte nach Anfangserfolgen gegen Vandalen und Ostgoten – dem Kaiser fehlten dafür die Mittel, zumal Perser und Hunnen ungeheure Zahlungen erpreßten.

4. Mußte Rom fallen?

Die Frage nach der Zukunft des Imperiums wurde bereits in der Antike gestellt und schon damals kontrovers beantwortet. Der jüngere Scipio hatte 146 v. Chr. angesichts des brennenden Karthago den Untergang Trojas vor Augen und fürchtete entsprechend den von Rom, denn so wie die Menschen selbst seien auch ihre Werke vergänglich: Alle großen Reiche mußten wieder zerfallen, Assyrien, Medien, Persien und Makedonien – dasselbe erwarte auch Rom.[22] Diese auf dem Machtgipfel der Republik geäußerte Überzeugung wiederholte an deren Ende Sallust (*Jug.* 2,3): *omnia orta occidunt et aucta senescunt* – alles, was entsteht, vergeht; und was gewachsen ist, wird altersschwach. Als Gründe gab man den Sittenverfall gemäß dem klassischen Dekadenzmodell an: Äußeres Elend zwingt ein Volk zur Entfaltung der inneren Kräfte; es kommt zu Macht, Größe und Reichtum. Im Luxus aber erlahmt die Leistung. Dem Glanz folgt der innere Niedergang, bis auch das äußere Glück verloren ist.

Diese realistische Einsicht war auch in augusteischer Zeit noch lebendig, wie Livius in seinem Vorwort bezeugt und bei der Schilderung des Kampfes mit der Etruskerstadt Veji bestätigt: „Große Reiche sind sterblich, denn sie werden uneins mit sich selber" (II 44,9). Er dachte hier an die eigene Zeit, ebenso wie Cassius Dio (IV 17,3) zweihundert Jahre später an die seine, als er prophezeite, daß Rom nur fallen könne, wenn die Römer sich untereinander schwächten. Der Pessimismus am Ausgang der Republik wurde indessen verdrängt durch ein bei Römern wie Christen erkennbares Epochenbewußtsein, durch die Romideologie.[23] Rom wurde als *imperium sine fine,*[24] als Reich ohne räumliche und zeitliche Grenzen gefeiert. Dem Willen der Götter gemäß seien die Römer berufen, den Völkern die *Pax Romana* zu bringen, Recht und Sicherheit, Wohlstand und Zivilisation zu fördern. Die Christen erwarteten statt des irdischen Friedens den himmlischen, erachteten die Zeitgleichheit von Augustus und Jesus als providenziell und sahen in der Christenverfolgung eine nicht nur für sie selbst schmerzliche, sondern auch für Rom unkluge Politik.

Als Constantin das Christentum dann anerkannte, erschien für den mit ihm befreundeten Bischof Euseb die Vollendung gelungen: ein Gott, ein Reich, ein Kaiser! Es wurde zum Allgemeingut, selbst für Augustinus, daß das Reich die letzte irdische Staatsordnung vor dem Weltgericht sei. Sein Schüler Orosius glaubte, Gott habe die Barbaren nur darum ins Reich kommen lassen, um sie dem wahren Glauben zuzuführen, und diese selbst wollten offenbar nicht Zerstörer, sondern Nutznießer und Erben des Imperiums sein.[25] So konnte das Reich als Idee das Reich als Realität überdauern. Die Stürme der Völkerwanderung haben nur wenige unter den zeitgenössischen und den späteren Autoren davon überzeugt, daß es mit dem Imperium vorbei sei. Die Mehrzahl hielt an seinem Fortbestand fest und stritt nur, ob der römische Papst, der deutsche Kaiser oder der Basileus in Byzanz der wahre Erbe sei.

Das Mittelalter begriff sich als verlängerte Spätantike. Otto von Freising, der Oheim Barbarossas, numerierte in seiner Weltchronik die Kaiser durch: Augustus war der erste, Heinrich III. der neunzigste. Erst im Renaissance-Humanismus erwachte neuerlich ein Epochenbewußtsein. Indem nach dem „finsteren Mittelalter" (Petrarca) nunmehr das Licht der Kultur wieder erstrahlte,[26] erhob sich die Frage, wann und warum denn die so hochgeschätzte römische Welt untergegangen sei. Seitdem ist die Diskussion nicht mehr verstummt. Klar war die Rolle der Germanen, zweifelhaft nur, ob sie als rohe Barbaren eine blühende Zivilisation zerstört oder als unverdorbenes Naturvolk ein korruptes und labiles System zum Einsturz gebracht hätten – so die deutschen gegen die italienischen Humanisten.

Mit Gibbon begann die wissenschaftliche Diskussion über Ausmaß, Zeitpunkt und Ursachen von *decline and fall.* Er selbst sah im Christentum einen schwächenden Faktor, der freilich auf eine bereits dekadente Gesellschaft wirkte, und fand im Ansturm der Germanen den entscheidenden Grund für den Zerfall des Reiches. In der Folgezeit bildeten sich Richtungen heraus, die in einem durch die Christianisierung teils angezeigten, teils verursachten Mentalitätswandel oder im Versagen des Staates den Hauptgrund suchten. Seit Mommsen[27] kritisiert man den „künstlichen" völkerübergreifenden Imperialismus, der die „natürlichen" Nationen und ihren Wunsch nach Eigenstaatlichkeit ignoriert habe; statt Absolutismus und Bürokratie hätten Steuererleichterung und Mitbestimmung eingeführt werden müssen. Beliebt sind die sozialökonomischen Deutungen, die in einem erstarrten Kastenwesen, in stagnierendem technischen Fortschritt, im wuchernden Latifundienwesen und in wachsenden Zahlen von halbfreien Kolonen des Übels Wurzel zu erkennen meinten. Bisweilen glaubte man, den Schlüssel zum Verständnis des Niedergangs in erschöpften Lebensgrundlagen biologischer Art wie Entwaldung und Verkarstung, Menschenmangel, sogar in der Vermischung der römischen Bevölkerung mit Fremden und auch in einer universalhistorisch gültigen, zyklischen Dekadenz zu finden.[28] Die Germanen wurden in der Regel nur als Anlaß für den Sturz des angeblich schon morbiden Systems erachtet.

Die meisten Autoren betonen, daß nicht äußere, sondern innere Faktoren Rom ruiniert hätten, daß mithin die Römer an ihrem Untergang selbst schuld gewesen seien. Man begründet dies mit einem Gesetz der Geschichte, nach dem das Unglück keinen Unschuldigen treffe. Lohn und Strafe verwirklichten höhere Vergeltung. Demgemäß könnten auch Staaten, Völker und Kulturen nur an sich selbst zugrundegehen. Dieses Universalprinzip vertraten seit Anaximander (Diels + Kranz 9 B 1) außer den dafür schon gesammelten Stimmen[29] noch Aristoteles (*Rhet.* I 4,12), Adalbert Stifter[30] und Nikolaus Berdjajew.[31] 222 Verfallsfaktoren werden genannt.[32] In der Regel suchen die Autoren den wichtigsten Grund da, wo sie die eigene Zeit am stärksten kritisieren. Romkritik war immer verkappte Zeitkritik.

5. Verfallsfaktoren

Fast alle Erklärungsversuche zum Zerfall des Römischen Reiches im 5. Jahrhundert n. Chr. benennen wirkliche Schwächemerkmale. Sie waren den Kaisern durchaus bewußt. Ihre Reaktion war: das monarchische Zeremoniell ins Bombastische steigern, den Kaiser in eine sakrale

Aura hüllen, Usurpationsverdächtigungen mit brutalen Methoden ahnden, durch eine Flut von Gesetzen möglichst alles zentral regulieren und Abweichungen mit drakonischen Strafen bedrohen – fluchtverdächtige Kolonen in Ketten legen, Söhne zur Übernahme der väterlichen Berufe verpflichten, für sämtliche Waren und Dienstleistungen Höchstpreise festlegen, Nichtkatholiken mit Schikanen verfolgen, ihre Bücher verbrennen, ihnen selbst den Feuertod androhen. Damit scheint der totalitäre Charakter des spätantiken „Zwangsstaates" perfekt,[33] der Übergang von der Verwaltung zur Vergewaltigung vollzogen.

Die Realität freilich zeigt, aufs Ganze gesehen, einen zunehmend handlungsunfähigen „Zwangsstaat", einen Koloß auf tönernen Füßen. Vier Elemente machen das deutlich: Zum ersten ist es der bürokratische Staatsapparat selbst, der nicht imstande oder nicht willens war, im Sinne des Kaisers zu arbeiten. Zum anderen widersetzten sich die Grundbesitzer senatorischen wie curialen Standes den kaiserlichen Rekruten- und Steuerforderungen. Zum dritten gewann die Kirche an Eigenständigkeit und entzog sich den Weisungen des Kaisers. Schließlich entwickelte das Militär, zumal das germanisch geprägte, Eigeninteressen, die dem Kaiser über den Kopf wuchsen. Der spätantike „Zwangsstaat" wurde zur Fassade.

Die in den diocletianisch-constantinischen Reformen vergrößerte Bürokratie entzog sich zunehmend der Kontrolle durch die Zentrale. Etwa ein Drittel aller im Codex Theodosianus gesammelten Gesetze sucht Mißstände in der Verwaltung abzustellen.[34] Die Kompetenzen waren vielfach unklar, die Gesetzeslage undurchsichtig; die Kaiser erfuhren nicht mehr, was sich im Lande tat. Wie sollte der Kaiser die Gravamina beheben, wenn ihn die Kunde davon nicht erreichte oder wenn die Beamten seine Anordnungen nicht ausführten? Die Legislative florierte, die Exekutive versagte. Klagen darüber kontrastieren seltsam mit der pauschalen Ungültigkeitserklärung „erschlichener", rechtswidriger Gesetze. Ihre Durchführung wurde den Beamten untersagt[35] – doch wie sollten diese die Illegitimität eines Kaiserediktes erkennen?

Ein Hauptübel war die Korruption. Die Stellen wurden auf Empfehlungen (*suffragatio*) hin besetzt, die Fürsprecher am Hof waren oft genug käuflich. Hatte ein Kandidat seinen Posten erhalten, so mußte er durch passive Bestechung wieder hereinholen, was er durch aktive verausgabt hatte. Theodosius II und Justinian nutzten die Liquidität der Bewerber, indem sie Ernennungsgebühren erhoben.[36] Leidtragende waren die Provinzialen. Die Magnaten entzogen sich dem Gericht, die Amnestien wurden immer großzügiger. 379 wurde verfügt, daß Amtsträger mit ihrer Entlassung rechnen müßten, wenn sie vier Jahre unerlaubten Urlaub gemacht und das Gehalt eingestrichen hätten. Eunapios (fr. 87) bemerkte: Gesetze sind wie Spinnweben. Fliegen bleiben darin hängen, aber Wespen zerreißen sie.

Eine zweite Grenze war der Staatsmacht durch die Grundherren gezogen, vielfach verflochten mit den Amtsinhabern. Sie wohnten großenteils nicht mehr, wie in der Principatszeit, in den Städten, sondern in ihren Villen auf dem Lande, deren prächtige Ausstattung archäologisch wie literarisch bezeugt ist. Diese Landsitze tendierten zu einer wirtschaftlichen Unabhängigkeit vom städtischen Markt; 420 legitimierte Theodosius II die schon 50 Jahre zuvor bezeugte Befestigung von Privatvillen mit Mauern und Türmen, da der Staat den Schutz nicht mehr gewährleisten konnte.[37] Wir hören davon, daß sich die Inhaber damit auch gegen die Staatsgewalt schützten – so der Hochverräter Aëtius 432,[38] im 5. Jahrhundert wurde das zweimal wiederholt.[39] Bereits 391 war das staatliche Waffenmonopol aufgehoben worden, damit sich die Bürger gegen marodierende Soldaten wehren könnten. Einzelne Grundbesitzer haben, wenn auch nicht sehr erfolgreich, ihre Kolonen gegen die ins Reich eingedrungenen Barbaren in den Kampf geführt, so in Thessalien, Pamphylien, Kappadokien, Ägypten und Spanien.[40]

Unsicherheit vor den Barbaren und Angst vor den Steuereintreibern trieben zahlreiche Kleinbauern in ein Schutzverhältnis (*patrocinium*) mit den Grundherren, die mit dem Rechtstitel der Liegenschaften deren Steuerpflichten übernahmen. Diese Klienten entzogen sich so dem Zugriff der Staatsgewalt, darum wurden immer wieder Gesetze gegen das Patrocinienwesen erlassen. Die Wiederholung zeigt, wie schwach die Wirkung war; die Legitimierung alter Schutzverträge erweist die Konzessionsbereitschaft des Staates gegenüber den Mächtigen, den *potentes.* Diese usurpierten schließlich auch die staatliche Gerichtshoheit, wie drei Verbote von Privatgefängnissen bezeugen. So verwandelte sich Grundbesitz in Grundherrschaft, die mediatisierte Staatsgewalt zeigt präfeudale Züge.

Die prekären Steuerforderungen an die Grundbesitzer richteten sich nicht nur an den Reichsadel der Senatoren, sondern ebenso, wenn nicht vorrangig, an den Munizipaladel der Curialen, der Ratsherren. Sie leisteten vermutlich den größten Beitrag zum Steueraufkommen. Wie wichtig sie dem Kaiser waren, das zeigen die Gesetze gegen Curialenflucht; ihre fast alljährliche Wiederholung beweist jedoch wiederum deren Wirkungslosigkeit. Sofern es gelang, die Steuerforderung durchzusetzen, hat dies den Niedergang des Standes beschleunigt. Um ungerechte Steuerforderungen abzufangen, ernannte Valentinian *defensores civitatis* und *defensores plebis:* Beamte, die vor Beamten schützen sollten. Der Niedergang des Curialenstandes war ein irreparabler Schaden für das Reich, denn aus ihm rekrutierte sich die untere und mittlere

Beamtenschaft. Anders als die senatorischen Grundherren haben die Curialen das Ende der römischen Herrschaft nicht überdauert. Sie gehören zu den Verlierern der Krise.

Gibbons Annahme, daß auch die Christianisierung das Reich geschwächt habe, mag im Vergleich zur Principatszeit zutreffen, erklärt aber wenig, da auch die Germanen, die Rom zerstörten, Christen waren. Ein stabilisierender Faktor jedoch war die Kirche kaum. Wenn Constantin gehofft haben sollte, mit der Anerkennung und Unterstützung des Christentums das Reich zu stärken und im Glauben zu einigen, so war das ein folgenschwerer Irrtum. Die staatlichen Versuche, ein allgemeinverbindliches Glaubensbekenntnis zu erlassen, stießen auf Widerstand und führten zu Unruhen. Die 73 Ketzergesetze im Codex Theodosianus zeigen, daß die christlichen Kaiser den Glauben ebensowenig erzwingen konnten, wie die heidnischen ihn zu verbieten vermochten. Mit Polizeigewalt war weder die kaiserliche Kirchenpolitik durchzusetzen noch zwischen den rivalisierenden Glaubensgruppen Frieden zu stiften. Theodosius II (*Nov.* 3,8 f.) beschwerte sich, daß die unzählbaren Gesetze und tausend Strafandrohungen gegen Ungläubige wirkungslos geblieben seien, weil die Beamten sie nicht beachtet hätten.

Die Staatsgewalt fand ihre Grenzen im Einfluß der Bischöfe. Sie erhielten ihre Legitimation Kraft des Charismas, das ihnen ebenso wie dem Kaiser zugesprochen wurde, genossen in den Großstädten bisweilen ungeheure Popularität und konnten die Massen auch gegen den Kaiser und seine Soldaten mobilisieren. Athanasius in Alexandria widersetzte sich orthodoxen, arianischen und paganen Kaisern, Ambrosius in Mailand zwang 384 Valentinian II, 386 Justina und 390 Theodosius in die Knie. Die Massenemotionen, mit denen Porphyrios von Gaza in Konstantinopel den Kaiser Arcadius nötigte, Truppen gegen den Marnas-Kult einzusetzen, beleuchten das Kräfteverhältnis. In den Städten gewannen die Bischöfe zunehmend Autorität sogar in säkularen Angelegenheiten. Die Kaiser selbst legitimierten das Bischofsgericht. Es war zwar an das römische Recht gebunden, doch stand es beispielsweise einem Bischof frei, einen Juden nach Ermessen auspeitschen zu lassen.[41]

Eine dritte Macht neben Kaiser und Bischof war im Osten das Mönchtum. Es führte eine geradezu exterritoriale Existenz und übernahm keinerlei Bürgerpflichten. Der Versuch von Kaiser Valens, gegen die ins Reich eindringenden Goten Mönche zum Wehrdienst heranzuziehen, mißlang. Als der Kaiser bei Adrianopel gefallen war, wurde die Schuld nicht bei den Mönchen gesucht, sondern bei der Gottlosigkeit des Kaisers. Dabei waren die Mönche alles andere als Pazifisten. Wie militant sie in eigener Sache vorgehen konnten, lehren die Tempelschändungen der Gyrovagen und die Gewaltaktionen nach dem Konzil von Chalkedon 451 im syrischen Raum. Lakonisch heißt es schon bei Ambrosius (*ep.* 41,27) *monachi multi scelera faciunt.*

Die folgenschwerste Schwäche der spätantiken Staatsgewalt lag im militärischen Bereich. Nachdem sich die Rekrutierungsräume von Rom auf Italien und von dort in die Provinzen verlagert hatten, zumal in die am wenigsten zivilisierten und verstädterten Donauländer, wurde es auch dort schwierig, Freiwillige zu finden. Kriegsdienst wurde in allen Schichten unpopulär. Römer zahlten lieber die Wehrsteuer (*aurum tironicum*) als zu kämpfen. Der spätantike Rhetor Fortunatianus (I 4) erörtert den Fall, ob sich zehn römische Soldaten des Majestätsverbrechens schuldig gemacht hätten, indem sie sich die Daumen abschnitten. Diese Gewohnheit ist mehrfach bezeugt.[42] In wachsendem Umfang wurden den Barbarenfürsten Stillhaltegelder gezahlt. Der Kirchenvater Orosius hielt den erkauften Frieden für ein gutes Geschäft, und Paulinus von Pella (302ff.) erklärte den Preis für die *Pax Gothica* für angemessen, da es eine *Pax Romana* nicht mehr gab. Wer mit einem kriegerischen Nachbarn in Frieden leben will, muß kämpfen oder zahlen. Die für beide Seiten beste Lösung schien eine Arbeitsteilung: Die Römer zahlten und die Germanen kämpften.[43] Die Söldner gewannen an Bedeutung, zuerst militärisch, dann auch politisch.

Eine neue Lage entstand mit der praktischen Lösung des Heeresbefehls vom Kaiseramt durch die von Konstantin geschaffene Heermeisterei und deren zunehmende Besetzung mit Germanen. All das deutet auf eine Entmilitarisierung der Zentralgewalt, die nun mit dem Militär in Konflikt geraten konnte und geriet. Zwar hatte der dynastische Gedanke so an Gewicht gewonnen, daß unautorisierte Erhebungen von Familienangehörigen Erfolg hatten,[44] familienfremde Usurpationen jedoch mißlangen.[45] Aber der Heeresbefehl selbst wurde verlockend. Wie zu Beginn der Kaiserzeit[46] gab es Meutereien des Militärs, die nicht oder nicht primär die Erhebung eines Gegenkaisers bezweckten.[47] Daneben erschien nach dem Tode des Theodosius ein neuer Typus von Konflikten: die militärische Auseinandersetzung zwischen den Feldherren, bei der es nicht um den Thron ging, sondern um Kommandos. Von Bürgerkriegen können wir kaum sprechen, weil wir nicht wissen, ob die Barbaren Bürger waren, Söldner oder Feinde. Das konnte von Tag zu Tag wechseln. Der Kaiser war gegenüber den Eigenmächtigkeiten des Militärs hilflos, ohne daß damit seine Person oder Position gefährdet war.

Unter den Söhnen des Theodosius gewannen die hohen Militärs weiter an Eigenständigkeit durch die damals zuerst für sie bezeugten Leibwachen der *buccellarii.* Indem sie von ihren Gefolgsherren, den *magistri militum* und den *praefecti praetorio,* besoldet wurden, waren sie auch gegen den Kaiser einsetzbar. Die kaiserlichen Verbote fruchteten nichts, nicht einmal in Konstantinopel selbst, wie die Beispiele Aspar, Sabinianus und Belisar mit seinen 7000 berittenen Speerträgern, den *doryphoroi*, zeigen.[48] Der römische Staat hatte das Waffenmonopol verloren, wohingegen die germanischen Könige es nie beanspruchten – die bewaffnete Gefolgschaft gehörte seit je zum Bilde des Adligen. Während im Osten die großen Heermeister mit Mühe im Gehorsam gehalten oder gestürzt werden konnten,[49] machten sie im Westen Politik auf eigene Faust. Ihr Handlungsspielraum war um so größer, je fester ihre Gefolgschaft hinter ihnen stand. Mallobaudes wurde nach seinem Söldnerdienst König der Franken. Alarich agierte abwechselnd als gotischer König und römischer General, ebenso später Theoderich Strabo. Geiserich verzichtete auf einen kaiserlichen Kodizill, Rikimer und Gundobad besaßen Rückendeckung bei Sweben und Burgundern. Wenn Odovacar sich gegen Theoderich nicht behaupten konnte, so lag dies daran, daß er kein Volk hinter sich hatte. Die Kaiser konnten, soweit sie dynastisch legitimiert waren, ihres Amtes sicher sein, die Macht hatte sich allerdings auf die Heerführer verlagert.

Die Machtverschiebung vom Kaiser auf die Generalität hängt soziologisch zusammen mit der Entstehung einer vom Kaiser unabhängigen Militäraristokratie.[50] Wir können das in der Zeit nach Constantin anhand der Heiratsverbindungen verfolgen. Die überwiegend germanischen Heermeister verschwägerten sich untereinander und seit dem späten 4. Jahrhundert auch mit dem Kaiserhaus. So entstand ein über das gesamte Reich gespanntes Netz familiärer Beziehungen, bis dann im 5. Jahrhundert ziemlich alles, was Rang und Namen hatte, miteinander versippt war. Gegenüber der dadurch entstandenen Hausmacht seiner Großen verlor der Kaiser die Möglichkeit, Offiziersstellen nach Ermessen zu vergeben und zu entziehen. Das Kommando vererbte sich vom Vater auf den Sohn, Schwiegersohn oder Neffen. Um seinen Generalissimus loszuwerden, mußte der Kaiser ihn heimtückisch ermorden, während umgekehrt der Generalissimus den Kaiser durchaus ein- und absetzen konnte. Aus Beamten waren Hausmeier geworden. Die Staatsgewalt war weitgehend mediatisiert und regionalisiert, personale Bindungen wurden wichtiger als institutionelle Regeln. Die Macht des Kaisers fand ihre Grenzen an den sozialen Gegebenheiten, die zunehmend mittelalterliche Züge aufwiesen.

6. Fazit

Das Ende des *Imperium Romanum* bleibt unverständlich, wenn wir die Entwicklungen im *Barbaricum* jenseits des Limes außer Betracht lassen. Die demographischen und militärtechnischen Fortschritte dort waren es doch, die Roms Lage bedrohten – mit den im Inneren entstandenen und nicht gelösten Problemen wäre man wohl fertig geworden. Fraglos hätte das Reich länger gehalten, wenn alle Kaiser glänzende Feldherren und kluge Verwalter gewesen wären, wenn die Administration stets ihre Pflicht getan und die Bürgerschaft sich entschlossen gegen die Barbaren zur Wehr gesetzt hätte. Vor allem hätte das dynastische Prinzip gelockert werden sollen; die 351 gegen Magnentius, 388 gegen Maximus und 394 gegen Eugenius eingesetzten Truppen gingen der Grenzverteidigung verloren. Aber kann man das erwarten?

Das Imperium war ein Vielvölkerstaat von einer im Altertum beispiellosen Liberalität und Toleranz. Die kosmopolitische Romidee war realitätsfremd im Hinblick auf die Perser, nicht aber in bezug auf die Germanen. Die Feinde von gestern waren die Sklaven, Siedler und Söldner von morgen. Das Reich hatte so viele Nordvölker aufgenommen und romanisiert, daß noch Kaiser Valens zwei Jahre vor der Katastrophe von Adrianopel glauben konnte, auch die Westgoten zu assimilieren. Sie kamen mit seiner Einwilligung zur Ansiedlung über die Donau. Wenn Geiserich mit seinen 20000 Kriegern im Jahre 429 Nordafrika unterwarf, wo es 20 oder 30 mal soviele Männer gab, so wird deren Abwarten verständlich, weil es nur eines Kaiserbriefes aus Ravenna bedurft hätte, um Geiserich zum Heermeister für Africa und seine Truppen zu Föderaten zu ernennen. So war, wie man glauben durfte, das Vandalenproblem zu lösen; Platz gab es im Reich.

Der Zerfall des *Imperium Romanum* resultiert nicht zwangsläufig aus dem Vielvölkerstaat, und dieser erwuchs nicht aus einem hybriden Programm gottgewollter Weltherrschaft. Rom scheiterte nicht an vermeidbaren Fehlern unfähiger Männer, nicht im Luxus aus verweichlichten Sitten. Nicht einmal daraus kann man, wie Mommsen dies tat, den Römern einen Vorwurf machen, daß sie zugunsten ziviler Ziele die militärische Sicherheit sträflich vernachlässigt hätten. Die äußere Bedrohung war schwerlich erkennbar. Abgewendet hätte sie eine rechtzeitig verstärkte Einbürgerung der Barbaren. Die ins Reich übernommenen Ubier und Çarpen wurden zu Römern, die Goten und Franken nicht mehr.

Die Weltreiche der Neuzeit zerfielen, weil die beherrschten Völker Selbstbestimmung verlangten. Innere Gründe waren entscheidend. Demokratische und nationale Tendenzen dieser Art sind im Römerreich kaum erkennbar. Das äußere Kräfteverhältnis hatte sich zu Roms Ungunsten verschoben. Roms wirtschaftliche Überlegenheit wurde durch einen steigenden militärischen und demographischen Außendruck in Frage gestellt, der durch Zahlungen an die Barbaren und durch Ansiedlung nicht mehr abzufangen war. Man hat es versucht. Aber das war ein Quantitätsproblem.

Der Fall Roms ist das Ergebnis einer mißlungenen Integration. Vielleicht hat jedes System seine Kapazitätsgrenzen, aber Rom hat gezeigt, daß diese beträchtlich erweitert werden können, sofern der Politik, wenn auch nicht immer in der Praxis, so aber doch in der Idee, die Prinzipien eines auf dem Gedanken der Humanität aufgebauten Rechts zugrunde liegen. So ist das *Imperium Romanum* für uns eine Warnung und eine Hoffnung zugleich. Frieden und Wohlstand sind nur dann gesichert, wenn die Spannungen zwischen oben und unten, innen und außen nicht zu groß werden. Für den Ausgleich bedarf es der höchsten unter den Kardinaltugenden, der Gerechtigkeit. Das wußten auch die Römer. Möge die Nachwelt sie verwirklichen! *Iustitia est fundamentum regnorum.*

Krise und Auflösung des fränkischen Großreiches

Reinhard Schneider

Das Frankenreich ist die eindrucksvollste Großreichbildung des Frühmittelalters.[1] Als Erben weströmischer Herrschaft waren die Franken ins Licht der europäischen Geschichte getreten und hatten eines der dauerhaftesten und wirkungsmächtigsten Reiche unter den germanischen Völkerschaften geformt. Dabei bezogen sie eine Mittlerstellung zwischen Spätantike und Mittelalter, blieben nichtbarbarischen Einflüssen gegenüber aufgeschlossen. Unter solchen Vorzeichen entwickelte sich nach allgemeiner Auffassung ein blühendes Staatswesen, das seinerseits zur Wiege verschiedener Reiche, aber auch von kontinentalen Nationen und Nationalstaaten wurde. Selbst „aus den inneren und äußeren Wirren des 9. Jahrhunderts (sei es) trotz aller Zerrüttung *ohne territoriale Einbußen* hervorgegangen" (Th. Schieffer),[2] es hätte seinen bedeutendsten Herrscher demnach um Generationen überlebt. Im traditionellen europäischen Verständnis kulminiert nämlich die Geschichte der Franken und ihres Großreiches unter Karl, den man schon zu Lebzeiten „den Großen" nannte. Hinter diesem Herrscher, zumal seiner schon früh legendenhaft und mythisch überhöhten Person, werden die realen Konturen des Frankenreiches im allgemeinen blasser, auch weniger beachtet oder nur emphatisch charakterisiert, wenn schlechthin vom *Imperium Christianum* die Rede ist oder von einem „Reich, das unter ihm mit Europa gleichbedeutend war" (J. Fleckenstein).[3] Dabei hätte es eigentlich einen allgemeinen Schock auslösen müssen, als hervorragende Kenner der fränkischen Geschichte das Frankenreich mit konsequentem Zugriff analysierten und etwa F. L. Ganshof 1947 *L'échec de Charlemagne*, im Jahr darauf noch grundsätzlicher *La fin du règne de Charlemagne. Une décomposition* untersuchte, demnach bereits die ausklingende Lebenszeit des großen Herrschers unter den Zeichen des Verfalls sah.[4] H. Fichtenau fügte 1949 eine monographische Darstellung des karolingischen Imperiums hinzu, die sich auf die „soziale und geistige Problematik eines Großreiches" konzentrierte,[5] und schließlich beschrieb W. Schlesinger 1965 – im sogenannten Karlsjahr – die *Auflösung des Karlsreiches*,[6] sprach also unmittelbar auch die spezifische Reichsgestaltung des großen Karolingers an.

Unter historiographischem Blickwinkel ergeben sich in bezug auf das fränkische Großreich drei wesentliche Grundauffassungen: das Frankenreich als eine die Zeit Karls des Großen überdauernde Ordnungsmacht von erheblicher Relevanz; etwas modifizierter die Anschauung, daß des großen Herrschers Nachfolger und Erben das Karlsreich nicht zusammenhalten konnten – Karl der Große hätte demnach als letzter das Großreich mit seiner Person verklammert; schließlich die These, bereits zu Karls des Großen Lebzeiten sei der Bau im Kern, und zwar unheilbar, erschüttert worden. Diese Anschauung ist einer personalen und insbesondere einer betonten Ausrichtung auf Karl den Großen am wenigsten verpflichtet und achtet wohl eher auf strukturelle, auch allgemeine politische und soziale Vorgaben des karolingischen Großreiches. Bei einer beabsichtigten Konzentration auf dessen spezifische Grundbedingungen wird es jedoch nicht ausreichen, vorrangig die Karolingerzeit zu berücksichtigen. Denn zumindest nach frühmittelalterlicher Auffassung lassen sich Großgruppen mit Anspruch auf Dauer nur organisieren, wenn die Anfänge ihres Zusammenschlusses bzw. ihrer Reichsbildung nicht aus den Augen verloren werden. Die *Origines* behielten dauerhaft prägenden Charakter.

Ungeachtet der Diskussionsbedürftigkeit dieser These ist es in der Tat notwendig, nach den Anfängen des Frankenreiches und insbesondere seiner Ausformung zum Großreich zu fragen, um gegebenenfalls wesentliche Bauelemente seines Bestands zu erhellen und die späteren Ursachen des Verfalls oder Untergangs erklären zu können.

Baumeister des Frankenreiches war Chlodwig (482–511).[7] Seiner Herkunft nach fränkischer Kleinkönig von Tournai und römischer Sprengelkommandant in der Provinz Belgica II, hatte es dieser Salfranke mit zäher und auch brutaler Konsequenz verstanden, konkurrierende fränkische Kleinkönige auszuschalten, den fränkischen „Stammesschwarm“[8] zu einigen, staatlich zu organisieren und den herrschaftlichen Monopolanspruch für die eigene Familie zu sichern. So wurde die territoriale Ausgangsbasis von Tournai schnell verlassen, und mit dem Ausgriff auf das Pariser Becken und die Erhebung des bedeutenden Straßenkreuzes Paris zur *sedes regia* wurde bereits deutlich, daß „Chlodwigs Absichten auf die Gewinnung ganz Galliens gerichtet waren“ (E. Ewig).[9] Militärische Erfolge auch gegenüber Westgoten und Alemannen markierten die Ausdehnung seines Reiches nach Südwesten (Aquitanien) und Osten; Chlodwigs Söhne und Nachfolger unterwarfen ab 531 das Thüringerreich im Osten und 534 endgültig das Burgunderreich im Süden. Die gallische Zielsetzung war nahezu verwirklicht, als die von Byzanz bedrängten Ostgoten sich 536 gezwungen sahen, die Provence an Childebert I. abzutreten. Damit war der unmittelbare Zugang zum Mittelmeer wenigstens partiell erreicht, wenngleich die Eingliederung des westgotischen Septimanien, der Region zwischen der Rhône und den Pyrenäen, noch etwas auf sich warten ließ. Sehr früh und für die Großreichsbildung charakteristisch erfolgte auch der Ausgriff auf die Alpenregion.[10] Der Hochgebirgswall der Alpen wurde bald überwunden und schon 575 die (dauerhafte) Eingliederung von Susa und Aosta in den fränkischen Herrschaftsverband vollzogen. Die fränkische Alpenpolitik weitete sich dann konsequent zu einer Süd- und Südostpolitik. Bleibenden Erfolg hatte sie zwar erst 774 mit der Niederwerfung des Langobardenreiches, aber auch auf dem Balkan ergaben sich nach den Eskapaden des Merowingerkönigs Theudebert im frühen 6. Jahrhundert beachtliche Arrangements mit Byzanz. Sie gehörten in den Gesamtkomplex vertraglicher Beziehungen zum oströmischen Kaiserreich.[11] Bei der kurzen Skizzierung des räumlichen Aspekts der fränkischen Großreichsentwicklung darf für die Karlszeit das Ausgreifen über die Pyrenäen mit der Errichtung der sogenannten spanischen Mark (Barcelona) nicht unerwähnt bleiben, ebensowenig die Unterwerfung des sächsischen Stammes, womit eine seit der Merowingerzeit angelegte fränkische Ostpolitik[12] von Karl dem Großen mit großer Zähigkeit vollendet wurde. Schließlich gehört in diesen Zusammenhang die Niederwerfung des Großreiches der Awaren im Südosten, die erstaunlich schnell und nahezu komplikationslos erfolgte.[13]

Der knappe Überblick läßt ein Großreich erkennen, das für europäische Verhältnisse schon deshalb recht ungewöhnlich war, weil es geographisch wie ethnisch sehr unterschiedliche Teile zusammenschloß. Auch wenn zunächst der Eindruck dominiert, als handele es sich um das Resultat militärischer Erfolge, so bleibt doch die Frage, wie diese und damit die riesigen Gebietsgewinne bereits im Verlauf der ersten Hälfte des 6. Jahrhunderts zu erklären sind. Gewiß muß man mit einer Vielfalt von Gründen rechnen, doch vorrangig wäre zu beachten, daß des Reichsgründers Chlodwig unaufhaltsamer Aufstieg zum Herrscher eines frühmittelalterlichen Großreiches durch eine allgemeine politische Lage begünstigt wurde, die einigermaßen unübersichtlich war und in erheblichem Umfang Züge eines Machtvakuums trug: Die spätantike Staatlichkeit war, ähnlich wie das römische Heerwesen, stark zerrüttet, lokale Militärgewalten rivalisierten mit Angehörigen des gallorömischen Senatorenstandes, ohne daß irgendeine Seite nennenswertes Übergewicht hätte erreichen können. Hiervon profitierte der fränkische Machtanspruch, dessen Vertreter offenbar schon früh Hoffnungen auf eine funktionierende Ordnungsgewalt zu wecken verstanden.

Vielleicht spielte das Militärische hierbei eine besondere Rolle, zumal man sich schon daran gewöhnt hatte, daß fast ausschließlich Barbaren als Soldaten dienten. Lange hatten zwar noch römische Offiziere den Niedergang der Armee und ihres Ansehens zu verzögern gewußt, doch auch dieses Reservat öffnete sich langsam, aber konsequent barbarischen Führungskräften, unter denen Franken eine besondere Bedeutung hatten. Damit sind bereits Organisationsfragen angesprochen, die sich in den Quellen zwar nur sehr spärlich verfolgen lassen, doch insgesamt auf bemerkenswerte Fähigkeiten weisen. Die schon früh faßbare Einrichtung des jährlichen März- und späteren (ab 755) Maifeldes, das der Heerschau ebenso diente wie militärisch-politischer Entscheidungsfindung mit Verbindlichkeit der Absprachen bzw. Beschlüsse, wirkte sich auf Dauer als Element der Verläßlichkeit, steter Waffenbereitschaft und eben auch politischer Willensbildung auf breiter Ebene aus.

Viel gerühmt werden Kampfesbereitschaft und Kampfeswillen auch des einzelnen Franken, eine gegenüber spätantik-römischen Erfahrungen betonte Zähigkeit und Belastbarkeit. Militärtaktische Vorzüge heben sich aus den überlieferten Quellen kaum heraus, lassen sich aber durch Interpretation erschließen. Besser steht es mit der Beurteilung waffentechnischer Aspekte. Neben der berühmten *Spatha,* dem zweischneidigen Langschwert, galt die fränkische *Franziska* als ‚unwiderstehliche' Waffe: Es handelte sich um ein Beil, das infolge recht guter ballistischer Eigenschaften als Wurfbeil ebenso wie als Schlagwaffe im Nahkampf verwendet werden konnte. Alle übrigen Waffenelemente entsprachen der üblichen Ausstattung von Fußsoldaten, die im fränkischen Heer stets zahlenmäßig überwogen. Erst die Karolinger zogen seit Pippin und Karl dem Großen die Konsequenz, angesichts des riesigen Reichsumfangs verstärkt berittene Heere aufzustellen, die nach zeitgenössischem Spitzenstandard aus Panzerreitern bestanden.

Insgesamt läßt die Geschichte des Frankenreiches erkennen, daß sich Merowinger wie Karolinger der Bedeutung des Heeres für ihr Großreich immer bewußt waren und dieser Säule auch ihrer eigenen Macht besondere Aufmerksamkeit widmeten. Erst als im Zuge unausweichlicher Feudalisierungsprozesse die Masse der einst recht bedürfnislosen Freien dramatisch schrumpfte, verlor das Fußvolk seinen furchtgebietenden Rang, ohne daß die Reiterei die jäh aufbrechenden Lücken zu schließen vermochte. Hier liegen im wesentlichen die Ursachen für die bemerkenswerte Hilflosigkeit gegenüber räuberischen Normannenkontingenten während des 9. Jahrhunderts. Doch ein weiterer Aspekt muß zusätzlich beachtet werden. Unerklärlich schwach ausgebildet – und für ein Großreich mit Anbindung an das Mittelmeer, den Atlantik und den Ärmelkanal geradezu desaströs – war nämlich die militärische Präsenz zur See. Von geringfügigen Ausnahmen abgesehen, ergibt sich ein fast völliges Defizit, damit aber auch eine überaus große Anfälligkeit gegen Angriffe, die vom Meer aus ins Land getragen wurden, bald auch allgemein gegenüber marodierenden Truppen, die die großen Binnengewässer hinauf- und hinunterfuhren.

Da Heer und Hort die wesentlichsten Machtfaktoren im Frankenreich waren,[14] muß auf die finanziellen Ressourcen hingewiesen werden, die auch im Frühmittelalter Feldzüge und Politik zwar nicht unbedingt erst ermöglichten, aber doch entscheidend erleichterten. Reste der spätantiken Finanzverwaltung sind in den Anfangsjahrzehnten für das Königtum noch nutzbar, allmählich jedoch füllt sich des Königs Hort nur noch durch Beuteanteile, (Pflicht-)Geschenke, regelmäßige Abgaben und Erträge aus dem Königsgut. Im einzelnen nicht summierbar, läßt sich die überragende Bedeutung des Königsschatzes jedoch deutlich erkennen. Im Umkehrverhältnis spiegelt sie sich in der gigantischen Beute aus dem legendären „Ring" der Awaren, dessen Eroberung und Plünderung im Jahre 795 das Ende des benachbarten Großreiches signalisierte. Der fränkische Königshort war andererseits nie so gefüllt und regelmäßig restituiert, daß er die Finanzierung einer regulären Berufsarmee, mindestens einer Flotte erlaubt hätte. Hier ist der Unterschied zum byzantinischen Staatswesen, worauf bereits Ludo Moritz Hartmann hingewiesen hat,[15] besonders gravierend.

Auch frühmittelalterliche Herrschaft kennt den Rechtfertigungszwang. Die wichtigsten Komponenten der fränkischen Rechtfertigungsideologie finden sich im Prolog der Lex Salica: unbändiger Stammesstolz und gentiles Selbstbewußtsein, das den Romvergleich konsequent sucht und sich wegen eigener christlicher Gesinnung vorteilhaft vom spätantiken Rom der Christenverfolgungen abgehoben sieht. Von Pseudo-Fredegar wird der Ablauf des Weltgeschehens so konsequent im Hinblick auf die daran beteiligten Völker/*gentes* gewürdigt, daß in seinem Geschichtsbild selbst die Universalmächte Rom und Byzanz nur als gentile Größen behandelt werden und sich somit eine fast selbstverständliche Gleichrangigkeit von *gens Romanorum* und *gens Francorum* ergibt![16]

Unter Chlodwigs Führung hatten sich die fränkischen Großen stellvertretend für den Gesamtstamm 498 zum christlich-katholischen Glauben bekehrt, wobei das Bekenntnis zum Christentum, wie speziell das zum Katholizismus, einem bewußten politischen Kalkül folgte. Anders als die übrigen germanischen Stämme, die sich zum Arianismus bekannten, vermied nämlich fränkische Klugheit den konfessionellen Gegensatz zur erdrückenden Masse der Bevölkerung Galliens. Von der Zuwendung zum Christentum profitierte das merowingische Königtum auch innerhalb des fränischen Reichsvolkes. Sein Ansehen wurde liturgisch-zeremoniell so überhöht, daß man geradezu von einer zeremoniellen Schranke gesprochen hat, die selbst ein schwächer werdendes merowingisches Herrscherhaus fast rätselhaft lange zu schützen vermochte, ehe der karolingische Hausmeier Pippin den Staatsstreich 751 endlich riskierte.[17] König Pippin wie sein großer Sohn Karl nutzten dann ihrerseits das Band christlicher Gemeinsamkeit, was sich in der berühmten Formel der *Fideles Dei et regis* niederschlug,[18] die alle Christgläubigen als Getreue des Königs auswies und bei Infidelität gegenüber Gott und dem König von Gottes Gnaden konsequent Sanktionen einbezog.

Die Charakterisierung des Frankenreiches als eines Vielvölkerreiches berücksichtigt vor allem quantitative Faktoren, während bei qualitativer Betrachtung dieses Reich eindeutig als *regnum Francorum* anzusprechen ist: Die Franken sind das Staatsvolk, sie tragen das Reich und seine Herrscher. An dieser Grundgegebenheit hat sich nie etwas geändert, und der Herrschertitel bringt das staatsrechtliche Verhältnis knapp und präzis zum Ausdruck: *rex Francorum.*[19] Als Karl der Große 774 das Langobardenreich unterwarf und die gentile Bereichsbezeichnung „Langobarden" in seine Intitulatio zusätzlich aufnahm (*rex Francorum et Langobardorum*), hatte dies eher kosmetischen Charakter, zielte jedoch nicht auf die Langobarden als (nunmehr) zweites Staatsvolk. Die *gens Francorum* blieb das einzige, den gesamten Bau des Reiches übergreifende Staatsvolk. In nur scheinbar krassem Gegensatz dazu steht die betonte Respektierung aller übrigen *gentes* und gentilen Einheiten innerhalb des Frankenreiches. Seit Chlodwig beließ man ihnen eigenes Recht, eigene Organisationsformen, Bräuche und Lebensformen. Nur soweit man im Politischen über den eigenen gentilen Zusammenhang hinaus tendierte, blockten das fränkische Staatsvolk und sein Königtum entschieden ab.

Das Königtum der ersten wie der zweiten Dynastie besaß eine traditionell starke Stellung. Politische Basis war der klare Wille des Frankenvolkes, als Königreich organisiert zu sein. So wurde jeder einzelne Merowinger- wie auch Karolingerherrscher durch seine Wahl und förmliche Erhebung zum König legitimiert. An den Königswahlen im Sinne politischer Willensentscheidungen mit rechtlich relevanten Konsequenzen beteiligten sich durchgängig die Großen der *gens Francorum,* d.h. die zumeist in politischer, wirtschaftlicher und sozialer Hinsicht klar abgehobene Führungsschicht, die den fränkischen Stamm repräsentierte.[20] Da die Franken im allgemeinen Neuerungen scheuten und auch keine stammesfremden Herrscher mochten, blieb das dynastisch gebundene Königtum, selbst im Fall zeitweiliger Reichsteilungen unter die Söhne eines verstorbenen Königs, ein das Gesamtreich ungemein stabilisierender Faktor, der zusätzlich zur fränkischen *gens* in zunehmendem Maße die Gesamtheit der Reichsbevölkerung zu integrieren verstand.

Klammer des fränkischen Gesamtreiches war selbstverständlich das Heer, das sich anfangs ausschließlich, allmählich nur noch überwiegend aus Franken rekrutierte. Da auch im Mittelalter Politik hauptsächlich als Machtpolitik betrieben wurde und die militärischen Kontingente auch im Reichsinnern Aufgaben zu versehen hatten, die man seit der Neueren Zeit als polizeiliche Tätigkeit bezeichnet, wurde mancher Konsens und manches Wohlverhalten gegebenenfalls gewaltsam hergestellt. Auch ohne einen Anflug von Ironie läßt sich derart ein friedenstiftendes staatliches Element fassen, dessen Bedeutung nicht leicht überschätzt werden kann. Man spürt diese Funktion noch in Nithards berühmter Wertung Karls des Großen, wenn er bewundernd feststellte, Karl habe „die wilden und eisernen Herzen der Franken und Barbaren ... durch gemäßigten Schrecken (*moderato terrore*) so gebändigt, daß sie offen in seinem Reiche nichts zu unternehmen wagten, als was mit dem allgemeinen Wohl und Besten sich vertrug".[21]

In Fragen staatlicher Organisation konnte sich das Frankenreich mit dem Römischen Reich nie messen. Doch auch dieses hatte im Verlauf des 4. und 5. Jahrhunderts viel von seinem Glanz eingebüßt. Vor solch stark reduziertem Hintergrund lassen sich manche Organisationsformen durchaus herausstellen, die seit dem 6. Jahrhundert von den Franken aufgegriffen wurden.

Von großer Bedeutung war es, die bischöfliche Stadtherrschaft in den gallorömischen *Civitates* (Bürgerschaften) grundsätzlich nicht anzutasten und damit ein wichtiges kirchlich-politisch-soziales und ökonomisches Strukturelement eigener Herrschaft nutzbar zu machen. Diese Respektierung führte in einem allmählichen Prozeß letztlich zur Integration der fränkischen Kirche, in der bald auch die Äbte großer Klöster Bedeutung gewannen, in den fränkischen Staat. In der Karlszeit kulminierte diese Entwicklung mit der Institutionalisierung des Reichsdienstes von Bischöfen und Äbten und seiner Instrumentalisierung für die karolingische Herrschaft.[22] So wurde der Tatsache Rechnung getragen, daß der Hochklerus als Inhaber großer Grundherrschaften seinerseits weltliche Herrschaft ausübte, und für diesen Bereich seiner Existenz sollte er konsequenterweise zu staatlichen Diensten herangezogen werden.

Die Grundherrschaft selbst war ein entscheidendes Strukturelement, das allerdings erst aus Quellen der Karolingerzeit deutlicher wird. Die adlige Oberschicht, geistliche Institutionen und auch das Königtum verfügten über solche Grundherrschaftskomplexe, die ihrerseits ein System von Haupthöfen, Nebenhöfen und abhängigen Bauernstellen bildeten und „Herrschaft über Land und Leute" bedeuteten. Da die wirtschaftlichen wie personellen Ressourcen dieser Grundherrschaften mitunter ungewöhnlich groß waren, ist in ihrer Verfügbarkeit eine Quelle ausgreifenden politischen Machtstrebens zu sehen, häufig genug auf Kosten des Königtums.

Dem Erfordernis einer durchgreifenden Raumerfassung im Reiche entsprachen die Franken durch die organisatorische Gliederung in Grafschaften.[23] Konzipiert waren sie als Herrschaftsinstrument mit strikter Verantwortlichkeit des Grafen (*comes*) gegenüber dem König und auf der Basis einer strengen Handhabung des Prinzips der sogenannten Bannleihe, d.h. einer Tätigkeit im Auftrag und in Stellvertretung des Königs. Die Realisierung dieses Konzepts scheint vor allem Karl dem Großen in herausragendem Maße geglückt zu sein, wenngleich es strittig bleibt, ob man von einer spezifischen Grafschaftsverfassung im Frankenreich wird sprechen dürfen. Denn der fränkische Adel, der teilweise vom König unabhängige Herrschaftsrechte beanspruchte, widerstand häufig derartigen staatlichen Organisationsmaßnahmen oder fügte sich ihnen mit solcher Geschmeidigkeit, daß sie vor allem ihm nützten, beispielsweise zu Rangerhöhung und eigener Kompetenzerweiterung. Damit sind die zentrifugalen Kräfte angesprochen, die sich im fränkischen Adel konzentrierten und letztlich vom Königtum weder dauerhaft gebändigt, noch auch nur kontrolliert werden konnten. Ambivalent in seiner Wirkung war auch die viel zitierte Ausstattung königlicher Gefolgsleute bzw. Vasallen mit Leihegut, das ihnen eine weitgehende Verfügbarkeit im Königsdienst in ökonomischer Hinsicht ermöglichen sollte. Da in der Regel jedoch lokaler Adel oder Mitglieder einer überregionalen Führungsschicht in ein solches Netz lehensrechtlicher Bindungen gezogen wurden, ergab sich eine starke Tendenz, Leihe- oder Lehensgut mit Eigentum zu verschmelzen. Dieser später als Allodialisierungsprozeß angesprochene Vorgang widersprach kraß der ursprünglich zentripetalen Zielsetzung.

Zentripetale Wirkung zeitigte hingegen der Herrscherhof, der personellen und geistigen Glanz entfaltete. Besonders Karl dem Großen gelang es, an seinen Hof die herausragendsten Gelehrten und Künstler seiner Zeit zu ziehen, so daß sich von hier die Strahlkraft jener geistig-religiösen Erneuerung auswirkte, die man bewundernd als „karolingische Renaissance" zu bezeichnen pflegt. Karls Biograph Einhard sieht hierin ein planvolles Unterfangen,[24] wonach Karl selbst um das politische Grunderfordernis gewußt habe, daß nämlich relevante Herrschaftsformen sich tunlichst mit kulturellem und geistigem Glanz präsentieren sollten. Diese Wertung enthält insofern eine zu beachtende Akzentverschiebung, als sie dem Hof und der Herrschaft gilt, selbstverständlich auch dem Herrscher – jedoch nicht ihm allein. Herrscher mit Charisma kannte das Frankenreich, aber gegenüber dem Begriff eines charismatischen Königtums, das trotz christlicher Ausgestaltung über ein heidnisches Königsheil beachtlichen Ausmaßes verfügt habe, sind Vorbehalte angebracht, denn eigentlich ist dieses nur in neuzeitlich-anachronistischem Verständnis im angedeuteten Sinne so ausgeprägt gewesen.

Die Analyse der Gründe für den Niedergang und Zerfall des Frankenreiches muß unmittelbar mit dem Höhepunkt der Großreichbildung beginnen. Nach traditionellem Verständnis war dies Karls des Großen Kaiserkrönung am Weihnachtstag des Jahres 800. Wie ein Indiz erscheint bereits die Krönung durch den Papst persönlich, was gegen die getroffenen Absprachen verstieß. Karl hat diese Überrumpelung bei seines Sohnes Kaiserkrönung korrigieren wollen, indem er Ludwig den Frommen selbst krönte oder ihn zur Selbstkrönung veranlaßte. Die Faszination einer Kaiserkrönung durch den Papst ließ sich jedoch nicht beseitigen, es blieb im Mittelalter bei dieser ursprünglich abgelehnten Variante.

Als Karl nach der Kaiserkrönung die noch rebellischen langobardischen Herzogtümer Spoleto und Benevent niederwerfen wollte, verweigerten die eigenen Truppen den Weitermarsch nach Süden: Schlaglichtartig zeigen sich Phänomene der Überbeanspruchung der fränkischen Heeressubstanz. Die bislang motivierbaren Truppen wollten keine neuen Ziele, letztlich erkannten sie, daß das Fränkische Imperium saturiert war. Ob man auch im außenpolitischen Bereich eine Überdehnung spürte, mag offen bleiben. Im historischen Rückblick ist sie zweifelsfrei erkennbar.

Das Frankenreich war längst christianisiert, als es im beginnenden 8. Jahrhundert mit einer außerordentlichen Bedrohung konfrontiert wurde. Seit muslimische Truppen im Sommer 711 die Meerenge von Gibraltar überquert und kurz darauf in der Schlacht bei Arcos de la Frontera (Provinz Cádiz) das einst so stolze Westgotenreich vernichtend geschlagen hatten, wurden die Araber zur unmittelbaren Gefahr für das Frankenreich. Als es zum offenen Kampf kam, gelang es dem fränkischen Hausmeier Karl Martell, in der Schlacht von Poitiers 732 den Vormarsch zu stoppen. Dieser Sieg hatte welthistorische Bedeutung, weil islamische Herrschaft künftig auf das ehemalige Westgotenreich beschränkt blieb. Doch die grundsätzliche Konfrontation dauerte an, und noch Karl der Große erlitt gegen die Muslime im Bereich der Pyrenäen seine einzige empfindliche Niederlage. Es ist nicht erkennbar, ob Karl Martells Rolle als „Verteidiger der Christenheit" sich in zusätzlicher Steigerung seiner Verantwortung für den Glauben niederschlug, doch kam später führenden Westgoten wie Theodulf von Orléans am Karlshof und Benedikt von Aniane als vertrautem Ratgeber Ludwigs des Frommen herausragende Bedeutung in der Ausgestaltung der fränkischen Kirche und ihrer auch politischen Verantwortung für das Reich zu. In den großen Kirchenfragen verhielt man sich wenig glücklich. So war die fränkische Reaktion auf die ostkirchliche Beendigung des Bilderstreits überzogen. Das Frankfurter Konzil von 794 sah den Frankenkönig sogar mit dem Anspruch einer theologischen

Führungsrolle auftreten, wenn er in dogmatischen Fragen darauf bestand, als Entscheidungsinstanz zu fungieren. Völlig realitätsfern war schließlich der Versuch theologischer Berater Ludwigs des Frommen, die fränkische Politik durchgängig ethisch zu fundieren und auf der Basis eines religiös-kirchlich geprägten Herrscherethos letztlich eine das Gesamtreich umgreifende Staatsidee zu formen. Hybris und Weltfremdheit hielten sich dabei die Waage, dem fränkischen Großreich aber erwuchs keinerlei Nutzen. Angesichts der hier knapp angedeuteten Zusammenhänge scheint es nicht ratsam, das Frankenreich sehr pointiert als *Imperium Christianum* anzusprechen und der christlichen Idee die Funktion einer leitenen Staatsidee zuschreiben zu wollen.

Ungeachtet bleibender Erfolge bzw. einer unübersehbaren Langzeitwirkung gilt das Postulat einer nüchternen Beurteilung auch für die Missionspolitik. Ihre Aktionsfelder lagen vor allem bei den Sachsen und Awaren, deren Christianisierung gelang. Immer aber folgte diese nicht nur chronologisch der Unterwerfung durch Waffengewalt, verzichtete auch nach dem militärischen Sieg nicht auf Repression, die in den Zwangstaufen kulminierte und wegen der Erhebung des Kirchenzehnten zum dauernden Ärgernis wurde.[25] Diese Aspekte werden hier nur berührt, um zu verdeutlichen, daß die mühsam erreichte Christianisierung aller Angehörigen des Frankenreiches nicht als besondere Bindung innerhalb des politischen Reichsgefüges zu werten ist, daß sie kein ‚Kitt' der Reichseinheit war.

Im Hinblick auf das Oströmische Reich bzw. Byzanz, das universale Herrschaftsansprüche pflegte, operierten gerade Karl der Große, aber auch sein Sohn Ludwig der Fromme erfolgreicher. Es gelang, in mehrjährigen Verhandlungen ein vertragliches Arrangement zu treffen, das dem Kaiser in Byzanz trotz Anerkennung des westlichen Kaisertums ermöglichte, das Gesicht zu wahren. Dem *Imperium Francorum* war beides dienlich.

Die zuletzt erörterten Faktoren waren dem Frankenreich in unterschiedlicher Weise nützlich, sie hatten jedoch keine entscheidende Bedeutung für den Erhalt des Großreiches. Veränderungen in den angedeuteten Bereichen berührten nicht die Reichssubstanz als solche. Kamen jedoch mehrere zusammen, so zeitigten sie hingegen unübersehbare Wirkung. Als Symptome der Saturiertheit und Überbeanspruchung, auch solche einer allgemeinen Überdehnung des Reiches hinzukamen, begann der Auflösungsprozeß. Die ersten großen Risse im inneren Staatsgefüge zeigten sich 811, als sich geistliche wie weltliche Große dem Ruf des alternden Kaisers versagten und dem Aufgebot zu Reichstag und zeitgleich abgehaltener Synode nicht Folge leisteten. Die überlieferten Dokumente für die geplanten Beratungspunkte lesen sich wie Analysen des Verfalls.[26] Die alten Herrschaftsinstrumente griffen offensichtlich nicht mehr in gewünschtem Maße, da Grafen und *Missi* (Königsboten) teils nötige Aufgaben vernachlässigten, teils auf Verweigerung von Dienst und Gehorsam stießen. Vor allem war der verbliebene Rest fränkischer Freier für die Reichsangelegenheiten nicht motivierbar – an durchgreifenden Zwang war ohnehin nicht mehr zu denken. Der Adel aber, insbesondere der Reichsadel, der oft in weiten Teilen des Reiches begütert war, verfolgte zunehmend eigene Interessen.

Karls Tod 814 und der geschmeidige Übergang zur Herrschaft Ludwigs des Frommen verwischten vorübergehend noch einmal den Zersetzungsprozeß. Großartige Programmatik und hehre Reformziele taten ein übriges, ehe ab 817 die Brüche tiefer wurden. Künftig vertrat im wesentlichen nur noch eine sogenannte Reichseinheitspartei, zu der vor allem die Mehrzahl des fränkischen Klerus gehörte, die Idee eines einheitlichen Großreiches. Sie tat es oft phantasievoll, auch mit ansprechender Rhetorik, mit sogar faszinierenden Thesen und Formeln, doch ob dieser anspruchsvolle Aufwand „die wilden und eisernen Herzen der Franken und Barbaren" überhaupt noch erreichen konnte, geschweige denn bewußt zur Kenntnis genommen wurde, bleibt sehr fraglich: Der Bruch vertiefte sich weiter.

Bei der Frage nach den Ursachen für den Zerfall des Reiches wird man die Bedeutung persönlicher Leistungen, individueller politischer Maßnahmen wie Fehler und Fehlleistungen nicht unterschätzen dürfen. Die Herrschaftszeit Ludwigs des Frommen und die Person des Herrschers selbst liefern hierfür eine reiche entsprechende Palette. Wichtiger aber ist das Fehlen eines erkennbaren politischen Willens des Staatsvolkes, des einst so ausgeprägten fränkischen Stolzes und Machtstrebens. Da die Franken im Gesamtreich eine Minderheit der Bevölkerung darstellten und nördlich der Loire einen etwa zehnprozentigen Anteil hatten, südlich des Stromes dagegen in der Regel nur zwei Prozent der Bevölkerung bildeten, wirkte sich mit großer Wahrscheinlichkeit dieser demographische Faktor als entscheidend aus. Denn es war nicht durchgängig geglückt, diese herrschende Minorität zahlenmäßig zu vergrößern, zumal der Anteil „echter Franken" dabei zurückging, was mancher vielleicht als bedenkliche „Ausdünnung" empfunden hätte. Mit dem demographischen Defizit hingen dann zwangsläufig die Rekrutierungsprobleme des fränkischen Heeres zusammen, obwohl es für dessen nicht nur zahlenmäßige Schwäche auch hinreichend andere Ursachen gab. Der Bedeutungsrückgang des Heeres tangierte die Reichsorganisation und den vorrangig auf Machterwerb und Machterhalt gegründeten Reichsbau.

Über viele Generationen war die individuelle Schwäche merowingischer Könige fast regelmäßig dadurch kompensiert worden, daß die verschiedenen Reichsteile immer wieder zusammengefügt wurden. Mit dem vollen Einverständnis des fränkischen Reichsvolkes wirkte sich hierbei vor allem das Teilungsrecht aus, das Reichsteilungen unter die Söhne des verstorbenen Herrschers zur Regel machte, aber den Sohnessöhnen die Herrschaftsnachfolge konsequent verweigerte. So ergab sich die nahezu paradoxe Wirkung, daß fränkischer Teilungsbrauch mittel- und langfristig als Klammer der Reichseinheit wirksam wurde. Dieser überraschende Effekt dauerte bis zu Ludwigs des Frommen Tode. Der dann von 840 bis 843 tobende Bürgerkrieg wurde schließlich mühsam beendet. Im Vertrag von Verdun im August 843 erfolgte die berühmte Dreiteilung des Reiches unter Lothar I., Ludwig den Deutschen und Karl den Kahlen. Erzwungen worden war sie durch die Großen jener im wesentlichen ethnisch-historisch geprägten Bereiche, die jetzt zu Teilreichen wurden. Historisch neu und entscheidend war der ausdrücklich im Vertrag von Verdun bekundete Wille, den Söhnen der drei Herrscher nach deren Tod die Herrschaftsnachfolge zu gewähren, Ansprüche der überlebenden Brüder des eigenen Herrschers dagegen auszuschalten. So siegte 843 in Verdun das sogenannte Eintrittsrecht der Söhne gegenüber dem bisher seit dem 6. Jahrhundert stets durchgesetzten Anwachsungsrecht der Brüdergemeine. Das tangierte in entscheidender Weise auch die bisherige Funktion der Dynastie, das Reichsganze zu überspannen und zu verklammern.

Karl der Große und seine Nachfolger haben in bemerkenswerter Weise versucht, ein Großreich administrativ zu erfassen, das sich von Barcelona und den Pyrenäen bis zur Nordsee, von der bretonischen Mark bis zur Elbe erstreckte und auch Oberitalien und Friaul einbezog. Die Entfernungen sind beachtlich: von Aachen bis Rom in der Luftlinie ca. 1150 km, von Nantes bis zur Ennsmündung ca. 1200, von Barcelona bis Hamburg etwa 1500 km.[27]

Ein bislang – und für Jahrhunderte nachher – unerhörtes Maß an Schriftlichkeit, verschriftlichter Verwaltung und ausgeprägter Kapitularientätigkeit, die bis zur Gesetzgebung gedeihen konnte, sollte staatlicher Herrschaft und Verwaltung ein entscheidendes Instrumentarium an die Hand geben.[28] Diese Maßnahmen zielten auf eine präventive, kontinuierliche Staatstätigkeit, die offenbar die ältere und vertrautere repressive, okkasionelle Politik mit ihrem System der Aushilfen von Fall zu Fall ersetzen sollte.[29] Da dies nur zeitweilig und wohl auch nie im vollen beabsichtigen Umfang gelang, wirkten sich die angedeuteten Schwächen in der staatlichen Kontroll- und Gewaltausübung besonders negativ aus: Selbst das repressiv-okkasionelle System staatlicher Tätigkeit wurde brüchig, der fränkische Adel gewann immer größere Selbständigkeit und organisierte sich in ethnisch geprägten Großverbänden, die in den 843 begründeten Teilreichen schnell eigenständige Königreiche sahen, aus denen sich die späteren Nationen entwickelten.

Nicht ohne Reiz ist es zu fragen, ob Zeitgenossen den Auflösungsprozeß und seinen unumstößlichen Verlauf sehr bewußt wahrnahmen. Wie meist muß man sich mit Andeutungen begnügen, doch dürften Reginos Stoßseufzer durchaus als repräsentativ zu werten sein. Der ehemalige Abt von Prüm notiert in seiner 908 abgeschlossenen Chronik zum Jahre 888 mit bewegten Worten: Nach Karls III. (des Dicken) Tode „lösen sich die Reiche, die seinem Gebote gehorcht hatten, da sie eines gesetzmäßigen Erben entbehrten, aus ihrem Verbande in Teile auf und erwarten nicht mehr ihren natürlichen Herrn, sondern ein jedes schickt sich an, sich einen König aus seinem Innern zu wählen. Dieser Umstand rief große Kriege hervor; nicht etwa weil es den Franken an Fürsten gefehlt hätte, die durch Adel, Tapferkeit und Weisheit über die Reiche herrschen konnten, sondern weil unter ihnen selbst die Gleichheit der Abkunft, der Würde und Macht die Zwietracht steigerte, da niemand den andern so überlegen war, daß die übrigen sich dazu verstanden hätten, sich seiner Hoheit zu beugen. Denn viele zur Lenkung des Reiches tüchtige Fürsten hätten Francien erzeugt, wenn das Schicksal ihnen nicht im Wetteifer der Kraft zu gegenseitigem Verderben die Waffen in die Hand gegeben hätte“.[30] Besonders in Italien, dem südalpinen Teil des Frankenreiches, sei so viel Menschenblut vergossen worden, „daß nach dem Wort des Herrn das Reich mit sich selbst entzweit, fast in das Elend der Verwüstung geraten wäre“. Reginos Bezug auf Lucas 11, 17 (*Omne regnum in se ipsum divisum desolabitur*) steht in einer recht breit dokumentierten Tradition der politischen Theorie des Frühmittelalters und ist eine weltliche Erkenntniskonsequenz des christlichen Monotheismus.[31] So schält sich aus Reginos zitierten Worten die Überzeugung heraus, daß Großreiche zwischenzeitliche Teilungen nicht oder nur unter bestimmten Voraussetzungen vertragen. Man möchte hinzufügen, daß das fränkische Teilungsrecht mit ausschließlicher Ausrichtung auf das sogenannte Anwachsungsrecht der Brüdergemeinde eine solche spezielle Vorbedingung war, daß aber ein seit dem Vertrag von Verdun 843 rechtlich garantiertes sogenanntes Eintrittsrecht der Brudersöhne oder Neffen in das Erbe ihres Vaters den Auflösungsprozeß förderte, gar beschleunigte und grundsätzlich Herrschaftsambitionen von Hochadligen, die nicht zur Königssippe oder Dynastie gehörten, weckte. Vielleicht scheint hinter Reginos Worten auch ein besonders wichtiges personales Herrschaftselement auf, nämlich die Überzeugung, daß es vor allem einer überragenden, machtvoll auftretenden und gebietenden Herrscherpersönlichkeit bedarf, um ein vielgliedriges und großräumiges Reich zu lenken.

Ähnlich wie sein großer Herrscher ist auch das Karolingerreich bis weit in die Gegenwart als Vorbild gesehen worden, und ohne Scheu vor Anachronismen betrachtet mancher Karl den Großen als Ahnherrn und gar Baumeister des modernen Europa. Immerhin hatten schon Zeitgenossen ihn als *pater Europae* angesprochen, hat man speziell das Karlsreich als Vorläufer für eine beabsichtigte europäische Einigung empfunden. Insofern mag es gerechtfertigt sein, aus der historischen Analyse des Frankenreiches und seines Auflösungsprozesses Hinweise zu gewinnen, über die man noch heute nachdenken mag, wenngleich methodische Vorbehalte angebracht sind.

Berücksichtigt man beispielsweise, daß fast allenthalben in Europa nationale Organisationsformen dominieren und der Nationalstaat sehr häufig als Hemmnis für größere Zusammenschlüsse empfunden wird, so liefert das Frankenreich den Hinweis, daß Großreiche, die sich aus vielen Stämmen, ethnischen Gruppen, Völkern oder Nationen zusammensetzen, grundsätzlich begründbar erscheinen, sofern ein ausgeprägter Wille für diesen Zusammenschluß vorhanden ist und zum Träger einer wirksamen Staatsordnung wird. Dabei könnte eine Verfassung auf föderaler Grundlage die Funktion übernehmen, die seinerzeit das fränkische Staatsvolk im Frankenreich ausübte, indem es durch Willensbildung und Zielvorgaben das Geschick des frühmittelalterlichen Großreiches bestimmte. Entsprechend könnten an die Stelle der einstigen gentilen Personenverbände dank eines ausgeprägten Repräsentativsystems alle Glieder des Ganzen treten.

Der Fall von Byzanz

Donald M. Nicol

Das Byzantinische Reich oder das Reich der Römer, das sich um Konstantinopel konzentrierte, währte von der Gründung der Stadt im Jahr 330 durch Constantin den Großen bis zu ihrer Eroberung durch die osmanischen Türken 1453. Keine kaiserliche Stadt und keine politische Institution Europas hat je wieder so lange in einem Zustand gelebt, den Edward Gibbon als einen kontinuierlichen *Decline and Fall* beschrieb. Während der 1100 Jahre seines Bestehens war Byzanz oft nahe daran, als physisches und kulturelles Zentrum der griechischsprachigen christlichen Welt ausgelöscht zu werden. Im siebten und achten Jahrhundert gingen Syrien, Ägypten und Nordafrika für immer an die Araber verloren. Die Slawen besetzten Griechenland und den Balkan. Das Gebiet des antiken Römischen Reiches, das sich in Byzanz in christlicher Form fortsetzte, reduzierte sich auf das östliche Mittelmeer und Kleinasien und wurde zunehmend von der Christenheit im Westen isoliert. Griechisch wurde zur offiziellen Sprache des Reiches. Trotzdem nannten die Bürger sich weiterhin Römer oder *Romaioi;* und das ‚Neue Rom', Konstantinopel blieb, obwohl vielfach bedroht, die Hauptstadt.

Das Reich überlebte die Stürme des siebten und achten Jahrhunderts hauptsächlich wegen seiner zentralistischen Regierungsorganisation und der bewußten Militarisierung der Gesellschaft. Die verbliebenen Provinzen in Kleinasien und Osteuropa wurden unter einer Art Kriegsrecht neu organisiert und unterstanden direkt den Kaisern in Konstantinopel. Diese militärische Stärkung befähigte sie, sich im Überlebenskampf gegen die Nachbarn im Osten und Norden durchzusetzen. Allerdings wurde die byzantinische Gesellschaft durch diesen Prozeß auf einen Entwicklungskurs gebracht, der sich maßgeblich von dem der westlichen Welt unterschied.

Militärbefehlshaber und Provinzstatthalter wurden auf Zeit ernannt und waren nur dem Kaiser persönlich verantwortlich. Der Feudalismus und die Prinzipien der erblichen Herrscherfolge setzten sich nur langsam in Byzanz durch. Sogar die Kaiser wurden – theoretisch – in ihr Amt gewählt, obwohl natürlich nahezu jeder den Versuch unternahm, eine Dynastie zu gründen oder weiterzuführen.

Der interne Konflikt, der die byzantinische Gesellschaft formte, war sowohl religiöser als auch politischer Natur. Die alten Griechen mögen ‚politische Tiere' gewesen sein, wie Aristoteles (Politik 1253 a 4) es formulierte; die Byzantiner waren ‚theologische Tiere'. Für sie gab es zwischen spirituellen und irdischen Dingen keine Trennlinie. Staat und Kirche waren voneinander abhängig. Das eine konnte nicht ohne das andere bestehen. Die Auseinandersetzung über die Zulässigkeit von Bildern und Ikonen im christlichen Gottesdienst, die uns als *Ikonoklasmus* oder Bilderstreit bekannt ist, teilte die byzantinische Gesellschaft über hundert Jahre in zwei feindliche Lager. Erst als dieser Gewissensstreit gelöst war, konnte das Reich beginnen, nach seinem ‚dunklen Zeitalter' in die Zukunft zu sehen. Das folgende ‚goldene Zeitalter' dauerte etwa vom Jahr 850 bis 1050 n. Chr. Es war eine Zeit, die von Rückgewinnung und Expansion geprägt war. Viele Gebiete, die an die Araber und Slawen verloren gegangen waren, wurden damals zurückerobert. Das Christentum wurde in seiner nun etablierten orthodoxen Form von Missionaren nach Moravien, Bulgarien und Rußland getragen, wo sie das Evangelium nicht auf Griechisch oder Latein verkündeten, sondern, dank der Erfindung der kyrillischen Schrift, in slawischen Übersetzungen, die ihren neuen Konvertiten verständlich waren. Da die Angelegenheiten von Staat und Kirche so eng verquickt waren, bedeutete die Ausbreitung der Orthodoxie gleichzeitig eine Ausbreitung der politischen Konzepte, der Gesetze, der Literatur und Kunst der Byzantiner. Das wiedererstarkende Selbstbewußtsein im neunten Jahrhundert bestärkte den Glauben, daß das Reich bestimmt sei, bis zur Wiederkunft Christi auf Erden anzudauern. Seine wachsende wirtschaftliche Stabilität schien diese Prophezeiung noch weiter zu stützen. Die byzantinische Goldmünze, die im Westen als *Bezant* bekannt war, wurde zum internationalen Währungsstandard. Der wiedererblühte Wohlstand des Reiches zeigte sich in einigen der großartigsten Leistungen byzantinischer Kunst, im Handwerk und in der Literatur.

Um 1050, nach dem Tod des Kaisers Basilios II und seiner Erben aus der Makedonischen Familie, der am längsten währenden Dynastie in der Geschichte von Byzanz, begann das byzantinische Selbstvertrauen langsam zu schwinden. Der Wohlstand hatte neue Probleme gebracht. Die strikte militärische Gesellschaftsstruktur begann sich aufzulösen, als die Notzeit vorbei schien. Die selbstgefällige Überzeugung, daß das Reich ewig währe und eine von Gott beschützte Einheit darstelle, führte zu einer Schwächung der Wachsamkeit und einer gefährlichen Erosion der Zentralregierung wie auch der Wirtschaft, auf der die imperiale Gewalt sich gründete. Lange Zeit hatten die Byzantiner sich den Christen im Westen kulturell, spirituell und ökonomisch überlegen gefühlt. Nun, da die westliche Christenheit ihr eigenes ‚dunkles Zeitalter' hinter sich ließ, zeigten die Byzantiner sich verärgert und nahmen Anstoß an den kaiserlichen Prätentionen eines Heiligen Römischen Reiches und eines Papsttums, das die universelle Jurisdiktion über die gesamte christliche Welt für sich beanspruchte. Das Schisma zwischen den Kirchen von Rom und Konstantinopel im Jahr 1054 war nur ein Symptom viel tiefer liegender ideologischer und kultureller Differenzen. Die Balance von Macht und Einfluß zwischen Ost und West war aufgehoben. Gleichzeitig erwies sich das Reich als schlecht vorbereitet auf den äußeren Feind. In vergangenen Zeiten hatte der Kaiser geradezu erwartet, jederzeit an zwei Fronten gleichzeitg kämpfen zu müssen. Im späten elften Jahrhundert jedoch waren die Byzantiner solchen Notsituationen nicht mehr gewachsen, und ihre Armeen wurden dieser Aufgabe nicht mehr gerecht.

Im Jahr 1071 demütigten die seldschukischen Türken, die nach Kleinasien eingedrungen waren, den Kaiser und seine Truppen in der Schlacht von Mantzikert in Armenien. Im selben Jahr eroberten die Normannen in Italien Bari und bereiteten der dortigen byzantinischen Provinz ein Ende. Fremde Völker, die außerhalb der byzantinischen Welt lebten, begannen zu begreifen, daß das Reich der Römer nicht mehr die größte Macht der Welt war oder Gottes besondere Gnade besaß. Die Seldschuken drangen tiefer ins Herz Anatoliens ein, das lange den Kern der militärischen und ökonomischen Stärke des Reiches gebildet hatte. Der normannische Eroberungszug in Italien strafte die byzantinischen Prätentionen von Unbesiegbarkeit und Vorherrschaft über die christliche Welt Lügen und bewog auch andere Völker, den imperialen Mythos in Frage zu stellen.

Eine Zeitlang nach der Katastrophe von Mantzikert 1071 gelang es einer Reihe von brillanten Soldatenkaisern, das alte Gleichgewicht wiederherzustellen; aber schon unter dem ersten von ihnen, Alexios I Komnenos, brach 1096 die erste Welle der Kreuzfahrerarmeen über Byzanz herein. Die Kreuzfahrer trafen in unkontrollierbarer Zahl ein. Um ins Heilige Land zu gelangen, nahmen sie den Weg durch Konstantinopel. Nie zuvor waren Christen aus Ost und West in so großer Zahl zusammengetroffen. Die schlimmsten Vorurteile der Byzantiner erfüllten sich. Die Kreuzfahrer kamen und blieben, eroberten Land und etablierten ihre eigenen Feudalstaaten auf dem Boden Syriens und Palästinas, die einst byzantinisches Territorium gewesen waren. Aus Genua und Venedig folgten ihnen Händler, die nach Profiten aus den neuen Märkten der Levante lechzten. Die Venezianer hatten dem Kaiser Alexios Hilfe in seinem Krieg gegen die Normannen zuteil werden lassen. Er belohnte sie dafür mit generösen Handelsprivilegien in den byzantinischen Gewässern und in Konstantinopel, wo sie sich schnell äußerst unbeliebt machten. Kaiser Manuel I Komnenos, der Enkel des Alexios, sah in ihnen eine solche Bedrohung für Recht und Ordnung, daß er kurzerhand alle Venezianer verhaften ließ. Das war ein Fehler; aber ein noch größerer Fehler war Manuels Entscheidung, die Seldschuken 1176 bei Myriokephalon in Kleinasien zu einer Entscheidungsschlacht zu zwingen. Das Ergebnis war eine weitere katastrophale Niederlage für die byzantinische Armee und ihren Kaiser.

Die venezianischen Kaufleute dürsteten nach Rache für das Unrecht, das der Kaiser ihnen zugefügt hatte. Im Jahr 1204 fanden sie Gelegenheit, sich Genugtuung zu verschaffen, als nämlich die Führung des Vierten Kreuzzugs in die Hände des Dogen von Venedig fiel. Der Kreuzzug war von Papst Innozenz III mit den besten Absichten in Gang gesetzt worden. Das Ziel sollte eigentlich Ägypten sein; aber statt dessen fand der Zug sein Ende in Konstantinopel. Die Gründe für diesen ‚Umweg' sind endlos diskutiert worden. Seine Folgen sind aber viel bedeutsamer als seine Ursachen. Im April 1204 stürmten die Kreuzfahrer, von denen viele nicht einmal wußten, wohin die venezianischen Schiffe sie gebracht hatten, Konstantinopel und eroberten es. Der byzantinische Kaiser und der Patriarch wurden verbannt. Das eine Amt wurde von einem französischen Prinzen, das andere von einem venezianischen Bischof besetzt; Konstantinopel wurde niedergebrannt und geplündert, um der Gier der Kreuzfahrer nach Beute Genüge zu tun.

Wenn man einen einzelnen Grund für den Fall des byzantinischen Reiches isolieren könnte, so wäre es die Tragödie des Vierten Kreuzzugs. Materiell hat das Reich sich hiervon nie erholen können. Aber auch in spiritueller und psychologischer Hinsicht hatte das Trauma, das die unprovozierte Aggression, die Niederlage und die Demütigung auslösten, einen bleibenden Effekt. Es fiel den Byzantinern schwer zu glauben, daß die Männer, die sich so mutwillig gegen Gott und die Menschen versündigt hatten, überhaupt Christen genannt werden konnten. Nachdem sie Konstantinopel geplündert und in Besitz genommen hatten, begannen sie mit der Eroberung der Reichsprovinzen in Asien und Europa. Es bildeten sich Widerstandsgruppen, die hauptsächlich aus Flüchtlingen der zerstörten Stadt bestanden. Ihre Gebiete wurden zu einer Art kleiner Exilreiche, eines davon in Epeiros im nordwestlichen Griechenland, das andere bei Nicaea in Kleinasien. Von Nicaea ging schließlich 1261 die Befreiung Konstantinopels von den Erben seiner lateinischen Eroberer aus. Das sogenannte Lateinische Reich in Konstantinopel war nie sehr erfolgreich gewesen. Hauptsächlich war es von den Venezianern aufrecht erhalten worden, die riesige Profite aus den konstantinopolitanischen Märkten, den Häfen und den Inseln des östlichen Mittelmeers zogen, die ihnen zugefallen waren. Die zweite Stütze dieses Reiches waren die Päpste, denen es gegen alle Indizien zu behaupten gefiel, daß die gesamte östliche Christenheit unter die Hoheit der Römischen Kirche gebracht worden war. Als ihnen 1261 Konstantinopel wieder von seinen rechtmäßigen Besitzern abgenommen wurde, schmerzte sie der wirtschaftliche und geistige Verlust zutiefst. Die nächsten zwanzig Jahre mußte der Kaiser des wiederhergestellten byzantinischen Reiches in Konstantinopel, Michael VII Palaiologos, auf der Hut sein vor Versuchen des Papsttums, Venedigs und anderer interessierter westlicher Parteien, eine Wiederholung des Vierten Kreuzzugs anzuzetteln.

Größer als je zuvor war nun die Bedrohung, die von zwei Seiten gleichzeitig auf das Reich einwirkte. Denn während Kaiser Michael sein Heer im Westen konzentrieren mußte, um eine Invasion aus Italien abzuwehren, entblößte er seine Ostgrenze, die somit verletzlich wurde. Neue Horden turkmenischer Krieger, die von den Mongolen nach Westen gedrängt wurden, begannen, nach Kleinasien einzufallen. Sie fanden die Grenzen vernachlässigt und nur leicht bewacht, und da sie fanatische Moslems waren, trieb sie der Eifer der Heiligen Krieger (*ghazis*) gegen die Christen. Als das Jahr 1300 anbrach, überquerten Flüchtlinge den Hellespont und suchten in Konstantinopel Schutz. Zwei Jahre später, 1302, focht einer der neuen türkischen Kriegerhäuptlinge im nordwestlichen Kleinasien eine Schlacht gegen die ineffiziente byzantinische Armee und besiegte sie. Sein Name war Osman, und er wurde zum Gründervater der *Osmanli,* des osmanischen Reiches. Kurze Zeit später war Nicaea, das einst die Exilhauptstadt der Byzantiner gewesen war, zusammen mit vielen anderen Städten der Gegend erobert. Das christliche und byzantinische Kleinasien verwandelte sich rasch in die moslemische, osmanische Türkei.

Die Ereignisse des 14. Jahrhunderts zeigten, daß das Byzantinische Reich vom Vierten Kreuzzug irreversibel geschwächt und in den Grundfesten erschüttert worden war. Die Desintegrationskräfte und der Separatismus, die man schon 50 Jahre zuvor hatte spüren können, waren bis 1261 völlig außer Kontrolle der Zentrale geraten. Ein großer Teil des griechischen Festlands war noch fremdokkupiert. Die griechischen Inseln waren italienische Kolonien. Die Venezianer kehrten in ihr lukratives Geschäftsviertel nach Konstantinopel zurück. Die Genueser fanden am Schwarzen Meer neue Märkte, und die beiden italienischen Republiken führten gegeneinander Krieg, um diese Interessen zu sichern. Sie kämpften in byzantinischen Gewässern und zwangen den Kaiser, aus seiner Unparteilichkeit herauszutreten. Die byzantinische Wirtschaft, die von westlichen Kolonialisten und Händlern ausgesaugt worden war, lag hoffnungslos darnieder. Die immer weiter entwertete byzantinische Goldmünze wich dem venezianischen Dukaten. Die slawischen Völker auf dem Balkan nutzten die Gelegenheit, ihre Verbindungen mit Byzanz zu lösen und selbständige Königreiche zu bilden –

oder, noch schlimmer, sie begannen, in Konstantinopel die Hauptstadt einer neuen Reichsform zu sehen, in der bulgarische oder serbische Elemente vorherrschen sollten.

Der drohende Kreuzzug zur Restaurierung des Lateinischen Reiches von Konstantinopel war von Kaiser Michael VIII abgewendet worden; aber der Preis, den er dafür zahlte, war hoch. Er hatte sich verpflichten müssen, den Päpsten Zugeständnisse zu machen und einzuwilligen, daß die orthodoxe Kirche die Oberhoheit der römischen Bischöfe anerkennen würde. Der Kreuzzug war damit abgewendet, aber die Konzessionen waren für seine Untertanen nicht akzeptabel. 1282 starb Michael VIII, von der Kirche und seinem Volk als Verräter und Häretiker verdammt. Er hatte ihre spirituelle Identität verraten und ihr Gewissen verkauft, um seine eigene Haut zu retten. Nichts hätte den byzantinischen *amour propre* schlimmer beleidigen können. Eine wenig erstaunliche Folge des Vierten Kreuzzuges war daher eine Verhärtung und Erstarrung der orthodoxen Sicht auf die restliche Christenheit. Orthodoxie wurde beinahe zu einem Synonym für byzantinischen Nationalismus. Bildungsbewußte Byzantiner gefielen sich darin, ihn ‚Hellenismus' zu nennen, da einer der Unterschiede, welche die Byzantiner über die barbarischen Westvölker erhob, die exklusive Verbindung mit der hellenischen Kultur der Antike sei. Diese Einbildung war besonders in gewissen Intellektuellenzirkeln in Konstantinopel *en vogue*. Die Kirche wurde jedoch nie müde, ihre Schäfchen zu warnen, daß die alten Hellenen Heiden gewesen waren, die nicht erlöst werden konnten; und die meisten Byzantiner hörten mehr auf ihre Kirchenfürsten als auf ihre Gelehrten.

Nichtsdestotrotz mußten die Byzantiner im 14. Jahrhundert erkennen, daß ihr einst ökumenisches Weltreich zu einem der kleinen christlichen Königtümer degeneriert war, von denen es in Europa viele gab. Seine Instabilität spiegelte sich in der raschen Desintegration der zentralen Verwaltung. Kaiser Andronikos II, der Sohn und Nachfolger Michaels VIII, beendete schnell das Liebäugeln seines Vaters mit der Römischen Kirche. Die angebliche Einheit von östlichem und westlichem Christentum wurde abrupt aufgegeben und die Orthodoxie in ihrer unflexibelsten Form wiederhergestellt. Das Ergebnis war, daß die byzantinische Kirche fester dastand als der Staat, wenn auch das Konzept ihrer Interdependenz weiterhin aufrechterhalten wurde. Darüber hinaus hatte Andronikos II jedoch keine konstruktive Politik anzubieten. So wußte er weder, wie er das Reich aus dem finanziellen Würgegriff seiner italienischen Ausbeuter befreien sollte, noch wie er der Demütigung seiner Feinde, besonders der osmanischen Türken, entgehen konnte. Seine lange und ineffektive Regierungszeit löste eine Reihe verheerender Bürgerkriege aus, in denen sich die führenden Familien um den Thron des *Einen Wahren Kaisers* der Römer stritten. Der Titel allein und das ihn umgebende Mysterium scheint ihnen mehr bedeutet zu haben als die Realität. Trotzdem kam es keinem Byzantiner mit Amt in Kirche oder Staat je in den Sinn, daß es eine alternative Regierungsform geben könne. Das Reich war von Gott gewollt, und sein Souverän von Gott eingesetzt. Die byzantinischen Gelehrten, die sich mit der heidnischen Vergangenheit beschäftigten, konnten befriedigt feststellen, daß die Demokratie den Untergang Athens bewirkt, und Platon die spartanische Monarchie empfohlen hatte. Das Himmelreich war eine Monarchie. Das Reich der Römer, das eine – wenn auch fehlerhafte – Spiegelung des himmlischen Reiches auf Erden war, konnte keine andere Verfassung haben.

Die Renaissance der Gelehrsamkeit und Bildung war einer der erstaunlichsten Aspekte des byzantinischen Lebens im 14. Jahrhundert. Es war eine Zeit der politischen Unordnung, der militärischen Inkompetenz und des wirtschaftlichen Niedergangs; aber entgegen jeder Wahrscheinlichkeit war es auch die Zeit einer bemerkenswerten künstlerischen, kulturellen und geistigen Erneuerung. Gelehrte, die ihr Erbe der hellenischen Weisheit wiederentdeckten, machten sich die ganze Welt zu Schuldnern, indem sie alte griechische Texte, die lange vernachlässigt oder vergessen worden waren, kopierten und edierten. Gleichzeitig untersuchten die Mönche, die schon immer eine große und kraftvolle Macht in Byzanz gewesen waren, von neuem die innere Bedeutung des Christentums und Gottes Beziehung zum Menschen. Die niedrigen Streitereien der Bürgerkriege um den Thron fanden einen sublimeren Ausdruck in einer neuen theologischen Auseinandersetzung, der sogenannten Hesychastischen Kontroverse. Wie so oft in der byzantinischen Welt gingen auch hier politische und theologische Differenzen Hand in Hand. Trotzdem gab es in den weniger privilegierten Gesellschaftsschichten solche, denen der Geduldsfaden riß. Das Schauspiel, wie die Herrscher die nachlassende Kraft des Reiches weiter verbrauchten, indem sie sich untereinander befehdeten, löste eine Art Klassenkonflikt aus, der in der byzantinischen Geschichte beispiellos ist. Das Volk von Thessalonike und einiger anderer Städte erhob sich und errichtete eigene revolutionäre Kommunen, die sich selbst verwalten sollten. Das soziale Experiment endete nach kurzer Zeit in Gewalt und Anarchie, aber es war ein Symptom für den Kollaps der konstantinopolitanischen Zentralregierung.

Ein anderes Anzeichen derselben Krankheit war der Zusammenbruch des byzantinischen Militärsystems. Die Kaiser mußten ihre Soldaten hauptsächlich aus ausländischen Söldnern rekrutieren, die sich als teuer und unzuverlässig erwiesen. Die eigene Armee, die einst das Herzstück byzantinischer Macht gewesen war, hatte praktisch zu existieren aufgehört. Um 1400 war Kleinasien, einst das Reservoir der eigenen Soldaten, zur osmanischen Türkei geworden, und jede Hoffnung, diese Entwicklung rückgängig zu machen, hatte aufgegeben werden müssen. Tausende von Christen, die dort lebten, hatten längst jede Hoffnung auf Rettung fahren lassen und waren zum Islam konvertiert. Einer der fähigsten, aber unpopulärsten Kaiser aus der Mitte des 14. Jahrhunderts hatte die Möglichkeit angedeutet, daß die byzantinische Welt in einen moslemischen Osten in Asien und einen christlichen Westen in Europa geteilt werden könne. Er verheiratete sogar seine Tochter mit einem osmanischen Prinzen. Aber die Türken waren nicht geneigt, die Welt mit anderen zu teilen. Wie auch die Kreuzritter zuvor wußten sie, daß der wirkliche Siegespreis die Stadt Konstantinopel sein würde, der alte Sitz des Herrn der Welt, die Königin der Städte. Die islamischen Wahrsager hatten schon längst prophezeit, daß sie eine muslimische Stadt werden sollte. Die Zeit war auf ihrer Seite. Die byzantinischen Thronstreitereien arbeiteten den Türken in die Hände. Die osmanischen Sultane wurden Experten in der Kunst, die Flammen des Zwistes zu schüren, indem sie immer den Prätendenten förderten, der ihren eigenen Zielen am ehesten gerecht wurde. Am Ende des Jahrhunderts mußten die Kaiser den ehrlosen Status von tributpflichtigen Vasallen der Sultane hinnehmen.

In den letzten fünfzig Jahren seiner schattenhaften Existenz bedrohten, drangsalierten und manipulierten die Türken Byzanz ganz zu ihrem eigenen Vorteil. Die Byzantiner lebten in ständiger Furcht vor Blockade, Belagerung und Eroberung. Konstantinopel war nahezu der einzige Rest des stolzen Reiches. Es war zu einer schäbigen, halbleeren Stadt verkommen, seiner früheren Glorie lange beraubt. Die Einwohner lebten in einem Zustand nervöser Spannung. Trotz allem war es immer noch der Nabel der Welt, ob christlich oder islamisch, und nach wie vor ein Magnet, der Händler, Pilger und sogar Gelehrte aus Italien und von noch weiter her anzog. Als das türkische Netz sich enger um die Stadt legte, wandten sich die Byzantiner um Hilfe an die westliche Christenheit. Die Kaiser verbargen ihren tief verwurzelten imperialen Stolz und reisten an die Höfe von Venedig, Rom, Ungarn, Paris und London, um die Unterstützung ihrer Mitchristen in Gestalt von Waffen, Schiffen, Männern und Geld zu erbitten. Die Könige und Prinzen der westlichen Christenheit hatten jedoch andere Sorgen. Die Päpste, die als einzige einen Kreuzzug ausrufen konnten, weigerten sich, solange die Orthodoxen nicht ihr Schisma aufgaben und dem Stuhl Petri Gehorsam schworen. Ein Kaiser hatte sich schon einmal auf dieses Spiel eingelassen; allerdings um einen Kreuzzug auf Konstantinopel abzuwenden, nicht um einen solchen gegen die Türken auszulösen. Er war als Verräter verurteilt worden. Nun, im 15. Jahrhundert, hatten die Umstände sich geändert; aber die Bindung der Byzantiner an ihren orthodoxen Glauben war stärker geworden, nicht schwächer. Im Jahr 1438 führte Kaiser Johannes VIII persönlich eine Delegation von Bischöfen zu einem Kirchenkonzil, zu dem Papst Eugenius IV ihn nach Ferrara eingeladen hatte; und nach Monaten der theologischen Auseinandersetzung wurde dort feierlich in der letzten Sitzung des Konzils, die 1439 in Florenz stattfand, das Ende des Schismas und die Einheit der Römischen und Byzantinischen Kirchen erklärt. Damit sollte das gesamte Christentum unter der Oberhoheit des Papstes geeint sein.

Nun konnte ein Kreuzzug zur Rettung der byzantinischen Schäflein, die in die Herde zurückgekehrt waren, vor den Türken gepredigt werden. Die meisten Byzantiner in Konstantinopel waren entsetzt. Sie verstanden die sogenannte Florentinische Union als den ultimativen Verrat an ihrer Identität und Tradition. Die Kircheneinheit wurde als Niederlage in der letzten Runde eines geistigen Kampfes mit dem Westen gesehen, der mit dem Vierten Kreuzzug begonnen hatte. Die Opposition war laut und stark. Man gab öffentlich der Meinung Ausdruck, daß eine materielle Unterwerfung durch die Türken ein besseres Schicksal sei als die religiöse durch Rom. Als das versprochene Kreuzfahrerheer, die Belohnung für den Verrat des Kaisers, 1444 bei Varna an der Schwarzmeerküste von der Armee des Sultans aufgerieben wurde, vergoß man in Konstantinopel nicht allzuviele Tränen. Neun Jahre später erfüllten sich die islamischen Weissagungen. Der osmanische Sultan Mehmed II, der seinem Vater 1451 nachgefolgt war, widmete seine gesamte jugendliche Energie, sein Talent und seine Ressourcen ihrer Verwirklichung.

Die dramatische Geschichte von der letzten Belagerung und der Eroberung Konstantinopels durch die Türken ist schon oft erzählt worden. Hier sollen nur ein paar Punkte betont werden. Die Verteidiger der Stadt waren ihren Gegnern zahlenmäßig etwa zu einem Verhältnis von 1:15 unterlegen. Die Türken hatten außerdem den großen Vorteil, mit der neuen Technologie schwerer Artilleriewaffen ausgerüstet zu sein, welche die Byzantiner sich nicht leisten konnten. Die riesigen Stadtmauern, die seit dem fünften Jahrhundert noch jeden Feind aufgehalten hatten, der sich von der Landseite näherte, konnten dem wochenlangen Bombardement von Kanonen nicht standhalten. Die versprochene Hilfe aus dem Westen kam nicht oder zu spät. Einige venezianische und genuesische Soldaten, die gerade in der Stadt waren, unterstützten großherzig die Verteidiger. Konstantin XI, der letzte byzantinische Kaiser, starb wie ein gemeiner Soldat an den Mauern seiner Stadt im Kampf. Am Dienstag, dem 29. Mai 1453, brachen die Türken in die Stadt ein, und der siegreiche Sultan gab ihnen drei Tage zum Beutemachen und Zerstören. Wer entkommen konnte, zog als

Flüchtling auf die venezianischen Inseln Kreta und Korfu oder nach Venedig selbst. Sie waren die Vorhut der Diaspora byzantinischer Bürger. Einige brachten griechische Manuskripte und Ikonen als ihre letzten Schätze und Passierscheine in die Freiheit mit nach Italien und gaben so der italienischen Renaissance und der Gelehrsamkeit einen neuen Impetus.

An jenem Dienstag, dem 29. Mai 1453, starb das byzantinische Reich als politische Institution. Sein Herz hatte aufgehört zu schlagen. Der Tod trat nicht unerwartet ein. Seine Stärke und Widerstandskraft war durch einen langen Zermürbungsprozeß zerstört worden. Für den Niedergang und Fall gibt es viele Gründe. Einer war einfach Altersschwäche. Das Byzantinische Reich hatte seinen Platz in der Geschichte – sich aber schließlich überlebt. Seine Bürger und Regenten hatten nicht eingestehen wollen, daß ihre Institutionen, die einst für ewig gehalten worden waren, in den sich ändernden Umständen nicht überdauern konnten, ohne sich an den Rest der zivilisierten Welt anzupassen. Lieber hielten sie sich an der Ideologie eines Weltreiches fest, auch als sie schon lange nicht mehr realistisch oder praktikabel war. Sie zogen ein Leben in der Vergangenheit vor. Schon immer waren sie eher konservativ als innovativ gewesen. Sie mißtrauten Veränderungen und neuen Ideen. Ihre Händler und Geschäftsleute gaben schon früh den Versuch auf, mit den neuen Segel- und Navigationsmethoden und dem aggressiven Geschäftssinn der Venezianer und Genueser Schritt zu halten. Ihre Gelehrten des 14. Jahrhunderts genossen es, in der antiken griechischen Literatur und Philosophie das wiederzuentdecken, was sie für ihre Wurzeln hielten. Aus diesen Wurzeln wieder einen neuen Stamm herausfordernder Ideen wachsen zu lassen, davor scheuten sie jedoch zurück. Ebenso leisteten sie auf dem Gebiet der Technik und der Naturwissenschaften nur wenig. Ihr Beitrag war, die Schriften und Entdeckungen der griechischsprachigen Gelehrten der Antike zu erhalten und überliefern. Nicht umsonst sind die Byzantiner die ‚Bibliothekare des Mittelalters' genannt worden.

Die soziale, ökonomische und militärische Struktur des Byzantinischen Reiches hatte im 12. Jahrhundert Auflösungserscheinungen gezeigt. Der Vierte Kreuzzug und seine Folgen machten diesen Prozeß unumkehrbar. Einst hatte das Reich riesige Territorien in Europa und Asien umschlossen, mit einer Gemeinschaft von Völkern, die zwar verschiedener Herkunft waren, aber ihren Stolz daraus zogen, sich als Ganzes *römisch* zu nennen. Einige der größten Kaiser waren Armenier. Keiner kam aus einer Familie, die sich *hellenisch* nennen konnte. Konstantin XI, der letzte Kaiser, hatte serbische und italienische Vorfahren. Trotzdem war Griechisch die gemeinsame Sprache des Reiches, des Rechts, der Kirche und der Literatur. Die Kenntnis des Griechischen war eine notwendige Voraussetzung, um als Römer oder *Romaios* angesehen zu werden. Andere Voraussetzungen waren Gehorsam gegen den Kaiser und seine Gesetze und der christliche Glaube in seiner orthodoxen Form. Die Okkupation ganzer Provinzen durch Fremde, die keinen dieser Vorzüge besaßen und zusätzlich noch uninteressiert und intolerant schienen, verbreiterte die Kluft zwischen dem griechischen Osten und dem lateinischen Westen. Die lange Fremdbesetzung Griechenlands und der griechischen Inseln bedeutete einen Verlust an Arbeitskräften, Einkommen und Ressourcen für Byzanz.

Auf der anderen Seite fiel den Türken das Vorgehen leicht gegen einen Feind, der wenig Geld und nur geringe Widerstandskraft hatte. Nachdem sie erst einmal Kleinasien überrannt hatten, war die Eroberung Konstantinopels nur noch eine Frage der Zeit. Im Jahr 1354 überquerten die Türken den Hellespont und errichteten ihren ersten dauerhaften Brückenkopf auf europäischem Boden bei Gallipoli. Ihr erstaunlich schneller Vormarsch durch Osteuropa von diesem Jahr an verdeutlicht die erbärmliche Schwäche der Byzantiner in der Auseinandersetzung mit einem vergleichsweise jungen und kräftigen Volk. Schließlich waren es die Slawen, nicht die Byzantiner, welche die Mittel und den Willen zu einem mutigen, wenn auch wirkungslosen Widerstand gegen den türkischen Ansturm aufbrachten. 1389 gingen die Serben ‚mit Glanz und Gloria' in der Schlacht auf dem Amselfeld von Kosovo unter, die den Stoff für viele Legenden liefern sollte. Die Byzantiner hingegen waren dazu verdammt, bis zu ihrem letzten Kampf um Konstantinopel auszuharren, als ihre Sache schon längst verloren war.

Vielleicht hätten sich die Gewichte noch einmal zu ihren Gunsten verlagert, wäre es zu einer Kooperation der östlichen und westlichen Christenheit gekommen. Aber trotz der frommen Hoffnungen der letzten byzantinischen Kaiser wurde ein solches Bündnis nie erreicht. Auf beiden Seiten herrschte ein tiefes, altes Mißtrauen, das durch die grundlegenden theologischen und ideologischen Differenzen noch verstärkt wurde. Die Byzantiner glaubten aufrichtig, daß der Gott ihrer Väter sie verlassen würde, wenn sie die Gunst der Lateiner zu erringen suchten, sobald sie auch nur einen Teil ihrer ererbten Orthodoxie opferten. Andererseits konnten die Päpste aber auch nicht guten Gewissens einen Kreuzzug zur Rettung von Christen ausrufen, die sich im Schisma mit Rom befanden und zu Häretikern erklärt worden waren. So wurden die Byzantiner immer tiefer in einen hoffnungslosen Isolationismus gedrängt. Nach Generationen von begeisterten Kreuzzügen zur Befreiung des Heiligen Landes begriff die lateinische Kirche nur langsam, daß nicht Jerusalem, sondern Konstantinopel der Fokus der östlichen Christenheit war. Ebensowenig verstanden die italienischen Unternehmer und Kolonisten in Byzanz, daß sie in einer Welt lebten, deren natürliches und historisches Zentrum Konstantinopel war; und so zogen sie von dort Kraft und Reichtum ab, um ihre eigenen Mutterstädte Venedig, Genua, Neapel und Rom zu bereichern.

Man könnte durchaus folgern, daß das Byzantinische Reich zu alt geworden war und seine Kraft, um nicht zu sagen seinen Sinn, überlebt hatte. Einige der eigenen Propheten hatten geweissagt, daß die Geschichte überhaupt zu Ende ginge. Sie glaubten, daß das Reich dieser Welt am Ausgang des sechsten Jahrtausends, im Jahr 7000 nach der Schöpfung, seinen apokalyptischen Abschluß fände. Nach der byzantinischen Zeitrechnung wäre dies das Jahr 1492 gewesen. Einigen gereichte dieser Gedanke noch nach dem Fall Konstantinopels zum Trost, denn sie dachten, ihre eigene Rettung würde nach nur 40 Jahren türkischer Herrschaft folgen.

Eine rationalere Schlußfolgerung wäre vielleicht, daß das Reich verdorrte und starb, weil die Entwicklung an ihm vorbeilief. Das neue ökonomische Verkehrssystem, das nach der Entdeckung neuer Länder und Handelsrouten im 16. Jahrhundert entstand, hätte Konstantinopel in jedem Fall links liegen lassen. Die Stadt hätte ihre Position als Welthandelszentrum verloren. Aber diese Rolle hatte es schon lange vor 1453 zu Gunsten der italienischen Republiken aufgegeben; und die Osmanen konzentrierten erfolgreich ihre Vorstellung eines Universalreiches in derselben Stadt, ohne dabei zu Almosenempfängern zu verkommen.

Die Lieder, die die Byzantiner nach 1453 sangen, waren keine epischen Balladen, die an große Schlachten erinnerten, die heroisch geschlagen und verloren wurden. Vielmehr waren es Klage- und Wehgesänge um den Verlust ihrer Stadt und ihrer Welt. Sie hatten immer gesagt, daß ihr Reich und ihre Kirche Hand in Hand gingen und daß es ohne Kaiser keine Kirche geben könne. Es sollte sich zeigen, daß sie in diesem Punkt geirrt hatten. Denn von allem, was die Zerstörung überlebte, war es schließlich die Religion, die sie an ihre kaiserliche Vergangenheit erinnerte. Ihr orthodoxer Glaube und nicht etwa die hellenische Philosophie war es, was ihren Nachkommen in den Jahrhunderten der muslimischen Herrschaft Stärke verlieh. Ein Grieche unter türkischer Oberhoheit betrat eine Kirche oder ein Kloster wie eine vergessene, glorreiche Welt, in der die Bilder und Ikonen an die lang verlorene, aber vertraute Mischung kaiserlicher und himmlischer Mysterien erinnerte; dort war er umgeben von Bildern der Väter und Doktoren der Orthodoxie, die wie die Patriarchen von Konstantinopel gekleidet waren, der Soldatenheiligen, die aussahen wie einfache byzantinische Krieger, der Heiligen Konstantin und Helena, die bekrönt und als Kaiser und Kaiserin der Römer gekleidet waren, der Jungfrau und der Heiligen, deren unveränderter Stil die unveränderlichen Wahrheiten des Geistes in einer veränderten Welt zum Ausdruck brachte. Die byzantinische Welt war tot. Ihr Geist aber lebte weiter in der orthodoxen Kirche. Vielleicht hatte sie recht damit, ihre Wahrheiten so eifersüchtig zu wahren und verteidigen.

Das Ende des spanischen Kolonialreiches in Amerika

Renate Pieper

Mit der Schlacht von Ayacucho im Dezember 1824 endete nach drei Jahrhunderten das älteste Kolonialreich in Amerika. Nach mehrjährigen Kämpfen hatte Hispanoamerika seine Unabhängigkeit errungen und nun erreichte der Staats- und Nationsbildungsprozeß einen Höhepunkt, bei dem sich auf dem Gebiet des spanischen Imperiums, zum Teil nach wechselvollen Kämpfen, zahlreiche Staaten konstituierten. Damit ging die Unabhängigkeit Hispanoamerikas – im Unterschied zu der Portugiesisch- und Angloamerikas – einher mit einer Zersplitterung der spanischsprachigen Welt.

Als Ursache für den Zerfall von Großreichen sind religiöse, ethnische oder nationale Konflikte im Innern eines kolonialen Herrschaftsbereichs sowie Angriffe anderer Mächte oder Ethnien von außen auf die Kolonien genannt worden.[1] Für Hispanoamerika kann zwar eine Unterscheidung zwischen inneren und äußeren Ursachen getroffen werden, die hierbei wirksamen zentrifugalen Kräfte entsprechen allerdings nicht den oben genannten Parametern. Auch das jüngste Erklärungsmodell von Paul Kennedy[2] zum Aufstieg und Fall großer Mächte in der Neuzeit kann nicht auf den Zerfall Hispanoamerikas angewandt werden, da sich die Arbeit ausschließlich mit der Interdependenz ökonomischer und militärischer Faktoren in den kolonialen Metropolen befaßt, ohne die Situation in räumlich weit entfernten Kolonien zu berücksichtigen.

Zu Beginn des 19. Jahrhunderts reichte das von Spanien aus regierte Territorium in Amerika von den Siedlungen in Kalifornien, Neu-Mexiko und Texas im Norden bis zum Río de la Plata und Chile im Süden. Die staatliche Organisation des Imperiums orientierte sich zwar an übergeordneten Kriterien, die aber in den einzelnen Regionen unterschiedlich umgesetzt wurden. Spanisch war die offizielle Sprache des Imperiums, sie wurde vorwiegend in den Städten gesprochen, indianische Sprachen dominierten dagegen oft auf dem Lande. Die eng mit dem Staat verbundene katholische Kirche sorgte für ein einheitliches religiöses Bekenntnis, obwohl zahlreiche synkretistische Elemente indigenen oder afrikanischen Ursprungs im Kultus Eingang gefunden hatten. Bei einer insgesamt dünnen Besiedlung Hispanoamerikas kam es im Einzugsgebiet größerer Städte wie Mexiko, Havanna, Lima, Buenos Aires und Caracas – um die fünf größten amerikanischen Munizipien des ausgehenden 18. Jahrhunderts zu nennen – zu einer Bevölkerungsverdichtung. Ähnliches galt für die für überregionale Märkte produzierenden landwirtschaftlichen Zentren mit arbeitsintensiven Kulturen. Auch in den Minengebieten fanden während der Prosperität des Bergbaus viele Menschen ihr Auskommen. Die ethnische Zusammensetzung der Bevölkerung wies große regionale Unterschiede auf. So fand in Mexiko bereits zu Beginn der Kolonisation ein umfassender Mestizisierungsprozeß statt, während in Peru das Anden-Hochland indianisch geprägt blieb und die Küste vorwiegend von Mestizen, Mulatten und Weißen besiedelt wurde. In Regionen mit tropischer Plantagenwirtschaft, wie in Venezuela und in den vom Goldbergbau geprägten Regionen Kolumbiens, war der Anteil der schwarzafrikanischen Bevölkerung sehr hoch. Ungeachtet dieser Differenzen läßt sich für die gesamte hispanoamerikanische Gesellschaft am Ausgang der Kolonialzeit konstatieren, daß sich ethnische und ökonomische Schichtungskriterien überlagerten und gegenseitig bedingten, hinzu kam eine ständische Ordnung nach europäischem Muster.[3] Dies führte dazu, daß die Ausbildung nationaler Identitäten erst nach der Unabhängigkeit und der Konstituierung der einzelnen Staaten erfolgte, denn für die Nationsbildung stellte die Fusion der verschiedenen Ethnien eine wesentliche Voraussetzung dar.[4] So sind denn auch die im ausgehenden 18. Jahrhundert sich häufenden Aufstände und Revolten gegen soziale Mißstände oder staatliche Maßnahmen wie Steuererhöhungen nicht als Audruck „nationaler" Interessen zu werten.[5] Da die spanische Herrschaft in Amerika weder durch nationale oder ethnische Bewegungen noch durch die Angriffe anderer europäischer Mächte auf die Kolonien ernsthaft bedroht wurde, stellt sich die Frage nach den Ursachen des Zerfalls und nach deren Vergleichbarkeit mit ähnlichen Prozessen.

Die Motive für die Ablösung vom Mutterland und die Konstituierung der multi-ethnischen Staaten in Lateinamerika sind in der Forschung aus zwei Perspektiven behandelt worden. Zum einen fragte man aus einer metropolitanen Sicht nach den Gründen für den Niedergang der spanischen Macht, und zum anderen analysierte man die inneramerikanischen Ursachen für den wachsenden Widerstand gegen die imperiale Herrschaft in den Kolonien. Während sich die Forschung zur Krise des spanischen Imperiums auf das 17. Jahrhundert konzentriert,[6] verweisen die Studien zum Staatsbildungsprozeß vorwiegend auf das 18. Jahrhundert.[7] Erste Hinweise auf die Integration der beiden Forschungsrichtungen liefert das Modell einer kolonialen Raumordnung von Marcello Carmagnani.[8] Nach einer Betrachtung des 17. Jahrhunderts zeigt er, daß die Reformen des 18. Jahrhunderts zu einer geographischen Verschiebung der politischen, ökonomischen und militärischen Zentren und Räume in Amerika führten. So lassen sich bereits siebzig Jahre vor den Unabhängigkeitskriegen die Bruchstellen erkennen, die die späteren unabhängigen Staaten voneinander trennten. Auch David Brading spricht für die ausgehende Kolonialzeit von einem äußerst prekären Gleichgewicht innerhalb der kolonialen Gesellschaften, das nur eines Anstoßes bedurfte, um dauerhaft zerstört zu werden.[9] Dennoch wird damit nicht erläutert, warum der Unabhängigkeitsprozeß nicht in Amerika, sondern im Mutterland ausgelöst wurde.

Um den Zusammenhang zwischen den Entwicklungen im Mutterland und in den Kolonien zu untersuchen, ist eine Periodisierung der Ursachen erforderlich. Die ersten Spannungen innerhalb der imperialen Struktur zeigten sich bereits zu Beginn des 17. Jahrhunderts und verschärften sich bis zum Ausgang der Kolonialzeit. Seit etwa 1750 traten weitere Differenzen hinzu, die den Zusammenhalt des Imperiums in Frage stellten. Hiervon sind die unmittelbaren Ereignisse während des Unabhängigkeitsprozesses seit 1808 zu trennen.[10] Wenn bereits um 1600 erste Brüche in der kolonialen Ordnung festzustellen sind, diese aber noch zwei Jahrhunderte Bestand hatte, so sollte man den Faktoren, die den Zerfall herbeiführten, die Gründe gegenüberstellen, die trotz der großen geographischen Distanzen, der mangelhaften Kommunikation und der unterschiedlichen Interessen in Amerika und in Europa die sehr lange Dauer der kolonialen Herrschaft bewirkten. Entsprechend sind die inneren und äußeren Einflüsse, die im Mutterland und in den Kolonien wirksam wurden, getrennt zu betrachten. Eine Gegenüberstellung der endogenen und exogenen Faktoren, die für den Erhalt des Imperiums und für seinen Zerfall verantwortlich waren, und ihre Unterteilung hinsichtlich ihrer zeitlichen und geographischen Reichweite wird dazu beitragen, sowohl den Zerfallsprozeß als auch die nachfolgende Staatenbildung und die panamerikanischen Integrationsbemühungen besser zu erfassen.

Zu den langfristigen Entwicklungen, die die Stabilität der imperialen Herrschaft in Amerika garantierten, zählte, daß Spanien eine umfassende staatliche Verwaltung und Rechtsprechung bereitstellte und dadurch die rechtliche und politische Sicherheit garantierte.[11] Darüber hinaus war das imperiale System des 17. und beginnenden 18. Jahrhunderts dadurch gekennzeichnet, daß den Kreolen und den in Hispanoamerika verwurzelten, aus dem Mutterland stammenden Spaniern über die Mechanismen des Ämterkaufes auf breiter Basis Zugang zur kolonialen Administration gewährt und ihnen auf diese Weise auch ein politisches Mitspracherecht zugestanden wurde.[12] Insbesondere auf städtischer Ebene entwickelte sich so eine Honoratiorenschicht, die die Geschicke der Regionen in Amerika entscheidend bestimmte.[13] Außerdem organisierte das Mutterland die militärische Verteidigung der überseeischen Gebiete. An den Grenzgebieten zu nomadisierenden Ethnien im Norden Neuspaniens, im Süden Chiles und Süden des La Plata-Gebietes, sowie an den Grenzen zum Amazonas und an der Ostküste Mittelamerikas sorgten spanische Garnisonen und Missionsstationen für die Sicherung und Verteidigung der kolonialen Zentren. Schließlich stellte Spanien durch Garnisonstruppen die, wenn auch in Einzelfällen unzureichende, Verteidigung wichtiger Handelsplätze und Städte an den Atlantik- und Pazifikküsten bereit.

Politisch-militärische Leistungen des spanischen Staates für den Zusammenhalt des überseeischen Imperiums wurden durch ökonomische Funktionen ergänzt. Neben der Sicherung der Schiffahrt und des Handels zwischen Mutterland und Kolonien durch militärischen Begleitschutz gewährte Spanien mit dem Monopolsystem auch dem transatlantischen Handel und dem darin investierten Kapital eine gewisse Rechtssicherheit und organisatorische Strukturen, innerhalb derer das Risiko beim Kauf und Verkauf von Waren abzuschätzen war.[14] Marcello Carmagnani hat darauf hingewiesen, daß durch die Kombination politischer und ökonomischer Interessen und Leistungen zwei Achsen innerhalb Hispanoamerikas entstanden. Eine, die den Atlantikhafen Veracruz mit der Hauptstadt Mexiko und dem Pazifikhafen Acapulco verband, und eine weitere, die die Verbindung zwischen den Minenzentren in Hochperu und der peruanischen Küstenstadt Lima herstellte. Von Lima aus wurden außerdem der Schiffsverkehr im Pazifik kontrolliert und damit auch die Verbindungen nach Portobello – an der Atlantikküste Panamas – und nach Spanien koordiniert. Allerdings war die von Lima aus kontrollierte Achse bedeutend schwächer ausgebildet als diejenige, die quer durch Neuspanien führte. Der karibische Raum gehörte schon im 17. Jahrhundert nur noch begrenzt zum spanischen Einflußbereich.[15]

Obwohl wichtige politische und ökonomische Verbindungen in Amerika nach Spanien ausgerichtet waren, gelang es den Kreolen und reichen mestizischen Kaufleuten, den Handel zwischen Mutterland und Kolonien weitgehend zu monopolisieren und zu kontrollieren. So kam es immer wieder zu Klagen spanischer Händler darüber, daß sie keinen Zugang und keine Übersicht über die amerikanischen Märkte erlangen konnten.[16] Außerdem stärkte das imperiale System den häufig unterschätzten politischen und ökonomischen Einfluß der kolonialen Oberschicht in Hispanoamerika, indem es die soziale Ordnung garantierte. Bei Unruhen, Indianer- und Sklavenaufständen entsandte die koloniale Verwaltung unverzüglich Truppen, bezeichnenderweise meist lokale Milizen. Eine weitere wichtige und lange wirksame Stütze des Imperiums stellte die Verbindung zwischen Staat und Kirche dar. Mit ihrem

Missionsauftrag sorgte die katholische Kirche für die Integration und Christianisierung weiter Teile der autochthonen Bevölkerung. Sie übernahm die Seelsorge in den städtischen Zentren und bildete die kolonialen Eliten auf Schulen, Seminaren und Universitäten aus. Schließlich richtete sich das kulturelle Leben der kolonialen Gesellschaft wesentlich am spanischen Vorbild aus. Die Erlangung eines spanischen Adelstitels erschien den Kreolen noch im 18. Jahrhundert erstrebenswert.

Auch in Spanien sicherten strukturelle Faktoren den Zusammenhalt des Imperiums. Die überseeischen Reiche bildeten einen integralen Bestandteil der kastilischen Krone, Hispanoamerika leistete einen erheblichen Beitrag zur Finanzierung der spanischen Monarchie, die Kolonien waren wichtige Handelspartner und Absatzmärkte für spanische Produkte, obwohl sich die inneramerikanischen Handelsnetze der spanischen Kontrolle weitgehend entzogen. Außerdem erhöhte die Auswanderung nach Hispanoamerika nicht nur die horizontale, sondern auch die vertikale Mobilität der spanischen Gesellschaft.[17]

Neben diesen inneren Einflüssen lassen sich auch äußere erkennen, die den Erhalt des Hispanoamerikas gewährleisteten. So mußte im Rahmen des gesetzlich fixierten Transatlantikhandels ein gewisser Schmuggelhandel toleriert werden, der zur Stabilisierung des Systems beitrug, da er ausländischen Kaufleuten die Partizipation innerhalb eines institutionalisierten Rahmens ermöglichte und dadurch ihr Risiko bei relativ geringen Kosten begrenzte. Außerdem wurde Hispanoamerika über den Schmuggelhandel in den internationalen Warenaustausch eingebunden.[18]

Trotz des kontinuierlichen Rückgangs der spanischen Dominanz in Europa während des 17. Jahrhunderts war die Iberische Halbinsel bis zum Spanischen Erbfolgekrieg keinerlei äußeren Angriffen ausgesetzt, und selbst der Spanische Erbfolgekrieg rief in Katalonien keine großflächigen Zerstörungen hervor. Nach der Thronbesteigung der Bourbonen wurde der Flottenbau intensiviert, wodurch die spanische Flotte ihre zweite Position in Europa nach der englischen Marine halten konnte und die Verbindungen zu den Kolonien gesichert wurden.[19]

Bereits im 17. Jahrhundert zeichnen sich in Hispanoamerika aber auch Entwicklungen ab, die den „kolonialen Pakt"[20] langfristig in Frage stellten. So führte die geringe Präsenz spanischer Verwaltungsbeamter und Truppen zwar zu einem sehr kostengünstigen staatlichen System in Hispanoamerika, sie förderte aber auch den Autonomieanspruch der kolonialen Eliten. Ein Symbol für das sich während des 17. Jahrhunderts entwickelnde amerikanische Bewußtsein und die Eigenständigkeit gegenüber dem Mutterland war die Verehrung der Madonna von Guadalupe, einer Marienfigur, die ihren Ursprung in dem aragonesischen Heiligtum gleichen Namens hatte und seit der

Mitte des 17. Jahrhunderts auch in Mexiko verehrt wurde. Hier ging die Madonna eine Symbiose mit einer zuvor dort verehrten aztekischen Gottheit ein. Außerdem entwickelten sich seit dem 17. Jahrhundert eigenständige amerikanische Wirtschaftsräume, ein inneramerikanischer Handel und die Beziehungen zum Pazifik.[21]

Im Mutterland lassen sich ebenfalls langfristige Entwicklungen beobachten, die den Zerfall des Imperiums vorbereiteten. So war Spanien nach den territorialen Verlusten des Dreißigjährigen Krieges in eine schwere politische, militärische und finanzielle Krise geraten und konnte daher nicht mehr genügend ausgebildete Amtleute und Truppen nach Hispanoamerika entsenden. Die politisch-militärische Niederlage wurde durch eine demographische und ökonomische Krise in Spanien verstärkt, die dazu führte, daß Bevölkerung und Produktion drastisch sanken und sich dadurch auch die familiären und wirtschaftlichen Bindungen zwischen Spanien und Amerika lockerten. Zwar wanderten weiterhin Spanier nach Amerika aus, dadurch wurde die demographische und ökonomische Basis des spanischen Staatswesens aber zusätzlich geschwächt. Die wirtschaftliche Krise führte dazu, daß der Handel mit den Kolonien nicht mehr regelmäßig abgewickelt werden konnte. Das Defizit wurde zwar durch den Schmuggelhandel und den inneramerikanischen Handel aufgefangen, langfristig schwächte dies aber die Kontrollfunktion Limas über das peruanische Hochland und bereitete die Desintegration der Region vor. Schließlich führte die Krise der spanischen Monarchie zu ideologischen Abschließungstendenzen, die eine Anpassung des kolonialen Systems an sich wandelnde geopolitische Verhältnisse erschwerten.[22] Auch wenn im ausgehenden 17. Jahrhundert erste Maßnahmen zur Verbesserung der politischen und ökonomischen Lage getroffen wurden, denen dann die gezielte Reformpolitik der Bourbonen in der ersten Hälfte des 18. Jahrhunderts folgte, hatte sich die relative Position Spaniens im europäischen Mächteverhältnis dennoch so verschlechtert, daß der Vorsprung, den sich die nordeuropäischen Mächte in dieser Zeit verschafft hatten, nicht wieder aufgeholt werden konnte.

Äußere Einflüsse, die langfristig die Unabhängigkeit Lateinamerikas vorbereitet haben könnten und die bei den Zeitgenossen viel Aufsehen erregten, trugen nur begrenzt zum Zerfall der Kolonialherrschaft bei. So wird zwar auf die Bedrohung Hispanoamerikas durch Piraten und Korsaren sowie auf die Einnahme zahlreicher karibischer Inseln durch andere europäische Staaten hingewiesen, der Zusammenhalt des Imperiums war dadurch aber nie ernsthaft bedroht. Somit entfiel die Konkurrenz anderer europäischer Mächte auf den von den hispanoamerikanischen Kolonien kontrollierten Gebieten des amerikanischen Festlands bis zu Beginn des 19. Jahrhunderts weitgehend. Zwar muß ten die Grenzgebiete zu nomadisierenden indianischen Ethnien militärisch gesichert werden, dies führte aber langfristig zur Einbindung neuer Bevölkerungsgruppen in den Randregionen, so daß insgesamt das Gebiet des spanischen Imperiums in Amerika bis zur Unabhängigkeit weiter ausgedehnt wurde. Selbst der Schmuggelhandel unterminierte das koloniale System nicht, da die Verteilung der Schmuggelware im Innern der Kolonialreiche von kreolischen und mestizischen Händlern organisiert wurde. Von außen einwirkendes Gedankengut, insbesondere die Ideen der Aufklärung, fand nur teilweise die Zustimmung der kolonialen Eliten, da sich einige Vertreter der Aufklärung kritisch zu den Verhältnissen in Amerika äußerten. Allerdings führte die Auseinandersetzung mit den europäischen Vorstellungen zur Erforschung der amerikanischen Realitäten und stärkte damit das Selbstbewußtsein der gebildeten Kreolen und Mestizen. Außerdem förderte die Rezeption der Aufklärung die kritische Betrachtung der bestehenden politischen und ökonomischen Verhältnisse in den Kolonien, die vor allem bei den neu aufsteigenden Mittelschichten auf fruchtbaren Boden fiel. So bereiteten nicht äußere militärische Angriffe, sondern neues Gedankengut den Boden für die Unabhängigkeit vor.[23]

Wichtiger als die in Hispanoamerika zu beobachtenden exogenen Faktoren waren die äußeren Einflüsse, die Spaniens Stellung als Groß- und Kolonialmacht unterminierten. Der Verlust der nördlichen Niederlande, Portugals und der Seeherrschaft im Atlantik zu Beginn des 17. Jahrhunderts sowie die Abtrennung der südlichen Niederlande und der italienischen Besitzungen nach dem Spanischen Erbfolgekrieg zu Beginn des 18. Jahrhunderts schwächte die spanische Stellung in Europa nachhaltig. Damit büßte Spanien langfristig die Ressourcen ein, die es ihm ermöglichten, die Kommunikation mit den überseeischen Reichen auch in Krisenzeiten aufrecht zu erhalten.

Die bisherigen Überlegungen lassen erkennen, daß bis Mitte des 18. Jahrhunderts die Faktoren überwogen, die einen Verbleib der Kolonien im spanischen Imperium und eine Unterstützung der spanischen Herrschaft in Hispanoamerika begünstigten. Die gegenläufigen Strömungen, die zum Zerfall des Weltreiches führten, hatten sich in Übersee erst in Ansätzen herausgebildet, und selbst der Niedergang Spaniens seit dem 17. Jahrhundert wurde erst zwei Jahrhunderte später für den Zerfallsprozeß in Amerika wirksam.

Seit etwa 1750 zeichnete sich der Ablösungsprozeß Hispanoamerikas deutlicher ab, wenn auch in diesen Jahrzehnten zahlreiche Faktoren erkennbar sind, die die territoriale Integrität förderten und die Beziehungen zwischen Spanien und seinen Kolonien aufrechterhielten. Die in der zweiten Hälfte des 18. Jahrhunderts in Hispanoamerika durchgeführten Bourbonischen Reformen sollten die Prosperität der

Kolonien und des Mutterlandes erhöhen.[24] David Brading hat die Reformen des 16. und des 18. Jahrhunderts in Amerika miteinander verglichen und den Maßnahmen des 18. Jahrhunderts eine größere Effektivität bescheinigt.[25] Mit der Verbesserung der Finanzverwaltung und durch Steuererhöhungen stiegen die Staatseinnahmen in den Kolonien, womit das neue Milizsystem, der Flottenbau sowie der Ausbau und die Errichtung von Forts in den Hafenstädten und im Norden Mexikos entlang der Grenze zu nomadisierenden Indianerstämmen finanziert wurden. Durch diese Maßnahmen wurde die innere und äußere Sicherheit der Kolonien verbessert. Außerdem förderte die spanische Krone den Bergbau, so daß die Silberproduktion in Mexiko einen ungeahnten Aufschwung nahm und mit ihr die Stadt Mexiko zur reichsten und größten Stadt des amerikanischen Kontinents heranwuchs. Auch der Handel erlebte einen deutlichen Aufschwung, und zwar nicht nur der traditionelle Handel der alten Kolonialräume Mexikos und Perus, sondern auch derjenige bis dahin marginalisierter Regionen. Dies wurde zunächst durch die Gründung privilegierter Handelskompanien und dann durch eine schrittweise Liberalisierung des gesamten Kolonialhandels erreicht. So verdankten das Generalkapitanat Venezuela und das Vizekönigreich Rio de La Plata ihre Entstehung und Prosperität im wesentlichen den Bourbonischen Reformen. Im Andengebiet führte die politische und ökonomische Reorganisation zunächst zur Verlängerung der Achse Lima-Potosí nach Buenos Aires, beschleunigte dann aber die Ablösung Hochperus – des späteren Boliviens – von der peruanischen Hauptstadt. Der wirtschaftliche Aufschwung förderte die soziale Mobilität und ethnische Vermischung in nahezu allen Teilen des kolonialen Reiches. Der gleichzeitig steigende Bedarf an Arbeitskräften wurde durch eine erhöhte Einfuhr schwarzafrikanischer Sklaven und Einwanderung von Weißen gedeckt. Durch den Aufstieg neuer Wirtschafts- und Handelszentren konstituierte sich mit Unterstützung der spanischen Krone neben der alteingesessenen eine neue koloniale Elite, die der spanischen Herrschaft zunächst positiv gegenüberstand.

In Spanien führte die finanzielle Reorganisation und erhöhte Besteuerung in Hispanoamerika durch den gleichzeitigen Anstieg der Staatsausgaben in Übersee zwar nicht zu einer nennenswerten Steigerung der Einnahmen,[26] aber die Existenz des spanischen Imperiums in Amerika unterstützte das Ansehen und die politische Bedeutung der spanischen Monarchie in Europa.[27] Schließlich erforderte und förderte der koloniale Zusammenhalt die ambitionierte Flottenbaupolitik Spaniens, so daß noch bis zur Schlacht von Trafalgar 1805 bedeutende Kriegsschiffe zur Verfügung standen, die u.a. auf der Werft von Havanna gebaut wurden. Die Förderung des Amerikahandels vermittelte Impulse für die innerspanische wirtschaftliche und technologische Entwicklung und trug zum Aufstieg neuer ökonomischer Zentren in den bisherigen Randgebieten der Halbinsel bei. Die Konzessionierung der Caracas-Kompanie baskischer Kaufleute, die bis in die 1770er Jahre den Handel mit Venezuela monopolisierte, unterstützte die wirtschaftliche Prosperität des Baskenlandes. Für die expandierende katalanische Textilindustrie stellte Amerika ebenfalls einen wichtigen Absatzmarkt dar.[28] Schließlich wird die sich im 18. Jahrhundert wieder verstärkende Auswanderung in die Kolonien dazu beigetragen haben, daß es in dieser Zeit in Spanien nicht zu nennenswerten sozialen Unruhen kam. So wie in den Kolonien führte auch in Spanien die durch die amerikanische Nachfrage geförderte Entstehung neuer wirtschaftlicher Zentren zum Aufstieg sozialer Gruppen, die in Schlüsselpositionen von Regierung, Verwaltung, Militär und Wirtschaft vordrangen. Die Straffung des imperialen Systems führte somit zu einer Verbesserung der äußeren Sicherheit in Übersee, unterstützte die Prosperität des Mutterlandes und der Kolonien und erhöhte die soziale Mobilität.

Zu den Faktoren, die den Zerfall des Imperiums vorbereiteten, gehörten in Hispanoamerika einige Auswirkungen der Bourbonischen Reformen. Eines der wichtigsten Ziele des Reformprogramms war die Zurückdrängung der kreolischen Oligarchie aus den führenden administrativen Positionen und die Schwächung ihres Einflusses auf munizipaler Ebene durch die Erweiterung der Stadträte. Diese Maßnahmen erhöhten zwar die Mobilität der kolonialen Gesellschaft und ermöglichten neuen Gruppen die politische Partizipation, vor allem aber verstärkten sie die Präsenz der Europaspanier in Hispanoamerika. Die Folge waren wachsende Spannungen zwischen alten und neuen kreolischen Eliten und Europaspaniern.[29] Weitere Unzufriedenheit verursachten Steuer- und Abgabenerhöhungen. So kam es in der zweiten Hälfte des 18. Jahrhunderts verstärkt zu Aufständen, die nicht mehr ausschließlich von indianischen oder mestizischen Gruppen getragen wurden, sowie ersten Verschwörungen von Kreolen gegen die koloniale Administration. Diese Revolten oder Aufstände können zwar nicht als Vorläufer der Unabhängigkeitsbewegungen gewertet werden, dennoch signalisieren sie die steigende Spannung innerhalb der hispanoamerikanischen Gesellschaft.[30] Darüber hinaus erhöhte die Einführung eines flächendeckenden Milizsystems die Militarisierung Hispanoamerikas und legte somit die Grundlage für die militärische Durchsetzung der Unabhängigkeit. Zu den politischen und militärischen Faktoren, die den Zerfall vorbereiteten, trugen auch ökonomische Entwicklungen bei. Hierzu zählte die Aufhebung der zwangsweisen Verteilung von Wirtschaftsgütern in den Indianergemeinden durch spanische Distriktbeamte, die eine Sonderform des Verlagssystems darstellte. Das Verbot dieses „Handels", der zwar zu zahlreichen Mißbräuchen und Klagen geführt hatte, aber dennoch eine zentrale Distributionsfunktion innerhalb der kolonialen Wirtschaft erfüllte, betraf nicht nur die indianischen Gemeinden, sondern erstickte vor allem die sich entwickelnde Protoindustrialisierung im Keim. Daher mußte die spanische Krone, auf die Proteste der Betroffenen hin, ihre Anordnungen modifizieren und den Repartimientohandel zumindest teilweise gestatten. Das Verbot hatte die koloniale Wirtschaft aber bereits entscheidend geschwächt.[31] Durch die Förderung der ehemaligen Randgebiete, wie Venezuela und die La Plata-Region, kam es Ende des 18. Jahrhunderts zu einer Dezentralisierung der ökonomischen Ströme und zur Auflösung der bisherigen politisch-ökonomischen Achsen.[32]

Hinzu kam, daß sich in der zweiten Hälfte des 18. Jahrhunderts das Bewußtsein der amerikanischen Eigenständigkeit verstärkte. Hierzu trug insbesondere das Verbot des Jesuitenordens und die Ausweisung seiner Mitglieder aus Hispanoamerika im Jahre 1767 bei. Da sich unter den Ausgewiesenen viele dort geborene Jesuiten befanden und der Orden wesentliche Teile des Bildungssystems in Hispanoamerika kontrolliert hatte, wurde das Vorgehen der Krone als direkter Affront gegen die Kreolen empfunden. Die Vertreibung der Jesuiten stellte die schärfste Maßnahme innerhalb der sich im Zuge einer regalistischen Politik verstärkenden Einflußnahme der Krone auf kirchliche Belange dar. Die größere Kontrolle der Kirche durch den Staat und die wachsende Präsenz von aus dem Mutterland stammenden Spaniern im hohen Klerus führte weiterhin dazu, daß die Wahrnehmung der Interessen der Kreolen nicht nur innerhalb der kolonialen Adminstration beeinträchtigt, sondern auch ihre Aufstiegsmöglichkeiten im Klerus begrenzt wurden. Zu den Folgen dieser Differenzierung zwischen hohem, spanischstämmigem und niederem, kreolischen Klerus zählt, daß die wichtigsten Führer der ersten Phase der Unabhängigkeitsbewegung in Mexiko, Hidalgo und Morelos, Priester waren. So rief die im Rahmen der Bourbonischen Reformen verfolgte Politik in der zweiten Hälfte des 18. Jahrhunderts Spannungen innerhalb der kolonialen Gesellschaft hervor, intensivierte das sich schon im 17. und beginnenden 18. Jahrhundert konstituierende Eigenbewußtsein der hispanoamerikanischen Eliten und förderte den Zerfall der Kolonialreiche.

Während die Entwicklungen in Amerika auf die Loslösung vom Mutterland und die Zersplitterung des Imperiums hinausliefen, beschränkten sich die von Spanien ausgehenden Einflüsse auf eine weitere Schwächung der Verbindungen zwischen Mutterland und Kolonien. Trotz der intensiven Bemühungen um eine durchgreifende Finanzreform im Mutterland geriet Spanien in der zweiten Hälfte des

18. Jahrhunderts in eine fiskalische Krise, der man durch Kreditaufnahme und Steuererhöhung zu begegnen suchte. Dennoch war die Krone gegen Ende des Jahrhunderts gezwungen, ihre Militärausgaben, insbesondere das Flottenbauprogramm, einzuschränken.[33] Insgesamt verringerte sich der Anteil spanischer Erzeugnisse am Amerikahandel, da die Konkurrenz der englischen Textilindustrie mittlerweile zu stark geworden war. Somit ging die Bedeutung Spaniens als Handelspartner seiner Kolonien auch in der zweiten Hälfte des 18. Jahrhunderts weiter zurück.[34]

Neben inneren Entwicklungen bereiteten seit dem Siebenjährigen Krieg äußere Einflüsse den Zerfall des spanischen Imperiums in Amerika vor. Es verstärkte sich der Druck der nomadisierenden Indianer an der nordamerikanischen Grenze, da die autochthone Bevölkerung vor der nach Westen vordringenden angloamerikanischen Kolonisation auswich. Dies erforderte eine verstärkte Truppenpräsenz im Norden Mexikos und trug zur erhöhten Militarisierung der dortigen Bevölkerung bei. Weit wichtiger für den Ablösungsprozeß Hispanoamerikas war aber die finanzielle und militärische Unterstützung der Unabhängigkeitsbewegung der englischen Kolonien durch Spanien. Hierzu wurden Truppen aus Mexiko in das Gebiet der späteren USA entsandt, wodurch mexikanische Kreolen und Mestizen zum ersten Mal mit einer antikolonialen Bewegung in direkten Kontakt kamen und deren Argumentation kennenlernten.[35] Auch die Angriffe der Engländer auf Buenos Aires im Jahre 1806/07 lösten zwar nicht unmittelbar den Abfall des Río de la Plata von Spanien aus, die erfolgreiche Verteidigung der Stadt durch die Milizen in Abwesenheit der kolonialen Autoritäten, die geflüchtet waren, stärkte aber das Selbstbewußtsein der Kreolen, erhöhte ihre Verteidigungsbereitschaft und stellte die Funktion der spanischen Herrschaft deutlich in Frage.

Vor allem die auf das Mutterland seit 1750 einwirkenden exogenen Einflüsse beschleunigten den Zerfall des Imperiums. So war Spanien trotz all seiner Reformbemühungen zu einer im Vergleich mit anderen europäischen Staaten politisch und militärisch drittrangigen Macht abgesunken. Spanien erweckte im europäischen Kontext nur noch als Bündnispartner Frankreichs das Interesse Englands. Ungeachtet des ökonomischen Aufschwungs lassen sich in Spanien im ausgehenden 18. Jahrhundert allenfalls Ansätze zur Protoindustrialisierung erkennen, während England sich industrialisierte. Schließlich führte die durch die europäischen Kriege und den technologischen Rückstand Spaniens erzwungene Liberalisierung des Kolonialhandels dazu, daß sich die ökonomischen Bindungen zwischen Mutterland und Kolonien immer weiter lockerten. Dieser Prozeß erreichte seinen Höhepunkt 1797, als Spanien sich aufgrund der englischen Seeblockade gezwungen sah, Schiffe zum Kolonialhandel zuzulassen, die von Häfen ausfuhren, die im Konflikt zwischen Spanien und England neutral geblieben waren, d.h. insbesondere US-amerikanische Schiffe. Die Ideen des Wirtschaftsliberalismus im Sinne von Adam Smith stellten das überkommene Monopolsystem dann auch von theoretischer Seite her in Frage.

Selbst während des Unabhängigkeitsprozesses zwischen 1808 und 1824 lassen sich Tendenzen erkennen, die den Erhalt des Imperiums hätten bewirken können und die dazu führten, daß man sich in Hispanoamerika nur langsam von der spanischen Herrschaft löste und, selbst als dies erfolgt war, nach Alternativen für einen überregionalen Zusammenschluß suchte, entweder unter der Herrschaft eines in Übersee residierenden Monarchen oder einer überstaatlichen Organisation.[36] So wurde der von Napoleon abgesetzte Ferdinand VII. weiterhin als der legitime Herrscher betrachtet, in dessen Namen in Hispanoamerika regiert wurde.[37] Neben dem kolonialen Rechtssystem und der Verwaltungsorganisation, die auch in den unabhängig gewordenen Gebieten noch lange bestimmend blieben, trug auch die kreolische Kaufmannsschicht, die im Kolonialhandel führend gewesen war und die hoffte, den Handel und die Handelsverbindungen mit Spanien wieder aufnehmen zu können, dazu bei, die Unabhängigkeit in einigen Regionen zu verzögern.[38] Der wichtigste Faktor für den insbesondere in Mexiko und Peru sehr späten Zerfall der kolonialen Ordnung dürfte die Furcht der Oberschicht vor sozialen Unruhen gewesen sein. Bereits 1810 war es in Mexiko zur Proklamation der Unabhängigkeit unter der Führung des Priesters Hidalgo gekommen. Dieser vorwiegend von entwurzelten Land- und Bergarbeitern getragene Aufstand entwickelte sich schon bald zu einer Sozialrevolte, indem das indianische Heer einen Marsch auf Mexiko-Stadt unternahm. Diese Erfahrung führte in Mexiko dazu, daß die Eliten sehr lange an der spanischen Oberherrschaft und an der kolonialen Ordnung festhielten. Aus demselben Grund wurde hier auch die Restauration des Absolutismus nach der Rückkehr Ferdinands VII. zunächst begrüßt.[39]

Das größte Interesse an dem Bestand des Imperiums hatte man im Mutterland. Alle Regierungen in Spanien hielten daran fest, die amerikanischen Kolonien als integralen Bestandteil der spanischen Monarchie zu betrachten. Auch an den nach Cádiz einberufenen Cortes, die 1812 eine liberale Verfassung ausarbeiteten, nahmen Vertreter der amerikanischen Provinzen teil. Die Beamtenschaft in Übersee wurde weiterhin von Spanien aus eingesetzt, und trotz der unruhigen Situation in Spanien entsandte Ferdinand VII. seit 1814 umfangreiche Truppenkontingente nach Hispanoamerika, die einige Gebiete kurzfristig zurückerobern konnten.

Auch äußere Einflüsse verlangsamten den Unabhängigkeitsprozeß. So erhielt die Furcht vor Sklavenaufständen neue Nahrung, nachdem die Ereignisse in Haiti, das 1804 seine Unabhängigkeit erklärt hatte, in Hispanoamerika bekannt wurden. In Spanien sicherte die englische Flotte die Arbeit der Cortes von Cádiz, und der Einsatz englischer Truppen auf der Halbinsel ermöglichte die Rückkehr Ferdinands VII. Auch die 1814 erfolgte Restauration des Absolutismus in Spanien und Hispanoamerika wurde von außen, von den Teilnehmern des Wiener Kongresses, gefördert.

Als Auslöser der Unabhängigkeitsbewegungen in Hispanoamerika gilt die Absetzung und Gefangennahme des spanischen Königs Ferdinands VII. durch Napoleon. Dieses Ereignis führte in den amerikanischen Kolonien dazu, daß ein Machtvakuum entstand, da man Josef Bonaparte in Übersee ebenso wie in Spanien die Anerkennung verweigerte. Hierzu trug sicher die Befürchtung bei, daß andernfalls die Franzosen nicht nur Spanien, sondern auch Hispanoamerika politisch, militärisch und insbesondere ökonomisch beherrschen würden. Nach spanischem Vorbild bildeten sich zwischen 1808 und 1810 in den wichtigsten hispanoamerikanischen Städten Bürgerversammlungen, sogenannte Juntas, die Herrschaftsrechte über ausgedehnte Jurisdiktionsbezirke reklamierten und – im Unterschied zu Spanien – versuchten, ein größeres politisches Mitspracherecht zu erlangen. Da in Hispanoamerika, im Gegensatz zum Mutterland, die koloniale Verwaltung durch keinerlei äußere Bedrohung gefährdet war, interpretierten die Kolonialbehörden die Juntabewegung als einen Angriff auf die koloniale Ordnung und lösten die Juntas teilweise mit militärischer Gewalt wieder auf. Den Juntas von Caracas und Buenos Aires gelang es aber, die Angriffe abzuwehren und auf diese Weise eine größere Autonomie gegenüber den kolonialen Regierungsorganen zu gewinnen. So entstanden in den Peripherien des kolonialen Imperiums, in Venezuela und am Río de la Plata, die ersten Zentren der Unabhängigkeitsbewegung.

Mit dem Verfassungskonflikt, der im Jahre 1808 ausgelöst worden war, setzte dann der endgültige Zerfallsprozeß ein. Während man in Mexiko und Peru bis Anfang der 1820er Jahre die spanischen Verfassungsänderungen implementierte, d.h. die in Cádiz 1812 ausgearbeitete liberale Verfassung übernahm, 1814 zum Absolutismus zurückkehrte und 1820 wieder die Verfassung von Cádiz einsetzte, begannen in den Vizekönigreichen Neugranada und Río de la Plata 1810/11 die Unabhängigkeitskämpfe. Der unterschiedlichen Entwicklung in den einzelnen Vizekönigreichen folgte nach der Absetzung der kolonialen Autoritäten ein Zerfall dieser Reiche in mehrere Staaten, deren Grenzen sich an kolonialen Verwaltungseinheiten orientierten.

Zu den weiteren Ursachen des Unabhängigkeitsprozesses in Amerika gehörten die steigenden fiskalischen Anforderungen der spanischen Behörden, die den Widerstand gegen Napoleon und die Entsendung von Truppen nach Amerika finanzieren mußten. Gleichzeitig sanken die finanziellen Ressourcen der kreolischen Oligarchie, da das koloniale Handelsgefüge durch die Kontinentalsperre weiter unterminiert wurde und sich innerhalb der noch am kolonialen Regime festhaltenden Regionen die sozialen Aufstände häuften und die Auswirkungen der Unabhängigkeitskriege spürbar wurden. Das koloniale Regime erfüllte somit seine essentiellen Aufgaben, die Sicherung der ökonomischen und sozialen Ordnung, immer weniger, ohne daß sich im Gegenzug die politischen Partizipationsmöglichkeiten der kolonialen Führungsschichten verbessert hätten. Hinzu kam, daß auch in Hispanoamerika nach der Restauration Ferdinands VII. liberale Ideen und die Verfassung von Cádiz selbst in den alten Zentren des spanischen Imperiums eine größere Akzeptanz fanden. Die liberalen Vorstellungen wurden vorwiegend von den neu aufsteigenden Mittelschichten vertreten, die sich gegen das System des Monopolhandels, an dem sie nicht partizipierten, gegen die alten Eliten in Hispanoamerika und die restaurativen Tendenzen hoher spanischer Beamter wandten. Diese dem liberalem Gedankengut zugewandten Gruppen waren am stärksten in Venezuela und im La Plata-Gebiet vertreten. Daher distanzierte man sich in den aufblühenden Peripherien des Kolonialreiches als erstes von Spanien. Aber auch in Mexiko und Peru – den alten Zentren des Imperiums – betrieben schließlich die „Liberalen" die endgültige Ablösung vom Mutterland.[40] So führte die seit der napoleonischen Besetzung eingetretene politische, ökonomische und soziale Destabilisierung Spaniens, die in den kurzfristigen Wechsel zwischen liberalem und absolutem Regime zum Ausdruck kam, innerhalb von wenigen Jahren zum endgültigen Verlust des Kolonialreiches in der „Neuen Welt".

Politische und finanzielle Unterstützung erfuhren die Unabhängigkeitsbewegungen Lateinamerikas durch die USA und England. England erhoffte sich bessere Handelsbeziehungen und größeren politischen Einfluß im südlichen Teil Amerikas und damit auch einen endgültigen Sieg über seinen jahrhundertealten Gegner in der westlichen Hemisphäre, die spanische Monarchie. Venezuela und der Río de la Plata, die schon in den Weltmarkt eingebunden waren, wickelten ihren Außenhandel nun vorwiegend mit den USA und England ab, von wo sie auch ihr Kapital bezogen.

Entscheidender Auslöser für den Untergang des spanischen Imperiums in Amerika war schließlich die äußere Bedrohung und Besetzung des Tausende von Kilometern entfernten Mutterlandes durch die napoleonischen Truppen. Damit wurde der Niedergang Spaniens, der sich seit dem 17. Jahrhundert abgezeichnet hatte, besiegelt. Aus der europäischen Perspektive des Jahres 1808 zeigt sich die im Verlauf des 18. Jahrhunderts zu beobachtende Erholung Spaniens als eine Entwicklung von kurzer Dauer. Im 19. Jahrhundert wurde das Land endgültig zu einer politischen und ökonomischen Randerscheinung im europäischen Mächtekonzert. An der endgültigen Niederlage Spaniens war nicht nur Frankreich, sondern auch England beteiligt. Die englische Handelsblockade gegen die von Napoleon beherrschten Gebiete richtete sich auch gegen die Verbindungen zwischen Spanien und seinen amerikanischen Kolonien.

Zusammenfassend läßt sich feststellen, daß der Zerfall des spanischen Imperiums in Amerika langfristig auf die seit dem 17. Jahrhundert zu beobachtende Krise des Mutterlandes zurückzuführen ist, die ihren Höhepunkt im 19. Jahrhundert erreichte. In dem Maße, in dem Spanien an Integrationskraft verlor, wurden seine Aufgaben im imperialen System von den Kolonien selbst wahrgenommen. Dieser Prozeß ging mit einer Verschiebung der politisch-ökonomischen Achsen in Amerika und in Europa einher. Damit erhielten die bisherigen Peripherien in Hispanoamerika und in Spanien, die nur über lockere Verbindungen zur jeweils anderen Seite des Atlantiks verfügten, ein größeres Gewicht. Bei den vor allem in den Randgebieten des Imperiums aufsteigenden Mittelschichten fanden die Ideen der Aufklärung und später das liberale Gedankengut eine große Resonanz. Aus diesen Regionen und Schichten kamen dann die entscheidenden Impulse für die Unabhängigkeitsbewegungen. Zwar verlangsamten die Bourbonischen Reformen den Niedergang des Mutterlandes, sie verschärften aber auch die Spannungen in Hispanoamerika, so daß dieses umfangreiche Reformprogramm den langfristigen Trend nicht korrigieren konnte, ihn aber auch nicht beschleunigte. Als Kennzeichen für die Stabilität des spanischen Imperiums in Amerika kann die Tatsache gewertet werden, daß die Angriffe konkurrierender europäischer Mächte auf die Kolonien bis zuletzt erfolglos blieben und es des Zusammenbruchs des Mutterlandes bedurfte, um den endgültigen Zerfall des Kolonialreiches herbeizuführen. Für die langfristige Entwicklung Hispanoamerikas bedeutete die politische Unabhängigkeit zunächst weder in ökonomischer noch in sozialer oder kultureller Hinsicht eine tiefgreifende Zäsur; diese erfolgte vielmehr erst zur Mitte des 19. Jahrhunderts.

Der Niedergang der Donaumonarchie

Martin Schulze Wessel

In seinem Buch „Die Garantien der Macht und Einheit Österreichs“ stellte der bedeutende ungarische Schriftsteller und Politiker J. Frh. v. Eötvös 1859 fest: „Österreich verdankt sein Entstehen und seine gegenwärtige Größe weder der Einheit seiner Nationalität noch seinen geographischen Grenzen, sondern ist ganz als ein Produkt der Geschichte zu betrachten.“[1]

Von den natürlichen Voraussetzungen her war das Gebiet, das die Habsburgermonarchie in jener Zeit umfaßte, in der Tat wenig für eine Reichsbildung prädestiniert. Zwar legt der volkstümliche Name des Staates, die „Donaumonarchie“, die Vorstellung von einer naturräumlichen Einheit nahe, doch war die Bedeutung des Stromes für den Verkehr innerhalb der Monarchie erheblich dadurch gemindert, daß er schwer schiffbar war und außerdem nicht in seinem ganzen Verlauf von Wien kontrolliert wurde. Und so wie der relativ kurze Küstenstreifen des Reiches, Dalmatien und das Kroatenland, durch das Karstgebirge von den Hauptländern der Monarchie getrennt war, so lagen Galizien und die Bukowina jenseits der Karpaten. Der böhmische Kessel wiederum war durch die Elbe nach Norddeutschland und zur Nordsee geöffnet, nicht aber zum Donautal. Die italienischen Besitzungen waren ebenso wie Vorarlberg mit anderen Gebieten enger verbunden als mit den Kernländern der Monarchie. Für eine Reichsbildung erscheint das Gebiet der Habsburgermonarchie schließlich auch dadurch wenig geeignet, daß in seinen Grenzen elf Nationalitäten lebten, von denen keine aufgrund ihrer Bevölkerungszahl den Anspruch erheben konnte, die führende zu sein.

Eötvös hatte also guten Grund, die Geschichtlichkeit der Monarchie zu betonen. Als Staatsgebilde, dessen Existenz durch seine natürlichen Bedingungen keineswegs präformiert war, konnte die Donaumonarchie den Charakter des Gewordenen nicht abstreifen, was, zumindest in Krisenzeiten, die Frage nach dem Vergehen des Reiches aufwarf. Eötvös' Schrift, die im Jahr der österreichischen Niederlage von Solferino erschien, ist nur ein herausragendes Beispiel für die Literatur, die seit der Mitte des 19. Jahrhunderts ständig, in den Krisen von 1848, 1859, 1866/67, 1870/71, 1907 aber besonders eindringlich, die Möglichkeit des Zerfalls des Habsburgerreiches ins Auge faßte.[2] Daß die Monarchie schon lange vor ihrem tatsächlichen Ende des Scheins der Selbstverständlichkeit entbehrte, barg freilich auch eine Chance: Mochte das Bewußtsein der Geschichtlichkeit ihrer Macht auch die Bereitschaft implizieren, sie den Erfordernissen einer neuen Zeit anzupassen.

Worauf gründete sich nun historisch die Habsburgermacht? Betrachtet man den ersten urkundlich erwähnten Namen jenes Gebietes, das zum Kern der habsburgischen Machtentfaltung wurde, so wird schon begriffslogisch die Frage nach dem Verhältnis zu einem anderen Reich, dem Heiligen Römischen, aufgeworfen. Denn der Begriff „ostarrichi“, mit dem in einer Urkunde Ottos III. aus dem Jahr 996 das Herrschaftsgebiet der Babenberger Markgrafen, also das spätere Österreich, umschrieben wird, setzt sich aus dem Grundwort *richi* „Reich“ und dem Bestimmungswort *ostar* „Osten“ zusammen und läßt sich, wie Erich Zöllner gezeigt hat, im Sinne von „Ostreich“ auf eine größere Staatsbildung beziehen oder als „Bereich“ einer Herrschaft auffassen.[3] Ursprünglich ein schmales Glacis der Reichsverteidigung, umfaßte die Ostmark, die 1156 zum Herzogtum erhoben worden war, neben einem Teil des oberen Donautals auch die nordöstlichen Alpenländer, als sie nach dem Erlöschen der Babenberger Dynastie 1282 in den Besitz der Habsburger gelangte, mit denen die Geschicke der Erbländer bis 1918 verbunden blieben. Nachdem im 14. Jahrhundert von den Habsburgern Kärnten und die Tiroler Lehen erworben worden waren, verfügte die Dynastie über ausreichenden Einfluß im Reich, um 1438 die Kaiserkrone zu gewinnen, die sie mit Ausnahme der Jahre 1740–1745 bis zum Ende des Alten Reiches behielt. Konnten die Habsburger auf diese Weise ihre Macht und ihr Ansehen im Reich stärken, so legten sie in den Jahrzehnten vor und nach 1500 den Grundstein zu einer eigenständigen Reichsbildung, die die Grenzen des Heiligen Römischen Reiches überschritt. Das Mittel der stetigen Machterweiterung war dabei das sprichwörtliche Heiratsglück der Habsburger. Auf diese Weise war die Dynastie in den Jahren 1477 und 1497 in den Besitz Burgunds und der vereinigten Spanischen Königreiche gelangt, die jedoch nach dem Thronverzicht Karls V. 1555/56 wieder von den Kernländern der Dynastie getrennt wurden. Als folgenreicher erwiesen sich die Erwerbungen, die die Dynastie nach dem Tod des Jagiellonen Ludwigs II. 1526 in der Schlacht von Mohács machen konnte, als ihr aufgrund eines Heiratsvertrages die Kronen Böhmens und Ungarns zufielen. Neben den deutschen Erbländern bildeten Böhmen und Ungarn-Kroatien den Kern der Habsburgermonarchie.

Zweifellos boten die Habsburger Länder auch nach der Abtrennung Spaniens und der Niederlande eine ausreichende Grundlage für eine

Vormachtrolle in der frühen Neuzeit. Doch waren sie zu disparat und uneinheitlich für eine moderne Reichsbildung, denn durch die Wahl eines Habsburgers zum König von Böhmen bzw. Ungarn hatten die böhmischen, ungarischen und kroatischen Stände keineswegs auf ihre traditionellen Rechte verzichtet, die die Grundlage der ostmitteleuropäischen Ständestaatlichkeit ausmachten. Den Ansatzpunkt zu einer Vereinheitlichung ihrer Länder fanden die Habsburger in einer katholischen Konfessionspolitik, die sie in dem Jahrhundert zwischen 1550 und 1650 in ihrem ganzen Herrschaftsgebiet betrieben, während die Gegenreformation in den Fürsten- und Ständestaaten, die der Habsburgermacht entgegentraten, so in Frankreich, den Niederlanden und Siebenbürgen oder in dem protestantischen Nordosten Deutschlands, erfolglos blieb.

Gerade in dem Falle Böhmens werden die Linie des Erfolgs und Scheiterns der habsburgischen Gegenreformation besonders deutlich. Der Fenstersturz von Prag, in dem sich 1618 der Protest böhmischer Ständevertreter gegen die habsburgische Konfessionspolitik manifestierte, wurde zum Auftakt für den Dreißigjährigen Krieg, in dessen Ergebnis zwar die Gefahr eines *dominium absolutum* der Habsburgermonarchie im Reich abgewehrt, aber Böhmen selbst politisch weitgehend entmündigt wurde. Seitdem konnte die Katholizität zu einem lange wirksamen Faktor negativer Reichsintegration werden: Es entsprach, wie Robert Evans pointiert bemerkt, einer „habsburgischen Grundeinstellung", daß „die Protestanten überhaupt keinen Platz in der Gesellschaft haben".[4] Deutlicher als zuvor zeichnete sich eine habsburgische Eigenmacht im Heiligen Römischen Reich ab. Um diese auch außerhalb des Reiches, nämlich in Ungarn durchzusetzen, bedurfte es längerer Anstrengungen. Zwar wurde auch hier die Gegenreformation seit 1648 forciert, doch konnte nur der Westen und Norden des Landes erreicht werden, solange das Osmanische Reich seine Stellung in Ungarn behauptete. Dies änderte sich mit einem Schlag, nachdem der osmanische Vorstoß nach Wien 1683 gescheitert war und der Kaiser in drei Etappen – den Friedensschlüssen von 1699, 1718 und 1739 – das ganze Gebiet des mittelalterlichen Ungarn zurückgewinnen konnte, ohne freilich auf die eigentliche Balkanhalbinsel vorzudringen. Anders als im böhmischen Fall kam es nach der Rückeroberung Ungarns zu einem Kompromiß zwischen dem habsburgischen Streben nach einem Einheitsstaat und den ständischen Interessen der ungarischen Adelsnation. Zwar bedeutete die Einfügung in die Gesamtmonarchie für Ungarn den Verlust einer eigenständigen Außen- und Militärpolitik, doch blieb die ständische Selbstverwaltung sonst weitgehend erhalten. Als Zeichen dieses Kompromisses kann die Einsetzung einer obersten ungarischen Regierungsbehörde gelten, deren Beschlüsse von Wien zu respektieren waren, soweit sie nicht die Kompetenzen der Zentrale berührten.

Bevor Maria Theresia und ihre Nachfolger Joseph II. und Leopold II. sich um eine Rationalisierung der Staatsverwaltung bemühten, hatte die Dynastie bereits einen Erfolg in der Vereinheitlichungspolitik erzielt, der in seiner Ambivalenz bis zur Auflösung der Habsburgermonarchie kennzeichnend blieb. Einerseits war durch die Politik der Rückeroberung, der Gegenreformation und der Einschränkung von Ständerechten eine gewisse Angleichung der deutschen, böhmischen und ungarischen Länder erreicht worden, die von den Zeitgenossen als „Austriaca Monarchia“ und „Austriacum Imperium“ aufgefaßt wurden und die Philipp Wilhelm von Hörnigk in seiner vielbeachteten Schrift „Österreich über alles, wenn es nur will“ (1684) bereits als eine politische und wirtschaftliche Einheit, „beinahe wie eine kleine Welt in sich selbst“ verstanden wissen wollte.[5] Der unlösbare Zusammenhang der Habsburger Länder schlug sich rechtlich erstmals in der Pragmatischen Sanktion von 1713 nieder.

Andererseits zeigte sich gerade in diesem grundlegenden Verfassungsdokument, daß die Dynastie nicht in der Lage war, einen Reichszusammenhang auf institutionellem Wege von oben zu stiften, sondern weiterhin die Zustimmung der Stände suchte. Dabei war sie freilich auch nicht an der Zusammenfassung der Stände zu „Generalständen des Reiches“ interessiert, was zwar die Macht der Dynastie beschränkt, aber die Möglichkeit einer Reichsbildung nach polnisch-litauischem Vorbild durch die Verschmelzung der Landtage und die Angleichung der Ständerechte eröffnet hätten. Erwiesen sich die Wege der durchgreifenden bürokratischen Zentralisierung wie auch der ständepolitischen Einigung als gleichermaßen ungangbar, so blieb verfassungspolitisch der Monarch die einzige reichsstiftende Institution, dessen Herrschaft allein die unterschiedlich privilegierten Länder miteinander verband. Während die deutsch-slavischen Erbländer seit der Zeit Maria Theresias auch über gemeinsame oberste Verwaltungs- und Gerichtsbehörden verfügten, oblag in Ungarn noch den Komitaten und den königlichen Freistädten die Selbstregierung. Nach den letztlich erfolglosen Versuchen Josephs II., auch hier die Behördenstaatlichkeit durchzusetzen, mußte sein Nachfolger Leopold II. Ungarn zusichern, daß es nicht *ad normam aliarum provinciarum* (nach der Norm der anderen Provinzen) regiert werden dürfe. Otto Brunner hat hierin ein Strukturmerkmal der Donaumonarchie gesehen, das durch die Gründung des „Kaiserreiches Österreich“ von 1804 nur kaschiert und im Neoabsolutismus der 1850er Jahre kurzzeitig überwunden worden ist, um seit der Reichsteilung von 1867 zum offiziellen Dauerzustand zu werden.[6]

War demnach die Habsburgermonarchie eine „Staatenverbindung, die ihren ursprünglichen Charakter als einer Union von Ständestaaten nie ganz verleugnet hat“[7], so liegt im Hinblick auf ihren Zerfall die Frage nahe, wann sie es versäumte, ihre überkommene Daseinsform dem „Trend zur modernen Welt“ (Conze) anzupassen. Viele Historiker haben die Antwort in dem Vierteljahrhundert zwischen 1790 und 1815 gesucht. Für einen verhängnisvollen Wendepunkt der habsburgischen Geschichte hält Bertold Sutter den 6. Juli 1809, als Napoleon über die Monarchie siegte und damit die Hoffnung zunichte machte, daß Österreich sich als fortschrittlicher, reformbereiter Staat an die Spitze der deutschen Nationalbewegung stellen könnte. Adam Wandruszka nimmt dagegen das Todesjahr Leopolds II. als schicksalhafte Zäsur an, da der Thronfolger die geplante, teilweise schon begonnene konstitutionelle Umgestaltung der Monarchie abgebrochen habe.[8] Ob freilich ein konstitutionell reformierter oder gar ein deutsch-national engagierter Staat die territoriale Gestalt und den übernationalen Charakter der Habsburgermonarchie behalten hätte, muß dahin gestellt bleiben. Bedeutsam sind diese historiographischen Urteile jedoch insofern, als sie dem Machtstaat Österreich, wie er auf dem Wiener Kongreß erneuert wurde und bis 1918 bestand, keine Fähigkeit zu einer grundlegenden Reform zubilligen. Damit befinden sie sich im Einklang mit der progressiven Denkrichtung des europäischen Vormärz, dem die Habsburgermonarchie weithin als ein Hindernis des Menschheitsfortschritts galt; es sei nur an Ludwig Börnes Wort von dem „europäischen China“ erinnert. Die positive Bewertung des relativ unblutigen Aufstiegs der Habsburgermonarchie, die sich in dem Humanistenwort *„tu felix Austria nube!“* niedergeschlagen hatte, wurde nun radikal umgewertet, wenn Joseph von Hörmayr von dem „aus heterogenen Bestandteilen zusammengesetzten, eigentlich bloß zusammengeheirateten Staat“ sprach.[9] Dem organischen Denken der Romantik erschien ein Staat zum Zerfalle bestimmt, dessen Teile letztlich nur durch ein dynastisches Band verbunden waren und der folglich keinen Anspruch auf die Ganzheitlichkeit einer Nation stellen konnte.

Daß sich die Idee des Vaterlandes nicht in der Monarchie manifestierte, sondern zunächst in den einzelnen Ländern, um sich dann in zunehmender Intensität auf die Völker des Reiches zurückzuziehen, markiert das große Strukturproblem der Donaumonarchie im 19. Jahrhundert, auf das ihr Zerfall oftmals pauschal zurückgeführt wird. Doch sind unter den Nationalismen des Habsburgerreiches verschiedene Typen und Phasen zu unterscheiden, die sich aus der unterschiedlichen Stellung der Nationen des Reiches ergaben. Durchaus verschieden war auch die Verträglichkeit der Nationalismen für den Reichszusammenhalt. Als staatstragende Nationen verstanden sich die Deutschösterreicher und (seit

1867) die Magyaren, die als dominierende Völker einen überproportional großen Anteil an der Staatselite stellten. Als eine zweite Gruppe kann man die Nationalbewegungen der sogenannten „historischen" Völker ansehen, die zwar in der Monarchie nicht privilegiert waren, aber an eine eigene ständestaatliche Tradition anknüpfen konnten, was für die Polen, Italiener, Tschechen und Kroaten galt. Schließlich gab es die Nationalismen der Völker, die über keinerlei Staats- oder Autonomietradition verfügten wie die Slowaken, Slowenen, Rumänen, Ruthenen und Serben.

Zwischen diesen Typen war die Spannweite der nationalpolitischen Ziele groß, und dementsprechend unterschiedlich war die Integrierbarkeit der Nationalismen in den Reichszusammenhang. Betrachtet man den ungarisch-magyarischen Nationalismus, so wird darin der Übergang von einem emanzipativen zu einem konservativen Nationalismus deutlich. Das Bewußtsein der ungarischen Selbständigkeit konnte im 19. Jahrhundert unmittelbar an die ständepolitischen Auseinandersetzungen mit dem Wiener Zentralismus unter Joseph II. anknüpfen. Als Trägerschicht des nationalen Selbstbewußtseins fungierte der zahlreiche und sozial differenzierte Adel, aus dem auch Programme zur Modernisierung und konstitutionellen Reform hervorgingen. Bereits vor der Revolution von 1848 begann sich der ungarische Nationalismus allerdings zu einem ethnischen Magyarismus zu verengen, der die Ansprüche der anderen Völker Ungarns nicht anerkannte und insofern das Reich als überwölbenden Zusammenhang seiner Völker in Frage stellte. So mußte die magyarische Schul- und Sprachenpolitik eine Entfremdung der Kroaten oder Slowaken vom Habsburgerreich nach sich ziehen. Dies kam allerdings erst nach der Reichsteilung von 1867 in vollem Umfang zum Tragen.

Als Beispiel für einen Übergangstypus zwischen dem Herrschaftsnationalismus der Deutschen und Magyaren und den Nationalbewegungen der sogenannten „unhistorischen" Völker kann man den tschechischen Nationalismus auffassen, der sich nicht auf eine große einheimische Elite wie z.B. den ungarischen Adel stützen, wohl aber an eine eigene Ständetradition anknüpfen konnte. Von daher war die tschechische Nationalbewegung in ihrer Entstehung politisch geprägt und manifestierte sich zunächst als ein Landespatriotismus, der auch die deutschen Bewohner Böhmens umfaßte. Diese Konzeption einer böhmischen Nation zweier Stämme, wie sie historiographisch von František Palacký 1836 in seiner Geschichte Böhmens dargelegt wurde, erforderte zwar einen komplizierten Interessenausgleich zwischen Tschechen und Deutschen in allen Schul- und Sprachenfrage, war aber prinzipiell mit der Existenz der Habsburgermonarchie vereinbar. Als Beispiel für den Nationalismus der sogenannten geschichtslosen Völker kann der slowakische gelten. Der von den Slowaken besiedelte Raum im nördlichen Ungarn hatte nie eine politisch-administrative Einheit gebildet, und der dort ansässige Adel war hungarisiert. Trägerschicht des slowakischen Nationalismus konnte daher nur eine schmale Intelligenzschicht sein; als Medium der Gemeinschaftsbildung fungierte die Sprache. Ungeachtet dessen entwickelte auch die slowakische Nationalbewegung in der Revolution von 1848 ein politisches Programm, in dem ein gleichberechtigter Status in einem defeudalisierten, multinationalen Ungarn gefordert wurde.

Betrachtet man unter dem Aspekt der unterschiedlichen Privilegierung der Völker die Existenz des Reiches, so hing diese von der Fähigkeit ab, einen Interessenausgleich zwischen den bevorzugten und den sich emanzipierenden Nationen zu vermitteln. Die Konfliktlinie verlief dabei nicht immer zwischen den Herrschaftsnationalismen der Deutschen und Magyaren (Gruppe 1) und den weniger privilegierten Völkern (Gruppe 2 und 3), sondern in zunehmendem Maße auch zwischen den relativ privilegierten (Gruppe 2) und den ganz zurückgesetzten (Gruppe 3). Ein Beispiel dafür war der Konflikt zwischen Polen und Ruthenen oder auch zwischen den Magyaren (vor 1867) und den weniger privilegierten Nachbarvölkern. Diese Konflikte konnten sich durchaus zum Vorteil des Reichszentrums auswirken.

Nicht minder bedeutsam für die Frage des Reichsbestandes ist die Differenzierung der Nationalismen hinsichtlich ihres Irredenta-Charakters. Eine herausgehobene Stellung nahmen dabei die polnische und die italienische Nationalbewegung ein. Sowohl Galizien als auch die Lombardei und Venetien waren relativ spät, d.h. durch die Teilungen Polens bzw. die Beschlüsse des Wiener Kongresses, zu Teilen der Monarchie geworden, und die polnischen wie die italienischen Gebiete hatten ihre nationalen Gravitationszentren außerhalb des Reiches. Dies brachte eine latent stets wirksame Bereitschaft zur Abspaltung mit sich, die im lombardisch-venetianischen Fall bis 1859/66 und im galizischen bis 1918 herausgezögert werden konnte. Auch der rumänische und der serbische Nationalismus verfügten über Nationalstaaten, die als Außenzentren wirkten. Die Ruthenen waren durch ihre ukrainischen Stammes- und Glaubensbrüder mit Rußland verbunden. Ein besonderes Paradox der Habsburgermonarchie war es, daß auch die Herrschaftsnation der Deutschösterreicher durch den großdeutschen Nationalismus einer irredentistischen Strömung ausgesetzt war. Es gab also nur wenige Völker des Reiches, die über kein nationalstaatliches Außenzentrum verfügten: die Tschechen, Kroaten, Slowaken, Slowenen, Magyaren und Juden. Berücksichtigt man auch die übernationalen Integrationsideologien des russisch geführten Panslavismus und des serbisch geprägten Jugoslavismus, so waren allein die Magyaren und die Juden ohne eine ethnische Bindung an ein staatliches Zentrum außerhalb des Reiches. Freilich darf man die zentrifugale Wirkung des russischen Panslavismus und des serbischen Jugoslavismus im 19. Jahrhundert nicht zu hoch veranschlagen. Mit ihnen konkurrierten nicht nur das Eigenständigkeitsbewußtsein der slavischen Völker, sondern auch slavophile Konzeptionen, die mit dem Bestand des Habsburgerreiches grundsätzlich vereinbar waren: der Austroslavismus, der Tschechoslowakismus und der kroatisch geführte Jugoslavismus. In besonderer Weise blieben die Juden an der Existenz des Vielvölkerreiches interessiert.[10]

In der Revolution von 1848, der ersten existenziellen Krise der Habsburgermonarchie in moderner Zeit, erwiesen sich die höchst unterschiedlichen Auswirkungen, die die Nationalismen der habsburgischen Völker auf das Reich hatten. Von dem italienischen und polnischen Irredentismus, wie er sich in der oberitalienischen Insurrektion und andeutungsweise in dem Krakauer Aufstand zeigte, ging keine unmittelbare Gefahr für die Existenz der Monarchie aus, und die Wiener Regierung war in der italienischen Frage durchaus zum Einlenken bereit. Indessen wurden schließlich beide Unabhängigkeitsbewegungen militärisch niedergeschlagen. Eine das Reich sprengende Kraft entfalteten vor allem die Nationalismen der führenden Nationen, der Deutschen und Magyaren. Problematisch war für die Monarchie insbesondere der großdeutsche Nationalismus, weil die Einbeziehung der zum Deutschen Bund gehörenden Teile des Reichs in einen deutschen Nationalstaat nicht nur den staatsrechtlichen Umbau des Habsburgerreiches erfordert hätte, sondern auch die Gegenreaktion der nicht-deutschen Gebiete des Bundes, des italienischen Südtirol und des mehrheitlich tschechischen Böhmen herausfordern mußte.

Nicht von ungefähr erfuhr die Monarchie daher Unterstützung gerade von den nicht-dominierenden Völkern. So bewiesen die kroatischen Truppen bei der Niederschlagung des italienischen und des ungarischen Aufstands große Loyalität, die sich offenbar aus der Abneigung gegen die drohende Dominanz des magyarischen Nationalismus speiste. Und der Wortführer der böhmisch-tschechischen Nationalbewegung, František Palacký, wandte aus Sorge vor einer Majorisierung der Tschechen in einem deutschen Nationalstaat seine ganze Gelehrsamkeit und Eloquenz auf, um in einem programmatischen Schreiben an die Frankfurter Paulskirche der Habsburgermonarchie die historische Dignität zu geben, der sie im vormärzlichen Denken weithin entbehrt hatte. Die zukunftweisende Idee des Habsburgerreiches sollte es demnach sein, in einem föderalisierten Gemeinwesen allen Nationen zwischen Deutschland und Rußland Schutz zu bieten. „Wahrlich", so gipfelte sein Plädoyer, „existierte der österreichische Kaiserstaat nicht schon längst, man müßte im Interesse Europas, im Interesse der Humanität selbst sich beeilen, ihn zu schaffen."[11]

Doch wurde die Existenzkrise des Habsburgerreiches in den Jahren 1848/49 nicht nur durch die Loyalität der nicht-dominierenden Völker gegenüber dem Kaiserhaus gemeistert, sondern auch durch die Waffenhilfe, die Rußland bei der Bekämpfung des ungarischen Aufstands leistete. Diese Intervention, wie auch die Tatsache der exzentrischen Orientierung der meisten Nationalbewegungen des Reiches, lassen die geschichtlich begründete „Macht und Einheit Österreichs", von der Eötvös sprach, in besonderer Weise von der Außenpolitik abhängig erscheinen. Wie für die innere Konsolidierung, so war auch für die mächtepolitische Festigung des Reiches die Wende vom 17. zum 18. Jahrhundert eine wichtige Zäsur. Das markante Ereignis der osmanischen Niederlage vor Wien gewann noch dadurch an Wirksamkeit, daß Habsburg bald darauf in Rußland einen Verbündeten fand, mit dem es seine Interessen in Polen und bei der Pforte gegen die französische Einflußpolitik wahrnehmen konnte. Das Bündnis, das 1726 zwischen Wien und Sankt Petersburg geschlossen wurde, bildete für Österreich im Grunde bis zur Mitte des 19. Jahrhunderts die Gewähr seiner Sicherheit im Osten, die es in der Rivalität mit Frankreich und in der Gegnerschaft mit Preußen in den Schlesischen Kriegen benötigte. Doch führten die Teilungen Polens, die für Österreich zunächst eine erwünschte Kompensation für den Verlust Schlesiens bedeuteten, langfristig zu einer nachhaltigen Störung des Mächtegleichgewichts zwischen den beiden Kaiserstaaten. Hatte Polen bislang als gemeinsames Interessenglacis gedient, so ließen sich nun Konflikte, vor allem in der orientalischen Frage, nur noch schwer abgleichen. Mochte sich die überragende Macht, die Rußland durch die Teilungen in Osteuropa erworben hatte, in der napoleonischen Zeit noch günstig für Österreich auswirken, so wurde doch der Status des 1815 wiederhergestellten Machtstaates Österreich durch die russische Hegemonie spürbar untergraben. Es war nicht rein hyperbolisch zu verstehen, wenn Metternich 1835 den Zaren „seinen Herren" nannte,[12], und wenn Palmerston angesichts der russischen Intervention in Ungarn sagte, Österreich klammere sich an Rußland „wie ein schlechter Schwimmer an einen guten".[13]

Daß Österreich ungeachtet der überragenden Macht Rußlands seine Stellung in der europäischen Pentarchie des 19. Jahrhunderts zunächst behaupten konnte, hing weniger mit den eigenen Ressourcen zusammen als mit den Erfordernissen des Staatensystems. Wie Paul Kennedy gezeigt hat, war die Restaurierung der Habsburgischen Macht 1815 im Sinne einer allgemeinen Theorie der Mächtebalance sinnvoll. Als „zentraler Angelpunkt des Gleichgewichts" habe die Monarchie drei Funktionen erfüllen müssen: 1. den französischen Ambitionen in Italien Einhalt zu gebieten, 2. den Status quo in Deutschland gegen Preußen zu verteidigen und 3. dem russischen Einfluß auf dem Balkan entgegenzutreten. In jeder dieser Fragen sei die Monarchie von einer oder mehreren Mächten unterstützt worden, „aber das Habsburgerreich war die Voraussetzung für das Funktionieren dieses komplizierten fünfseitigen Patts."[14] Tatsächlich ist nur im Sinne dieses Systems erklärlich, weshalb es nicht schon 1848/49 zum Zerfall der Donaumonarchie kam: Ungeachtet der Balkanrivalität war Rußland weiterhin an einer Eindämmung des revolutionären Frankreich in Deutschland und Italien interessiert, und ungeachtet des Gegensatzes in der italienischen Frage hütete sich Paris im Hinblick auf die orientalische Frage, Österreich entscheidend zu schwächen.

Die nächste Krise des Habsburgerreiches, die mit dem Krimkrieg begann und mit der Reichsteilung von 1867 zum Stillstand kam, ist dadurch gekennzeichnet, daß die komplizierte mächtepolitische Sicherung der Monarchie Stück für Stück hinfällig wurde. Damit gehören die vierzehn Jahre zwischen 1853 und 1867 bereits zur Vorgeschichte des endgültigen Zerfalls der Donaumonarchie.

Der Anstoß zur Revision dieses komplizierten Systems ging von Rußland aus, das durch die Besetzung der Donaufürstentümer den Krimkrieg heraufbeschwor. Die österreichische Außenpolitik war sich 1853 sehr wohl bewußt, daß diese neue Konstellation der Mächte – der Konflikt zwischen Rußland und den Westmächten – sich katastrophal auf die österreichischen Sicherheitsinteressen auswirken konnte. Die Furcht vor einer Ausweitung des Konfliktes zu einem Weltkrieg und die Ahnung des Zerfalls des Reiches leitete den österreichischen Außenminister Buol, wenn er im Juli 1853 seine Vermittlungsversuche so begründete: „Wir suchen ... vor allem eine europäische Complication, die vor allem auf uns lasten würde, zu vemeiden. Wir sind nicht in der Verfassung, einen solchen Kampf zu bestehen."[15] Wenn es Wien auch schließlich gelang, Rußland durch ein Ultimatum zum Frieden zu zwingen, so war dieser scheinbare Erfolg doch mit dem Zusammenbruch des Gleichgewichtssystems erkauft, auf dem die Sicherheit der Monarchie beruht hatte. Seitdem der Petersburger Regierung in dem Pariser Vertrag die Neutralisierung des Schwarzen Meeres abgerungen worden war, war Rußland, einst die Stütze der Ordnung von 1815, eine ausgesprochen revisionistische Macht. Sollte sich nun eine Krise des Habsburgerreiches wie 1848 wiederholen, waren die Aussichten finster.

Schrittweise begann nach dem Krimkrieg die Verdrängung der Monarchie aus den Einflußbereichen, die ihr das Wiener System zugewiesen hatte. In dem Krieg, den Piemont 1859 gegen Österreich provozierte, sah sich die Monarchie erstmals international isoliert. Wenn es Wien auch gelang, nach der Niederlage von Solferino einen beträchtlichen Teil seiner italienischen Besitzungen zu halten, so bedeutete dies doch letztlich nur eine *damnosa hereditas* (schädliche Erbschaft), weil es das Reich auch künftig mit Irredenta-Ansprüchen belastete, die nur unter den Bedingungen des verschwundenen Mächtesystems von 1815 abgewiesen werden konnten.[16]

Immerhin erzwang die außenpolitische Niederlage, die das seit 1849 herrschende neoabsolutistische Regime diskreditiert hatte, eine Politik der inneren Konsolidierung. Auf der Suche nach gesellschaftlicher Unterstützung kam Wien zunächst den austroslavischen Befürwortern einer Dezentralisierung des Reiches entgegen. Die semi-föderalistische Verfassung des 1860 erlassenen Oktoberpatents wurde jedoch schon wenige Monate später durch das zentralistische Februarpatent ersetzt, mit dem vor allem die Unterstützung der deutsch-österreichischen Liberalen gewonnen werden sollte. Obwohl das Patent erstmals eine wirkliche Repräsentativverfassung einführte, erwies sich der Reichsrat doch als untaugliches Instrument einer politischen Integration des Reiches. Die Ursache dafür war einerseits in den enttäuschten Hoffnungen der slavischen Föderalisten, andererseits in der ungelösten ungarischen Verfassungsfrage zu suchen, die von magyarischen Politikern auf der Grundlage der Konstitution von 1848 beurteilt wurde, während die Wiener Politik davon ausging, daß die ungarischen Rechte durch die Revolution verwirkt seien.

Bevor ein Ausweg aus dem inneren Zwist gefunden werden konnte, nahm die äußere Krise ihren Fortgang. Nach dem österreichischen Teilrückzug aus den italienischen Angelegenheiten begann 1862 der Konflikt mit Preußen um den Einfluß im Deutschen Bund, der 1866 durch den preußischen Sieg bei Königgrätz entschieden wurde. Wieder hatte die mächtepolitische Isolierung der Monarchie den Ausschlag gegeben, insbesondere aber die Tatsache, daß es Wien nicht vermocht hatte, sich die italienische Neutralität durch die Abtretung Venetiens zu erkaufen. Dies war insofern mehr als nur ein kontingenter Fehler der österreichischen Diplomatie, als es auf eine strukturelle Schwäche der habsburgischen Außenpolitik verwies, die angesichts einer Vielzahl potentieller Irredenta-Ansprüche einen europäischen Erbfolgekrieg zu fürchten hatte, der unweigerlich das Ende des Reiches bedeuten mußte. Daher sah sich der österreichische Außenminister zu einer unzeitgemäßen Prinzipienpolitik im Stile Metternichs genötigt, wie er dem britischen Botschafter im Juli 1866 erklärte: „Was sei die Österreichische Monarchie? Es sei ein Reich von Nationalitäten. Wenn es heute Venetien aufgeben sollte, um Konig Viktor Emanuel zu gefallen, ... würde dieser sich zufrieden geben, bevor er das ganze österreichische Besitztum an der Adria seinem rechtmäßigen Eigentümer entrissen hatte? ... Dem Fürsten von Hohenzollern könnte es eines Tages auffallen, daß es eine beträchtliche rumänische Bevölkerung in Siebenbürgen gibt, und daß es deshalb nur recht wäre, dieses der Moldau-Walachei hinzuzufügen. Der Fürst von Serbien könnte die Serben Österreichs ebenfalls beanspruchen; ... in der Tat sind wir fest entschlossen, für die Verteidigung unserer Prinzipien und unserer in Verträgen festgelegten Rechte einzutreten ...“[17]

Die neuerliche Niederlage, durch die Österreich aus Italien und dem Deutschen Bund verdrängt worden war, katalysierte im Inneren weitere Konsolidierungsversuche. Diese richteten sich jetzt nicht mehr, wie zu Beginn der sechziger Jahre, auf eine Stärkung des Zentralismus oder eine Föderalisierung des Imperiums, sondern auf den Ausgleich mit Ungarn, d.h. in einer Teilung aller Kompetenzen mit Ausnahme der Außenpolitik und des Militärs zwischen Wien und Budapest. Kurzfristig wirkte sich der deutsch-magyarische Dualismus in zweierlei Hinsicht günstig für das Reich aus, indem er erstens Ungarn wieder an die Monarchie heranführte und zweitens durch die Abschaffung des absolutistischen Regiments dort die konstitutionellen Forderungen der deutschösterreichischen Liberalen in Wien unterstützte. Allerdings waren mit dem Dualismus die Hoffnungen auf einen umfassenden Ausgleich aller nationalen Interessen im Habsburgerreich endgültig verspielt, wurde der Kompromiß doch auf dem Rücken der nichtdominierenden, meist slavischen Völker der Monarchie geschlossen. Reichskanzler Beust brachte den unversöhnlichen Charakter des Dualismus zum Ausdruck, wenn er ihn aus dem nationalen Egoismus der beiden Herrschaftsnationen begründete: „Nichts ist schädlicher als ein Fortschleppen des bisherigen Provisoriums..., welches der Regierung das ganze deutsche Element zu entfremden drohte... Es muß ein fester Boden gewonnen werden, und dieser bietet sich in dem Zusammengehen des deutschen und des ungarischen Elements gegen den Panslavismus.“[18]

Indessen spricht manches dafür, daß der Panslavismus eine Folge und keine Ursache des österreichisch-ungarischen Ausgleichs war. František Palacký, der 1848 das Habsburgerreich vehement verteidigt hatte und der 1866 noch einmal „Österreichs Staatsidee“ als Föderation gleichberechtigter Nationen entworfen hatte, sah im Hinblick auf den Ausgleich für die slavischen Völker nur die Möglichkeiten der Sezession und des Panslavismus. Im Falle eines deutsch-magyarischen Dualismus, der eine „zweifache Zentralisation“ bedeute, gelte: „Wir waren vor Österreich da, und wir werden es auch nach ihm sein.“[19]

Die langgezogene Krise der österreichischen Politik, die mit dem

Krimkrieg begonnen hatte, stellte das Habsburgerreich im Inneren wie im Äußeren auf ganz neue Grundlagen: Innenpolitisch hatte es in einer Politik des *divide et impera* Zuflucht gesucht, die keine anhaltende Konsolidierung verhieß, da die Ausgleichsverhandlungen mit Budapest im Turnus von zehn Jahren neu geführt werden mußten, was zu einer „Dynamisierung des Dualismus" (Gerald Stourzh) mit der Perspektive der vollständigen Sezession eines ungarischen Nationalstaates führte. Außenpolitisch war die Monarchie 1859, 1866 und endgültig 1870 aus der italienischen und deutschen Politik verdrängt worden, wodurch von den drei Einflußfeldern des Wiener Gleichgewichtssystems nur eines, das orientalische, verblieben war. Daraus ergab sich fast zwangsläufig die Tendenz zu einer antirussischen Politik, auch wenn Wien später noch vorübergehend an die Tradition des russisch-österreichischen Bündnisses anzuknüpfen versuchte. Denn der Verlust an Macht und Ansehen, den das Habsburgerreich durch die Verdrängung vom italienischen und deutschen Schauplatz erlitten hatte, war nur auf dem Balkan in der Konfrontation mit Rußland zu kompensieren. Die sich abzeichnende Verengung der habsburgischen Machtpolitik kam besonders deutlich in der Erklärung Andrassys vor dem Wiener Reichsrat im August 1870 zum Ausdruck: „Österreichs Aufgabe bleibe nach wie vor, ein Bollwerk gegen Rußland zu bilden, und nur solange es diese Aufgabe erfülle, sei sein Bestand eine europäische Notwendigkeit."[20]

Langfristig bestand die Wirkung der Krisenperiode der Jahre 1853–1867 darin, daß es zu einer Verschränkung ihrer innen- und außenpolitischen Resultate kam: Denn die Logik der außenpolitischen Festlegung, die, wie sich seit den 1890er Jahren immer deutlicher zeigte, das Habsburgerreich in der orientalischen Frage mehr und mehr an das Deutsche Reich als den Hauptrivalen Rußlands band, machte eine Revision des Ausgleichs fast unmöglich, war doch eine Föderalisierung der österreichisch-ungarischen Monarchie mit einer Stärkung der Stellung der Slaven im Reich und, daraus folgend, mit einem Verzicht auf die antiserbische und antirussische Orientierung der Außenpolitik verbunden, woran weder die deutsch-österreichische und die magyarische Herrschaftsnationen noch der deutsche Verbündete interessiert waren.

So warfen die Erschütterungen der fünfziger und sechziger Jahre politisch ihren Schatten auf das Jahr 1918 voraus. Staatsrechtlich gesehen bedeutete der Ausgleich auch kurzfristig eine Krise, in gewisser Hinsicht sogar das Ende des Reiches. Aus magyarischer Sicht hatte das Habsburgerreich im transleithanischen Teil seine Existenz zugunsten eines ungarischen Nationalstaates aufgegeben, auch wenn noch eine (jederzeit kündbare) Realunion bestand. Daher ist die Bezeichnung

„österreichisch-ungarisches Reich" offiziell nie gebraucht worden, und von ungarischer Seite wurden Worte wie „Reichsministerium" und „Reichshälfte" konsequent vermieden.[21] Die staatsrechtlich ungeklärte Situation des Habsburgerreiches bedingte auch eine „permanente Krise des Österreichbegriffes" (Zöllner), der – wie auch das Symbol des Doppeladlers und die schwarz-gelben Reichsfarben – sowohl in bezug auf die gesamte Monarchie als auch auf ihren nichtungarischen Teil benutzt wurde. Daraus resultierte zwangsläufig auch eine ungeklärte Identität der „österreichischen" Reichshälfte, die sich in ihrer oft bespotteten offiziellen Bezeichnung als die „im Reichsrat vertretenen Königreiche und Länder" widerspiegelte. „Hier hieß ein Staat nach seinem Parlament, dessen Name sich auf ein nicht mehr existentes Gebilde bezog und nicht wie sonst das Parlament nach dem Staat", kommentierte Otto Brunner die paradoxe Situation.

Ungeachtet der staatsrechtlichen Probleme sollte die Monarchie noch über fünfzig Jahre nach dem Ausgleich bestehen. Welches waren die Faktoren, die das Reich – d.h. den österreichisch-ungarischen Gesamtstaat wie auch speziell dessen cisleithanischen Teil – zusammenhielten? Neben der Dynastie ist als wichtigste integrative Kraft die Armee zu nennen, die von der Reichsteilung nicht direkt betroffen war. Traditionell übte das Militärwesen in der Monarchie eine zentripetale Funktion aus: Seine erste ständige Institution, die unmittelbar der Kontrolle Wiens unterstand, war die 1522 zur Abwehr der Osmanen eingerichtete Militärgrenze im Südosten des Reiches, die erst 1881 aufgehoben wurde. Wie sie hatte auch die Aufstellung eines stehenden Heeres unter Maria Theresia nicht zuletzt als Instrument gegen die föderativen, ständischen Interessen im Reich gedient. In der März-Revolution bewährte sich die Armee im Kampf gegen die nationalen Unabhängigkeitsbewegungen, so daß Grillparzer 1848 den siegreichen General Radetzky mit der Zeile begrüßen konnte: „In deinem Lager ist Österreich." Die integrative Bedeutung der Armee beruhte später aber vor allem darauf, daß sie mit dem Offizierskorps und dem Mittel geregelter Nobilitierungen eine soziale Schicht hervorbrachte, die der Gesamtstaatsidee verpflichtet war und sich dabei sozial wie national durch eine relative Offenheit auszeichnete. Zwar waren die unterprivilegierten Völker des Reiches im Offizierskorps nicht proportional vertreten, doch belegt etwa der Anstieg der Zahl jüdischer Offiziere in der Zeit zwischen 1860 und 1900 eindrucksvoll die grundsätzliche Durchlässigkeit der Armee.[22] Ein weiterer integrativer Faktor war die Wirtschaft des Habsburgerreiches. Bedeutsam ist dabei die Tatsache, daß die Märkte der beiden Reichsteile bis zum Ende der Monarchie in steigendem Maße aufeinander bezogen waren. Durch den Ausbau der Infrastruktur, wie den Eisenbahnbau und die Errichtung eines Zweigstellennetzes der Nationalbank, gelang es seit der Mitte des 19. Jahrhunderts, die natürlichen Verkehrshindernisse der Monarchie zu überwinden. So wurden auch die zurückgebliebenen Länder der Monarchie sukzessive in das allgemeine Wirtschaftsleben einbezogen, dabei war die Strukturpolitik der ungarischen Reichshälfte in den rückständigen Ländern Kroatien-Slavonien, Siebenbürgen und Innerungarn offenbar erfolgreicher als die cisleithanische Politik gegenüber ihren Entwicklungsgebieten Galizien und Bukovina. Insgesamt war in der Wirtschaft der Monarchie eine Ausgleichstendenz zu bemerken, die nationalistischer Kolonisierungsrhetorik entgegenwirkte. Außerdem begann die Monarchie seit 1870, ihren relativen Rückstand gegenüber anderen europäischen Mächten wie Deutschland, Frankreich und England aufzuholen.[23]

Ob die späte Wirtschaftskonjunktur der Monarchie eine integrierende Wirkung auf die Mentalität ihrer Bewohner gehabt hat, muß indessen dahingestellt bleiben. Es entspricht einem weitverbreiteten Klischee, eine emotionale Verbundenheit in der Monarchie als ohnehin gegeben vorauszusetzen; ein herausragendes Beispiel dafür ist der Erzählerkommentar in Robert Musils berühmtem Kapitel über „Kakanien“: „Es nannte sich schriftlich Österreichisch-Ungarische Monarchie und ließ sich mündlich Österreich rufen; mit einem Namen also, den es mit feierlichem Staatsschwur abgelegt hatte, aber in allen Gefühlsangelegenheiten beibehielt, zum Zeichen, daß Gefühle ebenso wichtig sind wie Staatsrecht und Vorschriften nicht den wirklichen Lebensernst bedeuten.“[24] Doch hat die behauptete Stärke des „kakanischen Gefühls“ wissenschaftlicher Kritik nicht standgehalten. Am Beispiel der ungarischen Feiern des goldenen Thronjubiläums Franz Josephs und des gleichzeitigen 50. Jahrestags der Revolution 1898 hat Peter Hanak überzeugend die Gespaltenheit des magyarischen Bewußtseins zwischen der Loyalität gegenüber dem gekrönten Monarchen von 1867 und der nationalen Erinnerung an den Aufstand und Franz Josephs negative Rolle dabei gezeigt.[25] Auch unter den Völkern des cisleithanischen Reichsteils, wie den Tschechen und Polen, ist die emotionale Bindung an die Monarchie im letzten Jahrzehnt vor dem Weltkrieg zweifellos gesunken.[26] Die Flüchtigkeit des habsburgischen Reichsgedankens, der gegen Ende der Monarchie kaum noch in der mentalen Wirklichkeit ihrer Völker begründet war, scheint von der paradoxen Formulierung Joseph Roths „Einmal in der Woche war Österreich“ – wenn nämlich samstags die Militärkapelle den Radetzkymarsch spielte – besser getroffen zu werden als in der zitierten Stelle bei Robert Musil.[27]

Betrachtet man nur Cisleithanien, die „im Reichsrat vertretenen Länder und Königreiche“, so ist auch der Parlamentarismus als integrierender Faktor zu nennen, der allerdings nicht immer gleichmäßig wirksam war. Zumindest theoretisch besaß der Wiener Reichsrat die Möglichkeit, jene politische Integrationsleistung zu vollbringen, die im vorparlamentarischen Habsburgerreich wegen des Fehlens von Generalständen nicht möglich war. Daß die Wirkung des österreichischen Parlamentarismus begrenzt blieb, ja sich mitunter als ambivalent erwies, hatte allgemeine und spezielle Ursachen: Grundsätzlicher Natur waren die Probleme, die sich aus dem Vielvölkercharakter des Habsburgerreiches für den Parlamentarismus ergaben. Wie sich in den 90er Jahren besonders krisenhaft zeigte, wurden nicht nur die Autonomie-Probleme, sondern fast alle politischen Fragen, seien sie verfassungspolitischer oder sozialer Natur, unter nationalen Vorzeichen beurteilt, was der Rationalität der Parlamentsdiskussion oftmals Abbruch tat. Daraus resultierte eine gewisse Anfälligkeit des Liberalismus für nationalistische und antisemitische Ideologien, was im deutsch-österreichischen Fall besonders signifikant wurde. Einst der Vorreiter der Konstitutionsbewegung, war der deutsch-österreichische Liberalismus durch eine gewissermaßen schizophrene Situation belastet, die für die Konstitutionsbewegungen von „reichstragenden" Völkern nicht untypisch ist: Der deutsch-österreichische Liberalismus verdankte seine größten Erfolge den mächtepolitischen Niederlagen des Habsburgerreiches von 1859 und 1866. (In einer ähnlichen Situation war die russische Konstitutionsbewegung 1905/07, während umgekehrt die Schwäche des preußischen Liberalismus nach dem Verfassungsstreit durch die militärischen Siege Preußens befestigt wurde.)

Begrenzt war die integrative Potenz des cisleithanischen Parlamentarismus schließlich auch durch die Bestimmungen des Ausgleichs von 1867, der eine grundlegende Reform der österreichischen Reichshälfte von der Zustimmung Budapests abhängig machte. Tatsächlich hat der letzte Versuch einer föderativen Umgestaltung Österreichs, der Mitte Oktober 1918, kaum zwei Wochen vor dem Zerfall des Imperiums, unternommen wurde, die Kündigung der Realunion durch Ungarn nach sich gezogen.

Bei allen Einschränkungen machte die politische Integration seit den 1870er Jahren jedoch große Fortschritte. Die Polen stiegen durch ihre Stellung im Reichsrat und in der Regierung de facto zu einem dritten Staatsvolk auf, während die Tschechen, die sich zunächst auf die Verteidigung ihres böhmischen Staatsrechts versteift hatten, zu Beginn der 90er Jahre auch zu einer „positivistischen" Politik neigten, die ihr nationales Interesse am besten in einem demokratisierten Österreich aufgehoben sah. Ähnliche Entwicklungen waren auch in der slowenischen Politik zu beobachten.[28]

Tatsächlich zogen die Wahlrechtsreformen, die in der Einführung des allgemeinen Wahlrechts 1907 gipfelten, einige Erfolge in den Nationalitätenfragen nach sich: So gelang 1905 ein Ausgleich der tschechisch-deutschen Interessen in Mähren, und 1910 wurde eine entsprechende Regelung für die Bukovina gefunden. Sowohl theoretisch wie praktisch verdankten diese Kompromisse viel der österreichischen Sozialdemokratie, die als einzigie Partei nicht national organisiert war. Mit dem Brünner Nationalitätenprogramm von 1899, das die Selbstverwaltungsansprüche der Nationen mit dem Bestand eines die Nationen überwölbenden demokratischen Gesamtstaats zu vereinen suchte, hatten die Austromarxisten Grund, das an Radetzky gerichtete Grillparzer-Wort „In Deinem Lager ist Österreich“ für sich in Anspruch zu nehmen.[29] Dabei waren die verschiedenen Gruppen der Sozialdemokratie nicht nur in dem Glauben an ein national befriedetes Österreich geeint, sondern auch durch den scharfen Gegensatz zu dem bestehenden Reich mit seinem Verwaltungsabsolutismus. Werner Conze hat die „Brüchigkeit der ausgehenden Habsburgermonarchie“ gerade darin erkannt, daß „die neuen Ideen zum konstruktiven Einbau der Nationalität in den Gesamtstaat ... nicht von der übernational-‚österreichischen‘ Hochadelsschicht, die die Führung innehatte, sondern von den ‚Austromarxisten‘ entwickelt wurden, die von ihrer sozialdemokratischen Zielsetzung aus gegen das Führungssystem der Beamtenherrschaft standen...“[30]

Diese Brüchigkeit trat zutage, als mit der Regierung Beck 1909 die letzte parlamentarische Regierung der Monarchie zurücktrat. Der Verzicht auf die Konfliktregelung im Reichsrat schuf günstige Voraussetzungen für die Entfaltung der desintegrativen Kräfte in der Habsburgermonarchie: Von den nationalistischen Ideologien wurde in zunehmendem Maße auch die Arbeiterschaft affiziert, und die slavischen Völker erfaßte eine neue Welle des Panslavismus.

In demselben Jahr, in dem die parlamentarische Integration des Reiches sichtbar scheiterte, brach eine außenpolitische Krise aus, die die Problematik der 1866 geschaffenen mächtepolitischen Situation des Habsburgerreiches in Erscheinung treten ließ. Durch die förmliche Annexion Bosnien-Herzegovinas hatten sich die Monarchie nun unwiderruflich auf die Bahn der Einflußerweiterung in der orientalischen Frage begeben und geriet dadurch zwangsläufig in den unversöhnlichen Gegensatz zu Rußland und in die schicksalshafte Abhängigkeit vom Deutschen Reich. Abgesehen von diesem europäischen Szenario löste die Annexion zugleich auch eine Zuspitzung auf dem kleineren südosteuropäischen Schauplatz aus: Serbien, das durch die Einverleibung Bosnien-Herzegovinas eigentlich geschwächt werden sollte, begann, insbesondere nach den Balkankriegen 1912/13, eine immer stärkere Anziehungskraft auf die Südslaven des Reiches auszuüben. Das Attentat von Sarajevo auf den habsburgischen Thronfolger Franz Ferdinand ließ den Gegensatz zwischen Wien und Belgrad offen ausbrechen. Dabei zeigte sich bald, daß der kleinere südosteuropäische Krisenschauplatz von dem größeren europäischen nicht zu trennen war.

Der Weltkrieg war, wie man mit großer Wahrscheinlichkeit annehmen kann, der *point of no return* für das Schicksal des Habsburgerreiches. Innerlich zu wenig gefestigt, um eine Niederlage zu verkraften, hätte die Monarchie auch von einem Sieg an der Seite Deutschlands nur eine wachsende Abhängigkeit zu erwarten gehabt, ganz zu schweigen von den inneren Problemen, die eine Erfüllung der österreichischen Kriegsziele, wie z. B. die Einverleibung aller südslavischen Länder oder Polens, für die komplizierte dualistische Reichsstruktur bedeutet hätte. Habsburg war im Grunde die Status quo-Macht par exellence, die aus der defaitistischen Einsicht in die vermeintliche Unausweichlichkeit einer Revision dieses Status quo selbst den Anstoß zu eben dieser Revision gab.

Dabei zeigte sich – wie schon 1866 – nochmals die strukturelle Unfähigkeit des Reiches, einzelne irredentistische Forderungen zu befriedigen, die zwangsläufig andere, analoge Ansprüche auf den Plan rufen und damit den Bestand des Reiches gefährden mußten. So ließ Wien die Möglichkeit verstreichen, durch eine rechtzeitige Abtretung Südtirols Italien von der Unterzeichnung des Londoner Geheimvertags mit der Entente (1915) abzuhalten. Da die Westmächte sehr weitreichende Verpflichtungen gegenüber Rom – wie die Übergabe des ganzen österreichischen Küstenlandes – eingegangen waren, zerschlug sich auf diese Weise die wohl einzige Chance für ein Überleben der Monarchie, nämlich ein Separatfrieden mit der Entente. Nun kam in Paris und London die Stunde der sogenannten „Auslandsaktionen“ der habsburgischen Völker. Während im Inneren des Reiches und auch in der Armee noch kaum Zerfallserscheinungen zu beobachten waren, gelang es im Mai/Juni 1918 zunächst der tschechischen Emigrantengruppe unter T. G. Masaryk und E. Beneš, die Zustimmung Frankreichs und Englands für die Gründung eines tschechoslowakischen Staates zu gewinnen.[31] Dadurch und durch die Verkündung der 14 Punkte Wilsons wurde der Auflösungsprozeß der Monarchie von außen in Bewegung gesetzt. Erst in den letzten Kriegswochen begann der Zerfall des Reiches im Inneren: Am 28. Oktober 1918 ergriff in Prag der tschechische Nationalrat die Macht, während sich die Südslaven des Reiches Serbien annäherten und sich ihm am 1. Dezember formell anschlossen. Zuvor schon hatten die Polen den Zusammenschluß aller Teilungsgebiete zu einem Nationalstaat proklamiert.

War der Zerfall des Habsburgerreiches unvermeidlich? Ein Akteur der Wiener Politik wie Stefan Graf Batory hat diese Frage im Dezember 1918 verneint, als er feststellte, der Untergang des Reiches sei ein Ergebnis von „fünfzig Jahren schlechter Politik".[32] Die strukturellen Fehler der habsburgischen Politik waren indessen früher, in der Phase zwischen 1853 und 1867, gemacht worden, als das Reich sich auf eine nicht dauerhafte tragfähige dualistische Struktur und auf Einflußpolitik in der orientalischen Frage festlegen ließ. Aus der Sicht der Akteure des Auflösungsprozesses wie T. G. Masaryk und E. Beneš war der Zerfall des zu grundlegender Reform unfähigen Reiches 1918 nicht nur unvermeidlich, sondern im Zeichen des neuen demokratischen und nationalstaatlichen Zeitalters überfällig. Erst die Herrschaft des nationalsozialistischen Deutschlands und dann der Sowjetunion hat wieder stärker eine positive Funktion des Habsburgerreiches in den Vordergrund treten lassen, die František Palacký 1848 betont hatte, als er von der Monarchie als dem Schutz der kleineren Völker zwischen Deutschland und Rußland sprach. Aus diesem Gedanken vor allem speiste sich die Habsburg-Renaissance in den ostmitteleuropäischen Gesellschaften in der Mitte der 80er Jahre. Im Unterschied zu der Preußen-Renaissance in Deutschland schwang dabei durchaus keine imperiale Nostalgie mit, vielmehr lebte Habsburg angesichts der Erfahrung weitaus schlimmerer Fremdherrschaft in der historischen Mitteleuropa-Diskussion als das „geringere Übel" fort. Insofern ist das Ende Habsburgs als politischer Leitvorstellung von dem „Ende der Großen Mächte" (Zernack) abhängig, wie es in Ostmitteleuropa eingetreten ist,[33] sowie von dem künftigen Ende der serbischen Imperialpolitik in Südosteuropa.

Der Zerfall des Osmanischen Reiches*

Fikret Adanır

Die Geschichtsschreibung hat bisher oft dazu tendiert, die „Nationalitätenkämpfe" in spätosmanischer Zeit als Folgen des despotischen Herrschaftssystems oder wenigstens der administrativen Unfähigkeit der Osmanen zu erklären. Aber heute, wenn man Zeuge ähnlich trauriger Vorgänge auf ehemals osmanischen Territorien wird, erscheint eine neue Sicht auf die osmanische Geschichte angebracht. Denn es fällt auf, daß kaum ein einziges der alten Nationalitätenprobleme in nachosmanischer Zeit gelöst worden ist, obwohl inzwischen vermeintlich fähigere Staatsmänner in diesen Fragen das Sagen haben.[1]

Das Osmanische Reich, dessen Territorium sich auf drei Erdteile – Asien, Europa und Afrika – erstreckte, war ein bemerkenswert dauerhaftes Herrschaftsgebilde: Seine Anfänge reichen bis um die Wende vom 13. zum 14. Jahrhundert zurück, und seine Auflösung infolge des Ersten Weltkrieges trat nicht früher ein als die der übrigen kontinentalen Imperien. Die Frage nach den Rahmenbedingungen des raschen Aufstiegs, nach den Faktoren der beachtlichen Stabilität sowie nach den Ursachen des Niedergangs hat schon viele Historiker beschäftigt.

Nicolae Iorga, ein prominenter Vertreter der älteren Forschung, setzte in diesem Zusammenhang am „natürliche[n] Ideensystem in der Entwicklung des türkischen Volkes und des von ihm begründeten [...] osmanischen Staates" an. Er hielt die Türken für ein kriegerisches Nomadenvolk, das, stets auf der Suche nach Beute, mit der islamischen und dann mit der byzantinischen Zivilisation in Berührung gekommen und dadurch geistig und moralisch verdorben worden war. Wenn die Türken sich auch in spätosmanischer Zeit um eine Reformierung von Staat und Gesellschaft bemühten, seien sie doch schon wegen der Starrheit ihrer Religion zum Scheitern verurteilt. „Der türkische Staatskörper lebt noch", so Iorga am Vorabend der Jungtürkenrevolution 1908, „aber die türkische Seele" sei bereits „erloschen".[2]

Eine solche Betrachtungsweise war für das historische Denken im

* Der Beitrag resümiert – und führt weiter – Gedanken, die in einem Kolloquium an der Ruhr-Universität Bochum (1991) und in zwei Vorträgen in Tübingen und Bern (1994/95) diskutiert wurden. Den Beteiligten an diesen Veranstaltungen möchte ich für Kritik und Anregungen danken.

neuzeitlichen Europa gar nicht untypisch. So finden sich bei Ranke Passagen, in denen von der „Verödung der schönsten Länder der Erde“ die Rede ist, sobald ein osmanisches Pferd dorthin den Fuß gesetzt habe,[3] während Hammer-Purgstall eher die Religion der Türken als deren Nomadismus anprangerte, indem er mahnte, ja nicht zu vergessen, daß der Türke „die Fesseln des Islams trägt, welcher, dem Geiste seiner Satzungen nach, die unduldsamste aller Religionen, nach Weltherrschaft, und folglich nach steter Eroberung strebt“.[4]

Das Osmanenreich als Werk von Glaubenskämpfern (*gazi*) bzw. des Heiligen Krieges *(dschihad)* – diese Vorstellung ist auch in der neueren Forschung gängig; am nachhaltigsten haben sich hier die Arbeiten Paul Witteks ausgewirkt, der in den dreißiger Jahren die sogenannte *gazi*-These aufstellte. Nach dieser Auffassung handelten die Osmanen stets im Sinne eines religiös-historischen Auftrags, nämlich dem Islam zur Dominanz über christliche Völker zu verhelfen, wozu sie sich übrigens bis zum bitteren Ende verpflichtet gefühlt haben sollen. Erst durch die Niederlage im Balkankrieg 1912, die den Verlust der europäischen Türkei nach sich zog, sei der Verzicht auf die Beherrschung von Christen unumgänglich geworden und damit auch die baldige Auflösung des Reiches antizipiert worden, dessen Existenzgrund eben durch die Aufgabe der historischen Mission hinfällig geworden sei.[5]

Nach dem Zweiten Weltkrieg waren es zunächst die Orientalisten Hamilton A. R. Gibb und Harold Bowen, die in einem einflußreichen Werk den Aufstieg der Osmanen unter Bezugnahme auf jenes Konzept darstellten, wonach die Welt in zwei Sphären, die des Islam und die des Krieges, geteilt ist; die wahren Gläubigen seien verpflichtet, die erste auf Kosten der zweiten auszudehnen.[6] Auch die Problematik des vermeintlich schon früh einsetzenden Verfalls wurde in diesem Rahmen diskutiert: Die ersten sechs Sultane einschließlich Süleymans des Prächtigen gelten als veritable Führer der „populär-religiösen Bewegung der Eroberung“. Als aber deren Nachfolger das Kriegshandwerk vernachlässigt und immer mehr einem prunkvollen Hofleben gehuldigt hätten, seien Entfremdung von den heroischen Wurzeln, anhaltende Unruhen in der Provinz sowie Korruption staatlicher Institutionen die Folgen gewesen.[7] Das Stocken der osmanischen Expansion impliziert also in dieser Sicht zugleich eine moralische Degeneration.

Anfang der sechziger Jahre befaßte sich Bernard Lewis mit dieser Frage. Auch er sah in den Osmanen der Aufstiegsperiode Kämpfer im Heiligen Krieg, „carrying the sword and the faith of Islam into new lands“, ja die Grenze zum christlichen Europa habe für deren Reich geradezu den Existenzgrund bedeutet, „the very *raison d'être* of its statehood“.[8] In Übereinstimmung mit dem damals vorherrschenden modernisierungstheoretischen Diskurs wurde der osmanische Nieder gang allerdings auf das Unvermögen zurückgeführt, die strukturellen Folgen der territorialen Schrumpfung im Rahmen einer traditionellen Gesellschaftsordnung zu meistern.[9] Weiterhin auf dieser bewährten Schiene, wenn auch aus marxistischer Perspektive, wies Perry Anderson auf die innere Dynamik des frühosmanischen Staates als Ursache des Verfalls hin, auf dessen „militante moslemische Kreuzzugsgesinnung, die jedwede Anpassung an die Ungläubigen verwarf".[10] Und Halil İnalcık, der Doyen der zeitgenössischen Osmanistik, hat jüngst wieder bekräftigt, daß der *gazi*-Charakter der Staatsbildung die sechshundertjährige Geschichte des Osmanischen Reiches geprägt habe.[11]

Dieser Forschungstradition, der prominente Vertreter des Faches angehören, zum Trotz hat es aber während der letzten Jahrzehnte auch Stimmen gegeben, die nicht nur die *gazi*-These in Frage stellen. Überhaupt scheint es problematisch, die lange Geschichte eines großen Reiches einseitig in militärhistorischem Rahmen oder auf der Basis von Texten religiös-normativen Charakters zu interpretieren. Das quasi geschichtsphilosophische Verfallsmodell, das so entworfen wurde, scheint denn auch mehr auf das Verstehen des Wesens historischer Individualität abgestellt, als um wissenschaftliche Rekonstruktion und Untersuchung von Sachzusammenhängen in komparatistischer Perspektive bemüht zu sein.[12] Auch der Autor des vorliegenden Essays bezieht hier eine kritische Position. Im folgenden geht es also darum, die Rahmenbedingungen der Herausbildung, die Faktoren der Transformation und die Ursachen der Auflösung des Vielvölkerreiches der Osmanen in stellenweise pointierter Abweichung von der angedeuteten und noch immer verbreiteten Interpretation zu skizzieren.

Rahmenbedingungen des Aufstiegs

Die Frage nach Kontinuität und Zäsur im Übergang vom byzantinisch-balkanischen Mittelalter zur osmanischen Herrschaft stellt ein erstrangiges Problem der Südosteuropaforschung dar. Sie steht in engem Zusammenhang mit einer heute wieder sehr brisanten Frage: Hat die osmanische Eroberung die betroffenen Gebiete von dem allgemeineuropäischen Entwicklungsweg abgeschnitten, und wenn dies zutrifft, worin besteht dieser Sonderweg? Vor allem die christlichen Balkanländer sollen nämlich infolge der osmanischen Eroberung die wichtigsten Epochen der europäischen Geschichte – die Renaissance, die Reformation und die Aufklärung – verpaßt haben. Auch für die nicht geglückte Industrialisierung macht man gemeinhin die osmanische Mißwirtschaft verantwortlich.[13]

Berücksichtigt man nun die Ergebnisse der mediävistischen und byzantinischen Forschung, so wird klar, daß der östliche Mittelmeerraum und die Balkanhalbinsel, wie die übrigen Großräume Europas, eine spätmittelalterliche Agrarkrise gekannt haben. Es brachen Hungersnöte und Epidemien aus, die Bevölkerungszahl verringerte sich, Feldfluren und Siedlungen wurden wüst. Außer den Küstenebenen versumpften auch die fruchtbaren Talböden im Landesinnern und wurden landwirtschaftlich unbrauchbar. Diese Entwicklungen bringt man mit einer Wirtschaftskrise in Verbindung, deren Anzeichen schon vor dem Beginn der osmanischen Eroberung sichtbar waren.[14]

Die Osmanen faßten erst 1354 auf dem europäischen Ufer der Dardanellen Fuß. Auf dem Balkan gab es zu dieser Zeit keinen ernst zu nehmenden Machtfaktor mehr, der ihren Vormarsch hätte stoppen können. Das Zweite Bulgarische Reich war 1330 von den Serben entscheidend geschlagen worden. Aber auch das siegreiche Serbien befand sich nach dem Tode Stefan Dušans (1355) unter streitenden Grundherren in feudaler Anarchie. Was Ostrom, also Byzanz, betrifft, litt es unter den Folgen der Katastrophe des Vierten Kreuzzuges 1204 ebenso wie der chronischen Bürgerkriege in den mittleren Dekaden des 14. Jahrhunderts. Das byzantinische Herrschaftsgebiet auf dem Balkan war praktisch auf Thessaloniki und die Hauptstadt Konstantinopel zusammengeschrumpft. Das griechische Festland und die Peloponnes wurden von fränkischen Feudalgeschlechtern beherrscht. In der Ägäis gab es keine einzige byzantinische Insel mehr, alle befanden sich in venezianischem oder genuesischem Besitz. Die Genuesen hatten eine ihrer Festungen sogar einige Hundert Meter gegenüber Konstantinopel, in Galata, errichtet, von wo aus sie den gesamten Verkehr durch den Bosporus kontrollierten. Das Handelsleben in Byzanz lag in italienischer Hand. Auch auf dem Balkan gab es kaum einen einheimischen Kaufmannsstand, der Handel im Binnenland wurde vor allem von den Ragusanern organisiert.[15]

Byzanz und die Balkanstaaten waren zudem durch einen tiefen Graben kirchlich, kulturell und politisch vom katholischen Westen getrennt. Die Anfänge dieser Trennung reichen in die Zeit des Bilderstreits im 8. und 9. Jahrhundert zurück. Bereits damals war der Osten zur Kunst und Philosophie der Antike auf Distanz gegangen. Während des sogenannten Hesychastenstreits im 14. Jahrhundert, als es nicht zuletzt um den Stellenwert des Studiums antiker Autoren ging, entschied sich Byzanz – und entschieden sich mit Byzanz auch die übrigen orthodoxen Balkanländer – gegen die Antike.[16] Unter diesen Bedingungen produzierten die Balkanchristen eine Literatur vorwiegend hagiographischen und apokryphen Charakters, vom Geist der Frührenaissance war auf dem Balkan nichts zu spüren, obwohl die politische Herrschaft auch hier christlich war. Dante schrieb seine *vita nova* im Jahre 1292 und war schon ein halbes Jahrhundert tot, als Dušan Zar von Serbien wurde; als Petrarca (1303–1374), Boccaccio (1313–1375) und Chaucer (1340–1400) die Grundlagen einer humanistischen Literatur im Westen schufen, begnügten sich deren Zeitgenossen auf dem Balkan mit dem Kopieren der Werke der Kirchenväter.

Osmanische Eroberung – Werk des „Heiligen Krieges"?

Die osmanischen Eroberer fanden also die geschilderten Verhältnisse auf dem Balkan vor. Wir wenden uns nun der Frage zu, ob der spektakuläre Erfolg der Osmanen eher ihrem islamisch bedingten Eroberungseifer zuzuschreiben oder als Folge eines säkularen Machtstrebens aufzufassen sei. Von Bedeutung ist in diesem Zusammenhang die Bestimmung der ideologischen Trennungslinie in Südosteuropa – verlief sie hauptsächlich zwischen Islam und Christentum oder eher zwischen einem östlichen Lager, in dem neben den Osmanen in beträchtlichem Maße auch die griechische Orthodoxie engagiert war, und einem westlich-katholischen Lager? Die Forschung liefert zahlreiche Anhaltspunkte für die Annahme der zweiten Hypothese.

Die Kooperation einheimischer Gruppen bildete eine der Voraussetzungen des osmanischen Erfolgs gerade dort, wo die Bevölkerung unter „lateinischer" Herrschaft litt. Die Animosität zwischen Griechen und Lateinern seit dem Vierten Kreuzzug hatte nämlich neben religiösen und kulturellen auch sozioökonomische Dimensionen. Die westlichen Feudalherren in Griechenland hatten nicht nur die kaiserliche Verwaltung beseitigt. Auch die quasi autonome Schicht der lokalen *archontes* hatte einen empfindlichen Statusverlust erfahren. Was die restliche griechisch-slawische Bevölkerung betrifft, so wurde sie von den neuen Herren wie Unfreie behandelt.[17] Angesichts solcher Verhältnisse erlangte die Art und Weise, wie die Osmanen mit der einheimischen Bevölkerung umgingen, eine eminent politische Qualität. Es ging dabei nicht bloß um eine „Tolerierung" der Buchreligionen, wie sie vom Koran vorgeschrieben ist, sondern um einen Schulterschluß mit der griechischen Orthodoxie in einer der großen Auseinandersetzungen der europäischen Geschichte, in der Frage der Kirchenunion. Die Neugründung des ökumenischen Patriarchats von Konstantinopel durch Mehmed II im Jahre 1454 deutet darauf hin, daß eine solche Politik bewußt verfolgt wurde. Mit der Neugründung des serbischen Patriarchats von Peć im Jahre 1557 verschob sich das konfessionelle Gleichgewicht südlich der Donau endgültig zuungunsten des Katholizismus. In einer Zeit, in welcher sich auf dem Kontinent das Prinzip *cuius regio eius religio* durchsetzte, wurde Multikonfessionalität zur Hauptkomponente der osmanischen Ideologie, nicht zuletzt in Ungarn und Siebenbürgen im Zeitalter der Reformation und Gegenreformation.[18]

Ein ebenso gewichtiger Faktor in diesem Rahmen war der *feudale* Charakter der Beziehungen zwischen den Eroberern und den einheimischen christlichen Herrschern. Die osmanische Expansion war keine einzige Gewaltwelle, die alles vor sich niedergewalzt hätte, sondern ein gradueller Prozeß, der bis zur zweiten Belagerung von Wien 1683 immerhin dreieinhalb Jahrhunderte brauchte. Noch vor der Eroberung eines Gebietes hatten die Osmanen dort gewöhnlich ihre Parteigänger. Sie traten als Beschützer innerbalkanischer Gruppen gegen andere Fraktionen auf, die zumeist vom katholischen Ungarn unterstützt wurden. So hatten die frühen Sultane oft christliche Fürsten zu ihren Vasallen, mit der Pflicht zur Heeresfolge, die soweit gehen konnte, daß „zwei rivalisierende Kaiser, Manuel II. und sein Neffe Johannes VII., am Ende des Jahres 1390 den Sultan Bajezid darin unterstützten, die letzte noch verbliebene byzantinische Stadt in Kleinasien, Philadelphia, zu belagern und zu erobern."[19]

Der berühmteste serbische Held des Mittelalters, Krali Marko, starb als treuer Vasall des Sultans im Kampf gegen den christlichen Fürst der Walachei. Ohne adäquate Berücksichtigung der Gesetzmäßigkeiten des feudalen Zeitalters ist es nicht möglich zu verstehen, warum die christlichen Herrscher während des osmanischen Interregnums in den Jahren 1402–1412 praktisch nichts unternahmen, um die Türken aus Europa zu vertreiben. Vielmehr zogen sie es vor, ihre Interessen als Verbündete dieser oder jener Fraktion im innerosmanischen Thronfolgekrieg durchzusetzen.[20]

Auch unterhalb der feudalen Oberschicht kam es zur Zusammenarbeit zwischen den einheimischen Christen und den muslimischen Eroberern. An erster Stelle ist hier auf Christen als Lehnsträger (*sipahi*) im frühosmanischen Staat hinzuweisen.[21] Die viehzüchtende christliche Bevölkerung auf dem Balkan spielte in diesem Zusammenhang eine herausragende Rolle. Sie war dem quasi-militärischen Status der Walachen, dem *jus valachicum*, unterstellt. Als „Martolosen" oder „Vojnuken" nahmen diese „Walachen" an osmanischen Feldzügen teil. Die Besatzungen der Grenzfestungen in Ungarn im 16. Jahrhundert bestanden bis zur Hälfte aus christlichen Martolosen. Die Zahl der christlichen Haushalte mit militärischen Pflichten machte in einigen Regionen rund ein Drittel aller Haushalte aus.[22] Es liegt auf der Hand, daß die osmanische Herrschaft, die ihre christlichen Truppen übrigens auch gegen muslimische Rivalen einsetzte,[23] sich gegenüber ihren Untertanen, seien sie nun Christen oder Muslime, schwerlich auf den islamischen Heiligen Krieg berufen konnte.

Wandel und Kontinuität in Stadt und Land

Im osmanischen Lehnssystem, das theoretisch eine zentrale Vergabe von Lehnseinkünften unter Beachtung des Prinzips der Nichtvererbbarkeit des Bodens vorsah, hatte die Masse der steuerpflichtigen Landbevölkerung den sogenannten *reaya*-Status. Die bäuerlichen Haushalte zahlten neben dem Naturalzehnten bestimmte Geldsummen als Bodensteuer. Die Nichtmuslime entrichteten zusätzlich eine Haushalts- (und später) Kopfsteuer und waren damit gegenüber den Muslimen in wirtschaftlicher Hinsicht erheblich benachteiligt. Eine persönliche Bindung an den Grundherrn mit einer damit einhergehenden Patrimonialgerichtsbarkeit gab es nicht. Auch die Frondienste waren unter osmanischer Herrschaft stark reduziert. Betrugen sie früher zwei bis drei Arbeitstage pro Woche, so waren nunmehr drei Tage jährlich zu leisten.[24] Nicht zuletzt war die bäuerliche Handels- und Gewerbefreiheit insgesamt gesichert.[25]

Dennoch fand die neue Herrschaft ihre Stütze hauptsächlich im städtischen Bereich, und nicht im ländlichen.[26] Nicht nur die Geschichte bosnisch-herzegowinischer Städte, die überwiegend aus osmanischer Zeit stammen, sondern auch die Entwicklung einer spätantiken Gründung wie Skopje unterstützt diese Annahme. Die Hauptstadt Dušans am Vardar verfügte, als sie 1392 osmanisch wurde, über keine repräsentativen Steinbauten. Denn die Aufmerksamkeit der serbischen Herrschaft hatte primär dem Bau von Klöstern gegolten, deren prächtigste Exemplare fast immer außerhalb der städtischen Zentren zu finden sind. In osmanischer Zeit dagegen zog Skopje beträchtliche Kapitalien von überall heran, mit der Folge, daß der Markt der Stadt Mitte des 17. Jahrhunderts mehr als 2000 Läden umfaßte. Es gab rund 700 Gerbereien in der Stadt, sieben Gasthäuser und Karawansereien, 20 Derwischkonvente, sechs Medressen, neun Koranschulen, 70 Schulen für Knaben, 120 größere und kleinere Moscheen, 110 öffentliche Brunnen und eine Vielzahl von öffentlichen Bädern, die durch einen Aquädukt und ein unterirdisches Leitungssystem versorgt wurden. Besonders aufgrund seiner Schulen war Skopje, neben Istanbul, Edirne und Bursa, ein islamisches Zentrum von überregionaler Bedeutung, zugleich aber auch der Sitz eines griechisch-orthodoxen Metropoliten und eines römisch-katholischen Erzbischofs; hier gab es darüber hinaus armenische und jüdische Gebetshäuser.[27]

Die städtische Entwicklung stand seit dem 16. Jahrhundert in engem Zusammenhang mit dem Aufschwung in Handel und Gewerbe. Eine Voraussetzung dafür war die allmähliche Verdrängung der Italiener aus dem Schwarzmeer-Handel und sogar aus dem östlichen Mittelmeer.[28] Die griechisch-orthodoxen Untertanen des Sultans erwiesen sich als ebenso tüchtige Kaufleute wie die Lateiner. Aber auch die Muslime begannen in dieser Zeit, direkt Handel mit Italien zu treiben. Die Errichtung eines *Fondaco dei Turchi* (Türkenhofes) in Venedig unterstreicht den eingetretenen Wandel.[29] Auch die großen nahöstlichen Städte wie Aleppo, Damaskus und Kairo erlebten, dank der osmanischen Handelspolitik, eine neue Blüte.[30]

Die städtische Entwicklung stand ferner mit dem Prozeß der Islamisierung in einem Zusammenhang. In der Forschung herrscht heute Übereinstimmung darüber, daß es auf dem Balkan unter osmanischer Herrschaft keine Zwangsislamisierung gegeben hat.[31] Dennoch ist es eine Tatsache, daß vielerorts die Christen in beträchtlichem Umfang zum Islam konvertierten. Was waren die Gründe der Konversion? Da die Islamisierung mit regional unterschiedlicher Intensität ablief, verbieten sich Verallgemeinerungen. Es handelte sich dabei um ein vielschichtiges Phänomen. Neben politischen und ökonomischen Faktoren spielten sicherlich auch die kulturellen und psychologischen Umstände eine Rolle: Fest steht, daß die ursprünglichen Einwohner der Städte selten verdrängt wurden. In einigen Orten wuchs die Zahl der Nichtmuslime durch Zuwanderung oder Zwangsumsiedlung von auswärts sogar weiter an. In vielen Städten begann jedoch bald ein kultureller Assimilationsprozeß, der in konfessioneller Hinsicht eine Islamisierung bedeutete. Sarajevo war im 17. Jahrhundert zu über 90 Prozent eine islamische Stadt. Sofia, Skopje, Larissa, Nikopolis an der Donau, Varna am Schwarzen Meer waren ebenfalls vom Islam geprägte Zentren.[32]

Trotz Islamisierung und Einwanderung sephardischer Juden blieben aber die Christen in Südosteuropa unter osmanischer Herrschaft die überwältigende Mehrheit der Bevölkerung. Nicht minder wichtig war der Umstand, daß die christlichen Kirchen als Institutionen mit eigener Jurisdiktion weiterhin bestanden. Denn den nichtmuslimischen Untertanen des Sultans war es erlaubt, sich in einzelnen Religions- bzw. Konfessionsgemeinschaften zu organisieren. Diese Gemeinschaften, die seit dem 18. Jahrhundert unter der Bezeichnung *millet* bekannt sind, genossen eine beachtliche, personenrechtlich begründete Autonomie. Sie regelten nicht nur die zivilrechtlichen Angelegenheiten ihrer Mitglieder selbständig, sondern hatten auch eine Art „Schulhoheit", mit der Folge, daß die Kinder nichtmuslimischer Eltern in den einzelnen *millet*-Schulen in der jeweiligen Muttersprache unterrichtet wurden.[33]

Kannte aber das osmanische System über die *millet*-Verfassung hinaus eine Autonomie, die nicht personenbezogen, sondern territorial bestimmt war? Die Frage ist grundsätzlich zu bejahen. Die unterschiedlichen Bedingungen, unter denen die einzelnen Balkanländer von den Osmanen erobert worden waren, ließen Raum für die Herausbildung abgestufter Abhängigkeitsverhältnisse, mit der Folge, daß bestimmte Regionen „Privilegien" erhielten, welche sie bis in das 19. Jahrhundert hinein bewahren konnten.[34] Dazu gehörten Ortschaften, die sich ohne Widerstand ergeben hatten. Sie erhielten in der Regel einen autonomen Status und wurden von eigenen Notabeln verwaltet. Gewisse bulgarische Orte im Balkangebirge, die griechisch-albanische Stadt Janina im Epirus oder die Walachenstadt Moschopole in Albanien wären hier als Beispiel anzuführen. Zu derart privilegierten Orten gehörten ferner Städte, die aufgrund ihrer Bedeutung für die politische Herrschaft mit einer gewissen „Immunität" ausgestattet worden waren. In der Immunitätsurkunde (*muafname*) von Sarajevo aus dem 15. Jahrhundert war es z.B. verboten, daß Vertreter der osmanischen Provinzialverwaltung sich in der Stadt aufhielten.[35] Lokalautonomie konnte sich aber auch auf der Basis besonderer Verpflichtungen gewisser Bevölkerungsgruppen in frühosmanischer Zeit entwickeln. So genossen zahlreiche Orte, die im 16. Jahrhundert als Paßdörfer, Vojnukendörfer oder Bergwerkssiedlungen, jedenfalls mit besonderen Pflichten gegenüber dem Staat registriert waren, noch zu Beginn des 19. Jahrhunderts eine beachtliche Verwaltungsautonomie.[36]

Herrschaftslegitimität und Krisenbewußtsein

In der abendländischen Literatur genießt der osmanische Sultan Süleyman (1521–1566) den Ruf des „Prächtigen", die osmanisch-türkische Geschichtsschreibung dagegen bezeichnet ihn mit dem relativ schlichten Beinamen des *Kanûnî*, also des „Gesetzgebers".[37] Dieser Umstand verdient nicht zuletzt deshalb Beachtung, weil das Osmanische Reich ein islamischer Staat *par excellence* gewesen sein soll, wobei sich natürlich die Frage stellt, wieso man eigentlich noch einen „Gesetzgeber" gebraucht hat, wenn alles schon nach islamischem Recht eine Regelung finden sollte. Im Lichte neuerer Forschungen über Fragen von Rechtsbewußtsein und politischer Legitimität können wir heute konstatieren, daß osmanische Intellektuelle der Frühen Neuzeit politische Herrschaft – bei allem Respekt für die islamische Tradition – keineswegs religiös begriffen, sondern, in einem eminent rationellen Kontext, auf der Basis des Prinzips der universellen Gerechtigkeit. Sie waren der Meinung „that just kingship is not necessarily dependent upon Islamic confession, and that a non-Muslim monarch may be a better, and therefore more legitimate, sovereign than his Muslim rival."[38] Die Herrscher kannten hier kein Gottesgnadentum. Die strikte Befolgung des Gesetzes sollte die Hauptquelle der Legitimität sein. Das osmanische Herrscherrecht (*kanûn*), das sich u.a. an dem Reichsgesetz (*yasa*) Dschingis-Chans orientierte, kennzeichnet das Osmanische Reich mehr als jedes andere Merkmal als einen grundsätzlich säkularen Staat.[39]

Das Gerechtigkeitsideal der Osmanen implizierte in der politischen Praxis die Sorge um das gesellschaftliche Gleichgewicht, im Kern die Sorge um das Wohlergehen der einzig produktiven Klasse, der steuerzahlenden *reaya*. Schon im 16. Jahrhundert allerdings und besonders in der ersten Hälfte des 17. Jahrhunderts war es um die steuerpflichtige Bevölkerung schlecht bestellt. Das osmanische Herrschaftssystem befand sich in einem tiefgreifenden Transformationsprozeß. Uns interessieren hier besonders Veränderungen, erstens in der Militärverfassung des Reiches und zweitens im System der Besteuerung. Die Lehnsträgerschicht *sipahi,* die beritten und mit Säbel oder Lanze bewaffnet ins Feld zog, erwies sich allmählich den mit Musketen ausgestatteten Söldnertruppen europäischer Staaten nicht gewachsen. Andererseits war aber die Zentralregierung, die zunehmend unter Geldknappheit litt, kaum in der Lage, die traditionelle osmanische Infanterie, die Janitscharentruppe, regelmäßig zu besolden. Als Ausweg bot sich a) der Übergang zu einem Söldnerheer, das je nach Bedarf kurzfristig aufgestellt und danach wieder aufgelöst werden konnte, und b) der Übergang zur Steuerpacht (*iltizām*). Beide Wege machten es erforderlich, daß vakant gewordene Lehen eingezogen und in Steuerpacht gegeben wurden. Die so gewonnenen Einkünfte dienten u.a. zur Finanzierung von Söldnerheeren. Sogar die Gouverneursposten in den Provinzen übertrug man nunmehr an Personen, die in der Lage waren, hohe Summen als Antrittsgelder zu zahlen.[40]

Das Niveau der Besteuerung der steuerpflichtigen Bevölkerung konnte von dieser Entwicklung nicht unberührt bleiben. Es entstanden neue Kategorien von Steuern, die grundsätzlich in Geld entrichtet und allen Bevölkerungsschichten ohne Rücksicht auf frühere „Privilegien" auferlegt wurden. Nicht einmal die Geistlichkeit und die religiösen Stiftungen waren von den neuen Steuern befreit. Die Folge war, daß überall Unzufriedenheit herrschte. Unbeschäftigte Medressenabsolventen, desertierte Soldaten, marodierende Nomadenbanden machten das flache Land während der sogenannten *celâlî*-Aufstände besonders in Anatolien unsicher. Die Aufgabe exponierter oder marginaler Böden und die Flucht in die Städte verdünnten die Bevölkerung auf dem Lande, die Agrarwirtschaft geriet in eine Krise.[41]

Diese Entwicklung führte zur Herausbildung einer neuen Elite in den Provinzen, der Schicht der *ayan,* ein Begriff, der soviel wie „angesehene Bürger" oder „Notabeln" bedeutete. Gemeint waren Persönlichkeiten, die von städtischen Interessengruppen *gewählt* wurden, um Vermittlerfunktionen zwischen der lokalen Bevölkerung und der Zentralregierung auszuüben. Die anfänglich begrenzten Kompetenzen der *ayan* weiteten sich besonders im 18. Jahrhundert immer mehr aus. In den Städten organisierten die *ayan* den nächtlichen Wachdienst, auf dem

Lande den Polizeidienst. In Kriegszeiten wurde die Verwaltung ganzer Landkreise offiziell den lokalen *ayans* überlassen. Diese übernahmen nun Aufgaben, die früher in den Kompetenzbereich des Kadis gehörten, wie die Truppenaushebung, Verproviantierung des Heeres, Gewährleistung des Postdienstes. Die eigentlichen, von der Zentralregierung ernannten Gouverneure wurden allmählich zu bedeutungslosen Beamten, die bloß repräsentative Aufgaben zu erfüllen hatten. Einige *ayan*-Geschlechter dagegen entwickelten sich de facto zu Herrschern über ganze Provinzen.[42]

Verfall oder Umgestaltung?

Die angedeuteten Wandlungsprozesse erschienen Vertretern der alten Elite schon kurz nach der Regierungszeit Süleymans im 16. Jahrhundert als Beginn der gesellschaftlich-politischen Degeneration.[43] Der moderne Historiker erkennt nicht immer die schichtenspezifische „Parteilichkeit" der Autoren politischer Werke aus jener Epoche oder den Genrecharakter der von ihnen hervorgebrachten Traktatenliteratur. So wird die bissige Kritik an den „osmanischen Zuständen", die natürlich immer die idealisierte „alte Zeit" im Blick hatte, aus ihrem zeitgenössischen Bezugsrahmen gerissen und zur Begründung gängiger „Verfallsmodelle" herangezogen.[44] In komparatistischer Perspektive dagegen erscheinen die Verhältnisse in einem anderen Licht. Fernand Braudel z.B. vertrat die Meinung, daß vom Verfall des Osmanischen Reiches vor dem Beginn des 19. Jahrhunderts nicht gesprochen werden könne.[45] In der Tat lassen sich durchaus Parallelen zu Krisenerscheinungen wie Krisenbewußtsein im Osmanenreich auch im zeitgenössischen Europa finden; die Folgen des Dreißigjährigen Krieges in Zentraleuropa oder die der Wirren der Fronde in Frankreich waren nicht weniger gravierend.[46]

Was war nun konkret geschehen? Dem „Bevölkerungsdruck" des späten 16. Jahrhunderts war vor allem in Anatolien eine fühlbare Verringerung der Bevölkerungszahl gefolgt.[47] Im Handel fand eine Verlagerung des Schwerpunkts von den traditionellen Routen durch den Nahen Osten nach der offenen See um Afrika herum statt. Dies zog längerfristig eine Schwächung der mediterranen Wirtschaften nach sich, wovon die Osmanen ebenfalls betroffen wurden. Das Reich konnte sich nicht nur nicht – schon aus geographischen Gründen – an der sich entwickelnden atlantischen Wirtschaft beteiligen, es mußte auch im Mittelmeerraum die Dominanz der Holländer und Engländer hinnehmen.[48] Dieser Wandel machte sich dahingehend bemerkbar, daß die handelskapitalistisch orientierten Schichten des 16. Jahrhunderts ihre Erfolgsgrundlagen verloren. Neue, zumeist nichtmuslimische

Gruppen traten auf, die jedoch im Levantehandel gegenüber den nunmehr dominierenden Europäern nur eine untergeordnete Vermittlerrolle einnehmen konnten.

Im Bereich der Landwirtschaft ging die Entwicklung in Richtung Kommerzialisierung, mit der Folge, daß es in einigen Regionen des Reiches – aber erst im Laufe des 18. Jahrhunderts – zur Konsolidierung einer neuen Grundbesitzkategorie, des *çiftlik* (Gutshof), kam, die gutswirtschaftliche Züge aufwies. Es handelte sich hierbei allerdings weder um eine „Zweite Leibeigenschaft", vergleichbar mit Entwicklungen in bestimmten Teilen Osteuropas, noch konnte sich eine kapitalistische Landwirtschaft wie in einigen Regionen Westeuropas etablieren. Die kleinbäuerliche Parzellenwirtschaft blieb bis zum Ende des Reiches bestimmend.[49]

Dieser Befund reflektiert eine Grundtendenz osmanischer Politik in der Frühen Neuzeit. Der Staat hatte seit dem späten 15. Jahrhundert in dem Bemühen, die Urbanisierung zu fördern, eine Art *command economy* aufgebaut, die vorrangig zur Versorgung der Städte diente. Damit hing auch die „anti-merkantilistische" Mentalität der herrschenden Schicht zusammen; Güter sollten nämlich nicht exportiert, sondern eher importiert werden, damit sie auf dem Binnenmarkt wohlfeil blieben. Die später berüchtigten „Kapitulationen" (S. 120f) konnten sich erst in diesem Rahmen richtig entfalten. Das städtische Gewerbe behielt dabei seine korporative Organisationsform; Manufakturen außerhalb der Zünfte, obwohl in vielen Teilen des Reiches recht früh nachweisbar, konnten sich gegen fremde Konkurrenz nur schwer behaupten. Eine Absorbierung von überschüssiger Arbeitskraft in neuartigen Produktionsbereichen war kaum möglich. Ausgesprochen „etatistische" Konzeptionen hemmten hier die Entwicklung auf lange Sicht.[50]

Dennoch erwies sich die osmanische Gesellschaft als fähig, die „Krise des 17. Jahrhunderts" zu meistern, obwohl an dessen Ende die ersten militärischen Niederlagen eintraten. Das 18. Jahrhundert wurde wirtschaftlich, politisch und kulturell zu einer Periode des Aufschwungs.[51] Beziehungen zur Außenwelt intensivierten sich. Gleichsam als Pendant zu den Kaufmannskolonien der Europäer in der Levante entstanden Kolonien osmanischer Untertanen in allen wichtigen Handelsplätzen Europas. So wurde das Osmanenreich auch ideengeschichtlichen Einflüssen von außerhalb zugänglicher. Die Schulhoheit der einzelnen konfessionellen Gemeinschaften ermöglichte einen kulturellen Aufschwung dank zahlreicher Neugründungen von Gymnasien und Akademien besonders innerhalb des griechisch-orthodoxen *millet*. Die Curricula der neuen Schulen enthielten Fächer wie Mathematik, Geographie, Geschichte, moderne Sprachen, Mechanik, Optik, Experimentalchemie. In der zweiten Hälfte des 18. Jahrhunderts lagen Werke von Leibniz, Wolff und Locke in griechischen Übersetzungen vor. Auch die muslimischen Staatseliten zeigten sich in dieser Zeit an der geistigen Diskussion im Sinne der Aufklärung interessiert. Daß es sich hier trotzdem nicht bloß um eine kulturelle Einbahnstraße von West nach Ost handelte, wird darin ersichtlich, daß, während einige Männer an der Hohen Pforte fleißig Latein lernten, ein bedeutender Aufklärer wie Dimitrios Kantemir, dessen Schriften auch von Voltaire hoch geschätzt wurden, Lieder nach orientalischen *makams* komponierte.[52]

Es ist jedoch in der Geschichtsschreibung praktisch zu einer Konvention geworden, den bemerkenswerten gesellschaftlich-kulturellen Wandel in dieser Epoche als „Vorgeschichte" der späteren nationalstaatlichen Entwicklung zu behandeln. Das Positive wird gleichsam nationalisiert, das Negative – Korruption, Inflation, Ausbeutung – dagegen als Folge osmanischer Rückständigkeit apostrophiert.

Reformen und Revolutionen

Vor einem solchen Hintergrund erscheint die osmanische Geschichte des 19. Jahrhunderts einerseits als die Geschichte der nationalen Befreiungsbewegungen, andererseits als die der modernisierenden Reformen „von oben". In jedem Falle herrscht aber die Tendenz vor, das 19. Jahrhundert als Geschichtsepoche außerhalb der historischen Kontinuität zu betrachten, als hätten für sie die bereits stattgefundenen Umwandlungen keine Relevanz.[53] Diese Gewohnheit mag damit zusammenhängen, daß das Osmanenreich in dieser Zeit zunehmend in Abhängigkeit von Europa geriet, eine Abhängigkeit, die nicht bloß auf wirtschaftliche oder kulturelle Bereiche beschränkt blieb, sondern auch die Souveränität des Staates beeinträchtigte.

Die spezifische Struktur des europäischen Staatensystems, das sich prinzipiell als eine *oecumene christiana* entwickelt hatte, sah für das Osmanenreich keinen Platz vor. Eng verbunden mit dieser Tatsache stehen die bereits erwähnten Kapitulationen (rechtliche und kommerzielle Privilegien), die den Europäern im Orient einen exterritorialen Status mit dazugehörender Konsulargerichtsbarkeit sowie Handels-, Zoll- und Niederlassungsfreiheiten gewährten. Diese Sonderbehandlung galt als selbstverständlich angesichts der „Andersartigkeit" des Rechts- und Wertesystems einer islamisch-orientalischen Gesellschaft. Die osmanischen Kaufleute waren in diesem System hoffnungslos benachteiligt. In dem Maße, wie der Levantehandel im Laufe des 18. Jahrhunderts zunahm und die Konkurrenz zwischen den fremden und einheimischen Kaufleuten sich verschärfte, strebten immer mehr osmanische Untertanen nichtmuslimischer Konfession danach, im eigenen Land als Europäer oder zumindest als Protegés einer europäischen Botschaft aufzutreten.

Die politischen Implikationen einer solchen Entwicklung bemerkten die osmanischen Staatsmänner erst im letzten Viertel des 18. Jahrhunderts, als Rußland das Recht beanspruchte, im Namen der gesamten griechisch-orthodoxen Bevölkerung bei der Regierung des Sultans intervenieren zu dürfen, und zwar mit der Begründung, daß die Nichtmuslime im Osmanischen Reich mit den Muslimen rechtlich nicht gleichgestellt seien. Die Entwicklungen in Europa in den Jahren der Französischen Revolution und vor allem die Aufstände der christlichen Balkanvölker in den ersten Dekaden des 19. Jahrhunderts verstärkten noch den Eindruck, daß das Osmanische Reich sich unbedingt reformieren müsse, wenn dessen Fortbestand gesichert werden sollte. Die Frage, welche Themen hierbei Vorrang bekommen sollten, war leicht zu beantworten: die Zentralisierung der Provinzialverwaltung und die Territorialisierung der bis dahin personenrechtlich-konfessionell bestimmten Loyalitäten im politischen Leben

Die Reformära „Tanzimat“

Die Dezentralisierung und Regionalisierung in der Epoche der *ayans* im 18. Jahrhundert barg in sich die Gefahr der Auflösung des Reiches. Zu Beginn des 19. Jahrhunderts unterhielten beispielsweise zwei *ayans*, Ali Pascha von Janina und Pasvantoğlu von Vidin, direkte Verbindungen zu Napoleon, zum Zaren von Rußland und zum habsburgischen Kaiser. Die europäischen Großmächte erblickten in diesen Paschas auf dem Balkan potentielle Begründer von neuen Staaten, die sie zu beherrschen hofften. Die Kämpfe zwischen der osmanischen Zentralmacht und der *ayan*-Herrschaft in den Provinzen füllen daher die erste Phase der Reformperiode *Tanzimat* („Ordnung“).

Die Territorialisierung und damit Entkonfessionalisierung der politischen Strukturen, das zweite Anliegen der Reformer, war nach der Entstehung des unabhängigen Griechenlands als dem ersten Nationalstaat auf dem Balkan noch dringlicher geworden. Denn *erstens* sollte den Europäern jedweder Vorwand, zugunsten der unterprivilegierten Christen zu intervenieren, genommen werden; schließlich war der Nationalstaat Griechenland ein Produkt direkter militärischer Intervention Europas. *Zweitens* mußte das System der autonomen konfessionellen Gemeinschaften auch deshalb überwunden werden, weil es beste Voraussetzungen für einen separatistischen Nationalismus bot. Die osmanischen Reformer waren sich dabei der Problematik des spezifischen Nationskonzepts der Balkanvölker durchaus bewußt. Es war die Sprache, der hier die Rolle des politisch-kulturellen Identitätsstifters zukam.

Menschen, die dieselbe Sprache sprachen, sollten eine Nation bilden, d.h. einen eigenen Nationalstaat haben.[54] Ein solches Konzept war aus osmanischer Sicht ebenso irrational wie gefährlich, denn es war auf dem Balkan praktisch unmöglich, Sprachgruppen zu finden, die in ausreichender Kompaktheit und historisch kontinuierlich in jeweils genau definierten Siedlungsgebieten wohnten. Wenn wir beim griechischen Beispiel bleiben, so fällt auf, daß sich nicht einmal auf der relativ kleinräumigen Peloponnes alle Bewohner in griechischer Sprache verständigen konnten. Es sollte einige Zeit dauern, bis sie ihre albanische, walachische oder slawische Mundart zugunsten des Neugriechischen aufgaben. In diesem Prozeß der Nationsbildung kam aber der Institution Volksschule entscheidende Bedeutung zu, und der griechische Nationalstaat war entschlossen – die Möglichkeiten der osmanischen *millet*-Verfassung ausnutzend –, das griechische Schulwesen im Osmanischen Reich zum Instrument der Hellenisierung zu entwickeln.[55]

Das neue Griechenland war, *drittens*, von Anfang an auf Expansion eingestellt und darin Vorbild für eine Nationalbewegung, weil das vorgestellte, potentielle Staatsvolk noch weitgehend außerhalb der eignen Staatsgrenzen lebte. Zwar sprachen nicht alle osmanischen Griechen Griechisch, die im kleinasiatischen Kappadokien sogar fast nur Türkisch. Das störte aber die Anhänger der befreiungsimperialistischen „Großen Idee" wenig, und sie kamen der Verwirklichung ihres Zieles, der Wiedererrichtung des alten byzantinischen Reiches, zeitweise recht nahe. Auch in Serbien haben wir es mit einer vergleichbaren Entwicklung zu tun. Das großserbische Programm Garašanins aus der Mitte des 19. Jahrhunderts sah die Schaffung eines alle Südslawen umfassenden Staates unter serbischer Führung vor. Wie selbstverständlich gehörte Kosovo ebenso zu den zu befreienden südslawischen Gebieten wie die Küstenlandschaft Zeta im Norden Albaniens. Was die Bulgaren betrifft, deren Nationalbewegung sich aus verschiedenen Gründen erst relativ spät entwickeln konnte, beobachten wir ebenfalls eine ausgeprägte Tendenz zu historisierender Rechtfertigung der nationalen Expansion. Der Vertrag von San Stefano aus dem Jahre 1878 versprach ein Großbulgarien vom Schwarzen Meer bis zum Ohridsee am Fuße des albanischen Gebirges. Dieser unverwirklichte Traum beflügelt nationalistisch gesinnte Bulgaren noch am Ende des zwanzigsten Jahrhunderts.[56]

Unter diesen Bedingungen ging die Grundtendenz der osmanischen Reformbewegung in Richtung einer Abschaffung der *millets*, indem man rechtliche Gleichheit aller Bürger im Rahmen eines säkularisierten Staates zu garantieren trachtete und die alten, religiös und dynastisch geprägten Loyalitäten durch ein säkulares und territorial gebundenes Konzept der Staatsnation (Osmanismus) zu ersetzen suchte, und dies in direkter Konkurrenz zum Konzept des Nationalstaates auf vermeintlich ethnisch-homogener Basis.[57] Gegenüber kollektiven Interventionen der europäischen Mächte, mit dem Ziel, Sonderrechte für diese oder jene Gruppe durchzusetzen, sahen sich die Vertreter der osmanischen Reform denn auch immer wieder veranlaßt, ihr Programm wie folgt zu verteidigen: „Wir fordern Reformen, und zwar nicht für diese oder jene Provinz, sondern für das gesamte Reich, und nicht zugunsten einer einzigen Volksgruppe, sondern zugunsten aller Osmanen, seien sie nun Juden, Christen oder Muslime."[58]

Eine solche „Modernisierung" des politischen Systems im Orient lag damals keineswegs im Interesse der europäischen Großmächte. Sie war aber auch gegenüber der muslimischen öffentlichen Meinung schwerlich mit Argumenten aus dem Gedankengut der europäischen Aufklärung zu legitimieren. Die osmanische Verfassung von 1876 und die Einführung des parlamentarischen Systems waren das Werk der sog. Jungosmanen, einer intellektuellen Elite, die westlich gebildet war, aber in islamischen Kategorien dachte und sich ausdrückte. Am deutlichsten kann man dies in den Schriften des „Jungosmanen" Namık Kemal verfolgen. Er operierte mit einer islamischen Theorie der Volkssouveränität, die vor allem in der Begründung der legislativen Funktion des Parlaments sichtbar wird und im Kern von der naturrechtlich legitimierten Verfassungspraxis im Westen radikal abweicht. Kemal schrieb: „Wenn das Volk eines Landes sich versammelt und einem Mann als Sultan oder Kalifen den Untertaneneid schwört, dann wird jener Mann Sultan oder Kalif. Sein Vorgänger ist damit außer Amtes gesetzt, denn das Imamat gehört der Gemeinschaft." Damit wurde der Herrscher als wähl- bzw. abwählbar deklariert. In einem Artikel über die „Methode der Konsultation" hob Kemal hervor, daß der islamische Staat ursprünglich eine Republik gewesen sei, und das Volk habe jederzeit das Recht, eine Republik auszurufen. Es überrascht dann nicht weiter, auch die übrigen als eminent westlich geltenden Werte wie die Gerechtigkeit (*adalet*), Freiheit (*hürriyet*) oder Humanität (*insaniyet*) als die ureigensten islamischen Konzepte und Ideale erklärt zu sehen. Analog wurde der Begriff Patriotismus aus der islamischen Tradition abgeleitet: Der dem Propheten zugeschriebene Ausspruch, „die Liebe für das Vaterland rührt vom Glauben her", war das Motto der jungosmanischen Zeitung *Hürriyet*. Auf diesem Wege kamen die Jungosmanen schließlich zu dem modernen Konzept der politischen Nation. Kemal zählte 1872 Volkssouveränität, Gewaltenteilung, Gedanken- und Assoziationsfreiheit und Sicherheit des Besitzes als die wichtigsten Merkmale einer politischen Nation auf – wohlgemerkt einer politischen Nation auf islamischer Basis.[59]

Im Lichte dieser Ausführungen können wir festhalten, daß die

Reformierung des Osmanischen Reiches im Laufe des 19. Jahrhunderts zwar durchaus eine politische Modernisierung im westlichen Sinne implizierte, ohne jedoch unbedingt eine „Verwestlichung" erstrebt zu haben. Diese Tatsache blieb auch einigen Europäern nicht verborgen. In einer deutschen Publikation aus dem Jahre 1878 findet sich beispielsweise folgende bemerkenswerte Feststellung:

„Daß die Reformer ... die Regeneration des Osmanenreiches von innen heraus und auf dem Boden des Islam anstreben, ist vom türkischen Standpunkte aus völlig correct ... Aber je kräftiger der Erneuerungs-Proceß, ... desto mehr müssen sich die Wege der islamitischen Cultur von der abendländisch-christlichen entfernen ..., welche allein in unseren Augen begehrenswerth ist ... Mit einer Regenerierung des Islams von innen heraus ... ist also den europäisch-christlichen Culturinteressen nicht im Entferntesten gedient."[60]

Die Furcht christlich-abendländischer Publizisten vor einer Regeneration des Islams war aber letztlich doch unbegründet. Eine „Verjüngung" des Osmanischen Reiches war auch mit Hilfe des parlamentarischen Systems nicht zu realisieren.

Imperialismus als Faktor

Die Erschließung der nahöstlichen Märkte für europäische Industrieprodukte vollzog sich seit dem anglo-türkischen Handelsabkommen von 1838 im Zeichen eines „Imperialismus des Freihandels".[61] Während die einzelnen europäischen Staaten darauf bedacht waren, den Prozeß der Industrialisierung mit Schutzzöllen zu sichern, traten sie gegenüber dem Osmanischen Reich kollektiv als entschiedene Verfechter des Handelsliberalismus auf und konnten so erfolgreich verhindern, daß eine vergleichbare Schutzzollpolitik im Orient überhaupt zur Anwendung kam. Im letzten Viertel des Jahrhunderts gingen dann die Großmächte dazu über, einzelne Provinzen des Osmanischen Reiches zu besetzen und in Kolonien zu verwandeln: Großbritannien versuchte, nicht nur Ägypten, sondern auch Syrien und Mesopotamien unter seine Kontrolle zu bringen; Frankreich warf ein Auge auf Nordafrika und Libanon; Italien begehrte Tripolis und Albanien; Rußland spekulierte auf Armenien und Kurdistan, um der Golf-Region nahe zu sein.

Nur Deutschland, eine „verspätete Großmacht", schien anfänglich keine unmittelbaren Interessen im Orient zu verfolgen. Aber zu Beginn des 20. Jahrhunderts gelangte man auch hier zu der Ansicht, daß der Türke – wie es in einem diplomatischen Bericht heißt – „infolge seiner Indolenz und Mangel jedweder Organisationsgabe bei einem ... freien Wettbewerb mit keinem anderen Volk den Kampf aufnehmen" könne „und seine Niederlage ... durch die geringe Fruchtbarkeit seiner Rasse

... beschleunigt werden" würde.[62] Das Osmanische Reich erschien geradezu prädestiniert dafür, eine Beute des Imperialismus zu werden, weshalb es kaum wundert, daß angesehene Publizisten wie der Liberale Friedrich Naumann unbekümmert schreiben konnten: „Selbst wenn wir Konstantinopel nicht für uns brauchen können, wollen wir an der Konkursmasse des osmanischen Reiches beteiligt sein."[63] Wortführer deutscher Kolonialinteressen sahen nur noch in der starken „Einwanderung muhammedanischer Flüchtlinge aus Rumelien" sowie in der „Ausbreitungstendenz der schon ansässigen Türken ... für eine deutsche Kolonisation eine bedenkliche Konkurrenz". Aber es sei „noch Platz genug da in Anatolien wie in Vorderasien überhaupt", und es würde „für uns Deutsche nur darauf ankommen, so schnell wie irgend möglich den schon lange schlummernden Kolonisationsgedanken endlich in Wirklichkeit umzusetzen, ehe auch die herrlichen, zur Besiedelung einladenden Strecken in der Nähe der anatolischen Bahn von den ... Türken besetzt worden sind".[64]

Gewiß waren die Kolonialisten, die die deutsche Auswanderung statt nach Südwestafrika nach Kleinasien zu lenken suchten, eine kleine Minderheit, und die Unternehmer der wilhelminischen Ära erwiesen sich überwiegend als nüchtern denkende Geschäftsleute mit einem Sinn für das real Machbare; nicht einmal für die Bagdadbahn waren sie leicht zu begeistern gewesen. Das Ziel einer Kolonisation Kleinasiens wurde also nicht konsequent verfolgt.[65]

Nationalismus der Jungtürken

Die Jungtürkenrevolution von 1908, die für die Zeitgenossen unerwartet kam, setzte solchen Plänen ohnehin vorerst ein Ende. Nach einer kurzen Phase euphorischer Völkerverbrüderung, besonders in den makedonischen Provinzen des Reiches kam es aber gerade nach 1908 zur Entfesselung nationaler Leidenschaften, die im Balkankrieg von 1912/13 ihren Höhepunkt erreichten. Unter dem Eindruck der militärischen Niederlage, die nach vielen Beobachtern dem Mangel an nationaler Motivation der Muslime und dem „Verrat" nichtmuslimischer Soldaten in der osmanischen Armee zugeschrieben wurde,[66] entschlossen sich die Jungtürken zu einer ideologischen Wende: Das „Komitee für Einheit und Fortschritt", das sich durch einen Staatsstreich Ende Januar 1913 als alleinregierende Partei etablierte, begann einen zunehmend türkisch-nationalen Kurs zu steuern. Anstelle des bisherigen liberalen Osmanismus – in der Sicht der Turkisten eine kosmopolitische Gesinnung – wurde eine populistisch-korporatistische Umgestaltung von Wirtschaft, Gesellschaft und Politik gefordert. Durch die Abschaffung der verhaßten „Kapitulationen" sollte die privilegierte Stellung der Europäer im Orient beendet und durch die Einsetzung des Türkischen als die obligatorische Verkehrssprache im Geschäftsleben die Heranbildung einer „türkisch-nationalen Bourgeoisie" auf Kosten der wirtschaftlich dominierenden Armenier und Griechen durchgesetzt werden.[67] Bestrebungen um die „Sprach-, Ideen- und Aktionseinheit" der Turkvölker, begleitet von sozialdarwinistischen Vorstellungen, gewannen in diesem Rahmen bald die Oberhand.[68]

Die besondere Konstellation in den internationalen Beziehungen am Vorabend des Ersten Weltkrieges schien die Linie der Jungtürken zu rechtfertigen. Seit dem verlorenen Balkankrieg war ihre Außenpolitik primär von der Notwendigkeit bestimmt, die Integrität des verbliebenen Reichsterritoriums zu sichern. So suchte man im Frühjahr und Sommer 1914 verzweifelt nach einem Ausweg aus der außenpolitischen Isolation. Angestrebt wurde der Anschluß an die Mächtegruppierung Rußland, Großbritannien und Frankreich. Die Ententemächte hatten jedoch kaum verdeckte Expansionsinteressen im Nahen Osten und waren nicht bereit, sich auf die Wahrung der territorialen Integrität des Osmanischen Reiches festlegen zu lassen. Das Zarenreich traf sogar ernstlich Maßnahmen, um die türkischen Meerengen auf dem Wege eines Präventivschlages zu besetzen.[69] Die Westmächte selbst hielten es für „vorteilhafter, die Türken in das Lager unserer Gegner hineinzuziehen, um auf diese Weise mit ihr ein Ende zu machen".[70] Unter diesen Bedingungen gewann der militärische Flügel der Jungtürken, der einem Zusammengehen mit den Mittelmächten schon immer geneigt war, die Oberhand.[71]

Am Ruder eines als marod betrachteten und vielerorts bereits zur Liquidierung vorgesehenen Staates waren die Jungtürken schwerlich in der Lage, eine aktive Kriegszielpolitik zu betreiben. Es waren denn auch ihre deutschen Bündnispartner, die sie zur Instrumentalisierung des Islam durch die Erklärung eines „heiligen Krieges" drängten.[72] Trotzdem verband ein kleiner Kreis um Enver Pascha, dem nun die Führung osmanischer Armeen oblag, gerade mit der Kriegserklärung an Rußland auch einige Hoffnungen hinsichtlich der Realisierung panturkistischer Ziele.[73] Die Enttäuschung war daher groß, als die osmanische Ostarmee Ende 1914 vernichtend geschlagen wurde und, statt der erhofften Befreiung von „Volksgenossen" in Transkaukasien, das eigene Gebiet in Ostanatolien unter russische Besatzung geriet. In dieser kritischen Situation faßte die jungtürkische Führung den Beschluß, fast die gesamte armenische Bevölkerung Anatoliens in unwirtliche Gegenden im Süden zu deportieren – ein Kriegsverbrechen mit katastrophalen Folgen, aus heutiger Sicht ein Völkermord.

Erst die Revolutionen in Rußland im Jahre 1917 eröffneten unerwartet auch für die jungtürkische Politik neue Perspektiven. Trotz des sich abzeichnenden Verlustes der arabischen Provinzen schien eine Umgestaltung des Osmanischen Reiches in pantürkistischem Sinne letztlich doch möglich zu sein. In Brest-Litovsk setzten die Jungtürken nicht nur die Räumung des russisch-besetzten Gebietes in Ostanatolien, sondern auch die Rückgabe der im Friedensschluß mit Rußland im Jahre 1878 verlorenen Provinzen Ardahan, Kars und Batum durch, was einen beträchtlichen Zugewinn an Territorium wie Prestige bedeutete. Mit ihrer Offensive in Richtung Baku im Spätsommer 1918 schienen sie bereit, um der Verwirklichung ihrer Ziele willen sogar das Bündnis mit Deutschland aufs Spiel zu setzen.[74]

Schlußbetrachtung

Das Osmanische Reich überlebte den Ersten Weltkrieg bekanntlich nicht. Die Nachfolge traten junge Nationalstaaten an, darunter die Republik Türkei, eine Schöpfung des spätosmanischen Jungtürkentums. Durchgesetzt hat sich damit letztlich die Idee des modernen Nationalstaats, die auf der Territorialisierung des politischen Bewußtseins beruht. Hierin ist der Hauptfaktor des Niedergangs des multiethnischen Imperiums zu sehen. Die Folgen sind zum Teil als katastrophal zu bewerten: Als besonders verhängnisvoll erwies es sich, daß die neuen Eliten sich stur an der Idee der ethnisch homogenen Nation orientierten, obwohl die jeweilige territoriale Basis bloß historisch, nur unter Mißachtung zeitgenössischer Gegebenheiten, zu legitimieren war. Es sollte sich aber praktisch als unmöglich erweisen, das Territorium des Osmanischen Reiches nach nationalen Gesichtspunkten „gerecht" aufzuteilen. Ob sie nun Bulgaren, Griechen und Serben, wie in Makedonien, waren; Armenier, Griechen, Kurden und Türken, wie in Kleinasien; Araber und Juden, wie in Palästina, oder Albaner und Serben, wie in Kosovo – die Konfliktparteien beanspruchten in der Regel das gesamte Gebiet für sich. Unter diesen Bedingungen war Aufstand, Unterdrückung, Massaker und Vertreibung gleichsam vorprogrammiert.

Diese Schwierigkeit mit dem Erbe der Osmanen wirft jedoch andererseits ein bezeichnendes Licht auf die politische Kultur des alten Imperiums. Das Osmanische Reich hat wohl zuviel „Staat" und zuwenig „Gesellschaft" hervorgebracht, und dies mag an der spezifischen Staatstradition gelegen haben, die die Osmanen selbst geerbt hatten. Eine ständische Ordnung beispielsweise, die vertragsrechtliche Grundlagen kennt, konnte sich südlich der Donau nicht etablieren. In diesem Bereich liegt wohl auch der Hauptunterschied zwischen dem Osmanischen und dem Habsburgischen Reich.[75] Das letztere war bis 1848 ein Konglomerat von Territorien, sei es erbrechtlich erworben, sei es im

Krieg erobert. Manche dieser Territorien, z. B. Ungarn und Böhmen, hatten ihre mittelalterlichen Verfassungssysteme beibehalten dürfen. Die standesnationalen Versammlungen oder Landtage blieben mehr oder weniger intakt bis ins 19. Jahrhundert hinein. Unter osmanischer Herrschaft in Südosteuropa oder im Nahen Osten dagegen würde man vergeblich nach vergleichbaren Formen der politischen Repräsentation suchen; nirgend hatten die Vorgänger der Osmanen, das Oströmische Reich, das arabische Kalifat und die mittelalterlichen Balkanstaaten, solche Institutionen gekannt. Zwar haben die libertären Formen des politischen Lebens die Auflösung auch der Donaumonarchie nicht verhindern können. Doch verdient der angedeutete Zusammenhang zumindest mit Blick auf die Verhältnisse in den Nachfolgestaaten eingehendere Berücksichtigung.[76]

Der Untergang des Japanischen Imperiums

Toru Yuge

Das Ziel dieses Aufsatzes ist es, 50 Jahre japanischer Geschichte bis 1945 zu betrachten und den Prozeß zu analysieren, durch den ein kleines Land aus einer entfernten Ecke Ostasiens zu einer führenden Weltmacht aufstieg – nur um dann wieder rapide niederzugehen. Die Gründe des schnellen Wohlstands, Niedergangs und Falls sollen hier aufgezeigt werden.

Die Meiji-Verfassung Japans

Die Meiji-Regierung wurde 1868 von Samuraiverbänden aus Satsuma und Choshu an die Herrschaft gebracht, die nach der Absetzung des Tokugawa-Shogun den Kaiser, der über keine echte politische Macht mehr verfügt hatte, wieder zum Regierungshaupt machten. Die politische Struktur dieser neuen Regierung wurde zu einem gewissen Grad von der ‚Großjapanischen Kaiserlichen Verfassung' gefestigt. Dieses Dokument war im Geheimen von den Samurai der Satsuma- und Choshuverbände unter der Führung von Hirobumi Ito und Kowashi Inoue aufgesetzt worden, nachdem die revolutionäre bürgerlich-demokratische Bewegung (*jiyuminken-undo*) niedergeschlagen worden war. Das Schriftstück beinhaltete eine imperiale Verfassung, die am 11. Februar 1889 (22. Meiji) von oben, im Namen des Kaisers, ratifiziert wurde.

Das erste und wichtigste Charakteristikum, das die Meiji-Verfassung durchzieht, ist die absolutistische Position des Kaisers und das Gleichgewicht von Parlament und Kabinett. Die Position des Kaisers spiegelt zu solch einem hohen Grad die Merkmale des auf Religion und Mythos begründeten Absolutismus wider, daß man nicht umhin kann, das System kaiserlich-theokratisch zu nennen. Die theologische Legitimierung der europäischen Könige besagte, daß die Könige durch göttliche Gnade herrschten, machte jedoch immer einen Unterschied zwischen Gott und dem König. Im theokratisch-kaiserlichen Japan dagegen wurde der Kaiser als Nachfahre der mythischen Sonnengöttin Amaterasu Omikami verstanden. Diese Vorstellung wird klar in der „Kaiserlichen Proklamation" beschrieben, die der Präambel vorausgeht, und die mit den Worten schließt: „Wir haben das Vorrecht unserer Ahnen, über die Nationen zu regieren, geerbt und geben es weiter an unsere Nachfahren."

In den folgenden Artikeln werden die grundsätzlichen Merkmale so beschrieben:

„Das Große Japanische Reich wird seit ewigen Zeiten von einer ungebrochenen Reihe von Kaisern beherrscht" (Artikel 1). „Der Kaiser ist heilig und unberührbar" (Artikel 2). „Der Kaiser ist der Souverän der Nation, besitzt das Recht der Herrschaft, und übt dieses Recht gemäß den Bestimmungen dieser Verfassung aus" (Artikel 4).

Zu den kaiserlichen Prärogativen gehörte die Genehmigung aller Gesetze (Artikel 6), das Recht, die Nationalversammlung einzuberufen, zu eröffnen, zu schließen, zu suspendieren und aufzulösen (Artikel 7), das Oberkommando über Heer und Marine (Artikel 11), die Organisation der Armee (Artikel 12), das Recht, Krieg zu erklären, Friedenskonferenzen abzuhalten und Friedensverträge zu schließen (Artikel 13), und das Privileg, das Kriegsrecht zu verhängen (Artikel 14). Der Kaiser konnte ohne Zustimmung der Nationalversammlung Edikte herausgeben (Artikel 8) und auch auf andere Weise Befehle erteilen (Artikel 9). Zusätzlich fiel die Initiative zu jeglicher Verfassungsänderung unter die kaiserlichen Vorrechte (Artikel 73).

Ein Merkmal moderner Verfassungen ist eine vom Volk gewählte Nationalversammlung, welche die Rechte des Souveräns einschränkt. In der Meiji-Verfassung war dies jedoch nur denkbar schwach ausgebildet. Obwohl durch die Bewegung für Freiheit und individuelle Rechte der Versuch unternommen wurde, die persönlichen Freiheiten und Rechte des japanischen Bürgers zu sichern, war die Meiji-Verfassung in ihren Grundzügen doch so ausgerichtet, daß sie das Volk schlicht als Untertanen behandelte. Wie die nachfolgenden Kaiser bezeichnete die Verfassung die Untertanen als „wertgeschätztes Eigentum" (*omitakara*); vom Volk wurde erwartet, daß es dem Kaiser so gehorchte, wie es dem in diesen Worten beschriebenen Verhältnis entsprach. Die Präambel definierte das Verhältnis zwischen Kaiser und Volk mit folgenden Worten: „Wir tun kund, daß wir die Rechte und den Besitz unserer Untertanen respektieren und beschützen, und garantieren diese Rechte im Rahmen der Verfassung und der Gesetze."

Auf dieser Beziehung fußend, umreißt das zweite Kapitel, das sich mit den „Rechten und Pflichten der Untertanen" befaßt, die Verpflichtung zum Militärdienst und den Steuerabgaben (Artikel 20, 21), Rechten wie dem der Amtsbestellung (Artikel 19), der Freizügigkeit (Artikel 22), auf Anhörung vor Gericht (Artikel 23, 24), auf Unverletzlichkeit der Wohnstatt (Artikel 25), auf Briefgeheimnis (Artikel 26), auf Unverletzlichkeit des Eigentums (Artikel 27), auf Religionsfreiheit (Artikel 28), auf Rede-, Publikations- und Versammlungsfreiheit (Artikel 29), und auf Berufswahl (Artikel 30). Zwar vergab man diese Rechte als Benefizien, versah sie aber mit der Einschränkung „im Rahmen des Gesetzes" (während diese Phrase nur in wenigen Artikeln, wie etwa Artikel 22 und 29 auftaucht, wurde durch die Präambel doch klargestellt, daß dieselbe Einschränkung für alle Artikel der Verfassung galt). In Krisenzeiten, wie zum Beispiel im Krieg, konnten die Rechte wegen der „kaiserlichen Prärogative" nicht in Anspruch genommen werden (Artikel 31).

Das Ergebnis war, daß die Nationalversammlung, die sich aus von den „Untertanen" gewählten Mitgliedern konstituierte, sich außerstande fand, die kaiserliche Macht irgendwie zu limitieren. Der Aufbau des Repräsentantenhauses wurde am selben Tag, an dem die Verfassung verkündet wurde, durch ein von der Obrigkeit bestimmtes Wahlgesetz in die Wege geleitet. In den Wahlen für dieses Haus, dessen Mitglieder ja theoretisch vom Volk bestimmt werden sollten, wurde das Wahlrecht nur Männern im Alter von mindestens 25 Jahren zugestanden, die ein direktes nationales Steueraufkommen von nicht weniger als 15 Yen hatten; das passive Wahlrecht wurde ebenfalls nur Männern dieser Steuerklasse zugestanden, die jedoch 30 Jahre oder älter sein mußten. Zusätzlich blieben die Inseln Hokkaido, Okinawa und die Ogasawara-Gruppe zunächst ganz von den Wahlen ausgeschlossen, so daß die Wählerschaft nur 1,1 Prozent der Gesamtbevölkerung ausmachte. Neben dem Repräsentantenhaus gab es noch ein Oberhaus, das keine direkte Verbindung zum Volk hatte. Das Oberhaus bestand aus Mitgliedern der kaiserlichen Familie, der Nobilität, aus vom Kaiser ernannten anderen Männern, die sich durch ihren hervorragenden Dienst bewährt oder durch Gelehrsamkeit oder Erfahrung hervorgetan hatten, und aus Ausgewählten der höchsten Steuerklasse. Im Gegensatz zum Repräsentantenhaus hatte das Oberhaus also die Aufgabe, die kaiserliche Herrschaft zu stützen und zu erhalten.

Eine Merkwürdigkeit der Meiji-Verfassung war, daß sie zwar Bestimmungen über die Kaiserwürde, die Untertanen und die Nationalversammlung enthielt (ganze 54 von 76 Artikeln!), aber keinerlei Regelungen für das Kabinett vorsah. Statt dessen gab es lediglich den Satz, daß jeder Staatminister die Aufgabe habe, dem Kaiser mit Rat zur Seite zu stehen (Artikel 55). Zum Kabinett oder dem Premierminister gab es keinerlei Regelung – nur zur kaiserlichen Gewalt und der Nationalversammlung, deren Macht genau so beschränkt war wie die der Untertanen. Zwar gab es eine nominelle Trennung zwischen Legislative, Exekutive und Judikative, doch unterstanden sie alle der kaiserlichen Gewalt. Immerhin wurde festgesetzt, daß die formale Legislative von der Nationalversammlung augeübt (Artikel 5), die Verwaltung und Exekutive von den Ministern unterstützt, und die Judikative den

Gerichten überlassen werden sollte („Judikative Funktionen sollen von den Gerichtshöfen im Namen des Kaisers ausgeübt werden", Artikel 57).

Das erste Kabinett war am 22. Dezember 1885 von Hirobumi Ito (einem Choshu-Samurai) gebildet worden – drei Jahre vor der Ratifizierung der Verfassung – und zwar nach dem Kabinettsystem, welches das alte *Dajokan*-System ablöste. Das Kabinett, das zur Zeit der ersten Nationalversammlung, die am 25. November 1890 eröffnet wurde, von Aritomo Yamagata geführt wurde, war nicht von der Versammlung bestimmt worden und stand auch in keiner Beziehung zu einer politischen Partei.

Während der ersten Abgeordnetenversammlung kam es zu ernsten Konflikten zwischen dem Kabinett und den Volksvertretern, da die meisten der Parlamentarier aus Bürgerrechtsbewegungen wie zum Beispiel der *Rikken Jiyuto* (der liberalen Partei) und der *Rikken Kaishinto* (der Reformpartei) kamen. Zu dieser Zeit nannte man diese Parteien zusammengefaßt die *minto* – die Volksparteien. Im Besonderen kam es zu Haushaltsstreitigkeiten, und das erste Budget konnte nach dem Auszug von 30 Mitgliedern der liberalen *Tosa*-Fraktion nur knapp verabschiedet werden. Als die Parlamentarier in der zweiten Abgeordnetenversammlung (1891) eine zehnprozentige Kürzung der vom Kabinett unter Masayoshi Matsukata (einem Satsuma) vorgeschlagenen Verteidigungsausgaben beschlossen, löste Matsukata die Versammlung durch kaiserliches Veto unter Berufung auf Artikel 7 der Verfassung auf. In der folgenden zweiten Wahl intervenierte die Obrigkeit in wohl beispielloser Größenordnung und sorgte dafür, daß die Zahl der Mitglieder mit Regierungsverbindungen und -sympathien drastisch wuchs. Diese Wahlbeeinflussung geschah ganz im Einvernehmen mit den Wünschen des Kaisers Meiji. Trotzdem waren die Volksparteien noch sehr stark, und die Winkelzüge Matsukatas blieben erfolglos. Nach der Versammlungssitzung am 30. Juli 1892 brach sein Kabinett auseinander.

Erst als Shigenobu Okuma (Saga) die Leitung des Kabinetts übernahm – das übrigens Japans erstes parteipolitisch besetztes Kabinett war; organisiert von der *Kenseito,* der Verfassungspartei, die aus einer Verbindung der Liberalen und der Progressiven Partei hervorgegangen war – gab es subtile Hinweise auf Veränderungen im Verhältnis von Kabinett und Nationalversammlung. Das Okuma-Kabinett hielt sich jedoch nur fünf Monate, dann zerbrach es ebenfalls. Das nächste Kabinett, das man parteigeführt nennen könnte, war das vierte Ito-Kabinett (19. Oktober 1900), das von der *Rikken Seiyukai* (Freunde der verfassungstreuen Regierung) gebildet wurde, einer der großen Parteien, die das Herz der von Hirobumi Ito geführten Verfassungspartei ausmachten. Es war jedoch kein Geheimnis, daß der Kaiser uneingeschränkte Kontrolle über das Kabinett hatte und man es kaum als von der Versammlung gebildet bezeichnen konnte: Ito hatte zweimal „Freundschaftsgeschenke" von Kaiser Meiji entgegengenommen – 30000 Yen zur Zeit der Gründung der Partei (heute etwa 450 Millionen Yen), und noch einmal 200000 Yen, als das Kabinett gebildet wurde (umgerechnet etwa 3 Milliarden moderne Yen).

Daß die Meiji-Verfassung keine Paragraphen zur Regelung des Kabinettswesen hatte, bedeutete letztendlich, daß die gesamte politische Macht in den Händen des Kaisers lag. Um die Hilfe der *genkun* (distinguierte Staatsmänner der Meiji-Zeit) Toshimichi Okubo und Takayoshi Kido weiterhin in Anspruch nehmen zu können, erließ Kaiser Meiji 1889 ein Edikt an die beiden, das „bevorzugte Behandlung" verdienter Staatsdiener verlangte. Dasselbe Edikt betraf auch Hirobumi Ito und Kiyotaka Kuroda (Satsuma). Zusätzlich wurden weitere Politiker als *genro* (Ältere Staatsmänner) bestellt, die den Kaiser bei den meisten wichtigen Entscheidungen berieten, wie zum Beispiel bei der Auswahl eines Premierministers. Es ist bemerkenswert, daß alle diese Kaiservertrauten entweder der Fraktion aus Satsuma oder der aus Choshu angehörten, mit der einen Ausnahme von Kinmochi Saionji, einem Vertreter der Nobilität. Unter der Meiji-Verfassung besaß der Kaiser mit Hilfe seiner Minister nicht nur die Souveränität, sondern hatte auch das Oberkommando über Heer und Marine. Das bedeutete, daß das Kabinett in militärischen Angelegenheiten nicht intervenieren konnte. In militärischen Fragen standen dem Kaiser statt dessen die Generalstabschefs der Land- und Seestreitkräfte zur Seite.

Die Öffnung Japans in der Meiji-Zeit und die Herausbildung einer nationalen Ideologie

Die Verabschiedung der Meiji-Verfassung war eng mit der internationalen Situation in Ostasien verknüpft. Seit Mitte des 19. Jahrhunderts hatten die großen Mächte des Westens Einfluß auf diesen Weltteil gewonnen und dehnten sich auch weiterhin durch den Erwerb immer neuer Kolonien und Handelsrechte aus.

Zu Ende einer jahrzehntelangen Invasions- und Kolonisationsserie, in der sich die westlichen Mächte, angeführt von Großbritannien und Frankreich, in zahlreichen vorher von China beherrschten Gebieten festsetzten, erreichte die Bewegung 1853 mit der Expedition des amerikanischen Commodore Matthew C. Perry schließlich auch Japan. Auf Perrys Forderungen reagierend, entschied das Tokugawa-Shogunat, das Land zu öffnen und schloß 1858 Freundschafts- und Handelsverträge mit den Niederlanden, Rußland, Großbritannien, den USA und Frankreich. Da diese *Ansei*-Verträge jedoch zu Japans Nachteil verfaßt waren, indem sie Konsulargerichtshöfe vorschrieben und Japans Zollhoheit beschnitten (japanische Zölle durften höchstens fünf Prozent betragen), war das Ziel der japanischen Außenpolitik zunächst die Revision dieser „Ungleichen Verträge".

Die Meiji-Regierung begann nun eine Kampagne, die sich auf den Glaubenssatz gründete, Japan müsse sich verwestlichen, um als zivilisiert anerkannt zu werden. Diese Kampagne zielte auf eine Reform von Japans Kultur- und Gesellschaftssystem und strebte als Mittel zur Revision der Verträge ein Rechtssystem nach westlichen Vorbildern an. Die Meiji-Verfassung sollte ein Parlamentssystem einführen und gleichzeitig das absolutistische Kaiserhaus weiterhin stützen.

Von den letzten Tagen des Tokugawa-Shogunats bis zum Ende der zwanziger Jahre herrschte in Japan die nationale Obsession, mit dem Westen gleichziehen und ihn überholen zu müssen. Der Hauptimpetus dafür war das Verlangen nach einer Revision der „Ungleichen Verträge". In dieser Zeit investierte man auch viel Mühe darein, ein nationalbewußtes „Volk des japanischen Kaiserreiches" zu schaffen; und erst der Erfolg dieses Unternehmens ermöglichte das japanische Imperium. Gleichzeitig entstanden jedoch Verzerrungen in den Vorstellungen von der Natur des japanischen Reiches, und die machten den späteren Fall des Reiches bereits zu diesem Zeitpunkt unausweichlich.

Werfen wir zunächst einen Blick auf Yukichi Fukuzawa, der in der Entstehung der Reichsidee die größte Rolle gespielt hat. Fukuzawas Denken fußte auf der Theorie der sozialen Evolution. In seinem 1875 erschienenen Band „Zivilisationstheorie, ein Umriß" beschrieb er, häufig Guillaume Guizot zitierend, eine Stufentheorie der Zivilisationsentwicklung. Seine Folgerung lautete: „Wer den Zivilisationsstand einer Nation vorantreiben möchte, muß sich für eine Richtung entscheiden, indem er die europäische Zivilisation als Standard nimmt und dann auf dieser Basis überlegt, was weiter geschehen soll."

Dies setzte voraus, daß das Ziel der japanischen Entwicklung grundsätzlich die westliche Zivilisation war. Bei Fukuzawa findet sich ein weiterer Glaubenssatz, nämlich die bewußte Geringschätzung der Koreaner, Chinesen und der anderen asiatischen Völker. Im Jahr 1885 schrieb er:

„Wer außer dem japanischen Volk könnte den Kern der Zivilisation östlicher Länder bilden und an deren Spitze mit den Westmächten verhandeln? Wir müssen zu der Erkenntnis kommen, daß es Japans Verpflichtung ist, Ostasien zu beschützen. Auch wenn manche meinen, es reiche, unsere ganze Kraft auf Japans Unabhängigkeit zu richten. Tatsächlich ist solch eine Argumentation jedoch ganz und gar unwahr ... Der Einmarsch der westlichen Armeen in asiatische Länder gleicht einem sich ausbreitenden Brand. Die östlichen Länder jedoch – besonders Japans Nachbarn wie Korea und China – sind dumm und schwerfällig; sie können das Fortschreiten der westlichen Nationen nicht hemmen. Es ist wie mit einem klapprigen Holzhaus, das sich ohne weiteres von den Flammen verschlingen läßt. Wir müssen erkennen, daß japanische Militärhilfe für China und Korea gegen die Westmächte nicht nur diesen Ländern nützt, sondern vor allem unserer eigenen Nation. Wir müssen China und Korea mit Hilfe des japanischen Militärs schützen, sie auf den Pfad der Zivilisation geleiten und sie möglichst schnell auf den Stand der kürzlich zivilisierten Länder, wie Japan, bringen. Wir müssen sie zwingen, sich in Richtung Fortschritt zu bewegen, und, wenn es sich nicht vermeiden läßt, mit militärischer Macht drohen. Gegenseitige Hilfestellung wäre ein angemessenes Mittel bei Nationen von gleicher Machtfülle und Zivilisationsstufe, aber es gibt kaum etwas Närrischeres, als gegenseitige Hilfe vom heutigen China und Korea zu erwarten. Ohne Japans Hilfe erwachen China und Korea nicht. Wenn sie deswegen unter westliche Herrschaft geraten, was wäre das Resultat? ... Im schlimmsten Fall würde auch die Unabhängigkeit Japans zweifelhaft. Dementsprechend geht es bei der Erweiterung der Rüstung, die ich in dieser Studie für die Stärkung der nationalen Streitmacht fordere, nicht nur um Japan allein. Es gilt, angesichts der Tatsache, daß die Rüstungen nicht nur der Verteidigung Japans, sondern auch anderer östlicher Länder dienen, einen großen Maßstab anzulegen, welcher der Größe des Ziels gerecht wird." 1882 erklärte er: „Obwohl es die Wahrheit ist, daß wir Japaner auf den Frieden hoffen, können wir mit der Servilität nicht so weit gehen, dem Feind (China) auszuweichen, ohne die Souveränität der eigenen Nation zu beschädigen. Anstatt vor der ganzen Welt das Gesicht zu verlieren und Chinas Arroganz Nahrung zu geben, sollten wir gemäß dem Wunsch Chinas den Krieg beginnen und den alten, faulen Stamm des Ostens mit einem einzigen Schlag entwurzeln."

Dieser Gedankengang führte 1885 schließlich zu dem *Datsua-ron*-Standpunkt („Los von Asien"): „Um nicht von den Westlern verachtet zu werden, weil wir mit den Ländern des Ostens Freundschaft halten, ist es besser für uns, die Gruppe der östlichen Länder zu verlassen und uns ebenso zu verhalten wie die zivilisierten Länder des Westens." Mit diesen Gedanken erreichte Fukuzawa schließlich sogar den Punkt, an dem er forderte, Japan solle Asien gänzlich verlassen: „Diejenigen, welche mit üblen Freunden umgehen, können dem schlechten Ruf, der eben diesen Freunden anhaftet, selbst nicht entgehen. Ich bin ein Mann, der glaubt, daß wir den Umgang mit üblen Freunden in Ostasien ablehnen sollten."

Man kann sich leicht den Einfluß vorstellen, den diese von Fukuzawa vorgetragenen Gedanken hatten. Schließlich hatte er in den letzten Tagen des Tokugawa-Shogunats eine Schule gegründet, die sich rasch zur Keio-Universität auswuchs. Er war im wesentlichen ein aufgeklärter Denker und ein anerkannter Führer der intellektuellen Emanzipation der neuen Meiji-Zeit. Er vertrat eine Politik der Aggression gegen Asien und nahm die folgende Expansion des japanischen Imperiums vorweg.

Die Geringschätzung Asiens war keine Erfindung Fukuzawas. Ein Gefühl der Verachtung für Korea hatte sich schon früher unter konfuzianischen Gelehrten breitgemacht, die das alte Japan, seine Denkweise und Kultur seit der mittleren Edo-Zeit studierten. Unter ihnen wuchs das Gefühl, daß Japan seinen Prestigeverlust seit der erzwungenen Öffnung durch den Westen durch die Eroberung Koreas ausgleichen sollte. Diesem Gedanken wurde noch Vorschub geleistet, als Korea das offizielle Anerkennungsgesuch der Meiji-Regierung zurückwies, was von vielen als Beleidigung empfunden wurde. Ihrerseits hatten die Koreaner sich während der langen Zeit des Tokugawa-Shogunats nicht bedrückt gefühlt, da beide Länder die soziale Ideologie des Neo-Konfuzianismus teilten. Diplomatische Beziehungen zu der Meiji-Regierung lehnte Korea nun aber ab, da das neue Regime alte japanische Denkweisen zu seiner ideologischen Grundlage machen wollte – zum Beispiel behandelte es die *Kojiki* (Aufzeichnungen antiker Taten) und die *Nihon Shoki* (eine Chronik Japans) als historische Texte. Korea sah in ihr eine revolutionäre Regierung, die unter Berufung auf die Tatsache, daß ein Teil des südlichen Koreas (Mimana) vor langer Zeit japanisches Territorium gewesen war, ihre Geringschätzung des Nachbarn legitimieren wollte. Zwar wurden keine sofortigen militärischen Schritte zur Eroberung Koreas unternommen, aber der Haß auf den Nachbarn wuchs im öffentlichen Bewußtsein ständig weiter. Dies führte 1875 schließlich zur Aussendung einer japanischen Fregatte, die den Kanghwa-Do-Zwischenfall provozierte, durch den Korea 1876 gezwungen werden konnte, die ungleichen „Japanisch-Koreanischen Freundschaftsartikel", auch Vertrag von Kangwha genannt, zu unterzeichnen.

Sowohl die von Fukuzawa propagierte Loslösung von Asien und Annäherung an Europa als auch die generelle Verachtung asiatischer Nachbarn, wie zum Beispiel Korea, hatten seit dem Ende des Tokugawa-Shogunats einen Aufschwung erlebt. Beide Haltungen waren nicht nur von einigen Intellektuellen und der herrschenden Klasse übernommen worden, sondern beinahe so etwas wie eine nationale Ideologie geworden. Die größte Rolle in Verbindung mit diesen Vorstellungen spielte die enthusiastisch betriebene Bildungsreform der Meiji-Regierung. Obwohl der Erziehung auch in der letzten Phase des Tokugawa-Shogunats viel Aufmerksamkeit gewidmet worden war, hatte der

Anspruch sich doch auf eine traditionell konfuzianische Erziehung für Beamte beschränkt. 1872 zielte dagegen Japans erstes „Erziehungssystem" auf die Abschaffung der feudalistischen Ausbildung und die Begründung eines modernen nationalen Schulsystems. Gemäß den *Osedasaresho,* den Instruktionen für das Schulsystem, war das Grundprinzip die Erziehung zum Individualismus sowie praktische Studien. Wie das Dokument beschwor, war es das Ziel, „zu sichern, daß es keinem Haushalt an Bildung mangeln wird". Dieser Grundsatz fußte auf dem Prinzip von der erzieherischen Gleichheit der vier traditionellen Kasten (Krieger, Bauern, Handwerker und Kaufleute) der Feudalzeit. Der Haupttext der „Erziehungssystems"-Spezifikationen beinhaltete das Folgende:

„Die Art, in der Menschen unabhängig werden, ein wirtschaftliches Leben aufbauen, ihre Familiengeschäfte zum Besten führen und ihr Lebensziel erreichen, gründet sich auf nichts anderes als das Erlernen der Selbstdisziplin und Studien, die akademische oder sonstige Fertigkeiten entwickeln. Um Selbstdisziplin zu erlernen und akademische Fähigkeiten und anderes Können zu erwerben, muß man verschiedene Instruktionen meistern. Bildung ist daher wie ein Kapital, durch das der Einzelne in der Welt aufsteigt, und es ist für niemanden angebracht, sich der Erziehung zu verweigern."

Für Erfolg im Leben wurde Bildung als unentbehrlich angesehen. Dieser individualistische und praktisch orientierte Utilitarismus entwickelte sich als Reaktion auf die wachsenden sozialen Aspirationen der Japaner zu Beginn der Meiji-Ära und verstärkte noch die Bemühungen, den Slogans „Reiches Land, Starke Armee" und „Hinaus aus Asien, zum Westen hin" zu folgen.

Dieses utilitaristische Bildungsziel wurde zudem schnell vom Meiji-Nationalismus übernommen. 1886 wurde die „Kaiserliche Universitätsverordnung" (Kaiserlicher Befehl Nr. 3) verabschiedet, welche die Ziele der Universitätsausbildung festlegte. Artikel 1 des Gesetzes besagte folgendes: „... die kaiserliche Universität soll die Lehre der Künste und Wissenschaften in Reaktion auf den Bedarf der Nation als ihr Ziel bestimmen und diese Künste und Wissenschaften gründlich studieren." Dieser nationalistische Utilitarismus weitete sich durch die Universitätsverordnung von 1918 auf die privaten Universitäten aus und leistete damit der Ideologie Vorschub, daß Erziehung um der Nation Willen geschah – eine Vorstellung, welche die Schritte des imperialen Japan stützte, als es, der Meiji-Verfassung folgend, zum Angriff auf die anderen asiatischen Nationen schritt.

Auswärtige Beziehungen Japans in der Meiji-Ära

Die imperiale Phase in der Geschichte Japans umfaßt die 56 Jahre von der Verabschiedung der Meiji-Verfassung 1889 bis 1945, als Kaiser Showa die Potsdamer Deklaration entgegennahm. Diese Zeitspanne war durch Aggresssionen gegen verschiedene asiatische Regionen gekennzeichnet. Ihre Geschichte läßt sich vorläufig in drei Perioden unterteilen. Die erste dauerte bis zum Ende des Ersten Weltkriegs 1918; die zweite erstreckte sich bis zu der Londoner Marine-Abrüstungskonferenz 1930; und die dritte zog sich von 1931 bis 1945 hin. In der ersten Periode konzentrierte sich die japanische Angriffslust auf Korea, schloß aber auch den Chinesisch-Japanischen Krieg von 1894–95 sowie den Russisch-Japanischen Krieg von 1904–1905 ein und führte zur Annexion und Kolonisation Koreas 1910. Es war eine Zeit, in der die Machtverteilung unter den imperialistischen Mächten des Globus durch den Ersten Weltkrieg bedeutend verändert worden war.

Die zweite Periode verlief zeitgleich mit der sogenannten „Taisho-Demokratie", einer Phase, in der die japanische Innenpolitik durch eine Reihe neuer Faktoren verändert wurde, wie zum Beispiel die Bürgerbewegungen in den Städten, die sozialistischen Organisationen und verschiedene Kampagnen zur Erhaltung der verfassungsgemäßen Regierung. Auf internationaler Ebene gab es diverse Friedensbemühungen, wie zum Beispiel die Abrüstungskonferenzen und die Gründung des Völkerbunds. Hinzu kam jedoch ein Konflikt zwischen den demokratischen und pazifistischen Kräften auf der einen Seite und den Forderungen vieler Bürger, die den durch die Rüstungsanstrengungen geschaffenen Wohlstand genossen, nach einem starken Japan auf der anderen. Die dritte Periode umfaßte die 15jährige Kriegszeit, in der Japans fortgesetzte Angriffe in Asien sich schließlich zu einem großangelegten Krieg gegen den Rest der Welt auswuchsen. Sie endete mit Japans bedingungsloser Kapitulation.

Obwohl die erste Periode scheinbar mit dem Chinesisch-Japanischen Krieg begann, ist schon aus der weitverbreiteten Devise „Erobert Korea" deutlich, daß Korea das eigentliche Ziel der japanischen Offensiven war. Koreas Großprinz Taewongun aus der Yi-Dynastie hatte bereits die Oberhoheit Chinas akzeptiert und eine Politik der geschlossenen Türen zur Richtlinie erhoben. Als Reaktion hatte Japan sich den westlichen Mächten angeschlossen, die die Öffnung Koreas forderten. Wie bereits erwähnt, provozierte Japan am 20. September 1875 den Zwischenfall von Kangwha Do, als die Fregatte Unyogo das Fort, das Seoul schützen sollte, bedrängte und dessen Batterien in dem folgenden Scharmützel zerstörte. Dieser Zwischenfall war nur der letzte in einer

Serie von Provokationen und Drohungen japanischer Schiffe vor Koreas Küste. Die Unyogo leistete sich dann bei Yungchong Do einen weiteren Übergriff, wo sie Privathäuser niederbrannte, 35 Koreaner tötete und 38 Kanonen erbeutete. Den Vorfall von Kangwha Do als Vorwand nehmend, diktierte die japanische Regierung Korea dann im nächsten Jahr (1876) bei einer Sitzung des Konsulargerichtshofs die Japanisch-Koreanischen Freundschaftsartikel, welche die japanische Währung in Korea zuließ und Produkte, die nach Japan ein- oder ausgeführt wurden, von Zollgebühren befreite.

In der Folge destabilisierte sich die innenpolitische Situation Koreas, und es kam, neben dem zunehmenden Antagonismus zwischen der pro-japanischen Faktion (der Min-Familie) und der pro-chinesischen Gruppe um Prinz Taewongun, 1882 zu einer Rebellion, die als der *Jingo*-Vorfall bekannt wurde. Schließlich entsandten sowohl China als auch Japan Truppen nach Korea. Von diesem Zeitpunkt an suchte Japan einen Vorwand zum Krieg, um Chinas Einfluß in Korea zu eliminieren. Seit der *Jingo*-Rebellion hatte Japan sein Rüstungsaufkommen auf einen Krieg mit China eingestellt. Um dies psychologisch zu ermöglichen, hatte die Regierung das Gefühl äußerer Bedrohung geschürt; wohl auch, um die Kritik der *jiyu minken*-Faktion an Regierungsmitgliedern einzuschränken. In dieser Phase kam jedoch auch aus der Armee selbst Kritik an der Aufrüstung und den resultierenden Steuererhöhungen, besonders von Tateki Tani. Bei einer Sitzung der Nationalversammlung verlangten die Volkspartien, die eine Mehrheit im Haus besaßen, Kürzungen und opponierten gegen den Plan, weitere Schiffe bauen zu lassen. Diese Spannung zwischen Regierung und Parlament zog sich von der ersten bis zur vierten Versammlung hin. Die Regierung ergriff jedoch Gegenmaßnahmen und benutzte einmal sogar das Kaiserliche Prärogativ, um mit der Rüstung fortfahren zu können. Bis 1894 gelang es, die Streitkräfte beinahe auf das angestrebte Niveau zu bringen.

Am 16. Juli 1894 erfuhr Japans Verlangen nach Vertragsrevision mit den Westmächten eine erste Befriedigung, als nämlich der ungleiche Vertrag mit England revidiert wurde, was viele zu der Annahme verleitete, daß Großbritannien nicht intervenieren würde. Denn damals stand das Vereinigte Königreich in Ostasien Rußland feindlich gegenüber, und von Rußland glaubte man, daß seine militärische Schlagkraft vor der Eröffnung der transsibirischen Eisenbahn zu gering war, als daß es Japan hätte gefährlich werden können.

Japan begann den Krieg gegen China, indem seine Truppen den königlichen Palast in Seoul (Kyungbok-kung) besetzten und Taewongun, den Vater des Königs, zum Kopf einer Marionetten-Regierung machten. Eine der ersten Handlungen dieser Regierung war der Erlaß einer offiziellen Aufforderung an die japanischen Truppen am 23. Juli 1894, die chinesischen Streitkräfte aus Korea auszuweisen. Nur zwei Tage später, am 25. Juli, brach ein Gefecht zwischen japanischen und chinesischen Schiffen vor der Insel Pungdo aus.

In der Schlacht vor Pungdo kam es zu einem Vorfall, der die unmenschlichen Methoden des japanischen Militärs bereits ahnen ließ. Der Kapitän Heihachiro Togo fing ein britisches Handelsschiff ab und befahl, es zu durchsuchen. Wie sich zeigte, waren die Laderäume gefüllt mit chinesischen Soldaten. Als diese sich nicht ergeben wollten, ließ Togo den britischen Kapitän verhaften. Vier Stunden später ließ er das Schiff versenken. Er gab den Befehl, nur die europäischen Offiziere zu retten. Zwar wurden am nächsten Tag 200 Menschen von einem französischen Schiff aufgefischt, die restlichen 1000 Soldaten und die Schiffsbesatzung ertranken jedoch. Daß die Japaner nur die Europäer gerettet und die Chinesen hatten umkommen lassen, wurde schnell zum Gegenstand internationaler Kritik. Der japanische Premierminister Hirobumi Ito und andere Offizielle zeigten sich bestürzt; weniger allerdings, weil sie das unmoralische Handeln ihrer Soldaten beklagten, sondern mehr weil sie einen diplomatischen Fehltritt befürchteten, der den Beziehungen zu Großbritannien schaden könnte.

Die ersten Landschlachten wurden auf der koreanischen Halbinsel ausgetragen und fanden ihren Höhepunkt in dem japanischen Angriff auf die chinesischen Streitkräfte bei Pyongyang. Die Seekämpfe waren hauptsächlich auf das Gelbe Meer beschränkt. In diesem Krieg waren es die Koreaner, die die Zerstörungen und Entbehrungen erdulden mußten, und sie taten ihr Bestes, um der Einberufung in die japanische Armee zu entgehen.

Nach Japans Darstellung war dieser Krieg ein Kampf „um die Unabhängigkeit Koreas". Die kaiserliche Verfügung, in der die Kriegserklärung angekündigt wurde, besagte, daß Korea, obwohl es „ein unabhängiges Land" sei, „das erst vom kaiserlichen Japan aufgeklärt und in die Lage versetzt" worden sei, „sich den Nationen der Welt anzuschließen", von China hingegen als Vasallenstaat betrachtet und behandelt worden sei. Das Edikt fuhr mit der Anmerkung fort, China ignoriere zudem die Position, „zu der das kaiserliche Japan Korea unter den unabhängigen Nationen verhalf", und ebenso den „Vertrag, der diese (Unabhängigkeit) verkündet". Daher sei der Krieg die einzig angemessene Maßnahme, um China in seine Schranken zu weisen.

Am 22. August 1894 zwang Japan seine unglücklichen Nachbarn zur Unterzeichnung des Japanisch-Koreanischen Pakts, der eine militärische Allianz gegen China schuf. Artikel 1 besagte, daß der Pakt „den Rückzug chinesischer Truppen aus Korea" zum Ziel habe, um so

„die Unabhängigkeit Koreas zu festigen und die Wohlfahrt Japans und Koreas zu fördern". Viele Koreaner durchschauten diese fadenscheinige Begründung, nicht jedoch die pro-japanische Regierung. Vielmehr war es das einfache Volk und die lokalen Beamten, die mit dem japanischen Militär nicht kooperierten und ihm sogar Widerstand entgegenzusetzen wagten, indem sie den Befehl ihrer Regierung, mit den Japanern zusammenzuarbeiten, einfach ignorierten. Der *Kabo* Bauernkrieg brach landesweit unter der Führung von Chun Bong-jun erneut aus und wandte sich nun gegen die Japaner anstatt gegen die eigene Regierung. Im Zuge der Okkupation der koreanischen Halbinsel überquerte eine japanische Einheit den Grenzfluß Jalu und betrat so den nordöstlichen Teil Chinas. Ein anderes Bataillon landete währenddessen auf der Halbinsel Liaotung und besetzte Lüshun und Dairen. 1895 wurde auch Weihaiwei auf der Shantung-Halbinsel angegriffen und okkupiert; danach ging es gegen Taiwan.

Während dieser Kampagne kam es auch zu dem schändlichen Zwischenfall von Lüshun. Nach einem Bericht der New York World vom 28. November töteten die japanischen Truppen in den ersten vier Tagen nach der Eroberung 60000 Menschen, darunter Zivilisten, Frauen, Kinder und Säuglinge. Von der gesamten Stadtbevölkerung sollen nur 36 Chinesen entkommen sein. Die Brutalität des japanischen Militärs begann also keineswegs erst mit der Plünderung Nankings 1937. Da die japanische Regierung nicht den Oberbefehl über die Truppen besaß, kam es nie zu einer Untersuchung dieses Massakers, und über die nächsten Jahre veranstalteten die Truppen immer wieder ähnliche Abscheulichkeiten. Allerdings zeitigte der Vorfall noch internationale Reaktionen. So stellten die Vereinigten Staaten ihre Revisionsverhandlungen über die „Ungleichen Verträge" vorerst ein. Erst 1897, nach dem Ende des Krieges, kam es endlich zu den langersehnten Revisionen. 1899 traten die neuen Verträge in Kraft.

Die Friedensverhandlungen zwischen Japan und China wurden 1895 in Shimonoseki abgehalten. Großbritannien und die Vereinigten Staaten vermittelten. Die japanische Öffentlichkeit war voll Unmut über die Ergebnisse, und die Bitterkeit, die manche empfanden, schlug sich in einem Attentat auf den chinesischen Unterhändler Li Hung-chang nieder, der am 24. März von einem japanischen Fanatiker angeschossen wurde. Man forderte einen Vertrag, der vorteilhafter sein sollte als der von der Regierung aufgesetzte. Unter den wachsamen Augen der Großmächte unterzeichnete Japan dann aber einen Vertrag, in dem China sich einverstanden erklärte, (1) offiziell die Unabhängigkeit Koreas anzuerkennen, (2) die Liaotung-Halbinsel, Taiwan und die Pescadoren an Japan abzutreten, (3) 2 Milliarden Tael (300 Millionen Yen) als Reparationen zu zahlen, (4) die Häfen Shashi, Chungking,

Soochow und Hangchow zu öffnen und Japan den Meistbegünstigten-Status einzuräumen.

Nur sechs Tage nach der Unterzeichnung des Vertrags jedoch vereinigten sich Rußland, Deutschland und Frankreich zur sogenannten *Tripel-Allianz* und „empfahlen" Japan, auf die Liaotung-Halbinsel zu verzichten. Trotz des Aufschreis, den dies in der japanischen Öffentlichkeit verursachte, entschloß die Regierung sich, die Halbinsel zurückzugeben und als Ausgleich eine Zahlung von 45 Millionen Yen zu akzeptieren. Jedoch wurde damit in der japanischen Öffentlichkeit der Same zu einer Gesinnung gelegt, die größere Hartnäckigkeit gegen den Westen forderte und weitere Aufrüstung begünstigte, die nun aus den chinesischen Reparationszahlungen finanziert werden konnte. Diese Schritte brachten Japan auf Konfrontationskurs mit den Imperialmächten; und selber blickte es weiterhin voller Verachtung auf seine asiatischen Nachbarn herab.

Nach dem Sino-Japanischen Krieg kam es in Korea zu Auseinandersetzungen zwischen den pro-russischen und pro-japanischen Faktionen. Die Unruhe wurde geschürt durch die von den Intellektuellen geführten Unabhängigkeitsbewegungen und die Bauernrebellionen. Als Folge der *Tripel-Allianz* war Japans Einfluß auf Korea jedoch vorerst geschwächt. Die japanische Autorität sollte durch Eisenbahnbau wiederhergestellt werden. Zu dieser Zeit besaß Rußland die Kontrolle über die ostchinesische Eisenbahn und betrieb außerdem den mandschurischen Abschnitt wie einen Teil seines eigenen Eisenbahnnetzes. Im März 1898 unternahm das Zarenreich einen weiteren Schritt auf seinem Weg, die Mandschurei zu kontrollieren, indem es die Liaotung-Halbinsel (Lüshun, Dairen) pachtete und sich das Recht verleihen ließ, Zweigstrecken der ostchinesischen Eisenbahn zu bauen. Gegen das Unternehmen gab es energische Opposition von Seiten der Vereinigten Staaten und Großbritanniens, die eine Südausdehnung des russischen Einflußbereichs nicht hinnehmen wollten. Inmitten dieser diplomatischen Wirren wurde 1902 die Japanisch-Britische Allianz geschlossen. Damit traten Japan und Rußland in direkte Konkurrenz über die Vorherrschaft und Kolonisation Chinas und Koreas. Japan besaß die Unterstützung Großbritanniens und der Vereinigten Staaten. Rußland dagegen wußte Frankreich auf seiner Seite, und auch Deutschland unterstützte die russische Expansion in den Fernen Osten. Deutschland hatte 1897 Tsingtao an der Bucht von Kiautschou gepachtet. Die Möglichkeit eines Stellvertreterkrieges für die imperialistischen Mächte nahm zu, als die Feindschaft zwischen Japan und Rußland noch gesteigert wurde durch die Frage, ob die europäisch-amerikanischen Truppen, die entsandt worden waren, um den Boxeraufstand in China niederzuwerfen, wieder abgezogen werden sollten. 1904 erklärte Japan schließlich auf den Beschluß des kaiserlichen Rats hin, dem auch die *genro*, die Älteren Staatsmänner, zugestimmt hatten, Rußland den Krieg.

Die Landkämpfe wurden hauptsächlich in der Mandschurei ausgetragen, und gleich zu Anfang siegten die japanischen Truppen bei Lüshun und Mukden über die russische Armee. Im Seekrieg triumphierte Japan über die baltische Flotte in der Schlacht bei Tsushima 1905. Nach etwas über einem Jahr hatte Japan jedoch seine Reserven aufgezehrt, und Rußland wurde von inneren Problemen geschüttelt. Beide Länder suchten somit den Frieden und schlossen mit Hilfe der Vereinigten Staaten den Frieden von Portsmouth. Die Aufteilung der Welt in Kolonien hatte zu Anfang des 20. Jahrhunderts ihren Höhepunkt erfahren und war vor allem von Großbritannien, Frankreich, den Vereinigten Staaten und Deutschland bereits vollzogen, als der Russisch-Japanische Krieg zu seinem Ende kam. Rußland und Japan waren Nachzügler im imperialistischen Rennen und hatten die Völker Chinas und Koreas ihrer Unabhängigkeit berauben müssen, um die Grundlagen zu ihren eigenen Imperien legen zu können.

Der Frieden von Portsmouth entsprach wiederum nicht den Erwartungen des japanischen Volkes; er war unter dem Druck der Vereinigten Staaten zustande gekommen, die die Mandschurei weder unter russischer noch japanischer Kontrolle sehen wollten. Im wesentlichen besagte der Vertrag folgendes: Japan verzichtete auf Reparationen, und Rußland akzeptierte, daß Japan Korea wirtschaftlich dominierte. Beide Nationen gaben ihre Ansprüche auf die Mandschurei auf. Rußland überließ Japan die Pachtrechte des südlichen Teils der Liaotung-Halbinsel, die Eisenbahnstrecke zwischen Changchun und Lüshun (die Südmandschurische Eisenbahn) und die Kohlengruben entlang dieser Strecke. Zusätzlich verzichtete Rußland zu Japans Gunsten auf die Hälfte Sachalins südlich des 50. Breitengrads und auf seine Fischereirechte vor der sibirischen Küste. So wurde Japans Kontrolle über Korea und die südliche Mandschurei gestärkt, und gemeinsam mit dem Besitz Taiwans bildeten diese Gebiete nun die Basis von Japans ostasiatischem Kolonialreich.

Was Korea anging, so hatte Japan seit dem Krieg seine Militärpräsenz in Seoul aufrechterhaten. Nun zwang es die koreanische Regierung zur Unterzeichnung eines „Schutzvertrags" (des Zweiten Japanisch-Koreanischen Vertrags), der ihr die Kontrolle sowohl über die äußeren als auch die inneren Belange entriß. Noch vor dem Friedensvertrag mit Rußland hatte Japan die Vereingten Staaten und Großbritannien bewogen, die japanische Vorherrschaft über Korea anzuerkennen. Im Gegenzug überließ Japan die Philippinen der amerikanischen Hegemonie und versprach dem Vereinigten Königreich Kooperation bei dessen Administration Indiens. Diese Anerkennungsgesten lösten in Korea große Unruhen aus, die zunächst gewaltsam unterdrückt wurden. 1910 annektierte Japan die Halbinsel schließlich und richtete sie als Kolonie ein. Während dieses Prozesses wurde Hirobumi Ito, Japans erster Gouverneur in Korea, im Oktober 1909 vor dem Bahnhof von Harbin von einem patriotischen Koreaner christlicher Konfession erschossen. Gleichzeitig mit der Annexion änderte Japan Koreas Namen wieder in „Chosen" um und setzte einen Generalgouverneur ein, der das Land verwaltete.

Während der Kriege mit China und Rußland wurde die Kolonisation Koreas und der Mandschurei – seit Beginn der Meiji-Restauration ein langfristiges Ziel Japans – nahezu vollendet. In der Mandschurei stationierte Japan eine Armee; angeblich um die Liaotung-Halbinsel und die Gebiete, die an die Eisenbahn grenzten, besser verteidigen zu können. Die in dieser Region stehenden Truppen wurden 1919 unter dem Namen Kwantung-Armee nahezu selbständig und führten in den dreißiger Jahren Japans Angriff auf den Kontinent an.

Mit dem Tode Kaiser Meijis 1912 entstand die sogenannte „Taisho-Demokratie", in der die demokratischen Bewegungen erneut auflebten. Im Vergleich zu den vorhergehenen und nachfolgenden Phasen japanischer Politik besaß in der Taisho-Ära die öffentliche Meinung größeren Einfluß auf das politische Hin-und-Her zwischen den Parteien, die eher demokratische Neigungen hatten (das heißt, die Verfassung bewahren wollten), und den *han*-Faktionen, die eng mit der Armee zusammenarbeiteten.

Als 1914 der Erste Weltkrieg ausbrach, erklärte Japan Deutschland den Krieg. In diesem Konflikt sollte Japan dann seine aggressiven Absichten unter Beweis stellen. Zuerst eroberte Japan im Oktober 1914 die deutschen Gebiete im nördlichen Pazifik und marschierte dann im November in Tsingtau ein. Nach der Oktoberrevolution im November 1917 baten Frankreich und Großbritannien darum, daß sowohl Japan als auch die Vereinigten Staaten im Januar des nächsten Jahres Truppen nach Sibirien entsenden mögen. Obwohl es innerhalb der Armee starke Befürworter dieses Kurses gab, beschloß Japan, der Bitte der Verbündeten nicht nachzukommen, um die Harmonie mit den Vereinigten Staaten nicht zu gefährden, die eine Intervention ablehnten. Trotzdem entsandte das japanische Militär im Januar 1918 zwei Schiffe nach Wladiwostok, angeblich um die Einwohner dort zu schützen. Der Tod eines Bewohners der Stadt genügte dann als Anlaß, um Truppenkontigente zu landen. Es kam zur Sibirischen Intervention. Erst als sich im Mai tschechische Kriegsgefangene erhoben, die mit der Transsibirischen Eisenbahn nach Hause verfrachtet werden sollten, baten die USA Japan um den Einsatz von Truppen, um die Gefangenen zu retten. Japan entsandte auf der Stelle 72000 Soldaten – und damit wesentlich mehr als die 12000 Mann, um die die Allierten gebeten hatten – und intervenierte an verschiedenen Orten östlich des Baikalsees, während die russische Revolution voranschritt.

Zwar war die japanische Öffentlichkeit, die jetzt stark von der Taisho-Demokratie beeinflußt war, mehrheitlich gegen die Entsendung der Soldaten eingestellt, aber die Militärs konnten es sich leisten, die öffentliche Meinung schlicht zu ignorieren. Sie unterstützten die konterrevolutionäre Bewegung und planten, das östliche Sibirien unter japanischen Einfluß zu bringen. Nachdem die Sowjetregierung aber die konterrevolutionäre Armee Anfang 1920 abgewehrt hatte, zogen sich die USA, Großbritannien und Frankreich aus Rußland zurück. Auch das japanische Militär reduzierte sein Truppenaufkommen, leitete aber eine „Sicherheitsokkupation" des nördlichen Sachalin ein. Damit übte es für einen Vorfall Vergeltung, zu dem es im Februar 1920 in Nikolajewsk gekommen war: Japanische Truppen und Zivilisten waren dort wegen einer Waffenstillstandsverletzung von russischen Partisanen getötet worden. Da Japan mit seinem Vorgehen aber keinen Rückhalt in der Weltgemeinschaft finden konnte, zog es im Oktober 1922 unter großem internationalen Druck seine Truppen wieder aus dem Festlandsibirien ab. Die japanische Armee war damit nahezu fünf volle Jahre in Sibirien gewesen und hatte versucht, die Schwierigkeiten der Sowjetregierung zum eigenen Vorteil zu nutzen und Brückenköpfe aufzubauen. Der militärische Rückzug aus Sachalin war dann das Ergebnis der Gespräche über eine Wiederaufnahme der russisch-japanischen Beziehungen seit 1923, doch erst im Mai 1925 war der Abzug abgeschlossen. Wenn man diese Zeit mitrechnet, erstreckte sich Japans Teilnahme an der sibirischen Intervention über acht Kalenderjahre und kostete 1 Milliarde Yen sowie das Leben von 3000 Soldaten. Trotz der immensen Kosten brachte diese Aggression nichts ein als das Mißtrauen der Welt und die Feindschaft des russischen Volkes.

In Japan setzte sich mittlerweile der innenpolitische Kampf zwischen den Anhängern einer konstitutionellen Regierung und den *han*, bzw. den expansionistischen Militärfaktionen fort. Die Demokratiebewegung konnte mit der Ratifizierung eines neuen Wahlgesetzes, das 1925 verabschiedet wurde und allen Männern über 25 Jahren das Wahlrecht gab, einen wichtigen Erfolg verbuchen. Nur zehn Tage zuvor wurde jedoch das sogenannte Friedensbewahrungs-Gesetz verabschiedet, kraft dessen alle Vereine und Bewegungen verboten wurden, die sich gegen das *kokutai*-System (die traditionelle Gesellschaftsordnung), die Monarchie oder das Privateigentum richteten. Damit wurden die Arbeiterbewegung und die sozialistischen und kommunistischen Gruppen im Keim erstickt, die wichtige Säulen der Taisho Demokratie gewesen waren. Das war praktisch das Ende der Demokratiebewegung. Es kam, lange bevor nach außen Frieden und im Inneren eine Demokratisierung oder auch nur die Verankerung grundlegender Menschenrechte erreicht worden waren.

Der kurze Frieden

Vom Chinesisch-Japanischen Krieg bis zum Ende des Ersten Weltkriegs hatte Japan seine Eroberungspolitik fortgesetzt und war wie ein Wirbelsturm über Asien dahingetobt. Nach dem Krieg, der alle Kriege beenden sollte, erlebte es zum ersten Mal eine kurze Periode des Friedens. Als am 10. Januar 1920 auf Initiative des US-Präsidenten Wilson der Völkerbund eröffnet wurde, nahm Japan als Gründungsmitglied teil. Auch an der sich anschließenden Konferenz von Washington, an der auf Vorschlag von Präsident Harding neun Mächte teilnahmen, partizipierte Japan und unterzeichnete 1922 das Neun-Mächte-Abkommen über China, das dem Reich der Mitte seine Souveränität und territoriale Integrität zusicherte. Außerdem trat Japan dem Fünf-Mächte-Pakt zur maritimen Abrüstung bei, in dem das Verhältnis der Schiffstonnagen zwischen Großbritannien, den USA und Japan auf 5:5:3 und die Flugzeugträger-Tonnage zwischen Großbritannien, den USA, Japan, Frankreich und Italien auf 5:5:3:2,2:2,2 festgelegt wurde. Zusätzlich stimmte man der Reduktion der „21 Forderungen", die Japan 1915 an China gerichtet hatte, auf 10 Artikel zu. Unabhängig von diesen Verträgen wurde auch die japanische Truppenstärke vermindert; aus der 300000köpfigen Armee wurden 60000 Soldaten ausgemustert.

1928 wurde unter dem Schutz des oben erwähnten Friedensgesetzes eine Offensive gegen die kommunistische Partei durchgeführt. Für jeden Versuch einer Reform des *kokutai*-Systems wurde die Todesstrafe verhängt. Damit wollte die Regierung verhindern, daß „das Volk sich den Kopf über politische Dinge zerbrach". Zur Zeit von Kaiser Showas Inthronisierung im Herbst 1928 war das Konzept des auf den Kaiser konzentrierten, imperialistischen Staats den meisten Japanern bereits zur zweiten Natur geworden. Um mit der gleichzeitig einsetzenden wirtschaftlichen Depression fertig zu werden, die in Japan als die „Showa-Panik" bekannt wurde, verstärkte sich 1928 die Tendenz hin zu einer aggressiv-imperialistischen Nation, die militärischen Angelegenheiten Priorität einräumte. 1931 wurden erste Schritte in diese Richtung unternommen.

Der 15jährige Krieg

Japans Angriffe auf das asiatische Festland und auf Südostasien zwischen 1931 und 1945 werden manchmal als „der fünfzehnjährige Krieg" bezeichnet, weil sie als Serie von miteinander verknüpften Ereignissen gesehen werden können. Die Phase vom Überraschungsangriff auf Pearl Harbor am 8. Dezember 1941 (japanischer Zeit) bis zur Niederlage wird jedoch auch der „Pazifische Krieg" genannt. Zuweilen heißt die zweite Hälfte des 15jährigen Krieges auch der „Große Ostasien-Krieg", wie es den damaligen japanischen Aspirationen entsprach. Gemäß der zeitgenössischen Propaganda (besonders nach den Behauptungen des damaligen japanischen Außenministers Yosuke Matsuoka) galten die vielen Angriffskriege der Errichtung einer „Gemeinschaftlichen Großostasiatischen Wohlstandssphäre".

Im Verlaufe des 15jährigen Krieges kamen die Prinzipien der autoritären Meiji-Verfassung voll zur Geltung. Offiziere, die auf dem Kontinent oder an anderen fernen Orten stationiert waren, unternahmen militärische Aktionen oft ohne Befehl des Kaisers. Hatten sie Erfolg, so wurden sie vom Oberkommando kaum je gemaßregelt, sondern im Gegenteil oft noch für ihre verwegenen Unternehmungen belohnt.

Am 18. September 1931 sprengten Offiziere der Kwantung Armee, nördlich von Mukden (dem heutigen Shengyang), einen Teil der mandschurischen Eisenbahnlinie. Dies war der erste Teil eines Plans, mit dessen Hilfe die japanische Okkupation der Mandschurei eingeleitet werden sollte. Der Oberkommandierende der Kwantung-Armee, Shigeru Honjo, legte die Sprengung den Chinesen zur Last und befahl die Invasion. Am 21. September überschritten die in Korea stationierten Streitkräfte ohne Befehl des Oberkommandos die mandschurische Grenze. Im folgenden Jahr (1932) errichtete Japan den Marionettenstaat Mandschukuo und setzte den letzten Ch'ing Kaiser, Pu-yi, als nominelles Staatsoberhaupt ein. 1935 weigerte sich die Generalversammlung des Völkerbundes jedoch, Japans Vorgehen als Selbstverteidigung hinzunehmen, und die Empfehlung der Lytton-Kommission, die Anerkennung des neugeschaffenen Mandschukuo zunächst nicht zu erteilen, wurde angenommen. Es gab nur eine Gegenstimme (Japan) und eine Enthaltung (Siam). Japans Vertreter Yosuke Matsuoka, der erklärt hatte, daß Mongolei und Mandschurei für Japan lebenswichtig seien, verließ die Versammlung unter Protest, und am 27. März trat Japan offiziell aus dem Völkerbund aus. Damit entledigte Japan sich jeglicher Rücksicht auf die Weltöffentlichkeit. Es verstärkte seine Operationen in Nordchina und festigte seine Kontrolle über die Region.

Zu Hause wurde die Unterdrückung des Liberalismus – vom Sozialismus ganz zu schweigen – verschärft, und nach und nach wurde es unmöglich, Meinungen zu äußern, in denen antimilitaristische oder gar pazifistische Untertöne mitschwangen. Am 15. Mai 1933 wurde der von der *minto*-Partei unterstützte Premierminister Tsuyoshi Inukai in seinem Haus von Marineoffizieren erschossen. 1935 wurde Tatsukichi Minobe, ein Akademiker, der die Verfassungstheorie vom Kaiser als „Organ" der Regierung vertreten hatte, von rechtsgerichteten Parlamentariern angegriffen und gezwungen, seine Migliedschaft im Oberhaus aufzugeben. Als am 26. Februar 1936 dann auch noch eine Gruppe Militärs eine kurzlebige Revolte anzettelte und solche Leute wie den Finanzminister Korekiyo Takahashi, den Hüter des Geheimen Siegels Makoto Saito und den Generalinspekteur für Militärerziehung Jotaro Watanabe töteten, zeigten alle innenpolitischen Indikatoren wieder in Richtung kontinentaler Expansion. Damit war genau das eingetroffen, was sich die japanischen Militärs auf dem asiatischen Festland erhofft hatten.

Am 7. Juli 1937 begann in der Gegend der Marco-Polo Brücke, etwa 15 Kilometer südwestlich von Peking, endgültig der militärische Konflikt zwischen japanischen und chinesischen Soldaten. Trotz eines geplanten Waffenstillstands griff Japan an, bevor das Abkommen in Kraft trat. Am 13. Dezember besetzten japanische Truppen Nanking und begannen ein entsetzliches Massaker unter der Zivilbevölkerung. 300000 Zivilisten wurden ermordet, zahllose Frauen vergewaltigt. Vom 11. bis zum 31. Juli 1938 griffen japanische Truppen ohne Befehl des Oberkommandos die sowjetische Armee in Zhanggofeng an, erlebten aber eine vernichtende Niederlage. Zwischen Mai und August 1939 wurde die Kwantung-Armee bei Nomanhan, in der Nähe der Grenze zwischen der Mandschurei und der Äußeren Mongolei, ein weiteres Mal von sowjetischen Truppen geschlagen und entging nur knapp dem Untergang.

Japan hatte bereits ein Kontingent von 700000 Soldaten ins Innere Chinas gesandt und dort am 27. Oktober 1938 Wuhan besetzt (Wuchang, Hangyang und Hankow). Nach diesen Eroberungen wurde Japans „chinesisches Abenteuer", das sich hauptsächlich auf die Okkupation strategischer Punkte und Transportrouten beschränkte, zunehmend schwierig. Als die Vereinigten Staaten ihr Embargo von kriegswichtigen Gütern verschärften, sah Japan sich bald in einer militärischen Sackgasse. Es veränderte nun seine Strategie und versuchte, zunächst nach Süden vorzustoßen, um dort die benötigten Materialien aufzutreiben. Am 23. September 1940 marschierte es daher im nördlichen Französisch-Indochina ein, und am 28. Juli 1941 im südlichen. Obwohl Großbritannien, die Vereinigten Staaten, die Niederlande und andere Länder versuchten, dieser Expansion ins Unbegrenzte durch weitere Verschärfungen in ihren Embargobestimmungen entgegenzutreten, machte das japanische Militär keinerlei Anstalten, in seinen Bestrebungen nachzulassen. Als letzten Ausweg überreichte der amerikanische Außenminister Cordell Hull Japan ein Ultimatum, die sogenannte Hull-Note. In dieser Note verurteilten die USA die japanische Aggressionspolitik der letzten Jahrzehnte aufs Schärfste und verlangten einen vollständigen und bedingungslosen Rückzug japanischer Truppen aus Indochina und China und die Abdankung der Marionettenregierung Wang Ching-wei, die Japan in China installiert hatte.

Bei einem Treffen des obersten Rates im Palast, unter Anwesenheit des Kaisers mit den ranghöchsten Kabinettsmitgliedern und den Häuptern der Generalstäbe von Heer und Marine, wurde das Hull-Ultimatum abgelehnt. Japan beschloß den Krieg mit Amerika. Als Folge dieser Entscheidung begann die japanische Armee am 8. Dezember eine Invasion von Kota Bharu auf der malayischen Halbinsel, die britisches Territorium war; gleichzeitig führten Flugzeuge des Marinefliegerkorps den Überraschungsangriff auf Pearl Harbor aus und zerstörten die amerikanische Pazifikflotte. Erst danach teilte der japanische Botschafter in den Vereinigten Staaten, Nomura, Außenminister Hull die Ablehnung des Ultimatums und gleichzeitig den Abbruch der diplomatischen Beziehungen mit. Die offizielle Kriegserklärung folgte einen halben Tag später. Obwohl Japan angeblich nur bestrebt war, der Kolonisation Asiens durch den Westen Einhalt zu gebieten und die „Gemeinschaftliche Großostasiatische Wohlstandssphäre" zu schaffen, war die japanische Conquista nichts als eine fortgesetzte Serie von Raub und Mord, die weit über ähnliche Begleiterscheinungen der europäischen Kolonialaktivitäten hinausgingen. Ein halbes Jahr nach dem „berauschenden" Sieg von Pearl Harbor wurde das Machtverhältnis im Pazifik durch die Schlacht von Midway am 5. Juni 1942 wieder umgekehrt. Die japanische Marine verlor ihre vier wichtigsten Flugzeugträger zusammen mit allen Flugzeugen und vielen erfahrenen Piloten. Nach der Entscheidung vom 31. Dezember desselben Jahres, sich von Guadalcanal zurückzuziehen, erlebte Japan 1943 und 1944 Niederlage nach Niederlage mit unbeschreiblichen Verlusten, die letzte in dem verzweifelten Kamikaze-Angriff auf die US-Flotte in der Schlacht von Leyte, welche die nahezu totale Vernichtung der einst so mächtigen kombinierten Flotte zum Ergebnis hatte. Schließlich flogen am 24. November 1944 siebzig amerikanische Bomber von den Marianen einen Luftangriff auf Tokio, der Japan jeglicher Illusionen über den bevorstehenden Ausgang des Krieges beraubte.

Bei der Konferenz von Jalta zwischen Roosevelt, Churchill und Stalin im Februar 1945 wurde die Nachkriegspolitik besprochen und ein geheimes Einvernehmen darüber getroffen, zu welchem Zeitpunkt und unter welchen Bedingungen die Sowjetunion in den Krieg gegen Japan eingreifen sollte. Gleichzeitig wurde in Japan erstmals über ein Ende des Krieges nachgedacht. Am 14. Februar berichtete Fumimaro Konoe dem Kaiser über den Ernst der Lage. Er machte deutlich, daß die Niederlage nicht nur unausweichlich war, sondern daß noch schlimmer als die bloße Niederlage ein kommunistischer Aufstand sein würde, der sie begleiten könnte. Entsprechend sollte der Krieg so schnell wie möglich beendet werden, denn es wäre schwierig, das *kokutai*-System (das nationale Gesellschaftssystem) zu verteidigen, wenn es zu einer solchen Revolution käme. Trotz des seit der Schlacht von Midway klaren Übergewichts der USA, war dies das erste Mal, daß Japans Niederlage offen von den Führungskräften diskutiert wurde. Es ist jedoch bedeutsam, daß Konoe nicht so sehr wegen der Opfer, welche die Bevölkerung bringen mußte, besorgt war, sondern mehr über den Erhalt des *kokutai* nachdachte. Der Kaiser jedoch stimmte nicht mit Konoe überein. Im Gegenteil war er der Meinung, daß das *kokutai* durch eine sofortige Kapitulation erst recht gefährdet würde. Darum zitierte er die Generalstabschefs von Heer und Marine und forderte eine diplomatische Lösung. Nachdem der Feind nach Taiwan gelockt worden sei und man dort noch ein paar militärische Gewinne herausgeschlagen habe, könne man am Verhandlungstisch bessere Bedingungen erzielen.

Dieser Entschluß kostete Japan weitere Niederlagen. Am 19. Februar landete die amerikanische Armee auf Iwo Jima. Bis der letzte Widerstand am 22. März gebrochen war, mußten noch 26000 japanische Soldaten sterben. Am 9. und 10. März flogen 334 B-29 Bomber Luftangriffe auf Tokio, töteten 84000 Menschen und verbrannten 230000 Häuser in nur einer Nacht. Nach diesem Auftakt wurden 94 der 206 japanischen Städte eine nach der anderen zu Asche gemacht. Am 1. April landete das amerikanische Militär auf Okinawa. Als die Schlacht um die Insel am 23. Juni endlich zu Ende ging, war die Garnison eliminiert, und 120000 Soldaten und etwa 170000 Zivilisten hatten ihr Leben gelassen.

Der Überraschungsangriff auf Pearl Harbor hatte die britischen und amerikanischen Arbeiten an der Atombombe intensiviert. Im Juni 1942 wurde mit dem sogenannten Manhattan-Projekt begonnen. Am 16. Juli 1945 endete der erste Atombombentest in New Mexico erfolgreich. Am folgenden Tag begann unter Teilnahme Großbritanniens, der USA und der Sowjetunion die Potsdamer Konferenz, und am 26. Juli wurden die Potsdamer Beschlüsse veröffentlicht, die Japans bedingungslose Kapitulation forderten. Am 28. Juli antwortete Premierminister Kantaro Suzuki, Japan werde diese Deklaration ignorieren. Als hätten sie nur auf diese Reaktion gewartet, befahlen die USA nun Atombombenangriffe auf Japan und warfen am 6. August eine Bombe über Hiroshima ab; eine zweite fiel am 9. August auf Nagasaki. Am 8. August erklärte die Sowjetunion Japan den Krieg, und sowjetische Truppen drangen in die Mandschurei vor. Zur Zeit des Bombardements lag die Bevölkerungszahl Hiroshimas bei 350000, Nagasakis bei 250000 bis 260000 Einwohner. Die Zahl der Todesopfer wird mit 140000 für Hiroshima und 70000 für Nagasaki angegeben.

Obwohl die Führung des imperialen Systems bereits seit sieben oder acht Monaten wußte, daß die Niederlage unausweichlich war, wurde noch fast eine Million Menschen für die Aufrechterhaltung des *kokutai*-Systems geopfert. Diese Selbstschutzhaltung der Regierung fand auch noch nach dem Bombardement Hiroshimas und Nagasakis ihre Fortsetzung. In ihrer Antwort auf die Potsdamer Deklaration am 10. August fügte die japanische Regierung eine Bedingung hinzu: Sie akzeptiere den Frieden nur, wenn das kaiserliche Vorrecht, über die Nation zu herrschen, erhalten bleibe, kurz gesagt, unter der Bedingung, daß das *kokutai*-System unverändert weiterbestehen könne. Die drei Siegernationen antworteten: „Vom Zeitpunkt der Kapitulation an wird die Autorität des Kaisers und der japanischen Regierung dem Oberkommandierenden der Alliierten Streitkräfte unterstellt sein, der die nötigen Schritte unternehmen wird, um die Kapitulationsbedingungen auszuführen." Obwohl dies nichts als eine Paraphrase der ursprünglichen Deklaration war, welche die neue japanische Bedingung ignorierte, kapitulierte Japan endlich am 15. August und überließ alles weitere – einschließlich der Behandlung des Kaisers – den alliierten Mächten.

Die Zahl der japanischen Toten, die der 15jährige Krieg forderte, wurde duch die Todesopfer, die das barbarische Vorgehen der japanischen Truppen in derselben Zeit in Asien forderte, um ein vielfaches überschritten. China beklagte 3210000 gefallene Soldaten und Partisanen und mehr als 10 Millionen tote Zivilisten. In Korea starben von den 364186 zum Militärdienst eingezogenen Männern 150000, oder wurden vermißt. 1129812 Zivilisten wurden nach Japan verschleppt. Vietnam schrieb in seine Unabhängigkeitserklärung vom 2. September 1945, daß „mehr als zwei Millionen Landsleute seit Ende des letzten Jahres (1944) bis zum Beginn dieses Jahres (1945) von Quangtri bis nach Bakkubo" getötet wurden. Der indonesische Außenminister Ahmed Subardjo erklärte in einer Rede, daß der Krieg sein Land vier Millionen Leben gekostet habe. Lehrbücher, die in den philippinischen Schulen in Gebrauch sind, fixieren die Zahl der Toten dieses Landes bei 1111938 Menschen; darin enthalten sind die Opfer der Schlachtfelder und der japanischen Gefangenenlager sowie die Zivilisten, die von japanischen Militärs hingemetzelt wurden. In Indien wird die Zahl der Opfer von Hungersnöten, die durch Japans ersten Luftangriff vom

20. Februar 1942 ausgelöst wurden, mit 1,5 Millionen (nach dem Untersuchungsbericht einer Regierungskommission) oder 3,5 Millionen angegeben (nach einer Schätzung des Fachbereichs Anthropologie der Universität von Kalkutta). Was die malayische Halbinsel angeht, so wird dort in Schulbüchern die Zahl von 100000 getöteten Chinesen genannt. Sogar ein japanisches Lehrbuch, genehmigt vom Erziehungsministerium, das die Beschreibung des durch Japan angerichteten Schadens auf ein Minimum zu reduzieren sucht, gibt die Gesamtzahl der asiatischen Opfer mit beinahe 20 Millionen an (Jikkyo Publications). Zusätzlich kam es zu anderen barbarischen Akten der japanischen Armee, zu denen ebenso die medizinischen Versuche gehören, die von dem unter dem Namen „731 Unit“ bekannten Truppenverband an Kriegsgefangenen durchgeführt wurden, wie das von der Regierung betriebene Prostitutionssystem mit „Komfortfrauen“ für Offiziere aus den Kolonien und den besetzten Gebieten.

Gründe für den Aufstieg und Fall des japanischen Reiches

Die Geschichte des Japanischen Reiches umfaßt einen Zeitraum von etwa fünfzig Jahren. Die Umstände, durch die eine so kleine Nation im 19. Jahrhundert zur Großmacht aufsteigen konnte, lassen sich in die vier folgenden Punkte zusammenfassen.

1. Japans Machtzuwachs begann mit der Meiji-Restauration, durch die ein neues Nationalbewußtsein entstand. Es verbreitete sich nicht nur in der Elite und unter den Intellektuellen, sondern ebenso in der breiten Öffentlichkeit. Dadurch entstand ein idealer Nährboden für den Nationalismus.

2. In den letzten Jahren der vorausgegangenen Edo-Zeit war eine der Hauptfragen, ob das Land sich dem Verkehr mit Fremden öffnen sollte. Daraus resultierte unter den Intellektuellen eine neuartige Begeisterung für die europäische Bildung. Dazu zählte die Theorie der Zivilisationsentwicklung, mit der sich die Unterschiede zwischen den Großmächten des Westens und den asiatischen Ländern in den Termini „fortgeschritten“ beziehungsweise „zurückgeblieben“ beschreiben ließen.

3. Da die Restaurationsregierung sich nicht sicher hatte etablieren können, stritten die *han*-Bürokraten sich mit den Bürgerbewegungen um die politische Hegemonie und benutzten, um ihren Ideologien Ausdruck zu geben, politische Slogans wie „Los von Asien, zum Westen hin“ und „Reiches Land, starke Armee“.

4. Die Instabilität der Meiji-Restauration wurde verdrängt, indem man glaubte, die Selbstrechtfertigung könne durch den Erwerb auswärtigen Prestiges erlangt werden, das heißt durch die Eroberung Koreas.

Die folgenden vier Punkte können als Faktoren der Stabilität angeführt werden, die Japan trotz der einigermaßen instabilen inneren Verhältnisse nach der Meiji-Restauration als Nation doch in eine bestimmte Richtung leiteten.

1. In den frühen Phasen nach der Restauration gab es in Japan den Wunsch nach einer modernen Verfassung, und sowohl die Regierung als auch Privatpersonen steckten viel Mühe in Verfassungsstudien der von den Großmächten entwickelten Systeme; in dieser Zeit besuchten auch viele japanische Beobachter Europa. Die Ergebnisse dieser Studien befriedigten die unmittelbaren Bedürfnisse des Landes.

2. Obwohl die Großjapanisch Kaiserliche Verfassung im wesentlichen die Idee der absoluten Monarchie verkörperte und die Demokratie (Bürgerrechte) unterdrückte, schuf sie dennoch einen Scheinparlamentarismus und erzeugte die Illusion, daß das Volk Rechte und Freiheiten „im Rahmen des Gesetzes" besäße. Dadurch wurde es der Regierung möglich, Bewegungen, die gegen die absolute Monarchie opponierten, zu unterdrücken.

3. Indem die Großjapanisch Kaiserliche Verfassung die Autorität der absoluten Monarchie auf eine angeblich göttliche Abstammung gründete und diese so theokratische Formen annahm, erlangte sie einen unsichtbaren, aber mächtigen Einfluß.

4. Da das theokratische System verschiedene Shinto-Sekten und Schreine in ganz Japan in einer hierarchischen Gliederung vereinigte, gleichzeitig aber auch (mit bestimmten Einschränkungen) andere Religionen, so den Buddhismus zuließ, war es sehr schwer, religiösen Widerstand zu mobilisieren.

Warum fiel Japan trotz der Stärke dieser Stabilitätsfaktoren in nur 50 Jahren der Vernichtung anheim? Die Antwort ist einfach: Dieselben Faktoren, welche einst die Stabilität garantiert hatten, kehrten sich schließlich in ihrer Wirkung um.

1. In der Großjapanisch Kaiserlichen Verfassung besteht das Volk aus Untertanen, nicht aus mündigen, selbstverantwortlichen menschlichen Wesen. Es gibt keinerlei Wohlfahrtsbewußtsein. Zu Anfang wie zu Ende des Krieges genoß der Erhalt des Systems Priorität. Daß das Volk unsägliche Leiden zu erdulden hatte, wurde nicht beachtet.

2. Diese abschätzige Sicht auf das eigene Volk beeinflußte den Blick Japans auf die menschliche Spezies, und dem entsprach Japans Geringschätzung der übrigen Asiaten. Diese reagierten, wie zu erwarten war. Die Antipathie gegen Japan ist in den Ländern, in denen geplündert, gemordet und vergewaltigt wurde, auch heute noch überwältigend. Die „Gemeinschaftliche Großasiatische Wohlfahrtssphäre" war nicht einmal ein Luftschloß, denn sie war nie ernsthaft in Betracht gezogen worden. Aus der Geschichte des Römischen Reiches stammt der Satz,

„Wo sie eine Wüste schaffen, nennen sie es ‚Frieden'"(*Ubi solitudinem faciunt, pacem appellant,* Tacitus, *Agricola* 30). Auf der anderen Seite wurden jedoch viele, die nicht von Geburt Römer waren, mit dem römischen Bürgerrecht beschenkt und erhielten als menschliche Wesen gleiche Behandlung. Wegen dieses Verständnisses der *humanitas* sahen die Römer auch ihren Kaiser als normales, menschliches Wesen an.

3. Der große Fehler in der japanischen Beurteilung der Menschheit stammte daher, daß Japan zwar technologisch und wissenschaftlich vieles aus dem Westen übernahm, aber europäischen Konzepten aus solchen Bereichen wie der Psychologie, Ideenlehre, Philosophie und Religion kaum Beachtung schenkte, obwohl gerade diese wesentlich auf unser heutiges Menschenbild wirken.

4. Der bewaffnete Besuch Perrys in der letzten Phase der Tokugawa-Regierung schuf ein Gefühl der Krise. Entsprechend verleitete die Bewegung, sich von Asien zu lösen und sich statt dessen Europa anzuschließen, das Japan der Restaurationszeit dazu, sich kopfüber in die allseitige „Modernisierung" zu stürzen. Da dieses Gefühl des hastigen Aufschießens Wurzeln in der japanischen Volksseele geschlagen hatte, fehlte es an dem Bewußtsein, eine neue Weltordnung durch Diskussion und Kooperation mit anderen Nationen zu errichten. Das führte dazu, daß viele Wendungen vollzogen wurden – und im Innern die angestrebten Ziele mit Hilfe von terroristischen Methoden verwirklicht wurden. Selbst in Übersee vermieden die Offiziere Diskussionen und griffen schnell zu ihren Gewehren.

In Hinblick auf den Vergleich mit anderen Weltreichen möchte ich von einem Urteil, welches besser war, absehen, da ich deren Existenz generell nicht als etwas Positives ansehe.

Der Beitrag mußte aus redaktionellen Gründen etwas gekürzt werden. A. D.

Die Transformation des *British Empire*

Bernard Porter

Das britische *Empire* war das größte der Weltreiche der bisherigen Geschichte, sowohl in Bezug auf seine Bevölkerung, als auch hinsichtlich seiner territorialen Ausdehnung. Auf seinem Höhepunkt (circa 1900–40) wurde gesagt, daß es ein Viertel der bewohnbaren Erdoberfläche und ein Fünftel der Erdbevölkerung umschloß. Außerdem war es, mit seiner Präsenz auf allen Kontinenten, das am meisten fragmentierte aller historischen Universalreiche. Der vom Zentrum am weitesten entfernte Teil lag auf der der Metropolis gegenüberliegenden Seite des Globus. Daher rührte auch das stolze Wort, daß die Sonne im britischen *Empire* niemals untergehe, was nur ein wenig von dem antibritischen Witz unterminiert wurde: „Warum? Weil Gott den Engländern lieber nicht im Dunkeln begegnen will." Auf den zeitgenössischen Karten erschien das *Empire* noch besonders eindrucksvoll, teilweise weil Mercators Projektion die geographische Extension verzerrt (indem sie zum Beispiel Kanada ausdehnt), und teilweise, weil das *Empire*, zumindest in Großbritannien, immer in einem besonders aggressiven Rot-Ton dargestellt wurde.

Außer in den Geschichtsbüchern existieren diese Karten heute nicht mehr. Das Rot auf den Britischen Landkarten beschränkt sich heute auf das Vereinigte Königreich und ein oder zwei Punkte außerhalb (vorläufig noch Hongkong, die Falklandinseln, die Bahamas ...), was für einen dramatischen Kontrast zu den alten Karten sorgt. Dieser Kontrast deutet scheinbar auf einen ebenso dramatischen Vorgang von „Krise und Untergang". Die meisten der kartographischen Veränderungen – das Schrumpfen der rotgetönten Gebiete – vollzogen sich in einer relativ kurzen Zeitspanne, nämlich in den ersten 25 Jahren nach dem Ende des Zweiten Weltkriegs. Dies impliziert natürlich, daß es sich bei dieser Zeit um die eigentliche Phase des Niedergangs handelt und daß hier nach den Hauptursachen gesucht werden sollte. Für diese Überlegung gibt es noch andere Gründe, denn wenn wir nach Ursachen suchen, so sticht in dieser Zeit eine hervor. Der Krieg lähmte Britannien sowohl in finanzieller als auch militärischer Hinsicht, so daß es nicht mehr in der Lage war, an seinen riesigen überseeischen Besitzungen festzuhalten. Außerdem ermöglichte er den beiden Supermächten, sich ihres Potentials bewußt zu werden, und stimulierte zusätzlich die nationalen Bewegungen in den Kolonien. Dies sind gängige Ursachen für den Niedergang auch anderer Großreiche in der Geschichte. Sollten sie ebenso für den Fall des *Empire* verantwortlich sein, so wäre das keine Überraschung. Außenseiter – zum Beispiel Gelehrte, die sich dem Problem von ihrer Kenntnis anderer historischer Imperien aus nähern – werden wohl kaum einen Grund sehen, näher hinzuschauen als bis hier.

Die Untersuchung an diesem Punkt abzubrechen, wäre allerdings irreführend. Zumindest die Frage nach dem Fall des Britischen *Empire* ist nicht so simpel, wie sie sich hier darstellt. Es gibt zwei Hauptprobleme. Das eine ist die Zeitbestimmung. Trotz der kartographischen Zeugnisse kann man nicht sagen, daß der Niedergang des *Empire* sich auf die Zeit von 1945 bis 1970 beschränkt, was auch die meisten britischen Historiker zu betonen nicht müde werden.[1] Der Ursprung liegt weiter in der Vergangenheit. Zweitens gibt es ein fundamentales Problem mit den Begriffen ‚Niedergang' und ‚Fall'. Sie beschreiben höchstens einen Aspekt von dem, was zwischen 1945 und 1970 geschah, oder zwischen den anderen Daten, die man für jenes Phänomen wählen will, das als der „Fall" des *Empire* beschrieben wird. Die beiden Begriffe müssen jedenfalls schärfer gefaßt werden, und dies zu tun, ist das Ziel dieses Aufsatzes. Ein mögliches, wenn auch unwahrscheinliches Endergebnis wäre, den Begriff „Fall" ganz aufzugeben. Sofern aber ein nicht ganz so drastischer Schluß erreicht werden sollte, so hilft es vielleicht, den „Fall" mit etwas größerer Sorgfalt als gewöhnlich zu erklären. Letztlich sollen die Unterschiede zwischen Großbritanniens imperialen Erfahrungen und denen anderer Nationen angedeutet werden. Dies ist eine der eigentlichen Aufgaben der komparativen Geschichtsschreibung: unter die oberflächlichen Ähnlichkeiten vorzudringen, die sich oft so verführerisch präsentieren, und zu den viel maßgeblicheren Unterschieden vorzustoßen, die gewöhnlich wesentlich tiefer liegen.

Es ist erstaunlich und wahrscheinlich bedeutsam (wenn man es auch nicht überschätzen sollte), daß der Fall des *Empire* während seines Geschehens in Großbritannien in einem sehr anderen Licht dargestellt wurde. Schon das Wort selber wurde nicht oft benutzt, ebensowenig wie „Niedergang", „Verlust" oder „Niederlage", die allesamt negative Ausdrücke sind. Wenn Briten davon sprachen, benutzten sie neutralere oder positive Begriffe. Besonders beliebt waren „Transformation", „Übergang", „Machtübergabe" und sogar „Höhepunkt", das *prima facie* gerade die Antithese des „Niedergangs" zu sein scheint. Eine weit verbreitete Meinung ist, daß das, was wir in diesem Band als den „Fall" des britischen *Empire* behandeln, keineswegs der Untergang, sondern vielmehr eine Metamorphose war, durch die Großbritannien sich von einer Staatsform in eine andere, bessere verwandelte: so eben, wie aus einer Raupe ein Schmetterling wird.

Diese Verwandlung wurde für zwei Ebenen angenommen. Was die Kolonien anging, so sah man sie als Übergang von einer vormundschaftlichen Führung zur Freiheit; was den Wandel der Gesamtstruktur betraf, als Transformation des *Empire* zu einem *Commonwealth* (Gemeinwesen). Diese Entwicklung bedeute nicht etwa britisches Versagen, sondern das genaue Gegenteil, da sie – und diese Prämisse war essentiell, um die generelle Position aufrecht zu erhalten – die ganze Zeit über die Intention der britischen Imperialregierung gewesen sei. Diese Intentionen wurden meist mit Termini wie Treuhandschaft oder sogar Vormundschaft umschrieben, juristischen Begriffen also, die implizieren, daß ein Minderjähriger, dessen Eltern aus irgendwelchen Gründen nicht für ihn sorgen können, von einem Vormund betreut und erzogen wird, bis er reif wird und das Erwachsenenalter erreicht. Nach diesem Punkt, so die Vormundschaftsthese, sollte er bei seiner Adoptivfamilie bleiben, wenn auch als unabhängiges und freies Mitglied. Kanada, Australien, Neuseeland und Südafrika war dieser Erwachsenenstatus lange vor 1945 zugestanden worden. Nach 1945 war die Reihe an den übrigen Ländern. Wie könnte man diesen Prozeß „Niedergang" und „Fall" nennen? Kann man bei Eltern von einem „Niedergang" oder gar von Versagen sprechen, wenn ihre Sprößlinge, erwachsen geworden, in die Welt ziehen? Wohl kaum. Der Vormundschaftsbegriff ist mit einer Verfallskonzeption unvereinbar.

Trotzdem enthält der Vergleich ein Körnchen Wahrheit. „Vormundschaft", zum Beispiel, war eine starke und gesunde Tradition im Denken und in der Politik des britischen *Empire,* die mindestens 150 Jahre in die Vergangenheit reichte.[2] Die meisten Imperialisten, und unter ihnen besonders die Männer, die die Kolonien des *Empire* verwalteten, hatten ihre Rolle schon seit geraumer Zeit als eine erzieherische begriffen, die nur eine temporäre Funktion hatte, obwohl sie gewöhnlich wohl annahmen, daß der zeitliche Rahmen größer sein würde, als es schließlich der Fall war. Noch in den fünfziger Jahren des 20. Jahrhunderts dachten die meisten britischen Gouverneure in Afrika, daß es noch „mindestens eine Generation" dauern werde, bis ihre Mandatsgebiete reif wären, sich selbst zu verwalten.[3] Bedeutsam ist aber, daß sie das Prinzip akzeptierten, und so hatten die meisten von ihnen keine Probleme, sich den neuen Anforderungen anzupassen, als die Unabhängigkeit kam. Einer der Effekte war, daß Britanniens Dekolonisationsprozeß mit weniger Gewalt verbunden war als in den meisten anderen spätimperialen Situationen, sowohl im zeitgenössischen Europa als auch in ähnlichen Prozessen der Vergangenheit. Mit „Gewalt" sind hier die offensichtlichen Konflikte gemeint, die so oft zwischen den Herren eines desintegrierenden und stürzenden Kolonialreiches und denen, die den Sturz beschleunigen möchten, ausgetragen werden.

Schließlich waren die meisten ehemaligen Kolonien bereit, in der „Familie" des *Commonwealth* zu verbleiben. Die einzige signifikante Ausnahme bildete – neben Irland – Pakistan. Dieser Ausgang stützt noch die These der Metamorphose.

Trotzdem bedarf diese Theorie viel guten Willens, bevor sie ganz akzeptiert werden kann. Sogar diejenigen, die dies taten, mußten zugeben, daß die meisten neuen Nationen das Erwachsenenalter früher erreichten, als die Briten für wünschenswert oder für klug gehalten hatten, und daß ihnen die Kontrolle entrissen worden war. Um bei der Familienmetapher zu bleiben: es war, als hätten die Kinder das Haus in einer Phase pubertärer Weltangst bereits mit 16 oder 17 Jahren verlassen, und nicht mit 18 oder 21. Es war ein echter Rückschlag. Auf ähnliche Weise wurde das *Commonwealth* nie seinem Anspruch gerecht, eine neue und überlegene Manifestation dessen zu sein, was schon im alten *Empire* das Beste gewesen wäre, obwohl dies wahrscheinlich hauptsächlich auf mangelnden politischen Willen zurückzuführen ist. Es kann kaum ein Zweifel geben, daß die Idee des Schmetterlingsdaseins zumindest teilweise eine Illusion war, die dazu diente, den Trennungsschock zu mindern und die Briten mit dem zu versöhnen, was in Wirklichkeit eine Niederlage war. Dies ist auch der Grund, warum nicht zuviel in die Sprache hineininterpretiert werden sollte, die nach 1945 in Großbritannien benutzt wurde. Es wäre zum Beispiel aberwitzig, aus ihr herauslesen zu wollen, das *Empire* sei nie zerfallen; für Gedanken dieser Art gibt es keinen überzeugenden Grund.

Auf der anderen Seite ist es nicht ohne Bedeutung, auf welche Weise Großbritannien seine Kolonien in den fünfziger und sechziger Jahren aufgab. Hier finden sich zumindest Hinweise für eine ambivalente Einstellung zum *Empire*. Britannien war mit seinen Besitzungen nie ganz glücklich. Die Expansion war bei einer hartnäckigen Minderheit immer auf Opposition gestoßen.[4] Die Mehrheit stand ihr höchstwahrscheinlich apathisch gegenüber. Dies für eine Zeit zu beweisen, in der es keine unabhängige Meinungsforschung gab, ist nicht leicht, und es gibt verschiedene Indizien, die das Gegenteil implizieren, wie zum Beispiel der Hurrapatriotismus in den frühen Tagen des Burenkrieges (1899–1902). Aber im Großen und Ganzen legen unsere Quellen nahe, daß solche selten vorkommenden Enthusiasmusbekundungen der Arbeiterschichten für den oberflächlichen Glanz des *Empire* auf keine tiefe oder langlebige Begeisterung für die Sache selbst weisen.[5] Sogar die Mittel- und Oberschichten – unter denen es viele echte Imperialisten gab – nahmen sich der Sache erst spät an, als nämlich die Expansion bereits stagnierte und das *Empire* bedroht schien. Einer der Imperialisten des späten 19. Jahrhunderts, der Historiker John Robert Seeley, konnte bei einem Rückblick auf die Periode der enormen Expansion Britanniens (oder „Englands", wie er es lieber nannte) und die damit einhergehende Indifferenz gegen imperiale Belange in Großbritannien selber keine bessere Erklärung dafür geben, als daß das *Empire* „in einem Zustand der Geistesabwesenheit" erworben worden sei.[6] Spätere Historiker haben es das „unfreiwillige *Empire*" genannt.[7] Im Hinblick auf seine Größe scheint dies allerdings merkwürdig. Wie kann man (um zu unserer Metapher zurückzukehren) gar so viele Kinder „unfreiwillig" zeugen? Trotzdem stimmt diese Aussage zumindest in gewissem Sinn; und auf gewisse Weise hat das einen klaren Einfluß auf die Beantwortung der Frage, warum es letztlich zum „Fall" des Imperiums gekommen ist.

Das britische *Empire* unterschied sich in der Tat von anderen Weltreichen. Die meisten geschichtlichen Imperien weisen gewisse gemeinsame Züge auf. In der Regel entstehen Weltreiche, wenn ein Staatswesen oder eine Gesellschaft seinen Nachbarn in einem Punkt so überlegen ist, daß seine Expansion beinahe unausweichlich wird. Meistens handelt es sich um militärische Stärke, obwohl das nicht unbedingt der entscheidende Faktor sein muß. Andere Möglichkeiten sind überlegene Führung, effektivere Organisation, technologischer Vorsprung, ökonomische Stärke und ein wirkungsvolleres Sozialethos, das möglicherweise über die Religion vermittelt wird. Dazu kommen verschiedene Motive, welche die Möglichkeit zur Reichsbildung in einen Imperativ verwandeln. Habgier kann eines sein: nach Schätzen zum Beispiel, natürlichen Ressourcen oder Land. Manchmal ergibt sich eine Grauzone von der Habgier zur Notwendigkeit. Wenn eine Gesellschaft auf eine Weise erfolgreich war und durch Bevölkerungswachstum die eigenen Ressourcen erschöpft hat, gerät sie allein aus der Notwendigkeit, das Überleben zu sichern, unter Expansionsdruck. Einige Gesellschaften wiederum expandieren, um innere Spannungen zu entkrampfen. Zwei andere Antriebskräfte, die sich bei bestimmten Gesellschaftssystemen finden, sind militärische Ehren und religiöser Bekehrungseifer. Generell überschattet diese Motive noch die Weltreichsidee selber, die als Ideologie oder schlicht als imperialer Geist ins Spiel gebracht wird. Normalerweise sind all diese Umstände und Motive involviert, wenn auch in unterschiedlichen Gewichtungen und Kombinationen. Es fällt schwer, sich ein erfolgreiches Weltreich ohne solche menschlichen Faktoren zu denken.

Im Falle Großbritanniens können wir die meisten am Werk betrachten, obwohl einige oft nur sehr schwach zu erkennen sind, oder – und dies ist ein wichtiger Punkt – auf höchst zweideutige Weise wirkten.

Britannien war sicherlich von Habgier getrieben und möglicherweise auch von ökonomischer Notwendigkeit, aber diese Faktoren zwangen das *Empire* keineswegs herbei. Das ist es, was Großbritannien von den anderen historischen Imperien unterscheidet; und im Vergleich mit jenen war dies auch die Hauptursache seiner Schwäche.

Für die meisten expandierenden Staatswesen ist die Form des Imperiums der natürliche Weg der Ausdehnung. In Britannien war dies nicht der Fall. Die zugrundeliegende Ursache für Großbritanniens Expansion – der Faktor, durch den es einen Vorteil oder eben „Superiorität" über andere Gemeinwesen erlangte – war nicht militärische Macht. Auch das Motiv war nicht eigentlich Habsucht. Britannien suchte weder neue Territorien noch Völker, die es beherrschen konnte. Es brauchte Länder, deren Ressourcen es ausbeuten konnte. Der Grund für dieses Bedürfnis lag in dem steilen Aufstieg des vereinigten Königreichs zu einer industrialisierten, kapitalistischen Macht im späten 18. und frühen 19. Jahrhundert – dem ersten derartigen Aufstieg der Weltgeschichte. Dies verschaffte Britannien den Vorsprung vor seinen europäischen Rivalen. In der Vergangenheit – vor den zwanziger Jahren des 19. Jahrhunderts, als das sogenannte „zweite" *Empire* entstand – bedeutete dies gewöhnlich ein und dasselbe. Wenn man ein Land auszubeuten trachtete, unterwarf man es. Das gab einem die Macht und das „Recht", dessen Produkte für sich zu verwenden und die Märkte exklusiv für die eigenen Bedürfnisse zu formen. Ein großer Teil des Britischen *Empire* des 19. Jahrhunderts (inklusive Indien, Nordamerika und Westindien) stammte aus der früheren, merkantilistischen Zeit. Im frühen 19. Jahrhundert jedoch hatten sich die Ansichten darüber gewandelt. Adam Smith hatte die alten Denkfehler berichtigt. Ein armes Volk zu regieren bedeutete schlechtes Geschäft, sowohl in der Fremde als auch zu Hause. Herrschaft erstickte den Gewinn und zog Geld ab, das unproduktiv versickerte. Kolonien waren wie ein Alpdruck. Aus einer kommerziellen Perspektive betrachtet gab es zunächst auch gar keine Notwendigkeit. Ein Land profitierte mehr vom Handel mit freien als mit versklavten Menschen. Britannien zum Beispiel gewann mehr aus dem Handel mit den Vereinigten Staaten als es je von den 13 Kolonien profitiert hatte – obwohl Adam Smith starb, bevor dies bestätigt werden konnte. Dies war eine Art von Beziehung, wie Großbritannien sie sich mit der ganzen Welt wünschte: Ausbeutung (damals besaß das Wort noch keinen pejorativen Unterton: es bedeutete lediglich ‚Verwertung, Nutzung') ohne die Kosten, den Ärger und den schlechten Ruch der politischen Oberhoheit. So sah Britannien seinen idealisierten Platz in der Welt.

Schon früh im 19. Jahrhundert verstand man den Imperialismus geradezu als die Antithese dieser Vorstellung. Wenn man das Wort in den Mund nahm, was nicht oft geschah, benutzte man es immer in Zusammenhang mit Napoleon Bonapartes Aktivitäten als selbsternannter „Imperator", und niemals in bezug auf Großbritanniens Expansion in der weiten Welt.[8] Außerdem war es unmodisch, ein Merkmal zurückgebliebener – aristokratischer, militaristischer – Systeme und einer Phase der nationalen Evolution, die Großbritannien bereits hinter sich hatte.[9] Weltreiche waren Gebilde der Vergangenheit, oder würden es zumindest in Kürze sein. Das war die Meinung zum Beispiel von Richard Cobden, eines sehr charakteristischen, um nicht zu sagen typischen Exponenten der neuen Ordnung viktorianischer Zeit. Der Kapitalismus der offenen Märkte – die neue, weiterentwickelte Form des Gesellschaftssystems – bedeutete ihr Ende. Sobald er sich ausbreitete, wie er es tun mußte, würde zugleich „das Verlangen nach ausgedehnten und mächtigen Weltreichen, gigantischen Armeen und großen Flotten – jenen Mitteln, die zur Zerstörung des Lebens und zur Vernichtung der Früchte der Arbeit eingesetzt werden – hinwegsterben", um durch perfekte Harmonie zwischen miteinander verflochtenen, aber souveränen Nationen ersetzt zu werden, „wenn die Menschheit zu einer Familie wird und die Früchte ihrer Arbeit frei mit dem Bruder teilt".[10] Dies war Cobdens Vision, wie sie von vielen seiner Zeitgenossen geteilt wurde, und die einem zukünftigen britischen *Empire* einen Riegel hätte vorschieben sollen. Tatsächlich war dies aber nicht der Gang, den die Dinge nehmen sollten.

Cobdens internationalistischer Optimismus scheint uns heute ein wenig naiv, wurde aber zu seiner Zeit von vielen geteilt. Er war ein Resultat aus einer besonderen Phase in der Entwicklung der Freimarkts-Ideologie im 19. Jahrhundert, als es zu allen möglichen Spekulationen darüber kam, wie ein freier Markt sich auswirken könnte; Spekulationen, die spätere Erfahrungen als zumindest extravagant entlarvt haben. Man möge sich erinnern, daß dies zu einer Zeit geschah, zu der angenommen wurde, daß der freie Markt innenpolitisch nicht nur größeren Reichtum, sondern auch Gleichheit, Glück und folgerichtig soziale Eintracht mit sich bringen würde. Um es in anderen Worten zu sagen: Der freie Markt würde sich zum Besten der ganzen Gesellschaft auswirken. Das wichtigste *agens* dieser Idee war natürlich Adam Smiths *invisible hand,* die „unsichtbare Hand", die dafür sorgen sollte, daß die Gewinne, die durch das kapitalistische System erwirtschaftet wurden, gleichmäßige Verteilung fanden. Diese brachte sowohl politische als auch ökonomische Implikationen mit sich. Wenn die Menschen wohlhabender würden, so sollten sie auch mit ihrem Los zufriedener werden. Das wiederum würde die Wahrscheinlichkeit von Rebellionen und Aufständen senken. Daher würde man auch weniger für Mittel aufwenden müssen, gegnerische Meinungen zu verhindern oder zu unterdrücken, was wiederum eine graduelle Auflösung der politischen wie der ökonomischen Funktionen des Staates bedeutete. Anders als heute galten in der Mitte des 19. Jahrhunderts ökonomische und politische Freiheiten als von einander untrennbar; ökonomischer Liberalismus bedingte automatisch größeren politischen Liberalismus oder sogar die Anarchie (in ihrer wörtlichen Bedeutung), einen Zustand, in dem Frauen und Männer ihre Beziehungen untereinander alleine regelten, und der lediglich einen denkbar schwachen staatlichen Apparat benötigte, um einen im Wesentlichen selbstgetriebenen, freilaufenden ökonomischen Mechanismus in Gang zu halten. Dasselbe Konzept galt für die internationalen Beziehungen. Der große, freie Weltmarkt, Cobdens – und Britanniens – liebstes außenpolitisches Kind, sollte Machtpolitik schlicht überflüssig machen. Daraus folgte, daß Weltreiche, die ja der ultimative Ausdruck der Machtpolitik waren, selber überflüssig waren und schließlich würden dahinschwinden müssen.

In diesen Vorstellungen befangen wirkte die tatsächliche Entwicklung im neunzehnten Jahrhundert – die Ausdehnung des britischen *Empire* – natürlich äußerst beunruhigend auf die Ideologen des freien Marktes. Daraus erklärt sich auch zumindest teilweise, warum so viele von ihnen gegen die tatsächliche Entwicklung einfach die Augen schlossen. Hätten sie dies nicht getan, hätten sie wohl bestimmte unangenehme Schlüsse ziehen müssen. Es gab drei grundlegende Möglichkeiten. Die erste war, den Imperialismus des späteren 19. Jahrhunderts einfach als Reaktion *gegen* den freien Markt zu interpretieren. Die zweite, ihn als Übergangsphase zum Freihandel zu verstehen, als nötig, um vorübergehend Abnehmer zu sichern, die später die Vorteile der Zusammenarbeit erkennen würden, ohne dann weiter dazu gezwungen werden zu müssen. Die dritte Möglichkeit war, den Imperialismus als eigentliches Attribut des britischen Kapitalismus zu sehen; als einen grundsätzlichen Widerspruch, welcher der Sache zugrunde lag. Diese dritte Möglichkeit war selbstverständlich die den Viktorianern widerwärtigste Lösung. Trotzdem könnte gerade sie uns ins Herz der Kontradiktion führen, auf die sich das *Empire* gründete.

Normalerweise führte man das Problem nicht auf den „informellen Teil“ des *Empire* zurück, der zu der Zeit auch gar nicht als solcher erkannt wurde. „Informeller“ Imperialismus bedeutet die Dominanz eines Landes über ein anderes durch nahezu jedes Mittel diesseits der offenen Annektion und Administration: typischerweise also durch ökonomischen Druck seitens mächtiger Abnehmer oder Kapitalgeber, manchmal auch durch eine Gruppe zwischengeschalteter, eingeborener Kollaborateure.[11] Diese Idee hat allerdings für einen Puristen des Freihandelsgedankens kaum eine Bedeutung. So lange keine künstlichen

Restriktionen eingebracht werden, können kommerzielle Transaktionen nur fair und frei sein. Dafür sorgt schon der Markt selber, indem er nämlich automatisch die Kriterien der Fairness festlegt. Daraus folgt, daß alle Verträge zwischen Käufern und Verkäufern zum Beispiel über Güter oder finanzielle Dienste, oder auch nicht-gewerkschaftsgebundene Dienstleistungen eine Frage der angemessenen Wahl auf beiden Seiten sind und konsequenterweise auch nicht den Makel des Machtdrucks tragen, den Termini wie „Herrschaft" und „Imperium" implizieren. Dies rechtfertigte die Bekenntnisse der gemäßigten Viktorianer zum Anti-Imperialismus, zumindest in ihren eigenen Augen, und verhinderte zugleich, daß sie die quasi-imperialen Fesseln sahen, mit denen so viele ihrer Handelspartner unter dem Deckmantel des Freihandels an sie gebunden waren. Anders verhielt es sich, wenn diese Fesseln in die Haut schnitten. Das geschah, als die „Kolonien", die vormals nur „informell" vom Vereinigten Königreich dominiert worden waren, offiziell ins *Empire* aufgenommen wurden; entweder weil sie nicht mehr freiwillig kollaborieren wollten, oder weil eine andere Nation drohte, Großbritannien als dominierende Macht zu ersetzen. In solchen Fällen schließlich entsandte Britannien Soldaten und Gouverneure, um sie zu unterwerfen und zu verwalten, und der Widerspruch wurde für alle sichtbar.

Solches geschah in großem Maßstab in den achtziger und neunziger Jahren des 19. Jahrhunderts und erneut (wenn auch unter anderen Umständen) in den ersten zwei oder drei Jahren nach dem Ersten Weltkrieg. Dies waren die zwei Perioden der größten Expansion des *Empire* in der Moderne. Normalerweise war der direkte Auslöser und die Ursache jeder Neuannexion in dieser Zeit politischer Natur, aber auf einer darunterliegenden Ebene lag das seit langem etablierte ökonomische Ziel. Das wirtschaftliche Motiv war immer latent, hauptsächlich weil die ökonomisch motivierten Akteure es vorzogen, auf ihre Interessengebiete informellen Druck auszuüben, anstatt die britische Armee einmarschieren zu lassen, die die jeweiligen Territorien dann in Kolonien verwandelt hätte. Hier kam dann der politische Faktor ins Spiel, der alles verdarb. Wenn britische Kapitalisten ihre Geschäfte ohne die Unterstützung des *Union Jack* hätten abwickeln können, so hätten sie dies getan, aber das war in Situationen unmöglich, in denen entweder die Ureinwohner oder europäische Rivalen sich nicht mehr an die Spielregeln hielten.[12] Zwar war es irritierend und irrational, daß sie sich nicht an die Regeln eines Spiels – des freien Güter-, Geld- und Dienstleistungsaustausches über nationale Grenzen hinweg – halten wollten, das aus der Sicht der Kapitalisten so offensichtlich allen Teilnehmern zum Vorteil gereichte; aber die letzten Jahre des Säkulums hatten gezeigt, daß manche – besonders die Kontinentaleuropäer – zu

Zeiten bedrückend irrational sein konnten. Britannien hielt die Idee des freien Handels selbst dann in den neuerworbenen Kolonien einsam aufrecht, als alle anderen Nationen hohe Zollgrenzen zogen und sogar einigen britischen Staatsbürgern Bedenken kamen; aber für das Königreich wäre es nicht ohne große Gefahr für die eigenen Interessen möglich gewesen, sich von diesem anderen, politischen Trend völlig fernzuhalten. So kam es, daß Großbritannien, sobald Imperialismus und Freihandel als antagonistische Prinzipien angesehen wurden, gezwungen war, das eine anzunehmen, um das andere zu bewahren – ähnlich wie ein Vegetarier unter Umständen Fleisch essen muß, um zu überleben.

Natürlich mag das unausweichlich gewesen sein. Aus dem Blickpunkt der Verfechter des Freihandels war die nichtimperialistische Welt, wie wir gesehen haben, von der Prämisse bestimmt, daß der Markt tatsächlich zum Profit aller funktioniere, was möglicherweise ein Irrtum war, der schließlich unübersehbar geworden wäre und zum Nachteil oder gar der Zerstörung des Systems geführt hätte. Wenn dem so wäre, würde dies noch den inneren Widerspruch vertiefen, welcher der Gegenstand dieses Aufsatzes ist. Das *Empire*, die Antithese zum freien Markt, war sein Produkt: schon allein aus dem Grund, weil der freie Handel nicht ohne Regeln funktionieren konnte, deren Einhaltung wiederum erzwungen werden mußte. Als die ärmeren, weniger „entwickelten" Länder der Erde mehr und mehr von westlichen, kapitalistischen Unternehmen „ausgebeutet" wurden, begannen sie naturgemäß, Widerstand zu leisten, was wiederum härtere Maßnahmen provozierte, durch die sie ausbeutbar bleiben sollten. Vielleicht muß liberaler Kapitalismus sich auf innenpolitischer Ebene immer auf ähnliche Weise in Illiberalismus verwandeln – was man in Großbritannien heute als den „strong state", den „starken Staat" bezeichnet, einfach weil seine natürliche Evolution ihn nicht so allseits beliebt macht, wie einst gedacht wurde.[13] Wie dem auch sei, hier ist nicht der Ort, dieses Thema weiter auszuführen. Wichtig ist die Tatsache – was immer ihr auch zu Grunde gelegen haben mag –, daß die friedliche und unbehinderte Ausdehnung britischen Handelns und britischer Investitionen im 19. Jahrhundert sehr oft zum Gegenteil von dem führte, was man erreichen wollte. Dies brachte Implikationen mit sich, die später von enormer Bedeutung sein sollten: sowohl für das *Empire*, für den britischen Kapitalismus und möglicherweise für die ganze folgende Geschichte und Wesensart Britanniens.

Daraus erwuchsen zwei Probleme. Das erste war ein ökonomisches. Die Crux des Imperialismus war, daß er Geld kostete. Im 19. Jahrhundert war es Britannien ein Anliegen, daß von der Last dieser Kosten nur so wenig wie möglich auf den Schultern der Steuerzahler ruhte. Zu diesem Zweck entwickelte es sich zum festen Prinzip (beinahe dem einzigen), daß die Kolonien „autark“ sein mußten. Aber das war keine echte Lösung. Zunächst gab es Posten, an denen der Steuerzahler nicht vorbei konnte: zum Beispiel die Heeres- und Flottenrüstungen, die zwar streng britische und nicht koloniale Einrichtungen waren, ihre ständig wachsende Größe aber Britanniens Verpflichtungen in Übersee verdankten. Zweitens konnte sogar der Teil der Kosten, der auf die Kolonien entfiel, langfristig als Last für den britischen Kapitalismus interpretiert werden. In vielen Kolonien waren es die Kapitalisten, die den Löwenanteil der Steuern zahlten, aus denen die Verwaltung finanziert wurde; schon allein aus dem Grund, daß nur sie genügend Bargeld hatten; oder eben ihre eingeborenen Handelspartner, was aber auf nahezu dasselbe hinauslief. Auf welche Weise das Geld auch aufgebracht wurde, es kam letztendlich doch immer aus den Taschen von Einzelnen oder Korporationen, die – nach der Ideologie des Freien Marktes – das Geld besser hätten anlegen können, als damit eine Verwaltung zu finanzieren. Es war herausgeworfenes Geld und damit eine Bremse für Britanniens schnell anwachsenden Reichtum, der ja die Basis seiner Stärke war. Dies spiegelt sich auch in einem weiteren, geradezu schon vertrauten Widerspruch, der die innere britische Wirtschaft der letzten hundert Jahre betrifft: nämlich der Gegensatz zwischen der Notwendigkeit, niedrige Steuern zu erheben, um den Kapitalismus anzukurbeln, und großvolumigen Staatsausgaben in Bereichen wie der Verteidigung und Wohlfahrt, um ihn am Leben zu erhalten.

Diese Dichotomie war möglicherweise die Wurzel von Britanniens langsamem und (bis jetzt) noch immer anhaltenden ökonomischen Niedergang. Ihre Auswirkungen trafen das *Empire* härter als andere Industrieländer, weil es weit mehr auf Auslandsgeschäfte angewiesen war als sie. In vielerlei Hinsicht war das einfach Pech. Als Britannien die industrielle Revolution einläutete, hatte es (wie wir gesehen haben) keine ernstzunehmenden Rivalen und konnte daher seinen kommerziellen Ambitionen beinahe uneingeschränkt freien Lauf lassen. Im großen und ganzen konnte es seine Märkte bis in die entferntesten Winkel der Erde ausdehnen, ohne dabei seine non-interventionistischen Prinzipien verraten oder unakzeptable Kosten auf sich nehmen zu müssen. In dieser Zeit etablierten sich Britanniens Handelsprinzipien. Im späteren 19. Jahrhundert war dieses Muster zentral für seinen Wohlstand und vielleicht sogar für seine Existenz, aber es wurde auch zunehmend von verschiedenen Seiten bedroht. Um mit diesen Bedrohungen fertig zu werden, mußte Britannien seine Prinzipien und damit die ultimativen Interessen des liberalen Kapitalismus nach und nach aufgeben. Aus diesem Dilemma gab es kein Entrinnen. Dies war das

Ergebnis eines der zwei Probleme, die aus dem inhärenten Widerspruch seiner Position als Imperialmacht erwuchsen.

Das andere Problem war möglicherweise noch ernster und eine Frage des Ethos. Es rührte vor allem daher, daß die Geschäftsleute, in deren Interesse das *Empire* erworben worden war, nicht zu der Art von Leuten gehörten, die es selber hätten erwerben und dann verwalten können; hauptsächlich deshalb, weil sie es nicht für richtig hielten, Herrschaft zu erwerben oder Länder zu „verwalten". Einen ähnlichen Grund gibt es für die oft bemerkte Tatsache, daß das viktorianische Unterhaus – und zu einem höheren Grad noch das viktorianische Kabinett – weit davon entfernt war, die industrielle und kaufmännische Mittelklasse zu repräsentieren, deren Vertreter es seit 1832 sein sollte, sondern sich zum größten Teil aus der konservativen *Gentry,* dem niederen Adel, zusammensetzte: die kapitalistische Mittelschicht war viel zu emsig mit den Dingen beschäftigt, die sie für natürlich und richtig hielt, nämlich Güter zu produzieren und Geld zu verdienen, als daß sie ihre Talente und Energie an Dinge verschwendet hätte, die gemäß ihrer Weltanschauung nichts als eine bedauerliche Notwendigkeit waren.[14] Im großen und ganzen machte das auch keinen Unterschied, da die *Gentry,* der sie ihre politische Macht delegiert hatte, ihre Wertvorstellungen selber mittlerweile verinnerlicht hatte.

Allerdings war diese Indoktrination nicht völlig abgeschlossen. Martin Wiener hat untersucht, auf welche Weise atavistische anti- oder nicht-kapitalistische Werte in der zweiten Hälfte des 19. Jahrhunderts wieder in Britannien auftauchten und vor allem von den sogenannten *public schools* propagiert wurden (die *public schools* stellten selber einen der inneren Widersprüche der Zeit dar: Denn wer hätte gedacht, daß eines der erfolgreichsten Produkte der freien Erziehung – Gandhi – sich so subversiv gegen seinen Erzeuger richten könnte?), die dann dem „unternehmerischen Ideal" zum Schaden gereichten, ganz im Gegensatz zu den Umständen in Wieners Heimat, den Vereinigten Staaten.[15] Die Schaffung und der Erwerb von Reichtum wurde geringer eingestuft als altes Prestige oder andere traditionelle Eigenheiten der Aristokratie. So verhielt es sich in Britannien. Außerhalb der Einflußmöglichkeit der Mittelschicht war die Situation noch schlimmer.

Unter bestimmten Gesichtspunkten war es sinnvoll, das *Empire,* nachdem es erobert war, von der unproduktiven Klasse regieren zu lassen, da diese so zumindest aufhörte, in der Heimat eine drückende Last zu sein. Außerdem machte es der Aristokratie Spaß, und, nachdem sie den Drill der *public school* hinter sich gebracht hatte, erwies sie sich sogar als fähig. Trotzdem schuf dies auch Spannungen. Die Wertvorstellungen der Aristokratie entsprachen in wichtigen Punkten nicht denen der kapitalistischen Bourgeoisie. So tendierte sie zum Beispiel zum Militarismus. Der war nötig, die Armee zu leiten und zu inspirieren, wenn sie die Macht übernehmen und dann die neuen Kolonien verwalten sollte, aber natürlich stand er in eklatantem Widerspruch zum Geist des freien Handels und Unternehmertums. Daraus erklärt sich, warum die Viktorianer im 19. Jahrhundert ein solch ambivalentes Verhältnis zur Armee hatten: niemals gestanden sie ihr ein solches Ansehen zu, wie sie es in anderen imperialen Ländern genoß, und der geringe Respekt, den man ihr zollte, kam erst sehr spät.[16] Dasselbe ließe sich über den Geist des *Imperialismus* sagen, der dem Militarismus nahe steht, und in Britannien ebenfalls nur teilweise übernommen wurde.[17] In der britischen Gesellschaft gab es ständig eine Spannung zwischen diesen beiden Vorstellungen.

Das grundsätzliche Unbehagen erwuchs jedoch aus der Funktion der Gouverneure. Eine straffe Verwaltung war ja, wie wir gesehen haben, an sich einer profitablen Ökonomie abträglich, da sie das freie Spiel des Marktes behinderte. Sicherlich hätte man sie, um den Schaden zu begrenzen, auf ein Minimum beschränken können, aber das war angesichts dieser Sorte Männer ein unrealistischer Wunsch. Sie hatten nämlich andere Vorstellungen. Die meisten von ihnen glaubten, daß sie gegenüber ihren Verwaltungsbezirken andere, höhere Verpflichtungen hatten als nur den Dienstleistungs- und Gütertausch zu fördern. Einige hatten sogar ihre Zweifel, ob dieser Geschäftsbetrieb überhaupt, unter allen Umständen etwas Erstrebenswertes war. Ein Beispiel hierfür ist Nigeria vor 1914 unter der Verwaltung von Lord Lugard, wo der Kapitalismus eines Sir William Levers mit seinen riesigen, in Liverpool beheimateten Seifenmanufakturen so sehr behindert wurde, daß er sich schließlich ein freundlicheres Wirkungsfeld in Belgisch Kongo suchte. Lever wurde vom Vertreter einer Vorstellung mattgesetzt, die sich im *Colonial Office* breitgemacht hatte; nämlich der Idee, daß die eingeborenen Nigerianer kooperativ zu den Kräften des Marktes eingesetzt werden sollten, anstatt ‚versklavt' zu werden.[18] In Indien zeigten die britischen Patrizier eine ähnliche Abneigung gegen die zügellose Ausbeutung ihrer Untertanen. So verhielt es sich auch generell in jenen Kolonien, die einen starken britischen Kolonialüberbau hatten. Sie illustrieren einen sympathischen Trend, der heute oft ignoriert wird, aber in einigen Teilen des *Empire* zum *anti*-kapitalistischen Imperialismus hinführte.

An anderen Orten war die Situation natürlich ganz anders. Viele Kolonien wurden von Kapitalisten in gewissenloser Manier ausgebeutet oder – von einem anderen Standpunkt gesehen – modernisiert. Aber dies waren in der Regel eben die Kolonien, über die das *Colonial Office* am wenigsten Kontrolle besaß. Ein gutes Beispiel hierfür ist Süd-Rhodesien (das heutige Simbabwe), dessen Verwaltung von Anfang an mehr oder weniger in die Hände seiner Ausbeuter gelegt wurde, ganz im Interesse der Ökonomie. Generell gilt also die Regel, daß mehr formaler Imperialismus weniger Ausbeutung bedeutete und *vice versa*. Das hatte zum Teil auch damit zu tun, daß die formalen Imperialisten über ein Ethos verfügten, das sich wesentlich von dem der informellen unterschied.

Am Ende blieb es jedoch bei Schlagworten wie „Pflicht" und „Dienst" und jenen anderen Ideen, die gewöhnlich mit dem altmodischen Dictum „noblesse oblige" bezeichnet werden. Man kann nur hoffen, daß die – wenn auch nicht immer ganz richtig eingesetzte – Aufrichtigkeit noch gewürdigt werden wird, mit der Tausende von Männern (und später auch einige Frauen) die Kolonien verwaltet haben, wenn erst die Zeit gekommen ist, eine wirklich emotionsfreie Geschichte des *Empire* zu schreiben. Die Verbindung der besten dieser Verwalter zu ihren Untertanen war ebenso stark wie das Band, das zwischen den besten der zu Hause gebliebenen *Gentry* und dem Wohlergehen ihrer Bauern geknüpft war, und manchmal genauso heilbringend; obwohl die Verfechter des freien Marktes diese letzte Behauptung wohl in Frage stellen würden. Dies war es, was die auf den ersten Blick unwahrscheinlich anmutende Allianz zementierte, die sich über alle politischen Richtungen und Klassen erstreckte, mit paternalistischen *Sozialisten* in den dreißiger und vierziger Jahren des 20. Jahrhunderts und (hauptsächlich) unter der Ägide von Rita Hindens ‚*Fabian Colonial Bureau*', dessen Ziel es war, die Untertanen in den Kolonien auf dieselbe Weise zu behandeln, wie es den britischen Bürgern nun zuteil wurde: nämlich als Nutznießer dessen, was der Titel eines wichtigen Abschnitts kolonialer Legislative der Zeit „Wohlfahrt und Entwicklung" nannte.[19] Dies mag ein nobles Ziel gewesen sein, aber gleichzeitig war es ein bemerkenswert kapitalistisches und dem freien Markt widersprechendes Ansinnen. Freimarkt-Kapitalisten waren (und sind) staatlich geförderter Entwicklung feindlich gesonnen, was hier eben angestrebt wurde; und auch die Wohlfahrts-Einrichtungen des Sozialstaats werden von ihnen abgelehnt, weil sie angeblich die individuelle Initiative, die für einen gesunden Geschäftssinn unerläßlich ist, erdrücken. Die Verknüpfung des Imperialismus mit diesen beiden Ideen zeigt, wie weit Britannien sich in den vierziger Jahren dieses Jahrhunderts von seiner ursprünglichen liberalkapitalistischen Ideologie entfernt hatte.

Tatsächlich hatte sie Britannien zurückgeworfen. Im frühen 19. Jahrhundert schien es sich von der aristokratischen und feudalistischen (und daher militaristischen und paternalistischen) Phase der menschlichen Gesellschaftsentwicklung zu einer Ära der Freiheit hin zu entwickeln. Das *Empire* verhinderte dies jedoch. Es gab den alten feudalen und aristokratischen Klassen eine neue Lebensberechtigung, ebenso wie ihren Wertvorstellungen, die wahrscheinlich beide ausgestorben wären (wie sie es nach und nach zum Beispiel in Amerika taten), wären sie der natürlichen Entwicklung ausgesetzt gewesen. Statt dessen jedoch überlebten sie, erblühten aufs neue und begannen wiederum, jeden Aspekt des britischen Gesellschaftslebens zu durchdringen.[20] Damit war das *Empire* in einen inhärenten Widerspruch verstrickt. Es war im Interesse des Kapitalismus errichtet worden, arbeitete jedoch heimtückisch an dessen Subversion. Eine Zeitlang überlebte es dank schlauer und wohljustierter Adaptionen, aber nie hatte es Aussicht auf ein ewiges Leben. Die Widersprüche fraßen sich einfach zu tief ein.

Wenn Großbritannien eine völlige Metamorphose zu einem imperialen Ethos hin vollzogen hätte, hätte das *Empire* vielleicht überlebt. Diese Möglichkeit aber kam nie wirklich in Betracht. Zum Beispiel gab es keine Gelegenheit, in Friedenszeiten eine Armee zu unterhalten, die es erlaubt hätte, das *Empire* effektiv zu kontrollieren, wenn es unter zunehmenden Druck von Mitbewerbern und Rivalen einerseits und abtrünnigen *indigènes* andererseits kam. Das britische Volk war einfach nicht bereit, dafür zu zahlen oder den Wehrdienst zu leisten. Dies zeigte sich deutlich nach dem Ersten Weltkrieg, als die Bemühungen, Wehrdienstpflichtige in Uniform die neuen britischen „Mandatsgebiete" patroullieren zu lassen, mit Meutereien und Revolten der mittelständischen Steuerzahler quittiert wurden. Eine „Lösung", die man hierfür fand, war das Luftbombardement aufsässiger Kolonialer (wie zum Beispiel der irakischen Kurden), was weniger arbeitsaufwendig war, aber dafür mit einem anderen liberalen Grundsatz in Gegensatz geriet, nämlich der Ächtung des Mordes und der Verstümmelung Unschuldiger.[21] So weit wollte Britannien nicht gehen. Das lag daran, daß es nicht mit ganzem Herzen imperialistisch gesinnt war. Das *Empire* zwang dem Volk eine hybride Rolle auf.

Daher rührte der Niedergang des *Empire*. Wahrscheinlich war er unausweichlich. Vom Gesichtspunkt der Macht war er definitiv unvermeidbar, denn als Weltmacht hätte das *Empire* die gleiche Menge an Material und dieselbe militärische Schlagkraft aufbringen müssen wie die Sowjetunion und die USA nach dem Zweiten Weltkrieg. Mit diesen beiden Mächten konnte Britannien sich nicht messen. Noch kurz zuvor hatten einige Imperialisten geglaubt, das wäre möglich, wenn die riesigen natürlichen und menschlichen Ressourcen des *Empire* effizienter eingesetzt würden, aber dazu wäre ein tieferes und weiteres imperiales Engagement nötig gewesen, als das britische Volk und seine imperialen Brüder, Schwestern und Untertanen es je zeigten; ein Engagement für eine gemeinsame, klare Vision, ein Ziel und entschlossene Maßnahmen, es zu erreichen. So etwas gab es nie. Die Art der Evolution des *Empire* – zufällig, wenig, ohne viel Überlegung oder Konsequenz –

machte es unmöglich. Um dorthin zu gelangen, hätte Britannien von einem anderen Ausgangspunkt beginnen müssen.

Dies war in der Tat die Situation, in der das *Empire* sich schon immer befunden hatte. Es war nie so mächtig gewesen, wie es nach außen schien. Der Eindruck großer Macht, der zu Beginn dieses Jahrhunderts herrschte, rührte von seiner Ausdehnung her und war irreführend. Bei einem Teil des Reiches handelte es sich schlicht um leere Wüste oder dünn von Naturvölkern besiedeltes Gebiet. Generell war Großbritannien selten in der Lage, seine Untertanen in der Art zu dominieren, die durch das Wort *Empire* impliziert wird, und mußte andere Wege finden, sie ruhig zu halten. Gewöhnlich geschah dies durch Konzessionen. In Kolonien, die von weißen Siedlern bewohnt waren, wurde lokale Selbstbestimmung gewährt, was der Kolonialverwaltung Ärger und Kosten sparte, sie aber auch ihre Autorität kostete. Australische Kolonisten zum Beispiel waren über den größten Teil des 19. Jahrhundert freier als die meisten Briten zu Hause und genossen auch das Recht, ihre eingeborenen Nachbarn schamlos zu verfolgen. Britannien bedauerte dies, konnte jedoch nichts dagegen tun. Eine ähnliche Situation entstand im südlichen Afrika, nachdem den beiden Buren-Provinzen 1906/7 eigenständige Verwaltungen zugestanden worden waren: die Maßnahmen, die Britannien sich zu ergreifen genötigt fühlte, um die Treue der Buren zurückzugewinnen, kosteten es gleichzeitig seine effektive Kontrolle.[22] In den Kolonien, wo die ortsansässigen Weißen nicht selber die lokale Verwaltung übernehmen konnten, wurde die Technik der indirekten Regierung angewandt, nämlich durch lokale Eliten, Institutionen und Sitten.[23] Indien war die einzige große Besitzung, die London mit Gewalt und einer starken Armee zu halten versuchte, aber sogar dort war Britannien gezwungen, indirekte Methoden anzuwenden – zum Beispiel die Übertragung bestimmter Gewalten an eingeborene Prinzen nach der Devise „teile und herrsche" –, die auf ähnliche Weise seine Bewegungsfreiheit kompromittierten. Man kann darüber streiten, ob es nicht die Anstrengungen waren, die unternommen werden mußten, um Indien zu regieren, die dem *Empire* schließlich das Genick brachen. Großbritanniens Erfolgsgeheimnis, das *Empire* so lange gehalten zu haben, liegt in seiner Flexibilität; der höchsten Flexibilität eben, die man von einem Hybridwesen noch erwarten kann. Die andere Seite der Medaille jedoch war ein bedeutender Verlust an Kontrolle.

Diese Sachverhalte müssen berücksichtigt werden, wenn wir den „Fall" des *Empire* beurteilen wollen. Sicherlich fiel es in seiner letzten Phase nicht aus der großen Höhe, welche die zeitgenössischen Weltkarten glauben machen. In bestimmter Weise zog sich der Fall durch seine ganze Geschichte und verlief simultan mit der Expansion: Kompromisse schließend, sich ein- und umstellend, beschwichtigend, um nur in irgendeiner Form überhaupt überleben zu können. Die formale Dekolonisierung war lediglich ein Teil, bestenfalls eine Extension dieses Trends. Sie war nichts Neues. Die Frankokanadier, Buren, weißen Australier und Neuseeländer, indischen Maharadjas und nigerianischen Emire waren allesamt schon vor 1914 zu einem gewissen Grad „dekolonisiert" worden; ihnen folgten nach dem Ersten Weltkrieg die Süd-Iren und Ägypter, und schließlich Indien und der ganze Rest. Der Prozeß verlief nahtlos. Daher darf der Grund auch nicht – oder nicht nur – in den Umständen der Nachkriegssituation nach 1945 gesucht werden, sondern in den grundlegenden Charakterzügen des *Empire* selbst.

Das *Empire* ging kontinuierlich und unvermeidlich unter. Die Hauptursache war seine komplizierte Beziehung zu der weiteren Struktur britischer Macht und Einflußnahme in der Welt, die ihm zugrunde lag; die Reibungen zwischen Handel und Herrschaft, die oben beschrieben worden sind. Das *Empire* entwickelte sich zu einer unbequemen und unsicheren Last auf dem Rücken britischer Handels- und Finanzexpansion. Das Ende ist schließlich nicht weiter bemerkenswert, hatte es doch von Anfang an im Buche des Schicksals gestanden.

Letztendlich war der Fall noch aus einem anderen Grund unspektakulär. Da das *Empire* nicht den ganzen realen Einfluß Großbritanniens in der Welt repräsentierte, war auch seine Auflösung nicht unbedingt ein Indikator für das Dahinschwinden dieses Einflusses. Letzterer war auf ersteres nicht angewiesen. Er hatte viele Jahre zuvor ohne das *Empire* in verschiedenen Teilen der Welt existiert, die Großbritannien immer ökonomisch dominiert, aber nie beherrscht hatte. Dies wird oft das *„informelle Empire"* genannt. Seit kurzem spricht man von „Neo-Kolonialismus". Wenn das *Empire* in dieser Form überlebte, muß diese Tatsache die Bedeutung des „Falls" noch weiter relativieren.

In bestimmter Weise existiert das Empire noch immer, wenn auch in subtil veränderter Form. Seit den 1950er Jahren übernahmen viele Personen mit leitenden Funktionen im britischen „Establishment" – nicht nur Politiker, sondern auch Geschäftsleute – die Idee, daß das *Empire* eine Last war, die nichts bedeutete. Großbritanniens Außenhandel funktionierte hervorragend ohne politische Machtmittel. Tatsächlich konnte das Geschäft auch nach der Verselbständigung der Kolonien noch profitieren, wie dies schon nach dem Verlust Amerikas geschehen war. Im Jahr 1957 rechnete Premierminister Harold Macmillan genau dies vor.[24] Wenn Verluste drohten, so ergriff die Regierung Maßnahmen, die dem entgegenwirkten. So sicherte Großbritannien seine Interessen vor dem Störpotential, das der politische Machttransfer mit sich brachte. Nachfolgeherrscher wurden sorgfältig ausgewählt, ausgebildet und, an den Aspirationen weniger englandfreundlich gesinnter Rivalen vorbei, an die Macht gebracht, manchmal auch mit nicht ganz einwandfreien Methoden.[25] Nach der Emanzipation der Kolonien wurde der Druck auf die Regierungen aufrechterhalten. Im ganzen war diese Strategie erfolgreich, wenn auch einige Mißerfolge zu verbuchen waren. Großbritannien und die britischen Konzerne behielten die wirtschaftliche Kontrolle über große Gebiete in Afrika, aber auch in anderen früheren Kolonien. Britanniens unsichtbares, aber vitales Weltreich hat die Dekonstruktion seiner äußeren Form, die offensichtlich nur nebensächlich war, überlebt. Unter der Oberfläche liefen die Dinge im wesentlichen weiter wie früher.

Ein Unterschied lag jedoch darin, daß Großbritannien diese quasiimperiale Macht nicht mehr allein ausübte. Die USA waren nun auch im Spiel. Nach einer kurzen isolationistischen und irritierend antiimperialistischen Phase zu Ende des Zweiten Weltkrieges verbanden sich Amerika und Großbritannien, um ihre gemeinsamen kapitalistischen Interessen in der Welt zu verteidigen, besonders gegen die vitale Bedrohung der von Rußland und China unterstützten kommunistischen Bewegungen. Wie es wohl unvermeidlich war, übernahmen nun die USA die Rolle des Senior-Partners. In den Fällen, in denen es Meinungsdifferenzen mit Großbritannien über die Frage gab, wie der weltweite Kapitalismus am besten zu schützen sei, setzten sie sich in der Regel durch. Hierfür ist die Suez-Affäre von 1956 das beste Beispiel. Schließlich gelang es den Vereinigten Staaten durch ihr größeres Gewicht, Großbritannien zur Aufgabe einer anderen postimperialen Praxis zu bewegen, d.h. auf den Sterling zu verzichten und das von Amerika vorgezogene System des globalen Freihandels zu übernehmen. Damit wurde einer der kennzeichnenden Züge des englischen Wirtschaftsimperialismus des 20. Jahrhunderts zerstört, aber nur – das sei hier angemerkt –, um zu seinem früheren, klassischen Muster des 19. Jahrhunderts zurückzukehren.[26] Auf bestimmte Weise entsprach das Ende des britischen *Empire* also seinem Anfang: globaler Kapitalismus des freien Markts, wenn nun auch nicht mehr auf Großbritannien allein zugeschnitten.

Dies beschreibt eine Metamorphose, keinen „Fall". Das britische *Empire* ist nicht verschwunden, sondern in etwas Größerem aufgegangen. Natürlich bedeutet auch dies in gewisser Hinsicht einen Verlust, nämlich die Beschränkung Britanniens auf die Position des Junior-Partners im imperialen Kontinuum. Aber das spielt kaum eine Rolle, wenn man den Trend beachtet, der für den westlichen Kapitalismus lediglich ein Ablegen seiner Uniform bedeutete, die – zumindest was Großbritannien anging – sowieso immer schlecht gesessen hatte und nun gegen bequemere Kleidung ausgetauscht wurde.

Ob dieser Vorgang nun einen Fall im moralischen Sinn bedeutet, einen „Sündenfall", ist schwieriger einzuschätzen. Was man als „Imperium" bezeichnen konnte, wurde im 20. Jahrhundert weitgehend als Übel angesehen. Das Ende der formalen Imperien sollte daher einen Gewinn an Freiheit bringen. Das bedeutet einen Aufstieg, eine Verbesserung: beinahe schon den Gewinn göttlicher Gnade. Tatsächlich war diese Sichtweise naiv. Das Ende eines Imperiums löst nicht unbedingt die Probleme des Imperialismus, wie wir gesehen haben. Es verändert sie nur. Die Menschen werden das Opfer anderer Tyranneien und Bedrohungen, vor denen die formalen Imperien sie bis dahin gelegentlich zu schützen vermochten, wie zum Beispiel aggressive Nachbarn, selbstgezüchtete Tyrannen, lokale Mafias oder Naturereignisse wie Hungersnöte und Trockenheit und ungezügelte kapitalistische Habgier. Die jüngsten Erfahrungen mit den sowjetischen und jugoslawischen Föderationen, die im wesentlichen russische und serbische Imperien waren, zeigen zumindest, daß es schlimmere Tyranneien als formale Imperien geben kann. Auf ganz ähnliche Weise kann es repressivere innere Machthaber als den Staat geben. Wenn genug Zeit vergangen sein wird, um die Leistungen des alten Britischen *Empire* emotionslos beurteilen zu können, könnte es sein, daß es als der Menschheit weniger schädlich erkannt wird als das Wesen, in das es sich später verwandelte. Aber, wie wir gesehen haben, war diese Transformation ohnehin unabwendbar. Was die Leute gewöhnlich als das britische *Empire* sehen – die roten Gebiete auf der Weltkarte –, war unhaltbar. Sein Fall war von Anfang an im Aufstieg impliziert.

Die Desintegration der Sowjetunion

Gerhard Simon

1. Einleitung

Die Sowjetunion war eine Weltmacht und ein Vielvölkerimperium; sie war von ihrem ideologischen Anspruch her ein Universalreich, denn von hier aus sollte der Sozialismus die ganze Welt erobern. Ist ihr Untergang ein Unglück oder vielleicht bloß ein Unfall der Geschichte? Oder ist im Gegenteil die Zeit der Imperien abgelaufen, gibt es „für die alten Imperien keinen Platz mehr in der Welt"?[1] Offensichtlich ist jedenfalls die Gleichzeitigkeit des Ungleichzeitigen: Während in Westeuropa und Nordamerika großräumige ökonomische und teilweise politische Zusammenschlüsse die alten Nationalstaaten transzendieren, fallen im Osten Europas großräumige oder auch weniger große Vielvölkerstaaten in Nationalstaaten auseinander (neben der UdSSR Jugoslawien und die Tschechoslowakei). Wo liegt der Fortschritt, bei den suprastaatlichen Zusammenschlüssen beiderseits des Atlantik oder bei den neuen Nationalstaaten im Osten Europas und in Asien? Vieles spricht dafür, daß es sich im Osten Europas um eine nachholende Entwicklung handelt. Der Nationalstaat hat sich zuerst im Westen Europas ausgebildet; die Nationalbewegungen haben dann im 19. und frühen 20. Jahrhundert wesentlich zum Untergang des Osmanischen Reiches und der Donaumonarchie beigetragen. Jetzt setzen sie sich als politisches Ordnungsprinzip auch im Osten Europas durch.

Die Gleichzeitigkeit des Ungleichzeitigen hat sicher dazu beigetragen, daß der Zusammenbruch der Sowjetunion von kaum jemandem – im Land selbst und im Westen – erwartet wurde. Es schien, daß Integration und suprastaatliche Großräumigkeit die Geschichte am Ende des 20. Jahrhunderts prägten. Weshalb sollte die Geschichte im Osten Europas – wie es schien – rückwärts laufen? Es ist faszinierend und zugleich erschreckend zu sehen, wie führende Staatsmänner in Ost und West gemeinsam noch kurz vor dem Zusammenbruch ein Ende des Staates Sowjetunion für nahezu unmöglich und vor allem ganz und gar unerwünscht hielten. „In Europa entstehen zwei Schwerkreise – einer im Westen mit der EG. Der andere muß im Osten sein. Das ist die jetzige Sowjetunion, die Union Souveräner Staaten... Wenn es den zweiten Schwerkreis nicht geben wird, dann wird eine wichtige Stütze der Stabilität in Europa fehlen. Dies ist ein gefährliches Vakuum", sagte der spanische Regierungschef Felipe González in einem Gespräch mit Präsident Bush und Präsident Gorbačev beim spanischen König Juan Carlos in Spanien am 29. Oktober 1991. „Ich werde eine vollwertige Union erreichen", versicherte Gorbačev seinen Gesprächspartnern.[2] „Es ist im Interesse Frankreichs", äußerte einen Tag später der französische Staatspräsident Mitterand gegenüber Gorbačev, „daß es im Osten Europas eine Zentralgewalt gibt. Wenn es zu einem Zerfall kommt, wenn wir zu dem zurückkehren, was bei Ihnen vor Peter dem Großen war, das ist eine historische Katastrophe, und das widerspricht den Interessen Frankreichs."[3] Ende Oktober 1991 bestand die UdSSR de facto bereits nicht mehr. Vor dem Hintergrund dieser Stimmen führender westlicher Politiker erscheint es grotesk, wenn seit 1992 Kommunisten und Nationalpatrioten in Rußland immer schriller dem Westen vorwerfen, am Zerfall der Sowjetunion Schuld zu sein.

Weder die westliche Politik, noch die öffentliche Meinung, noch der Hauptstrom der Osteuropawissenschaft erwogen vor dem Ende der 1980er Jahre auch nur die Möglichkeit eines Untergangs der Sowjetunion. Man hatte sich quasi ein Denkverbot auferlegt. Die Sowjetunion wurde nicht im Kontext der anderen Imperien gesehen, die in Europa nach dem Ersten Weltkrieg untergegangen waren und schon gar nicht im Zusammenhang der Dekolonisierung nach dem Zweiten Weltkrieg, die das Ende der britischen, französischen, niederländischen, belgischen und portugiesischen Kolonialimperien gebracht hatte. Die Sowjetunion galt im Gegenteil im Westen als ein „normaler" Staat, Weltmacht und Garant der Stabilität. In diesem Essay soll deutlich gemacht werden, daß die Sowjetunion eben kein normaler Staat war. Normalität wird dabei an europäisch-atlantischen Maßstäben gemessen. Dies ist berechtigt, weil die Sowjetmacht sich selbst stets daran maß und dabei von ihrer prinzipiellen Überlegenheit, wenn nicht in der Gegenwart, so doch jedenfalls in der Zukunft ausging.

Zwei wichtige Aspekte sind eingangs festzuhalten:

1. Der Untergang der UdSSR war nicht die Folge verlorener Kriege und überhaupt nicht die Konsequenz äußerer Einwirkungen. Damit unterscheidet sich dieser Vorgang fundamental vom Zusammenbruch mancher Weltreiche in älterer Zeit wie des Römischen Kaiserreiches, das dem Germanenansturm nicht gewachsen war, oder von Byzanz, das von den Türken erobert wurde. Aber auch das Ende der Donaumonarchie, des Rußländischen Reiches oder des Osmanischen Reiches sind ohne verlorene Kriege, insbesondere ohne den Ersten Weltkrieg, nicht erklärbar. Die wesentlichen Ursachen für das Ende der Sowjetunion sind also in der inneren Entwicklung des Landes zu suchen. Dabei ist es nicht zu umfangreichen inneren Unruhen oder Bürgerkrieg

gekommen; Gewaltanwendung und Blutvergießen haben überhaupt eine untergeordnete Rolle gespielt. Dies ist um so bemerkenswerter vor dem Hintergrund der sowjetischen Geschichte, die über lange Strecken durch Gewaltanwendung und Massenterror im Inneren bestimmt gewesen ist. Die Ursachen für den Untergang liegen einerseits in Konstruktionsfehlern des Sowjetsystems und andererseits in Degenerationsvorgängen, die seit Jahrzehnten die Stabilität untergruben. Beides war von innen und von außen nicht leicht sichtbar; dies erklärt, warum alle Welt unvorbereitet war auf den Abgang dieser Weltmacht. Soweit äußere Faktoren eine Rolle gespielt haben, war dies die politische, ökonomische und militärische Präsenz des Westens, der keine Bereitschaft zeigte, den seit mehr als einhundert Jahren von den revolutionären Sozialisten verkündeten Untergangsprophetien nachzukommen.

2. Das Ende der Sowjetunion wiederholte die Auflösung des Rußländischen Reiches. Es war bereits 1917 und in den Jahren danach infolge von Krieg und Revolution auseinandergebrochen, wobei die Bruchlinien in vielen Fällen die gleichen gewesen sind wie 1991, nämlich die ethnisch-territorialen Grenzen. Die Bolschewiki haben im Bürgerkrieg von 1918 bis 1921 und dann im Zuge des Zweiten Weltkrieges weitgehend die alten Grenzen wiederhergestellt. Es liegt nahe zu fragen, ob 1917 und 1991 ähnliche Gründe das Ende bewirkt haben. Außerdem stellt sich die Frage, ob heute ähnlich wie damals der Zerfall vielleicht nur vorläufig und zeitlich begrenzt ist, und ob in absehbarer Zeit ein neues Reich oder suprastaatliches Gebilde an die Stelle der untergegangenen UdSSR treten wird.

Die nichtrussischen Nationalbewegungen haben damals und heute – wie überall sonst in Europa – eine wichtige Rolle bei der Auflösung des Rußländischen Reiches gespielt. Es ist kein Einwand, wenn zu Recht darauf hingewiesen wird, daß diese Nationalbewegungen am Ende des Ersten Weltkriegs meist schwach entwickelt waren und auch in den 1980er Jahren keineswegs bei allen Völkern kraftvoll und unwiderstehlich erschienen. Dies unterstreicht lediglich, auf welch tönernen Füßen das Imperium stand. Die innere Schwäche war in beiden Fällen Folge der Reformunwilligkeit und Reformunfähigkeit des politischen Systems. Eine extrem konservative Ordnung der Macht verhinderte sowohl vor 1917 wie am Ende der Sowjetzeit die rechtzeitige Anpassung der politischen Ordnung an die veränderten gesellschaftlichen Verhältnisse. In beiden Fällen verlor die zur Versteinerung neigende Macht die Beziehung zur, ja die Kenntnis von der Gesellschaft, die sie regierte. Mangelnde Fähigkeit, Forderungen aus der Gesellschaft aufzunehmen, führte zu einem stetigen Anwachsen des Problemstaus, der in einem geschlossenen System nicht bearbeitet werden konnte. Die geringe Konfliktfähigkeit des zaristischen wie des kommunistischen

Regimes rührte auch daher, daß sich beide nicht nur als die angemessene und richtige Macht für Rußland betrachteten, sondern als die allein wahre und gerechte, von Gott bzw. der Geschichte eingesetzte. Zu den gravierenden Unterschieden des Zerfalls am Beginn und am Ende des 20. Jahrhunderts gehört, daß es jetzt eines Krieges und einer Revolution nicht bedurfte, um das Ancien régime zu Fall zu bringen. Allerdings steht sowohl am Anfang wie am Ende der bolschewistischen Herkunft ein Staatsstreich: So wie die Bolschewiki im Oktober 1917 durch einen Putsch an die Macht kamen, büßten sie diese Macht durch den verlorenen Coup d'état im August 1991 ein.[4]

2. Probleme der Forschung

Weil nur wenige mit dem Ende der Sowjetunion rechneten, gibt es auch kaum Ursachen- oder Verfallsforschung, bevor das Ereignis die Wissenschaft mobilisierte. Seit den 1960er Jahren bestand vielmehr in der westlichen Forschung weitgehender Konsens darüber, daß das Sowjetsystem stabil und zukunftsfähig sei. Ebenso konstatierte man einhellig eine Entwicklungstendenz vom Stalinismus und von der Diktatur zu „liberaleren" Formen der Einparteiherrschaft. Gestritten wurde darüber, wie und wann sich das Sowjetsystem reformieren und modernisieren würde, nicht, ob dies möglich sei. Die Perspektive des Zusammenbruchs tauchte sehr selten auf.[5]

Andererseits hat die westliche Forschung durchaus die bedrohlichen Konflikte innerhalb des Sowjetsystems namhaft gemacht und beschrieben: den Verfall der Sowjetideologie, die abnehmende Leistungskraft der Planwirtschaft, die Rebellion der Völker Ostmitteleuropas. Seit den 1970er Jahren hat eine Gruppe von Forschern – allerdings weitgehend gegen den Strom schwimmend – die nationale Frage innerhalb der UdSSR ins Zentrum gerückt, weil sie „potentiell in ihren möglichen langfristigen Konsequenzen in hohem Maß staatszerstörend ist und die stärkste Herausforderung für die Legitimität des Regimes bedeutet".[6]

Während in den 1920er Jahren ein baldiges Ende der Sowjetmacht nicht ausgeschlossen wurde, gab es nach dem Zweiten Weltkrieg nur vereinzelte Stimmen in diesem Sinn, die zumeist nicht aus der etablierten westlichen Osteuropaforschung kamen. Der in der Emigration lebende russische Historiker Georgij Fedotov sprach 1947 von der Sowjetunion als von einem „zum Untergang verurteilten Imperium". „Der Bolschewismus wird sterben ebenso wie der Nationalsozialismus gestorben ist." Fedotov betrachtete den Untergang des Imperiums keineswegs als ein Unglück, sondern im Gegenteil als „eine moralische Reinigung, als eine Befreiung der russischen Kultur von einer schrecklichen Last..."[7]

„Es scheint so sicher, wie solche Dinge sicher sein können, daß der Kommunismus ... sich als kurzlebig erweisen wird", schrieb der bekannte amerikanische Soziologe Talcott Parsons 1964, weil der kommunistische Totalitarismus sich als strukturell unfähig erweisen werde, mit den liberal-demokratischen Systemen hinsichtlich der Integrationsfähigkeit zu konkurrieren.[8] Eine erstaunliche Hellsichtigkeit spricht aus einem Beitrag des Journalisten Bernhard Levin in der Londoner „Times" im August 1977. Er hielt eine „neue russische Revolution" für „unvermeidlich". Mit einer Reform sei es nicht getan, denn „es wird keine Möglichkeit geben, die Flut zu stoppen, wenn die erste Schleuse einmal geöffnet ist".[9]

Nach 1991 hat ein breiter Strom beschreibender und erklärender Forschungsliteratur eingesetzt, wobei in der Regel die Darstellung der erfolglosen Perestrojka im Mittelpunkt steht, die entgegen den Intentionen der Handelnden mit dem Zerfall der KPdSU und der Sowjetunion endete. Die Erforschung der langfristigen Verfallserscheinungen und der strukturellen Ursachen befindet sich erst in den Anfängen und wird wohl einer der wichtigsten und interessantesten Themenbereiche der Osteuropaforschung in der Zukunft sein.[10] Hierbei spricht die Forschung aus Rußland zum ersten Mal seit 1917 mit eigener Stimme.[11]

Einige Kontroversen der Forschung zeichnen sich ab. Auf der einen Seite wird die Position vertreten, der Untergang der UdSSR sei bereits mit der bolschewistischen Revolution von 1917 programmiert gewesen. Die „ideokratische Partokratie" mit ihrem verkehrten Bild vom Menschen und von der Geschichte habe keine Chance gehabt, sich auf Dauer zu behaupten.[12] Dem wird entgegengehalten, der Untergang des kommunistischen Regimes und der Sowjetunion sei weder unvermeidlich noch determiniert gewesen, sondern das Ergebnis besonderer und unvorhersehbarer historischer Konstellationen.[13]

Zwar wird niemand der Monokausalität das Wort reden, aber die Debatte darüber, welchen Ursachen welches Gewicht zukommt, muß die Forschung beschäftigen: Ist der Untergang in erster Linie Folge der ideologischen Aushöhlung und der politischen Krise oder ist er zuerst auf die Ineffizienz der Planwirtschaft und soziale Spannungen zurückzuführen? Waren die Nationalbewegungen seit langem ein Sprengsatz oder sind sie erst infolge der Krise der Parteiherrschaft wirksam geworden? In den Kontroversen über das Ende der Sowjetunion werden zum Teil die Auseinandersetzungen über den Anfang, über die russische Revolution von 1917 fortgesetzt. War die russische Revolution in erster Linie eine politische oder eine soziale Revolution? Die Diskussion darüber wird bis heute mit unverminderter Härte geführt.[14]

3. Was hielt die Sowjetunion zusammen?

Es gibt zunächst eine einfache Antwort auf diese Frage: die bolschewistische Partei. Am Ende des Ersten Weltkriegs und unter dem Eindruck der Februarrevolution von 1917 begann der Zerfall des Rußländischen Reiches, der sich nach der Machtergreifung der Bolschewiki im Oktober beschleunigt fortsetzte. Aber im Zuge des Bürgerkriegs gelang es den Bolschewiki, diesen Prozeß zunächst anzuhalten und dann umzukehren. Im Dezember 1922 gründeten sie förmlich die UdSSR, deren Grenzen im Osten und Süden weitgehend identisch waren mit denen das Rußländischen Reiches. Im Westen konnte allerdings zunächst der Bestand des alten Reiches nicht restituiert werden: Finnland, die baltischen Staaten, Polen und Bessarabien (Moldau) blieben außerhalb. Die polnisch-sowjetische Grenze verlief weit östlich der polnisch-weißrussischen und polnisch-ukrainischen Volkstumsgrenzen.

Die bolschewistische Partei war ein durchaus neues Instrument der Reichsbildung und Reichserhaltung, ohne Vorbild in der europäischen Geschichte. Die Partei Lenins unterwarf sich den Staat mit all seinen Ausformungen, der Armee, Polizei, Wirtschaft, Verwaltung, Wissenschaft usw. und setzte sich als eine Art Überstaat und oberster Leiter an die Spitze des Gemeinwesens. Die Gebiete des Rußländischen Reiches, die sich für autonom oder unabhängig erklärt hatten, wurden durch die Rote Armee im Zuge des Bürgerkriegs zurückerobert, die Nationalbewegungen gewaltsam zerschlagen und ihre Überreste in die Partei- und Sowjetorgane kooptiert. Eigenständige nationale Organisationen wurden nirgends zugelassen, aber die kommunistische Partei schuf mit der Politik der Indigenisierung (korenizacija) in den 1920er Jahren eine Art Ersatz. Angehörige der nichtrussischen Völker genossen innerhalb bestimmter Grenzen sogar einige Vorteile, ihre Sprache und ihr Volkstum wurden gefördert, und sie wurden beim Aufstieg in die neuen Eliten bevorzugt. Das geschah unter dem Vorbehalt und der Voraussetzung uneingeschränker Loyalität gegenüber der Sowjetordnung.

Die Bolschewiki waren davon überzeugt, daß sich der Nationalismus nur in der bürgerlich-kapitalistischen Gesellschaft entwickeln könnte, und daß sie auch hier den Schlüssel für die bessere und universale Welt der Zukunft gefunden hätten. Die „sozialistischen Nationen" würden sich „entfalten" und in der kommunistischen Endgesellschaft sogar miteinander „verschmelzen". Separatismus und Eigenstaatlichkeit aber würden sie nicht suchen, sie würden sich vielmehr konfliktfrei in die immer homogener werdende Sowjetgesellschaft einfügen. Es bleibt erstaunlich, daß die kommunistische Partei unter diesen falschen Voraussetzungen jahrzehntelang eine für sie im ganzen erfolgreiche Politik gemacht hat. Einer der Gründe liegt darin, daß die Parteiführung nicht zögerte, ihren ideologischen Vorannahmen auch mit Gewalt zur Realität zu verhelfen, wenn sich diese Realität freiwillig nicht einstellte. Das war die Dialektik der Revolution.

Auch im Bereich des Staatsrechts entwickelten die Bolschewiki ein eigenes Instrument, um den Vielvölkerstaat zusammenzuhalten: den Sowjetföderalismus. Dies war ein kompliziertes System abgestufter administrativ-territorialer Autonomien von den Unionsrepubliken über die Autonomen Republiken, Autonomen Gebiete usw. bis hinunter zu nationalen Dorfsowjets, das die großen und viele kleine Nationen und Völkerschaften mit Symbolen nationaler Eigenständigkeit ausstattete, ohne ihnen doch tatsächlich Selbstverwaltung und Selbstbestimmung zu gewähren. Denn der Sowjetföderalismus wurde überwölbt und in der realen Politik durch einen rigorosen Zentralismus innerhalb der KPdSU außer Kraft gesetzt. Eine Föderalisierung der Partei kam nicht in Frage. Da aber alle wesentlichen Entscheidungen von Parteiorganen getroffen und von Sowjetorganen lediglich exekutiert wurden, blieb der Sowjetföderalismus eine leere Hülle, solange die Partei die Macht fest in der Hand hatte. Angesichts der Herrschaftskrise der Partei seit den 1970er Jahren zeigte sich dann, daß sich der Sowjetföderalismus in einem jahrzehntelangen Prozeß vom Schein zu einer Realität entwickelt hatte. Er wurde schließlich zum Totengräber der Sowjetunion. War anfangs die Parteiherrschaft die Realität und der Sowjetföderalismus der Schein, so hatte sich Ende der 1980er Jahre das Verhältnis umgekehrt.

Die Bolschewiki haben verhindert, daß das Rußländische Reich nach 1917 den gleichen Weg ging wie die Donaumonarchie. Sie haben damit den Vielvölkerstaat Sowjetunion von der europäischen Entwicklung abgekoppelt und den Prozeß der Bildung von Nationalstaaten auf dem Territorium des Vielvölkerimperiums vom Anfang auf das Ende des Jahrhunderts verschoben. Zur Stabilisierung der Sowjetunion trug die Nationalitätenpolitik der Partei im ersten Jahrzehnt nach 1917 bei, durch sie sollten die nichtrussischen Völker jedenfalls nachträglich für die Revolution gewonnen werden. Die Politik der „korenizacija" hob sich positiv ab von der Russifizierungspolitik der zaristischen Regierung in den Jahrzehnten vor dem Ersten Weltkrieg, aber auch von der Assimilierungspolitik gegenüber den nationalen Minderheiten in manchen Staaten Ostmitteleuropas in der Zwischenkriegszeit. Das Ukrainertum konnte sich in der Ukrainischen SSR besser entfalten als im polnischen Galizien.

Die Politik der Derussifizierung endete in den 1930er Jahren; die Stalinsche Diktatur setzte immer stärker auf die Russen als das entscheidende Element für den Fortbestand des Imperiums. Russische

Zuwanderer, russische Führungskader, die russische Sprache und die Assimilation an das Russentum galten jetzt als die natürliche und notwendige Klammer für den kommunistischen Vielvölkerstaat. Dieser Umschlag der Politik war nicht zuletzt die Folge erfolgreicher Nationalbildung im Jahrzehnt zuvor. Ein Großteil der nichtrussischen Eliten einschließlich der neuen Führungskader aus bolschewistischer Zeit wurde in den 1930er Jahren als „bourgeoise Nationalisten" entlarvt und „liquidiert". Der Totalitarismus fürchtete mit Recht die Konkurrenz der Nationen als Organisationsprinzip des Gemeinwesens.

Russen galten nun als die natürlichen Agenten des Zentrums an der Peripherie. Es gehört zu den Besonderheiten des Rußländischen Reiches sowohl vor als auch nach 1917, daß Russen zwar vielfach in den Führungsschichten dominierten und daß die russische Sprache und Kultur Staat und Gesellschaft prägten. Dennoch ist das zahlenmäßig mit Abstand größte Volk des Reiches nicht insgesamt Nutznießer des Imperiums gewesen. Große Teile der bäuerlichen und städtischen Unterschichten russischer Herkunft zählten im Gegenteil zu den Parias der Gesellschaft.

Als die bolschewistische Partei das Imperium in Gestalt der Sowjetunion wieder zusammenfügte, wurde sie nicht in erster Linie von einem Reichspatriotismus angetrieben, sondern von einer Ideologie, deren Ziele weit darüber hinaus reichten. Die russischen Revolutionäre waren angetreten, um den Sozialismus aufzubauen, Gerechtigkeit und Gleichheit in der Gesellschaft durchzusetzen, Ausbeutung zu beseitigen und die Geschichte an ihr Ziel zu bringen. Um diese von Marx vorgedachten, von Lenin mit politischem Instrumentarium ausgestatteten Ziele zu erreichen, war kein Opfer zu groß, kein Blut zu viel und kein Machtmittel zu infam. Der Sozialismus als das höchste Gut und Ersatz für die verlorene religiöse Welt hat im 20. Jahrhundert nicht nur die russische Intelligenz fasziniert, sondern er hat auch in der westlichen Welt viele Anhänger gefunden, die blind und taub waren für die ungeheure Brutalität, mit der Lenin von Anfang an die „Ziele der Geschichte" durchsetzte.

Die Ideologie lieferte die Legitimation für die wichtigsten Institutionen und Strukturen des Sowjetsystems, dessen Aufbau Mitte der 1930er Jahre abgeschlossen war und das bis zum Schluß weitgehend unverändert blieb. Das Machtmonopol der kommunistischen Partei war nur ideologisch begründbar, eine demokratische Legitimation wurde zu keiner Zeit angestrebt. Parlamentarische Demokratie und politischer Pluralismus galten vielmehr als reaktionär und als Instrumente des Kapitalismus zur Ausbeutung der werktätigen Massen. Die kommunistische Partei verkörperte eine fortschrittliche, höhere Form der Demokratie im Interesse des ausgebeuteten Proletariats und der mit ihm verbundenen Bauernschaft in der UdSSR. Die zuvor herrschenden Ausbeuterklassen wurden aus dem sozialistischen Gemeinwesen ausgeschieden. So wie das Selbstbestimmungsrecht der Völker mit dem Anschluß an die UdSSR als verbraucht galt, war mit der Revolution und der Machtübernahme durch die Bolschewiki ein für allemal die sozialistische Wahl vollzogen und das Wahlrecht sozusagen durch die Geschichte konsumiert. An die Stelle der im Grundsatz unbeschränkten zarischen Monarchie trat die unbeschränkte Macht der kommunistischen Partei, die vom Führer der Partei ausgeübt wurde. Das Prinzip der Autokratie war in der russischen politischen Kultur fest verwurzelt. Dies trug zur Stabilität der neuen Ordnung bei.

Auch die Strukturprinzipien von Wirtschaft und Gesellschaft wurden aus der Ideologie abgeleitet: entschädigungslose Liquidierung des Privateigentums in der Wirtschaft und Verstaatlichung aller Produktionsmittel. Damit wurde die staatliche Verwaltung im wesentlichen identisch mit Wirtschaftsverwaltung – soweit sie nicht Polizeiaufgaben hatte. Die Planwirtschaft war ein zentrales Instrument der Herrschaft der Partei über die Gesellschaft. Die Ausschaltung des Marktes, des Profits und des Eigeninteresses an der Wirtschaftstätigkeit, des individuellen und kollektiven Egoismus verlangte geradezu den Einsatz von Zwang und Gewalt, um die Menschen anzutreiben, zu belohnen und zu bestrafen. Die neuen Machthaber schufen dazu die Voraussetzungen, denn Macht und Eigentum lagen jetzt in einer Hand. Auch dies entsprach in bestimmtem Umfang russischer Tradition, denn *imperium* und *dominium* waren in Rußland erst spät und unvollständig auseinandergetreten. Die Eigentumsmentalität war nur schwach verwurzelt, die Gesellschaft erwartete vielmehr Zuteilung und Gerechtigkeit von oben.[15]

Der integrale Sozialismus, die Erwartung, daß Ungerechtigkeit und Ungleichheit unter Menschen in der neuen Zeit verschwinden würden, hat die Bolschewiki zumindest bis in die 1930er Jahre motiviert und dem revolutionären Chaos von Bürgerkrieg und später von Kollektivierung und Industrialisierung einen Sinn vermittelt, auch wenn diese Ideologie zu keiner Zeit von der Gesellschaft insgesamt akzeptiert war. Der revolutionäre Sozialismus enthielt außerdem das Versprechen, mit der ewigen Rückständigkeit Rußlands gegenüber Europa endlich Schluß zu machen und Rußland aus der Nachhut der Geschichte mit einem Schlag in die Avantgarde zu katapultieren: für alle Patrioten eine faszinierende Perspektive.

So wurde die Sowjetunion bis in die 1930er Jahre von einer revolutionären Diktatur zusammengehalten, die sich durch eine totalitäre Ideologie rechtfertigte und zugleich in mancher Hinsicht an die überkommenen Traditionen des Landes anknüpfte. Die Bolschewiki waren entschlossen, den Weg in das goldene Zeitalter inmitten einer Welt von Feinden mit rücksichtsloser Gewalt durchzusetzen. Feinde wurden geradezu zu einer Voraussetzung für das Funktionieren des Sowjetsystems. Stalin rechtfertigte seine „Revolution von oben" seit Ende der 1920er Jahre unter anderem mit der kapitalistischen Einkreisung und der angeblich drohenden Kriegsgefahr. Als die Feinde von außen nicht losschlugen, wurden wie im Fieberwahn immer neue Feinde im Inneren der Sowjetunion erfunden: Kulaken, Trotzkisten, Nationalisten, Spione, Saboteure, Doppelzüngler, Volksfeinde... – die nach vielen Millionen zählenden Häftlinge und Toten des Gulag.

Inmitten des Massenterrors erklärte Stalin 1936 den Aufbau des Sozialismus für „im wesentlichen" abgeschlossen. Die ursprüngliche revolutionäre Ideologie hatte sich erschöpft, jetzt sollte der Terror die Stabilität der Sowjetunion sichern. Terror und Gulag stabilisierten das Land nicht nur durch die Angst, sondern auch durch die Gewinnler. Hunderttausendfach wurden Plätze frei für sozialen Aufstieg und Leitungsfunktionen. Die Brežnev-Generation erhielt ihre Ausbildung und politische Prägung in den 1930er Jahren. Für zwei Jahrzehnte bis zu Stalins Tod (1953) trat die kommunistische Partei als Träger der Macht zurück. Exekutoren der Diktatur wurden in erster Linie die Repressions- und Terrororgane.

Der Angriff Hitler-Deutschlands auf die Sowjetunion und der Sieg im „Großen Vaterländischen Krieg" hat der Sowjetmacht wie kein anderes Ereignis neue Legitimität verliehen. Obwohl das Stalin-Regime Ende der 1930er Jahre geschwächt war, und die Völker der Sowjetunion im Krieg ungeheure Opfer bringen mußten, stand die Sowjetmacht 1945 als von innen und außen unangreifbar dar. Sie genoß hohes Ansehen bei den westlichen Alliierten, sogar manche antikommunistischen Emigranten machten ihren Frieden mit Stalin. Der Sieg über Hitler-Deutschland blieb bis zum Ende der Sowjetmacht und darüber hinaus in der nachkommunistischen Rußländischen Föderation ein zentrales identitätsstiftendes Ereignis. Die Erinnerung an die Niederwerfung des Feindes ersetzte gewissermaßen die immer blasser werdende Hoffnung auf das kommunistische goldene Zeitalter in der Zukunft. Krieg und Sieg ließen für eine Zeitlang die Konflikte zwischen den Völkern der Sowjetunion und die Spannung zwischen der Macht und den Menschen in den Hintergrund treten.

Der Sieg im Zweiten Weltkrieg veränderte das Machtgleichgewicht zugunsten der UdSSR und schuf die Voraussetzungen für den Status der Supermacht und die militärische Parität mit den USA seit Anfang der 1970er Jahre. Im Zuge des Zweiten Weltkriegs stellte die Sowjetunion nicht nur die Westgrenzen des Rußländischen Reiches wieder her (ohne Polen und Finnland), sondern erweiterte sie durch die Einverleibung Galiziens, der nördlichen Bukowina, der Karpato-Ukraine und Nord-Ostpreußens. Vor allem aber schuf die Rote Armee die Voraussetzungen für den Aufbau eines äußeren Imperiums bis an die Elbe, das nach jahrzehntelangen Auseinandersetzungen – wie es schien endgültig – seit 1975 (Schlußakte von Helsinki) auch vom Westen als legitimer sowjetischer Besitzstand anerkannt wurde. War die stetige Expansion der Sowjetmacht – seit den 1960er Jahren zusätzlich in viele Regionen der Dritten Welt – nicht Beweis für die Richtigkeit des sozialistischen Weges, für die erfolgreiche Führung durch die kommunistische Partei und ihren Generalsekretär?

Die sowjetischen Führer nach Stalin ergriffen außerdem in zwei Bereichen entschlossene Maßnahmen, um das Land im Inneren zu stabilisieren. Der Massenterror wurde eingeschränkt und Chruščev versprach auf dem 20. Parteitag (1956) in verschlüsselter Form, daß es soziale Katastrophen wie die Kollektivierung der Landwirtschaft nicht mehr geben sollte. Vor allem aber wurden den Eliten, der Nomenklatura, die Sicherheit von Leib und Leben zugesagt. Säuberungen waren für die Betroffenen nicht mehr wie in der Stalin-Zeit lebensbedrohlich. Seit Mitte der 1960er Jahre blieb auch der soziale Status eines Mitglieds der Nomenklatura meist erhalten, wenn es aus dem Amt gejagt wurde.

Zum anderen stieg seit Mitte der 1950er Jahre der Lebensstandard der Bevölkerung, insbesondere in den rasch wachsenden Großstädten, langsam, aber fühlbar an. Die Erhöhung der landwirtschaftlichen Produktion, Wohnungsbau und die steigende Produktion von Waren des alltäglichen Bedarfs haben entscheidend zur inneren Stabilität in den Jahrzehnten nach Stalins Tod beigetragen. Außerdem kam es zu einer umfangreichen Ausweitung des Bildungsangebots, das nicht nur endgültig das Analphabetentum beseitigte, sondern die Sowjetunion überholte im Bereich Bildung und Ausbildung manche Staaten Südeuropas und die Südstaaten der USA. In gewisser Hinsicht hat also in der Sowjetunion Modernisierung stattgefunden: Industrialisierung, Urbanisierung und Bildungsexplosion lassen sich durch lange und eindrucksvolle Zahlenkolonnen belegen. Aber die Partei wollte nur eine Pseudomodernisierung: Fabrik ohne Parlament, Bildung unter den Bedingungen der Zensur, Wissenschaft ohne Informationsfreiheit, ohne Öffnung zum Westen. Auf längere Sicht ließ sich die halbe Modernisierung nicht durchhalten.

4. Delegitimierung des Sowjetsystems

Der Zusammenbruch der Sowjetunion erfolgte sehr rasch und erstaunlich unblutig. Auch die meisten Akteure rechneten in der ersten Hälfte des Jahres 1991 kaum damit; im Dezember wurde die rote Fahne über dem Kreml eingezogen. Dies wird nur erklärbar, wenn man sich den langfristigen und in manchen Fällen wenig spektakulären Degenerationsprozessen zuwendet, die das Sowjetsystem und den Staat ausgehöhlt und von innen destabilisiert haben.

Der Marxismus-Leninismus-Stalinismus war eine allumfassende und verbindliche Weltanschauung, die beanspruchte, die objektive Wahrheit über die Natur, die Geschichte und damit den Menschen zu kennen. Diese Weltanschauung war eine wesentliche Grundlage des Sowjetsystems. Sie durchdrang und bestimmte nicht nur Bildung und Wissenschaft, Kultur und Propaganda, sondern sie stellte die entscheidende Legitimierung für die Herrschaft der KPdSU dar. Aus der Ideologie ließ sich die uneingeschränkte Ausübung von Gewalt rechtfertigen, denn dies geschah im Namen von Wahrheit und Gerechtigkeit, also auf einer gleichsam religiösen Grundlage. Obwohl die Sowjetideologie im Prinzip bis zum Ende der Sowjetunion fortbestand, begann ihre Überzeugungskraft und mobilisierende Wirksamkeit schon lange zuvor nachzulassen. Der Massenterror der Kollektivierung seit Ende der 1920er Jahre und die vernichtenden Säuberungen auch innerhalb der kommunistischen Partei in den 1930er Jahren bedeuteten im Grunde das Eingeständnis der mangelnden Wirksamkeit der Ideologie, obwohl diese Politik selbstverständlich ideologisch gerechtfertigt wurde.

Seit den 1930er Jahren trat die ideologische Sprachregelung immer stärker an die Stelle der Realität. Die Wirklichkeit waren Angst und Terror, die Sprachregelung hieß Aufbau des Sozialismus. Tatsächlich entwickelten die Völker der Sowjetunion ein zunehmendes Selbstbewußtsein, die Ideologie aber sprach davon, daß die nationale Frage gelöst sei. Die Ausschaltung möglicher Rivalen durch Stalin hieß Kampf gegen Spione und Verräter des Vaterlands. Die Propaganda hatte die Aufgabe, die Wirklichkeit zu verdecken und sie durch Wunsch- und Zielprojektionen zu ersetzen, in der Kunst hieß das Sozialistischer Realismus. Aus Angst und Anpassung entstand in der Gesellschaft ein Doppel- und Mehrfachbewußtsein, die Wirklichkeit wurde immer unsichtbarer. Zu den Folgen gehörte, daß Wirklichkeit und Propaganda auch für die Führung nicht mehr zu unterscheiden waren. So weigerte sich Stalin, die Hungersnot in der Ukraine 1946/47 zur Kenntnis zu nehmen.[16] Auch in den Jahrzehnten nach Stalins Tod hatte die Führung keine angemessene Kenntnis von der Gesellschaft, die sie regierte. Honecker glaubte noch im Herbst 1989, die DDR befinde sich unumkehrbar auf dem Weg des Sozialismus.

Seit den 1960er Jahren wurde der Marxismus-Leninismus mehr und mehr zu einer Kulisse, hinter der sich unsichtbar der Untergang des Systems vorbereitete. Zentrale Aussagen vom Aufbau des Kommunismus wurden zum Gegenstand von Spott und Hohn. Immer weniger Menschen glaubten an das, was sie in der Schule und Universität lernen mußten, jeden Tag im Fernsehen sahen und selber reproduzierten, um Anpassung zu simulieren. Auf längere Sicht kann jedoch kein System fortbestehen, wenn nicht zumindest bestimmte Kerngruppen die Grundorientierungen und Grundwerte teilen, und zwar aus Überzeugung, nicht aus Opportunismus. Es gibt keinen Kommunismus ohne Kommunisten, ebensowenig wie eine Demokratie ohne Demokraten.

Chruščev, der Nachfolger Stalins, der vielleicht mehr als sein Vorgänger und seine Nachfolger von der Richtigkeit des Marxismus-Leninismus durchdrungen war, versuchte, der Ideologie noch einmal neue Überzeugungskraft zu vermitteln. Die Entstalinisierung, d. h. eine teilweise Kritik an Stalin und seiner Politik, sollte den Sozialismus von den Verbrechen der Stalin-Zeit reinigen und ihm neue Legitimität verleihen. Dies gelang jedoch nicht. Alle waren mit der Destalinisierung unzufrieden: die Führungseliten, weil sie fürchteten, selbst in den Strudel hineingerissen zu werden, der das ganze Sowjetsystem unterspülen würde, und die Vertreter des „Tauwetters“, weil sie die Destalinisierung für halbherzig und inkonsequent hielten.

Chruščevs Teilanklage gegen Stalin hat dennoch in einem unbeabsichtigten Sinn Schule gemacht: Alle Nachfolger Chruščevs haben sich ähnlich wie er vom jeweiligen Vorgänger distanziert, ihn zur Unperson erklärt und damit erheblich zur Delegitimierung des Sowjetsystems beigetragen. Die Brežnev-Führung belegte Chruščev mit einem Tabu; nach 1985 hieß die Brežnev-Epoche verächtlich „Zeit der Stagnation“, ja des „Totalitarismus“. Jede neue Führung ließ die Geschichtsbücher umschreiben. Die in Medien und Wissenschaft allgegenwärtigen Zitate aus den Reden und Werken des früheren Partei- und Staatsführers verschwanden, Straßen, Fabriken und Ortschaften, die seinen Namen trugen, wurden umbenannt. Auch Gorbačev hielt sich an dieses Schema, das keineswegs eine ausgewogene Auseinandersetzung mit den vorangegangenen Jahrzehnten bedeutete. Der Personenkult für den jeweiligen Führer war so fordernd, daß er den Sturz aller Vorgänger vom Podest nötig machte. Dieser immer wiederkehrende und deshalb voraussehbare Umschlag vom größten Führer zur Unperson, konnte in der Gesellschaft nur Zynismus und Spott auslösen. Die Sowjetmacht zerstörte ihre eigene Geschichte. Nur Lenin erstrahlte im unbefleckten, heroischen Glanz; jeder neue Führer seit Stalin stilisierte sich als den „treuesten Schüler Lenins“. Nach ihrer Selbstdarstellung war die Sowjetunion also von den über 70 Jahren eigener Geschichte die weitaus längste Zeit von unfähigen, unwürdigen oder gar verbrecherischen Führern regiert worden.

Das zentrale Institut des Sowjetsystems war die KPdSU. So wie sie die entscheidende Klammer für den Zusammenhalt der UdSSR gewesen war, so wurde die Krise der Parteiherrschaft zur wichtigsten Ursache für den Untergang des Staates Sowjetunion. Wie legitimiert sich eine revolutionäre Partei, die keine Revolution mehr macht? – Auf diese Frage läßt sich die Herrschaftskrise zuspitzen. Die KPdSU war ein Apparat zur Machteroberung und Machterweiterung. Für die Verwaltung von Staat und Wirtschaft, also zur Fortschreibung des Status quo, war eine solche Organisation überflüssig, zumal es parallel zu ihr die staatlichen Sowjetorgane und die Wirtschaftsbürokratie gab, die Entscheidungen der Parteiorgane exekutierten. Die Partei Leninschen Typs hatte einzigartige Instrumente der Herrschaft entwickelt. Sie war in alle Organisationen des Staates, der Wirtschaft, der Armee, der Bildung, des Sports usw. eingedrungen, bildete dort mit ihren Parteikomitees den „führenden Kern" und lenkte so das gesamte öffentliche Leben über ihre „Transmissionsriemen".

Die Parallelität der Leitungsapparate erwies sich dennoch von Anfang an als ein strukturelles Dilemma. Diese Struktur war auf Kriegs- und Krisenzeiten zugeschnitten, um die letzten Reserven zu mobilisieren. Unter normalen Friedensbedingungen im Inneren und nach außen wurde die ohnehin schwerfällige Bürokratie durch den Parteiapparat noch ineffizienter und korruptionsanfälliger. Hinzu kam, daß der Parteiapparat für alles zuständig, aber für nichts verantwortlich war, denn die Ausführung der Beschlüsse war Sache anderer Organe.

Das Legitimitätsdefizit des Parteiapparats hatte bereits unter Chruščev zu weitreichenden Reformplänen geführt. Chruščev wollte der Partei konkrete Aufgaben in der Wirtschaftsverwaltung übertragen; auf der unteren Ebene, in der Landwirtschaft, kam es sogar zu einer Verschmelzung des Parteiapparats mit der Verwaltungsbürokratie. So sollte der Partei neue Legitimität in der Gesellschaft verschafft und die Spur der stalinistischen Verbrechen getilgt werden. Die Mehrheit in der Parteiführung widersetzte sich jedoch diesen Reformen, die auf die Beseitigung der Sonderstellung des Parteiapparats hinausliefen, alles zu leiten, aber nichts zu verwalten. Nach dem Sturz Chruščevs (Oktober 1964) wurde die klare Trennung wiederhergestellt; der Parteiapparat sollte außerhalb und über allen anderen Bürokratien stehen. Nur so konnte der Kern des sowjetischen politischen Systems bewahrt werden.[17]

Ein zentraler Bereich der Herrschaft ist die Personalpolitik. Die Partei Lenins hatte ein ausgefeiltes Instrumentarium entwickelt, um hier alle Fäden in der Hand zu behalten. Zehntausende von Positionen auf den oberen administrativ-territorialen Ebenen und hunderttausende von Leitungsfunktionen auf unteren Ebenen und in der Provinz, in allen Bereichen von Staat, Wirtschaft, Streitkräften, Wissenschaft usw.

konnten nur auf Anweisung oder mit Zustimmung des zuständigen Parteikomitees besetzt werden. Diese Sowjetelite oder Nomenklatura besaß de facto die Verfügungsgewalt über Waren, Dienstleistungen und Macht. Seit den 1960er Jahren und dem Ende der Säuberungen wurde sie mehr und mehr eine nach außen abgeschlossene, wenn auch in sich außerordentlich hierarchisch gegliederte, zur Selbstrekrutierung tendierende Schicht. Während in der Stalin-Zeit Aufstieg durch Terror möglich war, neigte die Nomenklatura unter den Bedingungen knapper werdender Ressourcen seit Brežnev zu Immobilität, Sicherung des Bestehenden und Ablehnung aller Reformen, weil sie davon eine Minderung ihrer Privilegien zu befürchten hatte. „Stabilität der Kader" hieß die Losung der Brežnev-Zeit. Sie bedeutete soziale Sicherheit für die, die einmal drin waren. Die Korruption nahm in den letzten Jahrzehnten der Sowjetunion zuvor unbekannte Ausmaße an, sie reichte bis in das Politbüro und die Familie Brežnev hinein. Das Sowjetsystem wurde zu einem Selbstbedienungsladen für die Nomenklatura.[18]

Sozialer Aufstieg in allen Bereichen, auch weit unterhalb der Nomenklatura, setzte in der Regel die Mitgliedschaft in der KPdSU voraus. Dies hatte zwei Konsequenzen: In die Partei drängten Menschen, die Karriere machen wollten; es reichte aus, politischen und weltanschaulichen Konformismus zu demonstrieren. „Gläubige" Kommunisten gab es in den nachwachsenden Eliten ohnehin immer seltener. Andererseits blieben über 90 Prozent der Bevölkerung vom sozialen Aufstieg von vornherein ausgeschlossen; 1988 stellten die 19,5 Millionen Mitglieder der KPdSU etwa sieben Prozent der Gesamtbevölkerung. Keine Gesellschaft im technischen Zeitalter kann sich ungestraft eine Elitenrekrutierung leisten, bei der Opportunismus belohnt und andererseits Fähigkeiten und Talente in großem Stil mißachtet und ausgeschlossen werden.

Die Auflösungserscheinungen des Marxismus-Leninismus wurden durch die Ineffizienz der Einparteiherrschaft verstärkt. Die Partei hatte auch früher ihre Versprechungen nicht eingelöst, aber bis in die 1960er Jahre die Verantwortung immer auf äußere und innere Feinde abwälzen können. Chruščev hatte versprochen, bis 1980 werde man die westlichen Industrieländer hinsichtlich des Lebensstandards „ein- und überholen"; die Grundlagen des Kommunismus sollten 1980 errichtet sein. Die Partei zahlte für diese grotesken Fehlprognosen mit Legitimitätsverlust.

Er war um so gravierender, als sich die Gesellschaft in den Jahrzehnten nach Stalin erheblich verändert hatte, das politische System in seinem Grundmuster jedoch gleich geblieben war. Millionen von Menschen mit einer anspruchsvollen Schul- und Berufsausbildung waren herangewachsen, eine städtische Mittelschicht war entstanden, die ähnliche Konsumwünsche und Erwartungen an den Lebensstil entwickelte wie in westlichen Gesellschaften, von der politischen Partizipation aber ausgeschlossen blieb. Während es im Studienjahr 1927/28 in der Sowjetunion nur 163 000 Hochschulstudenten gab, erreichte ihre Zahl 1980/81 5,24 Millionen. Die neuen Intelligenzschichten lebten überwiegend in den Städten. Der Grad der Urbanisierung stieg von einem Drittel der Bevölkerung 1940 auf zwei Drittel 1990.[19]

Allerdings waren auch im Blick auf den gesellschaftlichen Wandel seit den 1970er Jahren Stagnationserscheinungen unübersehbar. Schul- und Bildungswesen hielten mit den gewachsenen Erwartungen nicht Schritt; die Gesundheitspflege kam über eine elementare Grundversorgung nicht hinaus. Die Wohnungsnot in den Städten blieb groß; auch Mitte der 1980er Jahre lebten noch mindestens 20 Prozent der städtischen Bevölkerung in Kommunalwohnungen, d. h. mehrere, einander fremde Mietparteien wurden in eine Wohnung eingewiesen.[20] In der Breżnev-Zeit sanken die Chancen für sozialen Aufstieg. Während zu Beginn der 1960er Jahre etwa sechzig Prozent der Abiturienten ein Hochschulstudium aufnahmen, waren es 1977 nur noch 15 Prozent (in beiden Fällen ohne Berücksichtigung der Abend- und Fernstudenten).[21] Zugleich stieg die Zahl der überqualifizierten Absolventen, denen kein angemessener Arbeitsplatz zugewiesen werden konnte. Die Temperatur in der Gesellschaft sank, und der Pessimismus der 1980er Jahre unterschied sich markant von der hoffnungsvollen Aufbruchstimmung im Jahrzehnt nach Stalins Tod.

Die vergreiste Parteiführung behandelte eine gut ausgebildete, städtische Bevölkerung nach wie vor wie unmündige Kinder. Sie hatten Lesen und Schreiben gelernt, aber die Partei dekretierte und zensierte, was sie lesen und schreiben sollten, welche Bilder sie sehen und welche Musik sie hören durften. Den Sowjetmenschen wurden die elementaren persönlichen und politischen Freiheiten vorenthalten, die sich seit dem 18. Jahrhundert in Europa und Nordamerika durchgesetzt hatten: Glaubens- und Gewissensfreiheit, Meinungs- und Versammlungsfreiheit, das Recht, politische Vereinigungen zu gründen. Der Weltanschauungsstaat war nicht bereit, seinen totalitären Anspruch aufzugeben, obwohl er ihn immer weniger einzulösen vermochte.

Während die Parteiführung krampfhaft am Status quo festhielt, regten sich seit den 1960er Jahren Kräfte der gesellschaftlichen Selbstorganisation. Die Dissidenten, d. h. Bürgerrechtsgruppen, waren nur die Spitze des Eisbergs. Sie, wie auch die meisten anderen gesellschaftlichen Gruppen, stellten das Sowjetsystem nicht grundsätzlich in Frage, sondern forderten die Macht auf, die eigenen Gesetze einzuhalten. Denn in der sowjetischen Verfassung gab es einen eindrucksvollen Katalog der Menschen- und Bürgerrechte. Tatsächlich bedeutete das

Pochen auf Rechtsstaatlichkeit, das Ernstnehmen gesetzlicher Normen bereits die Aushebelung der Einparteiherrschaft, denn sie beruhte darauf, daß die Parteiführung keinen Gesetzen unterworfen war, daß die Politik stets höher stand als das Recht.

Die Delegitimierung hatte einen weiteren, wichtigen Aspekt: die nachlassende Leistungsfähigkeit der zentralen Planwirtschaft. Bis in die Mitte der 1970er Jahre hatte es ein Wachstum des Bruttosozialprodukts gegeben; der Lebensstandard verbesserte sich. Seither trat die Wirtschaft – nach nichtoffiziellen Berechnungen russischer Ökonomen – auf der Stelle und verzeichnete ab der Mitte der 1980er Jahre einen Rückgang der Produktion.[22] Null- und Minuswachstum von Wirtschaft und Lebensstandard wurden offiziell bis Ende der 1980er Jahre geleugnet; sie bedeuteten eine schwere Belastung für die Parteiherrschaft. Die subjektiven Ansprüche der Menschen hatten gegenüber der Stalin-Zeit erheblich zugenommen; die Schere zwischen Erwartungen und Realitäten öffnete sich immer weiter.

Die Wirtschaftskrise war um so ernster, weil sie systembedingt war, ihre Ursachen in den ordnungspolitischen Grundlagen der Sowjetwirtschaft hatte und sich nicht durch Reformen am System beheben ließ – wie die Perestrojka nach 1986 zeigte. Das Wachstum der 1950er bis 1970er Jahre war durch billige Rohstoffe und Energieträger sowie dadurch erreicht worden, daß aufgrund des Bevölkerungswachstums ständig mehr und schlecht bezahlte Arbeitskräfte zur Verfügung standen. Der Übergang von extensiven zu intensiven Wachstumsfaktoren gelang jedoch nicht. Die teurer werdende Rohstoff- und Energiegewinnung und die kaum noch expandierende Zahl der Arbeitskräfte konnten nicht durch Produktivitätswachstum und Qualitätsverbesserung ausgeglichen werden. Je weiter der technische Fortschritt und die Differenzierung der Gesellschaft vorankamen, um so negativer wirkte sich die zentrale Verteilungs- und Planwirtschaft aus. Die komplexer werdende Wirtschaft ließ sich nicht in Kennziffern erfassen und planen. Vor allem aber konnte die motivierende Wirkung von Markt, Wettbewerb und Gewinn durch kein noch so ausgeklügeltes System der Verteilung und Kontrolle ersetzt werden. Initiative, Kreativität und das Streben nach Gewinnmaximierung wanderten in die Schattenwirtschaft und die Korruption ab. Die eiserne Faust des Stalinschen Terrors wirkte nicht mehr disziplinierend und abschreckend.

Eine zusätzliche Belastung ging von der expandierenden Rüstungswirtschaft in der Brežnev-Zeit aus. Zwar hatten Schwer- und Rüstungsindustrie in der Sowjetunion stets Priorität gehabt; privater Verbrauch und Konsumgüterindustrie hatten demgegenüber immer zurückstehen müssen, aber unter dem Schirm der Entspannung wurde der militärisch-industrielle Komplex weiter ausgebaut. Denn er allein war Voraussetzung

zung und Garant der Weltmachtstellung. Nach inoffiziellen Berechnungen russischer Ökonomen beliefen sich die Rüstungsausgaben in den 1980er Jahren auf 20 Prozent bis 25 Prozent des Bruttosozialprodukts; sie betrugen damit etwas das Vierfache der Belastung in den USA. Legt man Weltmarktpreise zugrunde, so verschlang die Rüstung Mitte der 80er Jahre in der Maschinenbauproduktion sogar mehr als 60 Prozent. Man hat deshalb von einer „permanenten Kriegswirtschaft mit peripherer Zivilproduktion" gesprochen.[23] Die Rüstungsindustrie prägte die gesamte Sowjetwirtschaft, weil alle anderen Sektoren bei der Zuteilung von Gütern, Dienstleistungen und Arbeitskräften als Restposten-Verwertung behandelt wurden. In den meisten zivilen Bereichen erfolgte so eine negative Wertschöpfung, d. h. es wurde – bei Zugrundelegung von Weltmarktpreisen – mehr aufgewendet als erzeugt.

Die Sowjetwirtschaft war mehr als andere Bereiche auch schon vor 1985 im Lande selbst zur Kritik freigegeben. Allerdings durfte diese Kritik vor der Glasnost-Ära niemals grundsätzlich sein und etwa die Priorität des militärisch-industriellen Komplexes oder die Planwirtschaft in Frage stellen. Aber daß die Sowjetwirtschaft die Menschen schlechter versorgte als die Ökonomie in den westlichen Industrieländern, war zu Beginn der 1980er Jahre nicht nur eine objektive, sondern auch eine subjektive Tatsache, d. h. ein wachsender Anteil der Bevölkerung sah das so.

Das hing mit der allmählichen Durchlöcherung des Eisernen Vorhangs seit den 1950er Jahren zusammen. Stalin war zu Recht davon überzeugt, daß die rigorose Abschließung nach außen eine Grundvoraussetzung für die Stabilität des Sowjetsystems war. Die teilweise Öffnung nach außen und der je länger andauernde, um so weniger kontrollierbare Informationsaustausch mit dem Westen haben zur Delegitimierung des Sowjetsystems beigetragen. 1940 konnten nur etwa zwei Prozent der Bevölkerung der UdSSR ausländische Radiostationen empfangen, 1950 waren es acht Prozent und in den 1970er Jahren bereits etwa die Hälfte aller Menschen in der Sowjetunion. Zwar wurden die westlichen Sender bis Ende der 1980er Jahre zum Teil massiv gestört, sie haben dennoch das Informationsmonopol der sowjetischen Propaganda durchbrochen und ein scharf kontrastierendes Bild sowohl der Sowjetunion als auch des Westens geliefert.[24]

Durch die zunehmenden Kontakte der Wirtschaft und der Wissenschaft mit der Welt „da draußen" sowie durch die sowjetische Expansion in der Dritten Welt kamen Zehntausende von Angehörigen der sowjetischen Eliten ins Ausland. Seit 1970 verließen Hunderttausende von Juden und Deutschen das Land und lösten eine Kettenreaktion der Information und Migration aus. Die Entspannungspolitik hatte viele Facetten, insgesamt trug sie zur Destabilisierung des Sowjetsystems bei

– durchaus im Gegensatz zur Intention und Erwartung der Architekten dieser Politik in West und Ost. Das Bewußtsein, bedroht zu sein, ließ nach. Feindbilder wie NATO und amerikanischer Imperialismus verblaßten, auch wenn sie offiziell nicht gänzlich abgeschafft wurden. Das Bewußtsein, in einer Festung zu leben, schwand und damit auch die Bereitschaft der sowjetischen Eliten, sich für die Verteidigung einer Ordnung einzusetzen, von deren Überlegenheit immer weniger Menschen überzeugt waren. „Die Tatsache, daß die Bereitschaft der Eliten (einschließlich der militärischen), ‚für das Imperium zu sterben', fast auf den Nullpunkt sank, spielte für den Zerfall der UdSSR eine wichtige Rolle."[25] Die Kosten des Weltmachtstatus waren im Lande höchst unpopulär und wirkten delegitimierend. Das Ausgreifen der sowjetischen Politik seit den 1960er Jahren nach Zentralamerika, in den Nahen Osten, nach Schwarz-Afrika und nach Südostasien fand in breiten Schichten der Bevölkerung keine Unterstützung. Die Expansion in der Dritten Welt wurde vielfach als Belastung und Überengagement wahrgenommen. Die sowjetische Gesellschaft war arm. Weshalb sollten riesige Summen für die Unterstützung der Kommunisten in Kuba und Vietnam oder die Regime „sozialistischer Orientierung" in Afrika ausgegeben werden?

1979 marschierte die sowjetische Armee in Afghanistan ein, eines der Hauptempfängerländer sowjetischer Hilfe, um hier ein prosowjetisches Regime an der Macht zu halten. Der Krieg in Afghanistan war nie populär, deshalb wurde er jahrelang in den sowjetischen Medien verschwiegen, ja geleugnet, obwohl die russischsprachigen Radiostationen zu Anfang ausführlich darüber berichteten. Sowohl dies als auch die spätere Glasnost' über die Brutalität und Aussichtslosigkeit des Krieges haben der Autorität der Parteiführung schweren Schaden zugefügt. Zwar wurde der Abgeordnete Andrej Sacharov im Juni 1989 vom kommunistisch-patriotisch beherrschten Volkskongreß der UdSSR niedergeschrieen, als er vom „verbrecherischen Befehl" sprach, sowjetische Truppen nach Afghanistan zu schicken; zugleich aber war der Dissident Sacharov damals einer der populärsten Männer in der Sowjetunion.[26]

Zusammenfassend ist festzuhalten: Das Sowjetsystem ging unter, weil die Negativerfahrungen in vielen Bereichen einander verstärkten. Die Krise der Ideologie und der Parteiherrschaft trafen auf eine Gesellschaft mit wachsenden Ansprüchen hinsichtlich Partizipation und Wohlstand, während die Ökonomie immer weniger leistete und eine überspannte Weltmachtpolitik immer mehr kostete. Die hergebrachten kommunistischen Instrumente der Legitimationsbeschaffung funktionierten immer schlechter; neue zu entwickeln, war das Regime der Einparteiherrschaft nicht in der Lage. Als Gorbačev dies mit der Perestrojka versuchte, brach das System auseinander. Seit den 1970er Jahren muß von einer Krise des Systems gesprochen werden, weil seit dieser Zeit in immer mehr Bereichen die Degeneration immer akuter wurde. In den Eliten und in der Gesellschaft insgesamt wuchs die Ablehnung der alten Ordnung, ohne daß Alternativen diskutiert wurden, geschweige denn ein Konsens über eine neue Ordnung zustande gekommen wäre.

5. Die Alternative: Die Nationen

Der Zusammenbruch einer politischen Ordnung führt nicht notwendig zum Untergang des Staates und zum Ende eines Imperiums. Im Fall der Sowjetunion geschah dies aus zwei Gründen: Die kommunistische Partei hatte das Imperium zusammengefügt und ein spezifisches Instrumentarium der Herrschaft entwickelt. Als die Partei die Macht verlor, gab es keine anderen Klammern, die das Imperium hätten zusammenhalten können. Zum anderen war im Schoß der alten Ordnung eine Alternative entstanden, die einzig gangbare, wie sich Ende der 1980er Jahre zeigte: die Nationen. Ein unverbrauchter Nationalismus besiegte die verbrauchte kommunistische Ideologie und deren diskreditierte Institutionen. Das Rußländische Reich löste sich später auf als andere europäische Imperien und bestätigte damit die vielfache Erfahrung von der Verzögerung der russischen Geschichte gegenüber der Entwicklung im Zentrum Europas. Insofern hat das Ende der Sowjetunion im Kontext der europäischen Geschichte etwas durchaus Unspektakuläres, sieht man einmal davon ab, daß viele in Ost und West der ideologischen Selbstdarstellung auf den Leim gegangen waren, wonach der Sozialismus den Nationalismus längst besiegt hatte.

Die Nationsbildung, die im 19. Jahrhundert begonnen hatte, setzte sich auch nach 1917 fort. Die Nationen waren am Ende der Sowjetperiode sozial fester gefügt und bewußtseinsmäßig stärker verankert als zu deren Beginn. Nationsbildung unter kommunistischem Vorzeichen hatte ihre Besonderheiten und war auch deshalb weniger sichtbar. Sie hüllte sich in den ideologischen Mantel. Sie vollzog sich jahrzehntelang nicht gegen die kommunistische Partei, sondern in deren Rahmen. Sie war nicht auf Separatismus und eigene Staatsbildung gerichtet, sondern auf regionale und nationale Partizipation, also die Berücksichtigung der eigenen kulturellen und finanziellen Interessen im Rahmen des „Sowjetvolkes“. Die Nationsbildung der nichtrussischen Völker ging teilweise sogar im Medium der russischen Sprache vor sich, weil die Sozialisation im Rahmen des Sowjetvolkes häufig die sprachliche Russifizierung forderte und das Russische als sogenannte „zweite Muttersprache“ durchsetzte.

In den 1920er Jahren war der „Aufbau der Nationen“ die offizielle

Linie der Partei, danach sollten sie allerdings in das russisch bestimmte Sowjetvolk eingeschmolzen werden. In den 1930er Jahren wurden die nationalen Eliten der Völker – auch des russischen Volkes – vernichtet. Ganze Völker wurden im Zweiten Weltkrieg deportiert. Gerade die deportierten Völker, wie die Tschetschenen, Inguschen und andere Völker des nördlichen Kaukasus, sind später und bis heute ein Pfahl im Fleisch des sowjetischen und russischen Staates geblieben. Weder Gewaltanwendung noch Kooptation in die Sowjetordnung haben also auf längere Sicht die Nationsbildung aufhalten können.

Eine der Ursachen war die spezifische Art der sowjetischen Modernisierung. Vor allem die Bildungexplosion trug entscheidend dazu bei, daß in der Zeit nach Stalin bei allen Völkern neue Intelligenz-Schichten heranwuchsen, die entgegen der ideologischen Vorannahme nicht zu einem ununterscheidbaren Teil einer Sowjetgesellschaft wurden, sondern sich bewußt mit ihrem Volkstum identifizierten. Die neuen Intelligenz-Schichten wurden die Träger eines neuen Nationalismus – ein Prozeß, der viele Parallelen aufweist sowohl mit den klassischen europäischen Nationalbewegungen wie auch mit der Entkolonialisierung in der Dritten Welt. Die neuen nationalen Intelligenz-Schichten drängten seit den 1950er Jahren überall in die Führungspositionen ihrer Republiken. Sie konkurrierten um sozialen Aufstieg und begehrte Arbeitsplätze mit den Russen. Die Führung des Gesamtstaates blieb weitgehend in russischer Hand, aber in den nationalen Republiken ging eine unaufhaltsame Indigenisierung vor sich, so daß in den 1980er Jahren die Einheimischen in vielen Institutionen und Elitegruppen ihrer Republiken stärker vertreten waren als ihrem Anteil an der Bevölkerung entsprach.[27]

Dies war einerseits ein spontaner Prozeß, andererseits wurde er von manchen Parteiführungen in den Republiken massiv gefördert, wie in Litauen, Kasachstan oder Aserbaidschan. Die lokalen Parteiführungen, aus der Sicht des imperialen Zentrums dazu berufen, dessen Interessen an der Peripherie durchzusetzen, wandelten sich im Zeichen der Devise „Stabilität der Kader" zu einer Lobby der Peripherie gegen das Zentrum. Als Gorbačev versuchte, dem entgegenzusteuern und 1986 den kasachischen Parteichef Kunaev durch den Russen Kolbin in Almaty zu ersetzen, kam es zu ersten gewaltsamen nationalen Unruhen in der kasachischen Hauptstadt. Das Zentrum verlor de facto die Fähigkeit, Personalpolitik ausschließlich nach eigenem Ermessen in den Unionsrepubliken durchzusetzen. Damit geriet ein wichtiger Pfeiler des „demokratischen Zentralismus" ins Wanken, der den Durchgriff der obersten Spitze bis auf die lokale Ebene gesichert hatte.

Das Imperium ist von Westen her zerfallen, das gilt sowohl für das äußere Imperium in Ostmitteleuropa als auch für den Staat Sowjetunion. Der Grund sind die Nationen, die im Westen weitaus stärker konsolidiert waren. Die Nationalstaaten Ostmitteleuropas und Südosteuropas blieben bekanntlich auch in kommunistischer Zeit als Subjekte des Völkerrechts erhalten. Die Sowjetisierung machte vor einer Degradierung zu Unionsrepubliken der UdSSR Halt. Der Ostblock blieb stets ein unruhiges Vorfeld. Das Jugoslawien Titos konnte selbst durch die eiserne Faust Stalins nicht zur Linientreue gezwungen werden. 1948, im gleichen Jahr, in dem die Sowjetisierung Ostmitteleuropas im wesentlichen abgeschlossen wurde, kam es bereits zum offenen Bruch zwischen Jugoslawien und der Sowjetunion. Seit 1953 begehrten dann in regelmäßigen Abständen die Menschen in der DDR, Polen, Ungarn und der Tschechoslowakei auf. Die Streiks, Unruhen und Aufstände gegen die kommunistische Herrschaft waren immer auch gegen die sowjetische Fremdherrschaft gerichtet. Die eigene Nation, ihre Unabhängigkeit und Freiheit waren Rückhalt und Motivation. Der Freiheitskampf war sozusagen nationalstaatlich parzelliert. Das erklärt auch die erstaunlich geringe Koordination zwischen Polen, Ungarn und Tschechen im gesamten Zeitraum zwischen 1956 und 1989. Zwar sprang der Funke von einem Land zum anderen über, weil die Ausgangslage ähnlich war, aber eine gemeinsame Regie gab es nicht.

Es wäre allerdings unzutreffend, wenn man aus dem regelmäßigen antisowjetrussischen Aufbegehren im europäischen Vorfeld den Schluß ziehen würde, die ganze Region habe jahrzehntelang in Flammen gestanden. Die sowjetischen Panzer waren nicht ständig, sondern von Zeit zu Zeit im Einsatz. Im übrigen gab es lange Phasen und einen breiten Konsens der Anpassung. Aber der Widerstand blieb auch unter der Decke wach und war im Prinzip nicht zu brechen, weil das Freiheitsbegehren im Nationalbewußtsein seinen stärksten Partner hatte, das wuchs, weil es sich mißachtet fühlte.

Das West-Ost-Gefälle setzte sich im inneren Imperium fort. Am handlungsfähigsten erwiesen sich in den 1980er Jahren die Nationalbewegungen bei den baltischen Völkern, in der westlichen Ukraine und in der Moldauischen SSR – Regionen, die erst im Zuge des Zweiten Weltkriegs von der Sowjetunion annektiert worden waren. Gleichauf mit ihnen waren, was Geschlossenheit und Aufbegehren gegen den sowjetischen Zentralstaat angeht, viele Völker des Kaukasus, die Armenier, Georgier, Aserbaidschaner, Tschetschenen, Inguschen und andere.

Im Kaukasus hatte die imperiale Konstruktion eine zusätzliche Dimension: Hier fühlten sich manche kleine Völker nicht durch Moskau bedroht, sondern durch die transkaukasischen Nationen mit eigener Unionsrepublik. Die in Georgien mit einer territorialen Autonomie ausgestatteten Abchasen und Osseten suchten Anlehung an Rußland. Diese Konflikte innerhalb Georgiens führten 1992/93 an den

Rand des Zusammenbruchs des georgischen Staates, weil Rußland massiv – auch militärisch – zugunsten der ihm wohlgesonnenen nationalen Minderheiten intervenierte.

Die Nationen in Sowjetisch-Zentralasien sind in beträchtlichem Umfang das Ergebnis sowjetischer Nationalitätenpolitik. Erst die Sowjetmacht stattete die Usbeken, Tadschiken, Kasachen, Kirgisen, Turkmenen und andere kleinere Völker mit eigenem Territorium, normativer Orthographie und in vielen Fällen erstmals mit einer Schriftsprache und eigenem Geschichtsbild aus. Dies geschah aus Moskauer Sicht auch, um befürchteten panislamischen und panturkistischen Bestrebungen entgegenzuwirken. Die Nationen im Zentralasien waren dennoch am Ende der Sowjetperiode politisch weniger handlungsfähig und handlungswillig als jene im Westen und im Kaukasus. Ihre staatliche Unabhängigkeit folgte aus dem Zusammenbruch der UdSSR und war nicht ein Sieg im antikolonialen Befreiungskampf.

Hier ist ein Paradox zu konstatieren: Die Völker Zentralasiens, die durch koloniale Eroberungen im 18. und 19. Jahrhundert dem Imperium einverleibt worden waren, zeigten den geringsten Eifer im antikolonialen Freiheitskampf, während die Völker im Westen, die jedenfalls nicht dem konventionellen Begriff von Kolonialvölkern entsprechen, aktiv und zielstrebig die „Dekolonisierung" betrieben. Weder im äußeren noch im inneren Imperium waren die Völker im Westen gegenüber der „Metropole" zivilisatorisch oder kulturell zurückgeblieben. Sie hatten vielmehr den Russen gegenüber ein Bewußtsein der Überlegenheit; dies gilt auch für die Armenier und Georgier. Dieses kulturelle Überlegenheitsgefühl wirkte als Impetus beim Widerstand gegen den sowjetischen Zentralstaat. So wie das Rußländische Reich, bzw. die Sowjetunion ein koloniales Imperium sui generis war, hatte auch die Dekolonisierung spezifische Züge. Der Vorwurf der kolonialen Ausbeutung und Unterdrückung wurde in der Ukraine schon in den 1920er Jahren erhoben, gegen Ende des sowjetischen Imperiums war er bei den baltischen und anderen Völkern allgegenwärtig. Unter Kolonialismus wurde also hier die erzwungene politische und kulturelle Abhängigkeit, wirtschaftliche Ausbeutung und die Verweigerung des Selbstbestimmungsrechts im weitesten Sinn verstanden.

Die geringe Aktivität der Völker Zentralasiens bei der Dekolonisierung darf nicht zu dem Schluß führen, sie seien erfolgreich und endgültig in den sowjetischen Staat integriert gewesen. Ihre Interessenlage war anders als die der Völker im Westen. Die Völker Zentralasiens hatten von der Umverteilung der Ressourcen durch das Zentrum profitiert, obwohl auch bei ihnen die Unzufriedenheit über zu geringe Investitionen und die Belastungen durch die Monopolwirtschaft immer lauter wurde. Eigenständigkeit gegenüber dem Zentrum entwickelte in

Zentralasien andere Ausdrucksformen: Islam als Lebensform, demographische Überlegenheit aufgrund des fünfmal größeren Bevölkerungswachstums gegenüber den Russen, massive Förderung der eigenen Kader in der eigenen Republik.

In der Sowjetunion haben zahlreiche Prozesse der Nationsbildung stattgefunden, ohne daß es vor Mitte der 1980er Jahre machtvolle Nationalbewegungen gegeben hätte, vergleichbar denen in Europa im 19. Jahrhundert oder den antikolonialen Befreiungsbewegungen in der Dritten Welt. Wie läßt sich dies erklären? Der sowjetische Repressionsapparat blieb bis zuletzt weitgehend intakt und verfügte über die Fähigkeit, massiv Gewalt anzuwenden. Hinzu kam die Erinnerung an die Vernichtung der nationalen Intelligenz in den 1930er Jahren und an Hunderttausende von Deportierten aus dem Baltikum, der westlichen Ukraine und Bessarabien in den 1940er Jahren. Dies alles zwang das neue Nationalbewußtsein zur Mimikry, zur Anpassung an die sowjetischen Realitäten. Sie erlaubten die Bildung von ethnischen Seilschaften, die Artikulation regionaler ökonomischer Interessen, Forderungen nach Filmen und Büchern – sei es auch kommunistischen – in der Muttersprache. Dagegen blieben die Bildung nationaler Vereinigungen oder gar politischer Parteien, die Einforderung des Selbstbestimmungsrechts der Völker oder das Aufziehen der estnischen Flagge bis Ende der 1980er Jahre kriminelle Handlungen.

Der springflutartige Durchbruch der Nationalbewegungen Ende der 1980er Jahre war also auch die Folge jahrzehntelang zurückgestauter Energien. Was lange Zeit nur als potentielle Möglichkeit existiert hatte, nahm in wenigen Jahren konkrete politische Gestalt an, als der sowjetische Zentralstaat sich nicht mehr wehren konnte oder wollte, als sich herausstellte, daß der Kaiser nackt war. Seit Frühjahr 1988 begann die KPdSU in nationale Bestandteile zu zerfallen. Als erste trat die armenische Parteiorganisation im Februar 1988 de facto auf die Seite der armenischen Nationalbewegung über, die in beispiellosen Massendemonstrationen von Hunderttausenden in Erevan den Anschluß von Berg-Karabach an Armenien verlangte. Im Dezember 1989 verließen die litauischen Kommunisten unter ihrem populären Führer Brazauskas in aller Form die KPdSU; im Frühjahr 1990 folgten die KP in Estland und Lettland. Diese Entwicklung erwies sich überall als unwiderstehlich; die Nationalisierung der KPdSU stellte die Sowjetordnung auf den Kopf und machte der überraschten Führung in Moskau klar, daß die nationale Idee nicht die Sache von einigen Extremisten und Dissidenten war – wie die Sprachregelung lautete –, sondern den Parteiapparat in den Republiken unterwandert hatte. Ohne die Verfügung über den lokalen Parteiapparat waren die Republiken von Moskau aus nicht mehr zu regieren – es sei denn mit Panzern.

Die Aushebelung der alten Ordnung und die Übernahme der Macht durch neue Ideen wurde häufig vom alten Establishment getragen oder zumindest unterstützt. Das Sowjetsystem war zu einer Fassade geworden, die auch die Eliten nicht mehr bereit waren zu verteidigen, als die zündende Alternative der nationalen Idee den Weg in eine neue Zukunft wies. Zwischen Januar 1989 (Estland) und Mai 1990 (Turkmenistan) traten in den Unionsrepubliken Sprachengesetze in Kraft, die die jeweilige Titularsprache zur Staatssprache erklärten. Viele Autonome Republiken im Verband der RSFSR folgten diesem Beispiel.[28] Im einzelnen unterschieden sich die Sprachengesetze vielfach voneinander und reichten von der weitgehenden Verdrängung des Russischen aus dem öffentlichen Leben in Litauen bis zur faktischen Gleichberechtigung der russischen Sprache z. B. in Lettland und Kasachstan. Aber in einem Punkt stimmten sie überein: In Zukunft war die Ausübung von Führungspositionen in vielen Bereichen von der Kenntnis der Landessprache abhängig. Damit wurde ein halbes Jahrhundert imperialer Sprachenpolitik beendet. Sie hatte die Kenntnis der russischen Sprache und Kultur zur Voraussetzung für sozialen Aufstieg und Zugehörigkeit zur Nomenklatura gemacht und zugleich den russischen Kadern in den nichtrussischen Republiken eine Vorzugsstellung eingeräumt. Für die Russen bestand keine Motivation, Sprache und Kultur der Einheimischen zu lernen und zu praktizieren. Das Ende der einseitigen Bilingualität schuf für Millionen von Russen in den nationalen Unionsrepubliken eine vollständig neue Lage. Aus Angehörigen der tatsächlichen oder potentiellen Führungsschichten wurden nationale Minderheiten und potentielle Parias der Gesellschaft.

Anders als bei den klassischen europäischen Nationalbewegungen gingen beim Untergang der Sowjetunion kultureller und politischer Nationalismus ineinander über. Offene Auflösungserscheinungen des Staates manifestierten sich in den Souveränitätserklärungen der Unionsrepubliken, bei denen wiederum Estland im November 1988 den Anfang machte. Als letzte Unionsrepublik folgte Kyrgystan im Dezember 1990.[29] Auch hier setzte sich die „Souveränisierung" in den Autonomen Republiken und teilweise in weiteren unteren territorialen Einheiten fort. Die beiden Grundelemente fast aller Souveränitätserklärungen waren: 1. die Inanspruchnahme des Alleineigentums an Grund und Boden, Bodenschätzen und allen Produktionsmitteln durch die jeweilige Republik und 2. die Feststellung des Vorrangs von Republikgesetzen gegenüber Unionsgesetzen bzw. die Beanspruchung eines Vetorechts gegenüber Normativakten der Unionsorgane. Die Souveränitätserklärungen hoben die letzte sowjetische Verfassung von 1977 faktisch aus den Angeln.

Seit dem Frühjahr 1990 gingen einige Unionsrepubliken noch einen

Schritt weiter und erklärten ihren Austritt aus der Sowjetunion (Litauen 11. März 1990) oder formulierten die staatliche Unabhängigkeit als konkretes und kurzfristiges Ziel ihrer Politik (Estland 30. März 1990; Lettland 4. Mai 1990; Armenien 23. August 1990; Georgien 14. November 1990). Während Souveränität in der Begriffsdefinition des sowjetischen Staatsrechts zweideutig war und den Verbleib in einem Gesamtstaat nicht ausschloß, bedeutete Unabhängigkeit, daß die Völker und Unionsrepubliken den Staat Sowjetunion auflösten. Unmittelbar während und nach dem August-Putsch (19.–21. August 1991) erklärten dann alle Unionsrepubliken (außer der RSFSR) ihre staatliche Unabhängigkeit; Kasachstan war am 16. Dezember 1991 das Schlußlicht.

Das Ende des Imperiums hätte wohl weniger total sein oder hinausgezögert werden können, wenn in der RSFSR ein entschlossener politischer Wille vorhanden gewesen wäre, die Sowjetunion zu erhalten. Während 1917 die große Mehrheit der politischen Kräfte in Rußland – von den Monarchisten bis zu den Bolschewiki, die das aus propagandistischen Gründen in Abrede stellten, – den Fortbestand des Rußländischen Reiches wollten, gab es in der Schlußphase der Sowjetunion kaum noch Verteidiger der alten zentralistischen Strukturen. Die neue demokratische Bewegung in Rußland lehnte das imperiale kommunistische Erbe ab und war davon überzeugt, daß Demokratie und Rechtsstaatlichkeit in Rußland nur dann eine Chance hätten, wenn allen Völkern das Selbstbestimmungsrecht gewährt würde. Aber auch Kommunisten und radikale russische Nationalisten sahen in der RSFSR das Opfer des Imperiums, den Zahlmeister, der noch dazu diskriminiert wurde, weil die RSFSR – im Unterschied zu allen anderen Unionsrepubliken – keine eigene KP-Organisation, keine eigene Akademie der Wissenschaften, manche sagten, keine eigene Hauptstadt hätte. Der zentralistische sowjetische Staat wurde von allen als Bürde betrachtet und abgelehnt, ohne daß allerdings in Rußland – anders als in vielen Unionsrepubliken – eine klare Vorstellung, geschweige denn ein Konsens über eine Alternative existierte.

Die Kommunisten gründeten im Sommer 1990 eine eigene Parteiorganisation der RSFSR im Rahmen der KPdSU. Dies war ein Sammelbecken von Reaktionären und Feinden der Perestrojka; zugleich sahen die Kommunisten darin ihren Beitrag zur „Neugeburt" Rußlands. Zu einer spektakulären Einheitsfront aller politischen Kräfte, die in dem halb und halb demokratisch gewählten Volkskongreß der RSFSR vertreten waren, kam es bei der Verabschiedung der Souveränitätserklärung der RSFSR am 12. Juni 1990 (907 Ja-Stimmen, 13 Nein-Stimmen, 9 Enthaltungen). Auch die RSFSR deklarierte den Vorrang der eigenen Verfassung und Gesetze gegenüber denen der Union und behielt sich

„das Recht des freien Austritts" aus der UdSSR vor.[30] Damit machte sich die größte Unionsrepublik gegen den Zerfall des Gesamtstaats wehrlos, auch wenn die kommunistische Mehrheit im Volkskongreß keineswegs das Ende der Sowjetunion wollte, sondern deren Umwandlung in eine neue Union mit mehr Rechten für die RSFSR. Bezeichnend für die ambivalente Haltung Rußlands war, daß die RSFSR als einzige Unionsrepublik Ende 1991 nicht ihre Unabhängigkeit erklärte, sondern die Rechtsnachfolge der UdSSR und bald auch die Rolle des politischen Fortsetzers in Anspruch nahm.

6. Reformversuche und Untergang

Dem Untergang ging eine ungefähr fünfjährige Periode intensiver Reformbemühungen voraus, mit dem Ziel, die Sowjetunion als Supermacht in das 21. Jahrhundert zu führen. Als Gorbačev 1985 die Leitung von Partei und Staat übernahm, bestand in der neuen Führung ein Konsens darüber, daß dringender Handlungs- und Reformbedarf auf allen Feldern der Politik bestand. Dem entsprach eine in der Gesellschaft weit verbreitete Stimmung, daß es so wie bisher nicht weitergehen könne. Warum scheiterten Reformen, obwohl sie von oben gewollt und von unten akzeptiert wurden, und warum führten sie statt dessen zum Zusammenbruch?

Das sowjetische politische System war nur sehr begrenzt evolutions- und konfliktfähig. Zwar wurden der Massenterror der Stalinzeit abgeschafft und die Macht der politischen Polizei eingeschränkt, aber zu einer Liberalisierung und Pluralisierung war das Sowjetsystem nicht fähig. Zur Konfliktregulierung hatte es eigentlich nur zwei Instrumente entwickelt: die Vernichtung des Gegners und die Leugnung der Konflikte. In der Stalin-Zeit war das erste, danach das zweite Instrument bevorzugt eingesetzt worden. Opposition galt als Verrat. Die Fähigkeit des politischen Systems, Impulse aufzunehmen, Konflikte zu bearbeiten und Neuerungen zu integrieren, war also extrem beschränkt. Das Sowjetsystem war in diesem Sinn vormodern und auf die Reproduktion der etablierten Verhältnisse angelegt – eine paradoxe Spannung zu seinem revolutionären Ursprung. Seit Mitte der 1960er Jahre wurde sogar der Begriff Reform aus dem sowjetischen politischen Lexikon verbannt und mit ihm die Sache, die man in Moskau mit dem gefährlichen Bazillus des Prager Frühlings und dem ständig unruhigen Polen identifizierte.

Als die Gorbačev-Führung dann Reformen begann, hatte sie keine konkreten Vorstellungen darüber, wie Staat und Gesellschaft nach einer Perestrojka (Umbau) aussehen sollten. Die Perestrojka ist deshalb mit einem Flugzeug verglichen worden, das hoffnungsvoll aufsteigt, aber den Zielflughafen nicht kennt. Anders konnte es wohl auch nicht sein. 1968 in der Tschechoslowakei und 1980 in Polen hatte sich gezeigt, daß eine Reform das Sowjetsystem ziemlich rasch an den Rand des Untergangs führte. Zentrale Strukturelemente – Wahrheit und Verbindlichkeit des Marxismus-Leninismus, Einparteiherrschaft, Alleineigentum des Staates bzw. der KPdSU an der Wirtschaft – konnte man entweder beibehalten oder aufgeben; Zwischenlösungen auf Dauer gab es nicht. Die Wirklichkeit hatte die zentralen Strukturelemente seit Jahrzehnten ausgehöhlt, die Parteiführung hielt aber um so mehr mit Zähnen und Klauen in der Sprachregelung nach außen daran fest, weil sie nicht ersetzbar waren, ohne daß der Parteiapparat die Herrschaft verlor. Gorbačev wollte die Distanz zwischen Fassade und Wirklichkeit aufheben. Dabei setzte sich die Wirklichkeit durch und zerstörte die Fassade; die KPdSU verlor die Macht, bzw. trat auf die Seite der nationalen Kräfte über.

Die Perestrojka begann 1985 eher traditionell mit Reformen an den Apparaten der Wirtschaftsverwaltung und Disziplinierungskampagnen, wie der Antialkoholkampagne. Der mangelhafte Erfolg und die immer schärfere Durchleuchtung der Gesellschaft durch Glasnost' brachten die Gorbačev-Mannschaft zu der Einsicht, daß ohne Reformen am politischen System die bürokratische Erstarrung, mangelnde Arbeitsmotivation und der Autoritätsverlust der Partei nicht zu überwinden waren. Die Reformen am politischen System, die 1988 einsetzten, sollten der Partei neue Legitimität verschaffen. Die Sowjetorgane, bisher Erfüllungsgehilfen des Parteiapparates, erhielten mehr Kompetenzen. 1989 und 1990 wurden halbherzig demokratische Wahlen abgehalten; 1989 auf der Ebene der UdSSR, dann 1990 auf jener der Unionsrepubliken und auf mittlerer territorialer Ebene. 1989 hatten die Wähler erstmals die Möglichkeit, sich zwischen mehreren – kommunistischen – Kandidaten zu entscheiden. 1990 kandidierten, jedenfalls in vielen westlichen Unionsrepubliken und in manchen russischen Großstädten, zum erstenmal nichtkommunistische, ja antikommunistische Bewerber. Im Frühjahr 1990 wurde Artikel 6 aus der sowjetischen Verfassung gestrichen, der das Machtmonopol der KPdSU verfassungsrechtlich festgeschrieben hatte.

Die Demokratisierung verhalf der KP nicht zu neuer Autorität. Bei den Wahlen fielen zahlreiche führende Funktionäre durch. Die KPdSU löste sich in nationale Bestandteile und verschiedene „Plattformen" auf. 1990 begann eine Austrittsbewegung; danach verließen Millionen von Mitgliedern die Partei. In vielen Betrieben wurden die Parteikomitees, die eigentlichen Betriebsleitungen, buchstäblich auf die Straße gesetzt. Der im Juni 1991 aus demokratischen Wahlen hervorgegangene Präsident der RSFSR Jelzin war entschlossen, die Partei endgültig zu entmachten und verbot in einem Ukaz im Juli 1991 die Tätigkeit aller politischen Parteien in staatlichen Einrichtungen, Organisationen und Betrieben Rußlands.

Der Putsch im August 1991 war der Versuch reaktionärer Altkommunisten, das Rad der Geschichte anzuhalten, die KPdSU wieder in die Herrschaft einzusetzen und den Zerfall der Sowjetunion zu verhindern. Die Putschisten erreichten das Gegenteil und beschleunigten die Auflösung des Staates. Mit dem Putsch entmachtete sich das Zentrum selbst, denn es dokumentierte seine Schwäche. Der russische Präsident Jelzin schlug den Putsch in drei Tagen fast unblutig nieder und demonstrierte damit vor aller Welt, wer die Macht in Moskau hatte. Danach übernahm die russische Führung in wenigen Monaten die Machtstrukturen und Institutionen der UdSSR in eigener Regie: Armee, KGB, Zentralbank, die Ministerien, die Akademie der Wissenschaften. Nur für den Präsidenten der UdSSR fand sich keine Verwendung. Gorbačev, der dieses Amt erst im März 1990 geschaffen hatte, trat am 25. Dezember 1991 zurück, nachdem die Unionsrepubliken die Existenz der UdSSR als Staat für beendet erklärt hatten.

Die Wende innerhalb dieser sich überstürzenden Ereignisse von der Reform zum Untergang vollzog sich im Jahre 1989. Innerhalb weniger Monate brach das äußere Imperium in Ostmittel- und Südosteuropa zusammen, nachdem die sowjetische Regierung schon in den vorangegangenen Jahren die Kontrolle über die Länder des Warschauer Paktes verloren hatte. In allen sechs Staaten (Polen, Ungarn, ČSSR, DDR, Bulgarien, Rumänen) verlor die Parteiführung die Macht oder wurde, wie in der DDR, so weit geschwächt, daß sie dem Gang der Ereignisse nicht mehr gegensteuern konnte. Die Wahlen in Polen im Juni 1989 waren das Fanal. Von den 100 Sitzen im Senat gewann „Solidarność“ 99. Im Sejm konnten die Kommunisten ihre Position nur bewahren, weil über die Sitzverteilung vor den Wahlen am Runden Tisch entschieden worden war. Im August wurde Mazowiecki der erste nichtkommunistische Regierungschef in einem Staat des Warschauer Paktes. Am 9. November öffnete sich die Mauer in Berlin, am 29. Dezember zog der Dissident Havel als Staatspräsident der ČSSR auf die Prager Burg. Im gleichen Monat wurde der rumänische Staats- und Parteichef Ceauşescu in einem blutigen Staatsstreich abgesetzt und erschossen. Gorbačev schuf eine wichtige Voraussetzung für das Gelingen des antikommunistischen Umbruchs im osteuropäischen Hegemonialbereich, als er sich entschloß, keine militärische Gewalt einzusetzen. Es gehört zu den großen politischen Verdiensten dieses Staatsmanns, daß die Anwendung militärischer Gewalt auch innerhalb der Sowjetunion begrenzt blieb (Tiflis April 1989; Baku Januar 1990; Wilna und Riga Januar 1991).

Das Jahr 1989 markiert auch in der UdSSR selbst die Wasserscheide. Glasnost' erreichte eine solche Höhe, daß nichts mehr öffentlich ungesagt und unsagbar war. Lenin und Marx und die Grundlagen des Sowjetsystems wurden nicht nur in Frage gestellt, sondern von der liberalen Presse verurteilt. „Unsere Vorstellungen [von unserer Gesellschaft] beruhten im Grunde genommen auf globalen und systematischen Lügen. Jetzt ist aber offensichtlich geworden, daß das 70jährige Experiment zusammengebrochen ist."[31] Ebenfalls 1989 begannen die offenen Spaltungen innerhalb der KPdSU. Im Volkskongreß der UdSSR bildete sich erstmals eine organisierte parlamentarische Oppositionsgruppe: Zur „Interregionalen Abgeordnetengruppe" unter Führung von Andrej Sacharov, Boris Jelzin, Gavriil Popov, Jurij Afanas'ev und Viktor Palm bekannten sich etwa 15% der Abgeordneten. Viele Reformkommunisten und Antikommunisten hegten damals die Hoffnung, man werde die Diktatur der einen Partei bald durch ein Mehrparteiensystem, ähnlich wie im Westen, ersetzen – eine Erwartung, die sich nicht erfüllte.

Einer der Gründe dafür ist, daß es zu keinem umfassenden Wechsel der Eliten kam, ja daß trotz Untergang von Staat und kommunistischem System die alten Eliten weitgehend an ihrem Platz blieben. Der Kommunismus wurde von Kommunisten gestürzt, die den Glauben an die „lichte Zukunft" verloren hatten. Die Dissidenten hatten zwar zur inneren Auflösung beigetragen, aber sie konnten weder eine konsensfähige politische und ökonomische Alternative entwickeln, noch eine Ersatzelite heranbilden. Dazu war ihre Zahl in Rußland zu gering. Eine nichtkommunistische Elite als Ersatz stand dagegen in der tschechischen Republik und in geringerem Umfang in Polen und Ungarn zur Verfügung. Dies erklärt, warum der Aufbau einer neuen Ordnung in diesen Ländern seit 1989 viel rascher Fortschritte machte als in Rußland und den anderen neuen Staaten auf dem Territorium der UdSSR. Hier zerfielen zwar die zentralen Strukturen der Macht, vor allem der Apparat der KPdSU und mit ihm der Staat, aber die Eliten in Politik, Wirtschaft und Kultur glitten rechtzeitig hinüber in die Strukturen der Macht auf der Ebene der sich bildenden neuen Staaten. Die politische Mentalität, gekennzeichnet durch Autoritarismus, Schwarz-Weiß-Denken, Isolationismus und Kompromißunfähigkeit, blieb weitgehend ungebrochen. Eine Dekommunisierung, d.h. die systematische Entfernung ehemals leitender kommunistischer Kader aus dem politischen Leben, wie etwa in der tschechischen Republik, blieb auf dem Territorium der UdSSR aus, sieht man von Ansätzen in dieser Richtung in den drei baltischen Staaten ab. Dies steht in scharfem Kontrast zur bolschewistischen Revolution, die zuerst in der Politik und sehr bald auch in der Wissenschaft, Kultur und Armee die zaristischen Eliten entfernte und in vielen Fällen zur Emigration zwang oder sie vernichtete. Nicht zuletzt die lebendige Erinnerung an das Blutbad der bolschewistischen Revolution hat dazu beigetragen, daß der Untergang der Sowjetunion fast unblutig verlief.

Bedeutete der Sieg des Nationalismus über den Kommunismus Fortschritt in Richtung auf Demokratie und Marktwirtschaft? Weder sind Demokratie und Nationalismus miteinander unvereinbar, noch garantiert der Nationalismus den Durchbruch zur Demokratie. Er kann ebenso zu „ethnischer Säuberung" und Völkermord führen wie zur parlamentarischen Demokratie und zum Schutz ethnischer Minderheiten. Der ethnische und der demokratische Gleichheitsgrundsatz stehen in einem Spannungsverhältnis zueinander, das im demokratischen Nationalstaat durch minderheitenrechtliche Regelungen abgebaut werden muß.

Als die demokratischen Kräfte in Rußland sich 1990 sammelten und die „Wiedergeburt" (vozroždenie) Rußlands auf ihre Fahnen schrieben, gingen sie davon aus, daß eine demokratische Ordnung nur nach Auflösung des sowjetischen Imperiums denkbar war. Der russische Präsident Jelzin unterstützte demonstrativ die nationaldemokratischen Bewegungen in den baltischen Republiken, als die Altkommunisten hier Anfang 1991 den Staatsstreich versuchten. Demokratische Neuordnung der Macht und Erhaltung des Sowjetimperiums galten als miteinander unvereinbar. Die Nationalbewegungen verstanden sich überall zugleich als Demokratiebewegungen und umgekehrt, wobei in den nichtrussischen Republiken der nationale Akzent zumeist stärker ausgeprägt war als in Rußland. Kommunistische Ideologie und realsozialistische Wirklichkeit waren dem gemeinsamen Ansturm von nationalen und demokratischen Hoffnungen und Erwartungen nicht gewachsen.

Insgesamt haben sich National- und Demokratiebewegungen parallel entwickelt. Auch hier besteht – wie in vielerlei Hinsicht – ein West-Ost- und ein Nord-Süd-Gefälle. Demokratische Neuordnung und ein rechtsstaatlicher Grundkonsens haben sich am raschesten in den Nationalstaaten Ostmitteleuropas durchgesetzt. Danach folgten die baltischen Staaten. Dieser Grundkonsens besteht in der Überzeugung, daß politische Konflikte ohne Gewaltanwendung im Inneren gelöst werden müssen, und daß dem Recht und der Gesetzlichkeit eine eigene Sphäre zukommt, die nicht jederzeit politische Manövriermasse ist. Rußland nimmt hier eine mittlere Position ein. Zwar sind Fortschritte in Richtung auf Demokratisierung unverkennbar, aber weder die Regierung noch die Gesellschaft insgesamt sind sich uneingeschränkt darin einig, daß Rechtsstaatlichkeit über der Politik steht. In den neuen Staaten Zentralasiens besteht im Gegenteil weithin ein antidemokratischer Grundkonsens, d. h. das im Westen entstandene demokratische System der Werte und Institutionen der Macht gilt als nicht übertragbar und nicht anwendbar. In den südlichen Regionen, vom ehemaligen Jugoslawien über den Kaukasus bis nach Tadschikistan, führte der Zusammenbruch der alten Ordnung in vielen Fällen zur Militarisierung der politischen Konflikte oder sogar zu jahrelangen Kriegen. Überall haben hier die Ansätze für eine demokratische Ordnung schwere Rückschläge erlitten.

7. Das Erbe

Was hinterläßt der Zusammenbruch? Was tritt an die Stelle der Sowjetunion? Lebensunfähige Staaten, wirtschaftlicher Niedergang und Krieg oder Demokratie und Marktwirtschaft im Inneren und Stabilität in den Beziehungen der neuen Staaten zueinander? Diese Fragen sind offen und werden nicht so bald eindeutige Antworten erlauben. Die Auseinanderentwicklung der Teile, die zum Untergang des sowjetischen Imperiums geführt hat, wird sich wohl auch im Hinblick auf die Zukunft fortsetzen. Die historischen Prägungen haben sich gegen den sozialistischen Einheitsstaat durchgesetzt. Es erwies sich auf die Dauer als unmöglich, extrem unterschiedliche historische Regionen, von den lateinisch-westlich geprägten Republiken über die ostslawisch-orthodoxen Gebiete bis hin zu den Ländern des islamischen Kulturkreises, in einem sozialistischen Hegemonialverband zusammenzuhalten. Die Teilmodernisierung sowjetischen Typs hat im Gegenteil dazu beigetragen, daß die Geschichte die unglaubwürdige sozialistische Fassade zerbrach. Weil am Ende alle mit der sowjetischen Gegenwart unzufrieden waren, wendeten sie sich zurück zur Geschichte in der Überzeugung, so Wegweiser in eine bessere Zukunft zu finden. Die Geschichte erschien als die schöne Fee, die Gerechtigkeit zuteilt. Natürlich wurden die Hoffnungen enttäuscht, als sie ihr anderes Gesicht zeigte – das einer bösen Hexe.

Die Sowjetunion ging unter, weil Ende der 1980er Jahre die seit langem latente Delegitimierung in eine akute politische Krise umschlug. 1991 trat niemand mehr für den alten sowjetischen Zentralstaat ein. Das gilt auch für die Gorbačev-Führung, sie seit April 1991 mit den Führern der Unionsrepubliken über einen neuen Unionsvertrag verhandelte (Prozeß von Novo-Ogarevo). Sie demonstrierte damit aller Welt, daß sie den alten Unionsvertrag von 1922 für obsolet hielt, bevor es eine konsensfähige Alternative gab. Dieser Vorgang ist symptomatisch für den Zusammenbruch insgesamt: Es bestand ein Anti-Konsens gegen die Sowjetunion; Gorbačev selbst nannte das Sowjetsystem totalitär; was an seine Stelle treten sollte, war jedoch höchst umstritten.

Insofern erscheint es folgerichtig, daß überall die antikommunistischen Sammlungsbewegungen der ersten Stunde zerbrachen, sobald die Ziele – der Sturz der KP von der Macht und die Auflösung der UdSSR – erreicht waren: Das gilt für die polnische Solidarność ebenso wie für das Ungarische Demokratische Forum, die Volksfronten in den baltischen Staaten und die Bewegung Demokratisches Rußland. Das einzige Ziel, das auch danach konsensfähig blieb, war die Konsolidierung oder (im Fall der neuen Staaten) die Schaffung eines eigenen Nationalstaats. Diese Alternative zur Sowjetordnung setzte sich auch deshalb durch, weil sie von Nicht-Demokraten und Kommunisten mitgetragen wurde. Das galt für die alten Nationalstaaten wie Polen ebenso wie für die neuen, z. B. die Ukraine. Aber ist die Idee eines Nationalstaates für Rußland akzeptabel? Bedeutet sie nicht die Leugnung der Geschichte Rußlands, deren Kern jedenfalls seit dem 16. Jahrhundert Reichsbildung war?

Die Rußländische Föderation nahm noch vor dem förmlichen Ende des Staates Sowjetunion die Rechtsnachfolge für sich in Anspruch und betrachtete sich sehr bald politisch als der einzige Nachfolgestaat der UdSSR. Die Völkergemeinschaft folgte diesem Anspruch ein weites Stück. Rußland übernahm den Sitz der UdSSR im Sicherheitsrat der Vereinten Nationen, zog unwidersprochen den gesamten Auslandsbesitz der UdSSR an sich und wurde als einzige Atommacht – bis 1994 gegen das hinhaltende Taktieren der Ukraine – in der Nachfolge der UdSSR anerkannt. Die westlichen Staaten gewährten Rußland in den ersten zwei bis drei Jahren eine Vorzugsbehandlung und betrachteten die RF oft genug als einzigen Partner auf dem Gebiet der früheren UdSSR. Dies änderte sich allerdings in dem Maß, wie Rußland mehr und mehr in die geopolitische Rolle der UdSSR schlüpfte und sich offiziell als „Fortsetzer" der UdSSR betrachtete.[32] Je mehr Rußland sich Profil als Großmacht zu geben suchte, indem es an die sowjetische Außenpolitik vor Gorbačev anknüpfte, um so deutlicher reagierte die westliche Politik mit vorsichtiger Distanz. Der westlichen Politik stand zudem eine zusätzliche Option offen, die es vor 1991 nicht gegeben hatte: die partnerschaftliche Hinwendung zu den neuen Staaten. Sie wurde jetzt genutzt.

Rußland war nicht bereit, sich auf die Grenzen der Rußländischen Föderation zurückzuziehen und in den neuen Staaten gleichberechtigte Partner zu sehen. Der Wandel von einer imperialen zu einer nationalstaatlichen Mentalität konnte nicht in wenigen Jahren vollzogen werden, zumal diese unerhörte Herausforderung an die politische Kultur ganz unerwartet auftauchte. So ist eine Mehrheit der politischen Klasse in Rußland heute davon überzeugt, daß der Staat Sowjetunion zwar aufgehört hat zu bestehen, der Raum jedoch politisch, wirtschaftlich, kulturell, sprachlich und mentalitätsmäßig eine Einheit geblieben ist und daß deshalb eine „Reintegration“ nicht nur natürlich, sondern unausweichlich ist. Die demokratischen Kräfte haben ihre antiimperiale Rhetorik der Jahre 1989 bis 1991 zugunsten der „Geopolitik“ aufgegeben, wonach die Rußländische Föderation die Rolle des Rußländischen Reiches von vor 1917 zu übernehmen hat.

Eliten und große Teile der Gesellschaft in Rußland stimmen heute weitgehend dahin überein, daß der Zusammenbruch der UdSSR ein Irrtum der Geschichte, ein Verhängnis oder ein Unglück war. Bei einer repräsentativen Erhebung im Februar 1995 stimmten 70 Prozent der Befragten der Aussage zu: „Der Grund für die Krise in Rußland liegt darin, daß die UdSSR als mächtige Weltmacht zusammenbrach“; nur acht Prozent distanzierten sich von dieser Aussage. Zehn Jahre nach dem Beginn der Perestrojka antworteten auf die Frage: „War es nötig, die Perestrojka zu beginnen?“ 45 Prozent der Befragten mit „Nein“; 40 Prozent mit „Ja“ und 15 Prozent mit „Schwer zu sagen“.[33] Diese Mischung aus Enttäuschung, Orientierungslosigkeit und Nostalgie läßt sich auch in manchen Regionen der neuen Staaten nachweisen, insbesondere dort, wo keine klare ethnische Identität und eindeutige politische Loyalität bestehen. In den baltischen Staaten oder in der westlichen Ukraine sind die Einstellungen zur Gegenwart wesentlich positiver. Aber bei einer repräsentativen Meinungsumfrage im Osten und Süden der Ukraine im Juli 1994 sagten 47 Prozent der Befragten, sie würden heute gegen die Unabhängigkeit der Ukraine stimmen, nur 24 Prozent unterstützten auch jetzt die ukrainische Selbständigkeit.[34] Bei dem Referendum über die Unabhängigkeit am 1. Dezember 1991 hatten hier – außer auf der Krim – etwa 85 Prozent der Abstimmenden für die staatliche Selbständigkeit votiert.

Eine ausgeprägte politische Grundströmung in Rußland betrachtet die Verhältnisse seit dem Ende der UdSSR als nicht endgültig und revisionsbedürftig. Die Stimmung ist von einem Verlusttrauma gekennzeichnet und insofern mit dem Versailles-Komplex der deutschen Gesellschaft in den 1920er Jahren vergleichbar. Dabei ist zu bedenken, daß die Verluste Rußlands um ein Vielfaches größer sind als die Deutschlands nach 1918, wenn das Ende des Imperiums als Verlust und nicht als neue Chance wahrgenommen wird.

Am größten ist der Einflußverlust Rußlands in Ostmitteleuropa. Es kann nicht überraschen, daß gerade die ehemaligen Satellitenstaaten sich radikal vom ehemaligen Hegemon abwenden. Hinzu kommt, daß die russische Politik bisher keine Wege gefunden hat, um die Beziehungen zu den ehemaligen Blockstaaten auf eine neue Basis zu stellen, und statt dessen versucht, letzte Reste der Veto- und Kontrollpolitik aufrechtzuerhalten, insbesondere den Beitritt zur NATO zu verhindern. Die Staaten des ehemaligen äußeren Imperiums ihrerseits sehen ihre

Zukunft nicht nur in der Abwendung von Rußland, sondern in der Integration in die europäisch-atlantischen Strukturen. Sie sind nicht bereit, die von der russischen Politik angebotene Rolle eines neutralen Staatengürtels dazwischen anzunehmen, eines Puffers zwischen der europäisch-atlantischen Gemeinschaft und der GUS. Die drei baltischen Staaten sehen sich als einen Teil Ostmitteleuropas und verfolgen die gleiche politische Strategie. Sie sind die einzigen ehemaligen Unionsrepubliken, denen Rußland gestattet hat, außerhalb der GUS zu bleiben.

Die Gemeinschaft Unabhängiger Staaten sollte aus der Sicht der Jelzin-Führung nicht die UdSSR ersetzen, aber doch Ausdruck der gemeinsamen historischen Herkunft sein und den Rahmen für eine Reintegration liefern, dieses Mal auf freiwilliger und demokratischer Grundlage. Allerdings hat die russische Politik seit 1992 keinen Zweifel daran gelassen, daß es sich bei den Beziehungen der Rußländischen Föderation zu den anderen Nachfolgestaaten nicht um ein Verhältnis von Gleichberechtigten handelt, sondern um die historisch, machtpolitisch und ökonomisch gerechtfertigte Wahrnehmung „vitaler Interessen" der RF. Nach offizieller Doktrin wurde das „nahe Ausland" zur ausschließlichen Einflußsphäre Rußlands erklärt. Ein Ausscheiden aus der GUS ist de facto unzulässig. Georgien, Moldova und Aserbaidschan, die anfangs eine Zusammenarbeit verweigerten, wurden mit ökonomischen und militärischen Druckmitteln zur Mitgliedschaft in der GUS veranlaßt. Dennoch ist die GUS bisher nicht zum entscheidenden Instrument russischer Hegemonialpolitik geworden, weil die neuen Staaten in sehr unterschiedlicher Weise Anlehnung suchen oder Distanz praktizieren. So vollzieht sich die von Rußland gewünschte Reintegration hauptsächlich bilateral, d. h. sie verläuft stets zwischen einem einzelnen GUS-Staat und Rußland und auf Rußland hin, so daß das ohnehin vorhandene machtpolitische Übergewicht der RF sich weiter erhöhte. Derzeit geht Weißrußland als einziger Staat in der politischen Rhetorik seiner Führung so weit, als Fernziel die staatliche Wiedervereinigung mit Rußland zu deklarieren. Alle anderen Staaten betonen mit mehr oder weniger Nachdruck die Priorität ihrer staatlichen Souveränität gegenüber einer Anlehnung an Rußland.

Von entscheidender Bedeutung ist das ukrainisch-russische Verhältnis. Nichts hat das russische Selbstwertgefühl so tief verletzt wie das Ausscheiden der Ukraine aus dem gemeinsamen Staatsverband. Trotz der gespaltenen Loyalität bei einem Teil der Bevölkerung, von der oben die Rede war, festigt sich die ukrainische Staatlichkeit und Unabhängigkeit. Die überwältigende Mehrheit der Politiker und politischen Gruppierungen bis weit in die Reihen der Kommunisten hinein tritt für die ukrainische Souveränität ein. Anders als in Rußland ist es bisher nicht zu Gewaltanwendung bei inneren Konflikten gekommen. Es haben freie Präsidenten- und Parlamentswahlen stattgefunden. Wirtschaftsreformen kommen – wenn auch mit erheblicher Verspätung – in Gang.

Als die Sowjetunion zerfiel, gab es in Rußland die weit verbreitete Befürchtung, nun werde sich dieser Zerfall auf der Ebene der Rußländischen Föderation wiederholen, d. h. die nationalen Republiken innerhalb der RF an der mittleren Wolga, im Nordkaukasus und in Sibirien könnten sich lostrennen und auch nur von Russen bewohnte Gebiete könnten staatliche Unabhängigkeit anstreben und Rußland in die Zeit der mittelalterlichen Teilfürstentümer zurückwerfen. Dahin ist es nicht gekommen, und eine Entwicklung in diese Richtung erscheint wenig wahrscheinlich. Nur Tschetschenien hat seine Unabhängigkeit erklärt, und auch der Krieg seit Dezember 1994 hat die Tschetschenen nicht in den russischen Staat zurückzwingen können. Auch in einigen anderen nationalen Republiken besteht ein Potential für separatistische Bewegungen, insgesamt stellen sie jedoch für die Staatlichkeit Rußlands keine existentielle Bedrohung dar. In Rußland entsteht vielmehr ein neuer Regionalismus, insbesondere zur Wahrnehmung spezifischer ökonomischer Interessen gegenüber Moskau und den Nachbarn. Die Verfassung vom Dezember 1993 hat die Voraussetzungen für eine föderale staatliche Gliederung geschaffen. Föderalismus und Regionalismus lösen offenbar den alten Zentralstaat ab, der eine lange geschichtliche Tradition in Rußland hat. Sie stellen keine Gefahr für ein modernes Staatswesen dar, sie können ihm im Gegenteil Stabilität und Anpassungsfähigkeit verleihen.

Haben Revision und Restauration, die von Rußland ausgehen und teilweise in manchen neuen Staaten Unterstützung finden, eine Chance in der Zukunft? Könnte das Imperium in neuer Form wiedererstehen? Wenn die hier vorgetragene Argumentation zutreffend ist, daß die Partei Leninschen Typs die entscheidende Klammer war und daß in Gestalt der Nationen eine Alternative zu ihr entstanden ist, erscheint eine solche Perspektive höchst unwahrscheinlich. Obwohl die kommunistische Ideologie in manchen Metamorphosen in Rußland fortlebt und der KP bei zukünftigen Wahlen große Chancen eingeräumt werden, ist doch die Wiedererrichtung einer Einparteidiktatur mit totalitärem Anspruch wenig wahrscheinlich.[35] Auch die Nationalisierung der Kommunisten dürfte kaum rückgängig zu machen sein.

Dies schließt natürlich revisionistische Politik nicht aus, es ist im Gegenteil davon auszugehen, daß eine auf Restauration und Reintegration gerichtete russische Politik ein erheblicher destabilisierender Faktor in der nächsten Zukunft bleiben wird. Als ein *worst case-Szenario* können auch Kriege zu einer, jedenfalls teilweisen, Wiederherstellung des Imperiums nicht ausgeschlossen werden. Auch erfolgreiche Rückeroberungskriege dürften jedoch kaum auf längere Sicht politische Stabilität gewährleisten. Eher wahrscheinlich ist, daß einige der neuen Staaten ohnehin im Bewußtsein innerer oder äußerer Bedrohung, aus Tradition oder aus historischem und kulturellem Zusammengehörigkeitsgefühl Anlehnung und Hilfe bei Rußland suchen (Weißrußland, Armenien, Tadschikistan). Die einseitige ökonomische Abhängigkeit der Ukraine von der RF erfordert gebieterisch Rücksichtnahme, dennoch dürfte sich die Ukraine nicht in ein politisches und militärisches Vasallenverhältnis zu Rußland drängen lassen. Ebenso sind die Staaten im ehemals sowjetischen Asien an wirtschaftlicher Zusammenarbeit interessiert, werden aber kaum wieder akzeptieren, daß die politischen Entscheidungen über ihr Gemeinwesen in Moskau gefällt werden. Insofern ist der Untergang der Sowjetunion endgültig.

Die Weltreiche in der Geschichte

Alexander Demandt

Sidunt ipso pondere magna,
ceditque oneri fortuna suo.
Seneca

1. Das Thema*

Das deutsche Wort „Reich" entspricht dem lateinischen *Imperium.* Das Wort bezeichnet im römischen Staatsrecht die Blutgewalt der Konsuln und Prätoren in ihrer Eigenschaft als Imperatoren: Die Ausrufung zum Imperator *(acclamatio imperatoria)* nach dem Sieg auf dem Schlachtfeld war eine hohe Ehre für den Feldherrn. In spätrepublikanischer Zeit – seit etwa 80 v. Chr. – bedeutet das Wort *imperium* dann auch den räumlichen Herrschaftsbereich.[1] Im offiziellen Staatsnamen taucht das Wort allerdings nicht auf, römische Münzen mit der Umschrift *IMPERIUM ROMANUM* gibt es nicht.

Das *Imperium* erfordert einen *Imperator* im weiteren Sinne: einen Kaiser oder König, einen Zaren oder einen Generalsekretär. Im strengen Sinne ist das „Reich" ein zentral regierter Vielvölkerstaat. Nationale Reiche wie das deutsche, das seine Bezeichnung der römischen Tradition verdankt, und kleinere Reiche wie das dänische oder das niederländische werden im folgenden ebenso ausgeblendet wie die demokratisch regierten polyethnischen Bundesstaaten in der Art der Schweiz oder der Vereinigten Staaten. Ebenfalls außer Betracht bleiben die religiösen und ökonomischen Großmächte der Kirchen und Konzerne. Eine Unterscheidung zwischen Welt-, Universal- und Großreich ist schwierig. Von Weltreichen sprechen wir, wenn sich ihre Regenten, wie im Alten Orient, als Weltherrscher titulieren ließen, wenn sie, wie bei Alexander, die Weltherrschaft anstrebten oder wenn sie, wie in China oder Rom, glaubten, die bewohnte Erde im wesentlichen zu besitzen. Im Lukasevangelium befiehlt Augustus, daß „alle Welt" (die *oikumene)* geschätzt würde. Ein weiteres Kriterium ist die durch eine Weltreligion mit Absolutheitsanspruch ideologisch begründete, durch Waffen militärisch beglaubigte Hegemonialstellung wie im katholischen Kaisertum, im Kalifat und im russisch-sowjetischen Staat. Hinreichend für ein „Welt"-Reich ist gegebenenfalls seine Größe:[2] Im spanischen und im britischen Reich ging die Sonne nicht unter.

Das Weltreich als Staat ist politisch umstritten. Auf der einen Seite erscheint es als Hüter von Frieden und Fortschritt, getragen von den Völkern unter seinem Schutz, begünstigt von der Huld des Himmels. Auf der anderen Seite wird es politisch als System der Unterdrückung und ökonomisch als Instrument der Ausbeutung entlarvt; moralisch als Produkt der Hybris, theologisch als Geißel Gottes verstanden. Schließlich sind mit Ausnahme Chinas alle Großreiche zerfallen.[3] Ihr Schicksal wurde immer als Lehrstück aufgefaßt, aber zumeist kontrovers interpretiert: Die Fürsprecher suchen nach den Faktoren, die Entstehung, Erhaltung und Auflösung bewirkt haben, um dauerhaftere großräumige Lebensordnungen zu schaffen. Die Gegner verweisen auf die Opfer und die Kosten, die nicht als vermeidbare Fehler, sondern als Wesensmerkmale erscheinen, und folgern daraus, daß volksübergreifende Staatsbildungen, die nicht durch freiwilligen (und regelmäßig bestätigten) Zusammenschluß zustande gekommen sind, grundsätzlich brüchig, unnatürlich und daher zu verwerfen seien. Wer hat Recht? Waren die Weltreiche der Vergangenheit Friedensgaranten oder Zwangsanstalten, soll man in ihrer Errichtung Schritte zu einer kosmopolitischen Gesellschaft sehen oder Irrwege maßloser Selbstüberhebung von vermeintlichen Beglückern der Menschheit, angeblich Günstlingen der Götter?

In allen alternativ gefaßten Grundsatzfragen, die über die Zeiten hindurch kontrovers geblieben sind, dürfen wir davon ausgehen, daß beide Haltungen in gewisser Weise berechtigt und begründet sind. Es kommt mithin darauf an herauszufinden, in welcher Hinsicht die jeweiligen Positionen zutreffen und somit den strittigen Rest, wenn er nicht gänzlich zu beheben ist, so weit wie möglich zu mindern. Vielleicht läßt sich die Kluft dann doch überbrücken. Zu diesem Behuf empfiehlt sich vorab ein Blick auf die Geschichte der Imperien.

2. Frühe Großreiche

Während die meisten unserer politischen Leitgedanken aus der okzidentalen Tradition stammen – Freiheit, Gleichheit und Volksherrschaft, Individualität, Solidarität und Rationalität –, beginnt die Geschichte der Weltreichsidee im Orient. Im alttestamentlichen Buch Daniel träumt Nebukadnezar von einem „großen, hohen und sehr glänzenden (Stand-)Bild" auf tönernen Füßen, dessen Teile die einander ablösenden Weltreiche darstellen, symbolisiert durch Metalle von abnehmendem Wert: Gold, Silber, Bronze und Eisen mit Ton vermischt. Der Text stammt aus der Zeit des Makkabäeraufstands 168

v. Chr. gegen die Seleukiden im hellenistischen Palästina, doch hatte der Weltreichsgedanke damals schon eine lange Geschichte. Sargon I eroberte um 2300 v. Chr. „das Reich der vier Weltteile", das er als Gottkönig von Akkad im oberen Mesopotamien aus regierte. Es umfaßte tatsächlich den Großteil der damals zivilisierten Welt außer Ägypten. Die Herren der dritten Dynastie von Ur übernahmen den Anspruch auf die „vier Weltgegenden". Von ihnen entlehnten die Assyrerkönige den Titel „König des Weltalls". Tiglatpileser errichtete um 1100 v. Chr. die bedeutendste Landmacht der Zeit. Unter Sargon II um 700 v. Chr. erlebte das Assyrerreich einen Höhepunkt. Seine Nachfolger unterwarfen Israel und Juda (unter David, vor der Teilung 928 v. Chr., ebenfalls ein Vielvölkerimperium), sowie Phönizien und Ägypten, doch wurde Ninive 612 v. Chr. von den Medern und Chaldäern erobert – das akkadisch-assyrische Reich verschwand, und mit ihm das assyrische Volk. Voraussetzung für die Entstehung des Assyrerreiches war, wie bei fast allen frühen Weltreichen, ein charismatischer Staatsgründer mit einer überlegenen militärischen Macht. Die Dauer des Weltreiches beruhte auf der Güte der Verwaltung, die im alten Mesopotamien mit der Schriftlichkeit und der Gesetzgebung schon ein hohes Niveau gewonnen hatte.

Verfolgen wir die Geschichte der Großreiche weiter, so lassen sie sich nach Zeiten und Formen unterscheiden. Die vorindustriellen Imperien waren Landmächte.[4] Das gilt für die Reiche der Meder und Perser, der Byzantiner und Franken, und auch die Römer haben ihre Macht nicht auf eine überlegene Flotte gestützt, sondern Seereisen so weit irgend möglich vermieden. Stattdessen haben sie Straßen gebaut. Selbst Hannibal hat den beschwerlichen Weg nach Italien über die Alpen einem Truppentransport auf den Schiffen Karthagos vorgezogen. Die seefahrenden Völker der Frühzeit, so die Phönizier, Karthager und Griechen, die Wikinger und Normannen haben keine dauerhaften Großreiche geschaffen, sondern sich mit Siedlung, Handel und Seeraub begnügt und sich Einflußzonen gesichert. Ausgesprochene Seemächte waren erst Venedig im östlichen Mittelmeer und die neuzeitlichen Kolonialreiche, zumal die der Engländer und der Spanier[5] im atlantischen Bereich. Die letzte maritime Großmacht mit imperialer Verfassung war bis 1945 das pazifische Reich der Japaner. An den älteren Typus schließen sich in gewisser Weise die dynastischen Landreiche der Neuzeit an, das osmanische Sultanat, die Donaumonarchie der Habsburger und das russische Reich.

Zunächst zu den Landmächten! Nachfolger der Assyrer im Nahen Osten wurden die Meder und Babylonier, doch erlagen beide Mächte um 550 v. Chr. den Persern. Im Gegensatz zu den semitischen Akkadern und Assyrern waren sie ein indogermanisches Volk, sprachlich mit den Griechen und Römern verwandt. Am Anfang des Perserreiches steht die legendäre Gestalt des Kyros, den die Juden als Messias[6] und die Griechen[7] als Idealgestalt eines Herrschers betrachtet haben. Sie nannten ihn „den Großen".[8] Ihm folgte der kongeniale Darius, dessen Versuch, Griechenland zu erobern, zwar 490 v. Chr. bei Marathon zurückgeschlagen wurde, der durch seine Satrapienordnung aber zur Stabilität des Weltreiches entscheidend beigesteuert hat.[9] Auch seine Leistung fand Lob aus dem Munde seiner Gegner. Immer wieder betonten die Griechen die Verkehrs- und Rechtssicherheit unter der Achämenidendynastie. Die religiöse Toleranz, die offizielle Mehrsprachigkeit, die vorzügliche Verwaltung und die aktive Wirtschaftsförderung kennen wir aus biblischen und inschriftlichen Quellen. Aufstände in den älteren Kulturgebieten Mesopotamien, Ägypten und Jonien konnten das Reich kaum erschüttern.[10]

Erst Alexander brachte Persien zu Fall, eine Gestalt von beispiellosem Charisma, an der Spitze einer Truppe, die in Disziplin und Bewaffnung allen Gegnern überlegen war.

Alexander wollte die Grenzen der bewohnten Welt erreichen. Er glaubte an seine Mission als Friedensheiland, verkündete die Gleichheit von Griechen und Barbaren und suchte ein Reich der Eintracht und des Gemeinsinns zu gründen. Dies mißlang – er ist vor Vollendung seines 33. Lebensjahres gestorben.[11] Seine Nachfolger, die Diadochen, haben den levantinischen Verkehrsraum geschaffen, dessen Gemeinsprache, die griechische Koiné, das persische Reichsaramäisch ablöste. Die neue Verkehrssprache war die Voraussetzung für die christliche Weltreligion, nachdem die Worte Jesu nicht in der aramäischen Originalsprache, sondern in Griechisch aufgezeichnet wurden und so im gesamten Mittelmeerraum Verbreitung finden konnten.

Die Schwäche der hellenistischen Großreiche lag innenpolitisch in dem ungelösten Gegensatz zwischen den herrschenden Griechen und den beherrschten Einheimischen, außenpolitisch in ihren Rivalitäten: Jeder König wollte ein neuer Alexander sein. Dies erlaubte den Römern, zunächst als Schiedsrichter einzugreifen und später einen Staat nach dem andern – zumeist auf dem Umweg über einen Satellitenstatus – in eine Provinz zu verwandeln. Die Führungsschichten der Länder im Osten, zumal in den Kleinstaaten, haben darin vielfach einen Vorteil erblickt; das zeigen die überraschend romfreundlichen Stimmen von Griechen und Juden, denken wir in republikanischer Zeit an Polybios und Judas Makkabäus, in der Zeit unter den Kaisern an Flavius Josephus, Plutarch und Aelius Aristides. Wie Cicero (*rep.* II 2) stolz betonte, verdankt das *Imperium Romanum* sein Entstehen nicht einem einzelnen Staatsgründer, sondern einer in Jahrhunderte langer Erfahrung ausgebildeten, ebenso konsequenten wie anpassungsfähigen

Politik, die alle militärischen Gegner durch Bündnis oder Krieg zu überwinden verstand. Erst in der Krise der römischen Republik sind zwei charismatische Staatsmänner aufgetreten, Caesar und Augustus. Sie haben die *res publica* weitgehend nach hellenistischen Prinzipien in eine Monarchie umgestaltet.

Das Römerreich übertraf nach Größe und Dauer alle älteren und viele jüngere Weltreiche.[12] Sein Erfolg beruht im wesentlichen wiederum auf dem Recht und auf der Verwaltung. Das römische Recht verkörpert einen zeitlosen Sinn für Billigkeit, seine Rezeption bildet die Grundlage der europäischen Rechtskultur der Neuzeit, weit über die ehemaligen Reichsgrenzen hinaus. Die römische Verwaltung respektierte die innere Freiheit der Städte, die Statthalter waren anklagbar und wurden zur Rechenschaft gezogen. Die Mehrzahl der Sklaven wurde nach dem 30. Lebensjahr freigelassen. Nichtrömische Provinzialen besetzten die Verwaltungsposten, Senatorensitze und Offiziersstellen – seit etwa 100 n. Chr. stammten auch die Kaiser nicht mehr aus Italien. Die meisten kamen – so wie die Soldaten – aus dem Donauraum. Die *Pax Romana* ermöglichte eine wirtschaftliche Blüte wie nie zuvor. Die in der Spätantike auftretenden Schwierigkeiten hängen mit der militärisch prekären äußeren Lage zusammen. Die Römer wurden mit den Germanen nicht fertig: als Siedler waren sie zu zahlreich, als Feinde zu gefährlich. In zunehmendem Maße wurden sie als Söldner eingestellt, und als solcher hat Odovacar 476 n. Chr. den letzten Kaiser des Westens abgesetzt.[13]

Während wir die Abfolge der Weltreiche bis zum *Imperium Romanum* als zivilisatorischen Fortschritt begreifen können, läßt sich dies für die Nachfolgereiche nicht ohne weiteres behaupten. Vielmehr scheint es, daß bei der Zivilisierung unterentwickelter Völker bittere Erfahrungen wiederholt werden mußten, ehe sie Allgemeingut wurden. Die politische Entwicklung vollzieht sich abwechselnd intensiv in kleinräumigen Gemeinwesen, denken wir an die antiken *poleis* oder die Kommunen im mittelalterlichen Oberitalien, und extensiv in großflächigeren Staatswesen auf nationaler oder übernationaler Basis.

Im Osten des *Imperium Romanum* dauerte das byzantinische Reich fort.[14] Es begriff sich selbst als Nachfolgestaat Roms. Nachdem die Christianisierung noch in die vorbyzantinische, römische Zeit gehört, bedeutet der Verlust des Westens an die Germanen im 5. Jahrhundert, der Übergang zum Griechischen als Staatssprache im 6. Jahrhundert und seit dem 7. Jahrhundert die Beschränkung auf Konstantinopel und Kleinasien durchaus etwas Neues. Byzanz hat noch beachtliche Kulturleistungen vollbracht, doch zehrte es weitgehend vom römischen Erbe, das zugleich vom Papst und von den Franken beansprucht wurde. Die Gründe für den Niedergang des byzantinischen Reiches sind nicht zuletzt im Aufstieg seiner Nachbarn zu suchen: Araber und Türken im Osten, Bulgaren und Franken im Westen haben Byzanz in die Zange genommen.[15] Der byzantinische Beitrag zur Entwicklung der Staatlichkeit liegt im Bereich von Zeremoniell und Titulatur. Welthistorisch bedeutsam war zudem die Christianisierung der Slawen.

Die Franken haben sich bereits unter Chlodwig (482–511) als die gottbegnadeten Überwinder der Römer betrachtet. Der Begründer des Merowinger-Reiches[16] ist wieder einer der großen Eroberer, die so häufig am Anfang volksübergreifender Staaten stehen. Chlodwig und seine Söhne stützten sich auf die stärkste Kriegsmacht im damaligen Europa und schufen ein Reich, das außer den Nordwestprovinzen des kontinentalen Römerreiches auch Mitteleuropa umfaßte. Während die römische Zivilisation mit ihren Städten und Villen, Straßen und Brücken weitgehend verschwand, bildete sich das Feudalsystem heraus, dessen Kultur im wesentlichen von der Kirche und den Klöstern getragen wurde. Die innergermanische Mission erweiterte zugleich den Einflußbereich des fränkischen Königs und des römischen Papstes. Die erneuerte Geldwirtschaft und die Verbreitung des Lateins in Schrift und Sprache waren jenseits des Limes Elemente des Fortschritts. Der Niedergang des Frankenreiches zeigt sich in der Degeneration der letzten Merowinger, im Aufstieg neuer Geschlechter und unter den Enkeln Karls des Großen in der Spaltung des Reiches in das romanisch geprägte Neustrien und das germanisch bestimmte Austrasien. Letzeres führte das durch Karl im Jahre 800 erneuerte Kaisertum weiter.

Durch die im 9. Jahrhundert vollzogene Teilung[17] verlor das Frankenreich seinen Charakter als Vielvölkerstaat. Zwar gab es beträchtliche ethnische Minderheiten in den Randgebieten – im Ostreich zumal in Böhmen und Mähren –, aber die Entstehung der altfranzösischen und der mittelhochdeutschen Sprache deuten auf eine doppelte Ethnogenese, die trotz erkennbarer Phasenverschiebungen in die Nationalstaaten der Franzosen und Deutschen mündet: Das „Heilige Römische Reich deutscher Nation" – so die Bezeichnung seit dem 15. Jahrhundert – verlor die romanisch geprägten Gebiete im Westen und Süden, was den nationalen Charakter des Deutschen Reiches bekräftigte. Seit dem 16. Jahrhundert ist klar, daß es nicht zum Typus der zentralistischen Vielvölkerstaaten gehört.[18]

3. Landreiche – Seereiche

Aufstieg und Niedergang von Großreichen gibt es auch außerhalb des bisher betrachteten Verkehrsraumes. Die Reichsbildungen von Attila (gestorben 453) in Südosteuropa und Tschingis Khan (gestorben 1227) in Mittelasien beruhten auf der militärischen Schlagkraft gut geführter

Reiterheere und sind mit dem Tode ihrer charismatischen Gründer wieder zerfallen. Dauerhafter und wirkungsmächtiger waren die islamischen Großstaaten, seitdem – etwas später als im Westen das Frankenreich – im Orient das Kalifenreich entstanden war. Ähnlich wie die Germanen im Norden des *Imperium Romanum* entwickelten die Araber im Osten eine Militärmacht, die von Byzanz nicht mehr durch Anwerbung, Umsiedlung und Bildung von Klientelrandstaaten abzuwehren war. Der religiös-politische Charismatiker Mohammed (gestorben 632) predigte den Islam und verlieh den arabischen Stämmen eine Dynamik, die im Westen bis Spanien, im Osten bis über Indien hinaus zu neuen Dynastien führte. Ein panarabisches Großreich von einiger Dauer freilich ist nicht entstanden; dazu waren weder die sozialen Voraussetzungen noch die geographischen Verhältnisse geeignet.

Erst den türkischen Osmanen gelang wieder eine Reichsbildung. Schon vor der Eroberung von Konstantinopel 1453 durch Mehmed II waren sie die stärkste Militärmacht im Nahen Osten. Suleiman, von den Europäern „der Prächtige“, von den Türken „der Gesetzgeber“ genannt (1520–1566), organisierte die Verwaltung, die wesentlich von Renegaten griechischer, albanischer und kroatischer Herkunft getragen wurde. Diese sozialen Aufstiegsmöglichkeiten, die weitgehende Selbstverwaltung der christlichen Volksgruppen und die korrekte Handhabung des Steuerwesens und der Rechtsprechung gewährten dem osmanischen Reich eine Stabilität, die auch in Europa – so bei den Adressaten von Montesquieu[19] – hohe Anerkennung fand. Der 1683 mit dem Scheitern Kara Mustafas vor Wien einsetzende Niedergang zeigt sich einerseits im Prätorianerregime der Janitscharen und andererseits in militärischen Rückschlägen, namentlich gegen Österreich, Polen und vor allem Rußland. Die sprachliche, religiöse und kulturelle Hürde gegenüber dem technisch und ökonomisch aufsteigenden Europa verzögerte den Fortschritt im Osmanenreich; die Modernisierungsversuche griffen nicht, zumal den Türken eine nennenswerte städtische Intelligenz fehlte. Fachleute auf allen Gebieten mußten aus Europa bezogen werden. Die allenthalben aufkeimende, von den christlichen Mächten nicht nur in Griechenland geschürte Freiheitsbewegung erschütterte den Zusammenhalt, bis die Jungtürken unter Mustafa Kemal Pascha, genannt Atatürk, nach dem verlorenen Ersten Weltkrieg den Vielvölkerstaat der Sultane zugunsten einer nationalen Republik aufgaben.[20] Zu den Gewalttaten, die diesen Prozeß begleiteten, gehörte es, daß verbliebene ethnische Minderheiten wie in Griechenland so in der Türkei zwangsweise nationalisiert oder liquidiert wurden.

Die bei den Türken im 16. Jahrhundert bisweilen faßbare ideologische Anknüpfung an die byzantinische Tradition (Kritobul von Imbros) begegnet uns ebenfalls in Moskau in der Idee eines Dritten Rom (Josif

Sanin von Volokolamsk). Die Zaren begriffen sich als die Erben der Kaiser von Konstantinopel in ihrer Rolle als Beschützer des rechtgläubigen, orthodoxen Christentums. Damit rechtfertigten sie im 19. Jahrhundert ihre über die Ziele einer panslawistischen Politik hinausgehenden Interventionen auf dem Balkan, während die Expansion nach Asien zum Pazifik, der in der ersten Hälfte des 17. Jahrhundert erreicht wurde, auf der militärischen und ökonomischen Überlegenheit der Russen gegenüber den sibirischen und zentralasiatischen Völkern beruhte. Trotz der Rückständigkeit im Vergleich zu den Nachbarn im Westen bedeutet die russische Herrschaft für die über hundert untertänigen Völker einen zivilisatorischen Fortschritt. Das Reich wurde zusammengehalten durch die russische Verkehrssprache, durch eine zentrale, großenteils mit Nichtrussen besetzte Verwaltung und die dynastische Loyalität zum Zaren, der seit 1703 in dem Europa näher gelegenen St. Petersburg residierte. Einer zügigen Modernisierung abträglich waren die soziale Kluft zwischen dem Adel und der Bauernschaft und – ähnlich wie in der Türkei – die geringe Entwicklung einer bürgerlichen Mittelschicht in den Städten. Letztere gewann mit der Industrialisierung im 19. Jahrhundert an Gewicht, doch traten die Zaren den Ideen der Französischen Revolution entschiedener entgegen als die Fürsten Mitteleuropas. Rußland wurde zur konservativsten Macht Europas.

Die Unfähigkeit der Zaren zur durchgreifenden politischen Reform und die Niederlagen im Ersten Weltkrieg brachten die Kommunisten an die Macht. Ihre erklärten Ziele waren soziale Gerechtigkeit und technischer Fortschritt. Dies begeisterte zumal die intellektuelle Jugend für den Charismatiker Lenin. Die alten Mächte Zarentum, Adel und Kirche verloren ihre Stellung zugunsten der Bolschewiken, die über das Rätesystem und den „demokratischen Zentralismus" ein totalitäres Polizeiregime aufbauten. Lenins Wort vom „Völkergefängnis" des Zarenreichs übertrug sich auf die Sowjetunion. Die zunächst unterstützten Selbständigkeitsbestrebungen der nichtrussischen Nationen wurden militärisch unterdrückt; Trotzki fürchtete „reaktionäre" Tendenzen, obschon Baltikum und Ukraine höher entwickelt waren als der russische Kernraum. Modernisierung und Disziplinierung hielten die Sowjetunion zusammen, die trotz ihres internationalistischen Programmes – der Staatsname enthielt keine ethnische oder geographische Bezeichnung – eine intensive Russifizierung betrieb. Die auf vierzig Millionen geschätzten innenpolitischen Opfer Stalins (davon 15 Millionen Tote, Roy Medwedjew 1989) wurden überdeckt durch seinen mit massiver amerikanischer Hilfe errungenen Sieg über die deutsche Ostarmee und das Bekanntwerden der Judenvernichtung in den deutschen Konzentrationslagern. Stalin sicherte seine territorialen Gewinne durch die größte Völkervertreibung in der Geschichte und desavouierte damit den Glauben an die Integrationskraft des Kommunismus.

Moskau legitimierte das Protektorat über nichtrussische Völker im Kalten Krieg durch Hinweis auf die angeblich subversiv-aggressive Politik des Kapitalismus, doch spürten die botmäßigen Völker davon weniger als von den – bisweilen übertrieben vorgestellten – Segnungen des Westens. Dessen technische Errungenschaften wurden eifrig übernommen, westliche Denk- und Lebensform jedoch ängstlich unterbunden. Das Modernisierungsversprechen geriet in Widerspruch zum Machtmonopol der Partei. Die Denkverbote der marxistischen Zensur und der verlauste Filz der Nomenklatura, die schikanösen Freiheitsbeschränkungen und die hoffnungslose wirtschaftliche Rückständigkeit gegenüber dem Westen brachten das System um seine Glaubwürdigkeit. Die Dissidenten mehrten sich, Intellektuelle und Nationalisten sagten sich vom Kommunismus der alten Männer los und liquidierten von innen heraus das letzte Kolonialreich, dessen martialische Fassade alle Welt über seine Strukturschwäche zu täuschen vermocht hatte.[21] Daß dies im wesentlichen unblutig gelang, ist der größte Triumph, den der Gedanke der Freiheit in seiner Geschichte bisher erlebt hat.

In Hinsicht auf die beteiligten Nationen wiederholte sich dabei gewissermaßen die Auflösung einer älteren kontinentalen Macht, der Donaumonarchie.[22] Während das Wilhelminische Kaiserreich im Prinzip ein Nationalstaat war, gehört das Reich der Habsburger wie das der Romanows zu den Vielvölkerstaaten. Wie in Petersburg, so bestand in Wien die höhere Verwaltung aus Angehörigen verschiedener europäischer Nationen. Das geringere zivilisatorische Gefälle jedoch, zumal gegenüber Böhmen und Ungarn, verbietet, hier von einem Kolonialreich zu sprechen. Dennoch wurde die dynastische Loyalität der Armee und des Bürgertums wie im Zarenreich durch Modernisierung und Industrialisierung unterfüttert. Nach der Abwehr der Türkengefahr erwachte in den Donauländern wie im übrigen Europa der Nationalismus, der die Staatseinheit bedrohte, einerlei ob Wien ihm entgegenkam oder entgegentrat. Die Ungarn erhielten 1867 einen Sonderstatus, den ebenfalls die Böhmen und Serben anstrebten. Die Niederlage im Ersten Weltkrieg besiegelte die Auflösung in fünf wiederum ethnisch gemischte, um ihre Grenzen hadernde Staaten. Erst die Balkanisierung mit ihrem bis heute anhaltenden Blutvergießen spricht für die Donaumonarchie, die freilich schon seit 1848 nur unter Blutopfern aufrecht zu erhalten war.

Einen andersartigen Strukturtypus bilden die kolonialen Seemächte Westeuropas, unter denen Spanien und England gegenüber Frankreich, Portugal, den Niederlanden und dem kurzfristig (1895 bis 1918) flottenstolzen Deutschland herausragen. Sie entstanden im Zusammenhang mit den technischen Neuerungen der frühen Neuzeit, mit der Einführung des Schießpulvers und der Entwicklung der „christlichen Seefahrt". Die seit Kolumbus in Mittel- und Südamerika eingewanderten Europäer, zumeist Spanier, wirtschafteten mit einer unterdrückten, überwiegend unpolitischen Unterschicht aus Indianern, Schwarzen und Mischlingen. Sie alle unterstanden der Krone von Kastilien, die für militärische und rechtliche Sicherheit sorgte, den Handel durch Monopole organisierte und die katholische Mission vorantrieb. Die Kirche hatte lange Zeit das Bildungswesen in der Hand, auf ihren Schulen wurde die koloniale Führungsschicht ausgebildet.

Die Lösung vom Mutterland und die Ausbildung von Einzelstaaten wurde gefördert einerseits durch den Niedergang Spaniens innerhalb des europäischen Staatensystems seit dem 17. Jahrhundert, das 1808 seinen Tiefpunkt in der Absetzung von Ferdinand VII durch Napoleon erlebte, und andererseits durch ein wachsendes Bewußtsein von Eigenständigkeit, das von den grundbesitzenden Kreolen, d. h. den in Amerika geborenen Weißen, und dem niederen Klerus getragen wurde. Letzterer spielte auch im Freiheitskampf der Griechen, in der Nationalisierung der Donaumonarchie und der Auflösung des Sowjetreiches eine Rolle. Die Ideen der Aufklärung und das Vorbild erst der Amerikanischen, dann der Französischen Revolution beflügelten die Unabhängigkeitsbewegungen. Die Herrschaft Spaniens brachte der kolonialen Elite keine Vorteile mehr. Nachdem der Kampf mit England um die Seeherrschaft über den Atlantik Spanien an der Seite Frankreichs bewogen hatte, von Mexiko aus den Befreiungskampf der Yankees zu unterstützen, begünstigten England und Nordamerika umgekehrt die Lösung Mittel- und Südamerikas von Spanien. Die Rivalität der Kolonialmächte in Europa war der Freiheitsbewegung in Übersee stets förderlich. Die Entstehung von lateinamerikanischen Nationen ist sodann eher eine Folge als eine Voraussetzung der Eigenstaatlichkeit. Denn den südamerikanischen Staaten liegen – wie in Schwarzafrika – die kolonialen Verwaltungsgrenzen zugrunde.

Das größte Weltreich, das jemals existierte, war das Britische *Empire.*[23] Es umfaßte bereits vor der Übernahme der deutschen Kolonien im und nach dem Ersten Weltkrieg etwa ein Viertel der bewohnten Erde, mit Angehörigen aller Kulturen, Religionen und Rassen. Die Anfänge liegen im 16. Jahrhundert, ein erster großer Erfolg war die Vernichtung der spanischen Armada 1588 unter Elisabeth I. Hauptgegner war indessen Frankreich, dem England eine Kolonie nach der anderen abnahm. Denn Frankreichs politische Interessen lagen vorrangig in Europa, wo die Macht-Balance seit dem Wiener Kongreß 1814/1815 den Briten freie Hand in Übersee gab. Ihre koloniale Führungselite hatte Platon und Cicero studiert und dachte in humanistischen Kategorien. Dies gilt nicht nur für die Wiederbelebung der Begriffe *British* (statt *English*, das Schotten und Waliser ausschloß) und *Empire* (statt *Kingdom*, das die Überseebesitzungen nicht einschloß), sondern auch für die Idee einer *Pax Britannica* (statt *Pax Romana*) und ihre vergilische Devise für Rom, *parcere subjectis et debellare superbos* („die Unterworfenen schonen, die Übermütigen niederkämpfen!"), die sich der letzte große britische Imperialist zu eigen machte: Winston Churchill. In der Vorhalle zum Snowdon-Palast von Lord Kitchener im Simla sah Sven Hedin 1908 die Büsten von Alexander und Caesar.[24]

Der mit der Kolonialherrschaft verbundene, von Kipling 1899 den Amerikanern auf den Philippinen eingeschärfte zivilisatorische Auftrag, *the white man's burden: to seek another's profit, and work another's gain*, war Weißen gegenüber gegenstandslos – daher hatte sich Nordamerika rasch emanzipiert, während die Herrschaft über Irland ein Skandal blieb. Auch Napoleon nahm den unterworfenen Europäern mehr als er ihnen bot und mußte darum scheitern. Ebenso war die Überlegenheit der Briten über die Farbigen eine Zeitfrage. Die vom europäischen Nationalstaatsgedanken erfaßten, gar auf britischen Universitäten ausgebildeten indigenen Eliten aus den Kolonien wandten sich mit europäischen Argumenten gegen die britische Suprematie. Definitiv diskreditiert war sie, als die von England in Europa gegen Deutschland eingesetzten indischen und jüdischen Soldaten aus den Weltkriegen heimkehrten. Herrscher, die Beschützer brauchen, deren Zeit ist um. Das zeigte sich bereits an den griechischen Söldnern der Perser und den germanischen Hilfstruppen der Römer.

Selbst unter den Briten mehrten sich – verstärkt durch den anrüchigen Burenkrieg 1902 – die Zweifel am Recht ihrer Herrschaft über andere Völker, doch kostete es bis zum Verzicht darauf Zeit und Blut und Tränen. Militäraktionen zugunsten der Kolonialherrschaft gab es noch nach dem Zweiten Weltkrieg. Der schon von Cromwell 1653 für England, Schottland und Irland gebrauchte Begriff *Commonwealth* wurde zum Kompromiß zwischen dem britischen Hoheitsanspruch und dem nationalen Freiheitsdrang. Daß die britische Kolonialherrschaft vielfach segensreicher war als die folgende Selbstverwaltung war kein Argument für Köpfe wie Gandhi. Das ist begreiflich: Freiheit ist nicht alles, aber ohne Freiheit ist alles nichts. Bereits Bernard Shaw[25] hat es treffend gekennzeichnet: „Alle Beweisführungen für die Vorteile einer ausländischen Regierung sind ebenso nutzlos wie Beweisführungen für den Vorzug von künstlichen Zähnen, Glasaugen, silbernen Luftröhren und patentierten Holzbeinen vor den Naturpodukten."

Einen weltpolitischen Anachronismus stellen nach dem *Empire* Napoleons dann die militaristischen Reichsbildungen von Mussolini, Hitler und Hideki Tojo in Japan dar. Sie entstanden in einer Torschlußpanik der *have nots* angesichts der befürchteten Zweiteilung der Erde unter den angloamerikanischen Kapitalismus und den sowjetrussischen Kommunismus – hatte doch schon 1895 der Britische Kolonialminister Joseph Chamberlain prophezeit, daß gemäß dem Gesetz der wachsenden Räume die Macht den Großreichen in den Schoß fallen und die Kleinstaaten an den Rand drücken würde. Die dagegen in Rom, Berlin und Tokio erhobenen Führungsansprüche äußerten sich im Größenwahn charismatischer Demagogen. In der Stimmung „Jetzt oder Nie" entfachten sie militaristische Massenpsychosen und entfesselten beispiellose Destruktionspotentiale. Hätten Japan und Deutschland ihren Ehrgeiz statt dessen in eine wirtschaftliche Hegemonie gesetzt, so wäre vielleicht gemeinsam mit Nordamerika die ökonomische Drei-Sphären-Konstellation, die sich neuerdings anbahnt, auf friedlichem Wege erreichbar gewesen.

Mussolini war besessen von dem Wahn, das Römische Reich wiederherzustellen. Die *Fasces* der Liktoren wurden Staatsemblem, das Mausoleum des Augustus sollte dem Duce die letzte Ruhe gewähren, nachdem er das *Impero* um das *Mare Nostro* wiederhergestellt hätte. Die Annexion von Abessinien 1936 schien zu gelingen, der Einmarsch in Albanien 1939 führte jedoch 1940 zum erfolglosen Angriff auf Griechenland; die nordafrikanischen Besitzungen gingen mit der Niederlage Rommels bei El Alamein 1942 verloren. Auch am Ende dieses letzten Römischen Reiches sind die Germanen schuld.

Hitlers Kriegsziel hieß „Lebensraum" im Osten und Hegemonie über Europa.[26] Mussolinis römisch-imperiale Idee eines Vielvölkerstaates lehnte er ab[27] zugunsten einer kontinentalen Führungsmacht, die aber nicht dem *common wealth*, sondern dem *sacro egoismo* der Langschädelrasse dienen sollte. „Was für England Indien war, wird für uns der Ostraum sein" (so der „Chef" am 8. IX. 1941 in der Wolfsschanze[28]), den er freilich weniger zu modernisieren als auszubeuten plante. Zur Beherrschung dieses Großgermanischen Reiches mit seinen Millionen slawischer Heloten hätte er eine Kriegerkaste heranzüchten müssen, die nicht nur das Bild, sondern auch das Schicksal der antiken Spartiaten geteilt hätte.

Entsprechend aussichtslos war das japanische Großreich in Ostasien, das unter der Devise „Asien den Asiaten (lies: den Japanern)" gegen die Expansion der Russen, Briten und Amerikaner gerichtet eine diesen gleichrangige Stellung in der Weltpolitik ansteuerte und gleich ihnen versprach, die abhängigen Völker zu modernisieren. Japan begab sich damit in einen Zweifrontenkrieg einerseits gegen die westlichen Großmächte, andererseits gegen die Völker Asiens. Die nach europäischem Muster aufgebaute militärische und wirtschaftliche Übermacht Japans wurde in schematischer Nachahmung europäischer

Kolonialkriege in Eroberungen umgesetzt, die dem Eigenleben der Nationen keinen Raum ließen.

Nach dem Ende des deutschen, des japanischen und des sowjetischen Großreiches ist eine Wiederholung derartiger militaristischer Staatsbildungen nicht zu erwarten. Die Lektion war hart genug. Die inzwischen weltweit anerkannten Grundsätze der Volksherrschaft, der Gleichberechtigung und der Selbstbestimmung beenden mit der Abfolge der Weltreiche zugleich die Experimentierphase der Verfassungsgeschichte. Daß damit das „Ende der Geschichte" überhaupt erreicht sei,[29] wäre freilich voreilig gefolgert. An die Stelle politischer Probleme treten solche der Wirtschaft und der Umwelt, der Übervölkerung und des Fundamentalismus.

4. Politische Irrwege?

Die Selbstauflösung der Sowjetunion am 31. Dezember 1991 schloß das imperiale Zeitalter ab. Seit dreitausend Jahren wurde die Weltpolitik durch Universalreiche bestimmt. Das ist nun vorbei. Sie alle – von China abgesehen – erlitten dasselbe Schicksal: Sie sind auseinandergefallen. Sofern sie wiedererstanden – wie das persische Reich 226 n. Chr. unter den Sassaniden und 1499 unter den Safawiden, das römische unter den Karolingern, das russische unter den Bolschewiken – sind sie abermals zerbrochen. Dies legt den Schluß nahe, daß alle aus demselben Grunde gescheitert sind: an ihrem Wahn, weiter und weiter wachsen zu wollen, bis die Füße den Körper nicht mehr tragen konnten. „Durch ihr eigenes Gewicht sinken die großen Dinge, das Glück weicht unter seiner eigenen Last" heißt es im *Agamemnon* Senecas (88 f.). Platon (*Gesetze* 688 D) führte das Ende aller Staaten auf die Unwissenheit der Regenten zurück, und Aristoteles (*Rhetorik* I 4,2) erklärte, alle Verfassungen scheiterten an den ihnen wesenseigenen Schwächen. Demnach hätte es sich bei den Universalreichen um hybride Systeme gehandelt, um Irrwege der politischen Geschichte.

Hier ist historische wie begriffliche Kritik vonnöten. Expansion ist für Imperien keinesfalls lebensnotwendig. In der Regel folgt der Ausdehnung eine Phase flimmernder Grenzen: Die Perser erlebten bei Marathon, Alexander am Hyphasis, die Römer im Teutoburger Wald ihr „Bis-hierher-und-nicht-weiter". Jeder Machtstaat erlebt wie Frankreich 1898 sein Faschoda, ohne daß dies zwangsläufig zum Abstieg führen müßte. Im Bilde von Aufstieg, Höhepunkt und Irrweg ist Metaphernmagie am Werk, Exorzismus geboten. Der Aufstieg kann auf eine Hochebene führen. Von einem Übergewicht können wir immer nur nachträglich sprechen, denn es ist erst nach dem Sturz feststellbar und läßt die Frage offen, wieso die erreichte Größe überhaupt eine Zeit lang tragbar war. Das Sprachbild vom Irrweg schließlich geht von der Annahme aus, daß es den „richtigen Weg" der Staatsbildung gebe und daß dieser zu allen Zeiten erkennbar und gangbar gewesen wäre. Auch dieses täuscht. Wir können nicht wünschen, daß uns eine Erfahrung, die wir gemacht haben, erspart geblieben wäre, ohne die Lehre zu opfern, die wir aus ihr gezogen haben. Je bitterer die Erfahrung, desto heilsamer die Lehre.

Vergleichen wir die Voraussetzungen, Formen und Gründe des Entstehens und Vergehens der Vielvölkerstaaten, so zeigen sich Unterschiede und Gemeinsamkeiten. Die Entstehungsbedingungen waren meistens ähnlich. Idealtypisch ereignet sich folgendes: Eine Nation zeichnet sich aus durch militärische und politische Überlegenheit; vielfach, aber nicht immer zudem durch einen zivilisatorischen Vorsprung. Ein charismatischer Eroberer oder eine Folge von solchen tritt auf, bezwingt die benachbarten Völker und nimmt sie durch Unterwerfung oder Vertrag unter seine Herrschaft. Hier genießen sie Schutz vor Dritten, sind aber abhängig und gewöhnlich tribut- und kriegsfolgepflichtig. Der Friede ermöglicht einen wirtschaftlichen Aufschwung, der Beherrschten und Herrschenden zugute kommt, wenn auch in unterschiedlichem Grade. Die führende Nation vertritt ein Sendungsbewußtsein, das aus religiösen und säkularen Komponenten besteht, d.h. sie vollzieht, hegelianisch gesprochen, den Willen des Weltgeistes und fördert, so meint sie, den Fortschritt. Es entsteht eine missionarische Ideologie der Legitimität, die Bewußtseinsstrukturen prägt und durch Erziehung und Propaganda Herrschaftsformen selbst dann noch bewahrt, wenn sie es längst nicht mehr verdienen. Ein Reich, das durch Eroberung oder Heirat zustandegekommen ist und keine zivilisatorische Funktion erfüllt, bleibt labil.

Die Formen und Gründe für den Zerfall sind vielfältig. Es gibt den Zusammenbruch unter äußerem Druck innerhalb weniger Jahre, so bei den Reichen der Achämeniden und der Sassaniden in Persien, bei Azteken und Inka nach dem Einmarsch der Spanier, beim Ende des polnisch-litauischen Großreichs und namentlich bei den im Ersten Weltkrieg unterlegenen und daraufhin aufgelösten Imperien Osteuropas. Es gibt das Auseinanderbrechen in mehrere gleichgewichtige Teile wie bei den Reichen Salomos 928 v. Chr., Alexanders 323 v. Chr. und Tschingis Khans 1227, beim Franken- und beim Kalifenreich; und es gibt die allmähliche Ablösung der Außengebiete im Verlaufe vieler Jahrzehnte, beschleunigt durch äußere Angreifer, so beim römischen und byzantinischen Reich, und nicht zuletzt den Zerfall durch regionale Autonomie- und Emanzipationsbewegungen, so in den neuzeitlichen Kolonialreichen Spaniens, Englands und Rußlands. Hier handelt es sich weniger um eine Katastrophe als um eine Metamorphose.

Wer nach einem Erklärungsmuster für den Machtschwund sucht, müßte zumindest zwischen antiken und modernen Großreichen unterscheiden. Die griechischen und römischen Autoren sahen, wiederum idealtypisch, das klassische noch von Augustinus (*Civitas Dei* V 12) vertretene Dekadenzmodell[30] am Werk: Einfache Lebensumstände spornen an zu hoher Leistung. Der Kampf mit der Natur befähigt zum Kampf gegen den Nachbarn. Siege bringen Macht, Macht bringt Reichtum, Reichtum jedoch bringt Luxus, und der untergräbt die Moral. So führt äußere Schwäche zu innerer Stärke, diese zu äußerer Stärke und sie endlich wieder zu äußerer Schwäche. Ein neues, sozusagen unverbrauchtes Volk übernimmt die Führung, aber erleidet dasselbe Geschick.

Nach diesem Schema hat man, nicht ganz ohne Ursache, die Folge von Weltmächten im selben Raum erklärt: so den Übergang der Macht von den Assyrern unter Sardanapal an die Meder und Neubabylonier, danach mit der Niederlage Belsazars gegen Kyros an die Perser. Die späten Achämeniden genossen nicht mehr die harte Erziehung ihrer Vorfahren, wie Platon (*Gesetze* 694 D ff.) bemerkte, und unterlagen Alexander und seinen Makedonen. Als Griechen und Römer verstädtert waren, erschienen die „unverdorbenen" Germanen und Slawen aus ihren Wäldern, die Araber aus ihren Wüsten, die Hunnen, Bulgaren und Türken aus ihren Steppen und dezimierten das Imperium auf das Umland von Byzanz. Die Byzantiner gerieten in den Schraubstock von Bulgaren im Westen und Türken im Osten, erst unter den Seldschuken, dann unter den Osmanen. Vergleichsweise barbarische, aber militärisch überlegene Völker zerschlugen hochentwickelte Zivilisationen. Besonders kraß zeigt sich dieser Vorgang bei Attila und Tschingis Khan. Dekadenz ist die Verbindung verfeinerten Lebensstils mit sinkender Lebenskraft, eines Zuviel an Subtilität mit einem Zuwenig an Vitalität. Doch ohne Außendruck kann auch eine hochdifferenzierte Kultur beliebig lange fortbestehen; darum ist für den schließlichen Zerfall der frühen Großreiche stets eine äußere Ursache entscheidend.

Anders die neuzeitlichen Kolonialreiche. Zwar sind auch sie an denselben Faktoren gescheitert, die sie geschaffen und getragen haben, doch waren das andere als in der Frühzeit. Die Kolonialherren verfügten über Schießpulver, Hochseeflotten und Reiterei, die Kolonialvölker dagegen kämpften mit Pfeil und Bogen und bestanden großenteils aus Analphabeten. Befanden sich in der Antike Herrschende und Abhängige militärisch und technisch mehr oder minder auf demselben Niveau, so liegt in der Neuzeit zwischen beiden ein Qualitätssprung. Die Erfolge der Spanier und Engländer in Übersee, der Österreicher und Russen in Eurasien beruhen auf ihrem Modernisierungspotential. Straßen-, Brücken- und Eisenbahnbau, Anlage von Plantagen, Bergwerken und Fabriken brachten anfangs enorme Gewinne, doch wuchsen die Investitionskosten, so daß die Mutterländer mehr und mehr zuschießen mußten und ihrerseits das ökonomische Interesse an der Herrschaft verloren.

Dazu trat ein ideelles Moment. Die Überlegenheit der Kolonisatoren beschränkte sich nicht auf wirtschaftliche und technische Kenntnisse. Die Europäische Ideologie umfaßt seit der Französischen Revolution auch politische und moralische Prinzipien, die den Mitmenschen als autonomes Subjekt zu respektieren heischen und Völker zur politischen Selbstbestimmung aufrufen. Die durch die Kolonialherrschaft geförderte Entwicklung schließt darum die zur Eigenstaatlichkeit ein. Spätestens wenn die Abhängigen so zu denken gelernt haben wie die Herrschenden, fordern auch sie die Selbständigkeit, und zwar noch ehe das zivilisatorische Niveau angeglichen ist. Darum liegt die Auflösung der fremdbestimmten Vielvölkerstaaten wo nicht im Programm so doch in der Logik der durch den Kolonialismus geförderten Entwicklung. Bereits Lord Macaulay hat das gesehen – er nannte es den stolzesten Tag der britischen Geschichte, wenn die Kolonialvölker von ihren Herren auch das gelernt hätten: sich selbst zu regieren. Die nationalen Eliten strebten nie nostalgisch in einen präkolonialen Zustand zurück, sondern betrachteten den Schritt in die Autonomie als Fortsetzung des Modernisierungsprozesses.[31] Der Zerfall der neuzeitlichen Großreiche in Volksstaaten ist insofern wesentlich entwicklungsbedingt. Von innen kam der Wille, von außen kamen die Ideale und die Instrumente der Selbstbefreiung.

Soweit das Scheitern der Großreiche erklärbar ist, soweit war es voraussehbar. Und soweit es Opfer gefordert hat, heischt es politische Kritik. Sie richtet sich einerseits gegen die gewaltsame Entstehung durch Eroberung, andererseits gegen die ungeliebte Fremdherrschaft eines Volkes über andere Völker. Beide Einwände bedürfen indessen eines Kommentars. Die Maßstäbe des Historikers sind selbst Ergebnisse von Geschichte, und wo dies mißachtet wird, ist das Urteil anfechtbar.

Die heute verbreitete Vorstellung, daß Angriff eine Form unentschuldbaren Unrechts sei, war nicht immer und überall die herrschende Auffassung. In der Bibel tritt uns beispielsweise die altorientalische Ansicht vom Heiligen Krieg entgegen, indem ein Gott seinem Volk die Eroberung des gelobten Landes verheißt und seine Herrlichkeit in kriegerischen Ereignissen offenbart. Er ist es, „der den Kriegen steuert in aller Welt, der Bogen zerbricht, Spieße zerschlägt und Wagen mit Feuer verbrennt“ (Psalm 46). Bei Griechen und Germanen sodann finden wir eine Bewunderung des Heldentums, das sich im Wettstreit mit der Waffe entfaltet und eng mit dem Freiheitsideal verbunden ist. In der Neuzeit schließlich galt einem darwinistischen Geschichtsverständnis der Kampf ums Dasein als Naturgesetz, das dem *survival of the fittest* dient und einer ethischen Begründung weder fähig noch bedürftig ist – Schönredner nennen das „Realpolitik" und berufen sich auf Machiavelli. Die Herausforderung als heroische Geste und die Rechtfertigung des Krieges aus religiösen, biologischen und volkspädagogischen Gründen begegnet uns über die Zeit Thomas Manns hinaus.[32]

Dem steht eine moralisch-juristische Lehre gegenüber, die Theorie vom *bellum iustum*. Sie ist von den Römern systematisiert worden. Krieg ist nur gerecht als Antwort auf erlittenes Unrecht, zur eigenen Verteidigung und zum Schutz von Bundesgenossen. Die Charta der Vereinten Nationen (2,4) bestimmt noch ziemlich dasselbe. Im christlichen Mittelalter galt allerdings auch der Kampf gegen „Ungläubige" als gerecht.[33] Im „Rolandslied" des Pfaffen Konrad lesen wir die Botschaft des Engels an Karl den Großen: *Karl, gotes dinistman, ile in Yspaniam! got hat dich irhoret, daz lüt wirdit bekeret. die dir aber widir sint, die heizent des tuvelis kint* (55 ff.). Sofern es sich zudem um heidnische „Naturvölker" handelte, genügte das Hissen einer Flagge, um den Anspruch auf ein Land zu begründen. Das Völkerrecht des Kolonialismus mußte die vielfach in vorstaatlichen Gemeinwesen lebenden „Wilden" als politische Rechtsobjekte überhaupt erst konstituieren, um mit ihnen Protektorats-„Verträge" abschließen zu können, zu denen sich ein Häuptling, bedroht durch Feuerwaffen oder verführt durch Geschenke, dann bewegen ließ, manchmal bloß dem Imponiergehabe der Europäer sich beugend, während sein Volk schlicht übergangen wurde. Dies erscheint uns heute inakzeptabel.

5. Volk und Staat

Sehr viel schwieriger ist die Frage zu beantworten, was geschehen soll, wenn eine nach modernen Begriffen unrechtmäßige Okkupation lange zurückliegt und nun in einer historischen Rückbesinnung eine ethnische Minderheit oder gar nur ein Teil von ihr die Eigenstaatlichkeit fordert. Im Falle von Armeniern, Kurden und Basken steht Recht gegen Recht, beide Seiten können historisch argumentieren. Häufig ist mit der Preisgabe der politischen Selbstbestimmung die der ethnischen Eigenart verbunden, doch wird dies mitunter um der Vorteile im größeren Verband willen in Kauf genommen. Hier geht Integration vor Identität, und das ist ein sehr häufiger Vorgang beim Entstehen von Völkern.

Die Kritik an der Herrschaft eines Volkes über andere geht aus von der vorgegebenen Existenz von Völkern und dem naturrechtlichen Axiom des Nationalstaates. Völker sind zumeist älter als Staaten, aber ebensowenig wie diese naturgegeben, auch Stämme sind es nicht, uneingeschränkt nicht einmal Familien. Der qualitative Sprung zwischen natürlicher und künstlicher Lebensgemeinschaft liegt nicht zwischen Nationalstaat und Weltreich, sondern sehr viel tiefer. Der Mensch ist zwar ein „von Natur politisches, d. h. staatenbildendes Wesen", wie Aristoteles (*Politik* 1253 a 4) bemerkte, aber dennoch ist die Polis kein Naturphänomen. Die Frage der Staatsform ist allemal „politisch".

Die Vorstellung, daß Völker „natürlich", Reiche hingegen „künstlich" seien, entstammt der Romantik und ist falsch. Sowohl Völker als auch Reiche sind historische Konglomerate, unter bestimmten Bedingungen zu bestimmten Zeiten in bestimmten Räumen entstanden, von unterschiedlicher Dauer, aber in keinem Falle „ewig". Insofern sind auch Völker „künstlich". Sie beruhen gewöhnlich (von Grenzfällen wie Juden und Zigeunern abgesehen) auf gleicher Sprache, gleichen Sitten und gleichem Siedlungsraum, aber nur teilweise auf gleicher Abstammung – und auch diese verbürgt die Natürlichkeit der Gemeinschaft nur bis zur wirtschaftlichen Selbständigkeit der Heranwachsenden. Danach beruht deren Aufenthaltsort und Gruppenzugehörigkeit auf einen individuellen Entschluß.

An zahlreichen Beispielen läßt sich zeigen, wie seßhafte Stämme und wandernde Gruppen zu Völkern zusammenwuchsen, indem sie sich einer gemeinsamen Lebensordnung fügten, die wir im weiteren Sinne des Wortes als Staat ansprechen. Staatenbildung beruht auf dem Willen, gemeinsame Aufgaben gemeinsam zu lösen. Vielfach erwächst aus der Staatszugehörigkeit erst die Volkszugehörigkeit, geht die administrative der ethnischen Einheit, der Staat dem Volk voraus. Das französische Volk entstand nach der Eroberung Galliens erst durch Caesar, dann durch den Franken Chlodwig; das englische durch die Landnahme erst der Kelten, dann der Römer, danach der Angelsachsen und endlich der Normannen; das spanische durch die Einwanderung von Kelten, Puniern, Römern, Goten und Arabern. Wie Staaten Völker schaffen, zeigt uns zuletzt die Geschichte der Staatsvölker in Amerika und Afrika.

Fraglos läßt sich die Staatsbürgerschaft leichter wechseln als das Volkstum, aber grundsätzlich ist auch dieses austauschbar. Gewöhnlich werden wir in ein Volk hineingeboren und in ihm sozialisiert. Wir identifizieren uns mit ihm eher als mit einem Staat oder einer Staatsform. Das Umgekehrte exemplifizieren Asylsuchende und Emigranten, die ihr Volkstum aufs Spiel setzen oder gar bewußt wechseln um einer Staatsform willen, der man entkommen oder in der man leben will. Daß wir einem Staat freiwillig, einem Volk aber unfreiwillig angehören, weil wir hineingeboren wurden, ist eine unzutreffende Zuspitzung. Auch in dem Staat, in dem wir leben, sind wir der Mehrzahl nach aufgewachsen. Der Unterschied der Bindung an Volk und Staat ist nur graduell, nicht prinzipiell.

Wenn wir zur Definition des Staates außer dem Begriff „Gebiet“ die Begriffe „Volk“ und „Herrschaft“ voraussetzen, unterstellen wir allzuleicht ein historisch-chronologisches Bedingungsverhältnis. „Staat“ bezeichnet lediglich eine intensivere Form des Zusammenlebens als sie einem Volk zugrundeliegt, das keinen eigenen oder keinen gemeinsamen Staat besitzt. Daß auch ein Volk durch gemeinschaftliches Handeln entsteht, zeigt die Wortgeschichte, die in vielen Sprachen die Äquivalente für „Volk“ aus dem Militärischen herleitet. Deutsch „Volk“, lateinisch *populus*, griechisch *laos*, keltisch *dam*, persisch *kara* heißt zugleich jeweils „Heer“. Zwar ist ein Heer keine ethnische Einheit, doch gibt es keine Form des gemeinsamen Handelns, die so ethnogenetisch wirksam ist wie das gemeinsame Kämpfen oder die – mythische oder historische – Erinnerung daran. Die alten Israeliten konstituierten sich durch den Mythos vom Auszug aus Ägyptenland, die antiken Griechen durch ihren Glauben an die Teilnahme am trojanischen Krieg. Die Spanier fanden zu sich selbst in der mittelalterlichen Reconquista, der deutsche Patriotismus entstand in der Abwehr Napoleons, der neugriechische im Kampf gegen die Türken.

Die Angehörigen eines Staates bilden in jedem Falle eine politische Gruppierung. Hier kann man eintreten und austreten, aufgenommen und ausgeschlossen werden. Das antike Athen geizte mit der Einbürgerung Fremder und blieb immer ein Stadtstaat, Rom hingegen war großzügig mit der Vergabe des Bürgerrechts an Ausländer und wurde ein Weltreich. Das „römische Volk“ war eine Rechtskörperschaft aus Angehörigen unterschiedlicher Nationen: *Civis Romanus* konnte auch ein germanischer Fürst aus dem Teutoburger Wald sein, wie Arminius, oder ein hellenisierter Jude aus Kleinasien, wie der Apostel Paulus. Der *populus Romanus* ist in einem imperialistischen Expansionsprozeß entstanden, wie das türkische, das russische und vor allem das chinesische Volk. Die Sinisierung Chinas ist, um 2000 v. Chr. vom Hoangho-Bogen ausgehend, längst so weit fortgeschritten, daß China, von Randgebieten wie Tibet abgesehen, heute nicht mehr als Vielvölkerstaat erscheint, während die Völker Indiens mit Ausnahme von Kaschmir nicht hinreichend politisiert sind, um die nach der Trennung von Pakistan und Bengalen verbliebene, durch das britische Kolonialimperium gestiftete Staatseinheit zu sprengen. Von den Völkern des russischen Reiches wissen einige bis heute nicht, ob sie eigentlich ein eigenes Volk (oder doch Russen) seien – so die Liven und die Weißrussen. Die ein Volk verbindende Kultur besteht aus stärker oder schwächer ausgebildeten Komponenten, die keinesfalls immer komplett vorliegen müssen. Es kann primär die Sprache (so bei den Deutschen), die Religion (so bei den

Juden), die Schrift (so bei den Chinesen) oder das Recht (so bei den Römern) sein – gleichgültig, ob durch Zustimmung oder Gewalt vermittelt.

Betrachten wir die volksbildenden Elemente im einzelnen, so zeigt sich bei vielen, daß sie aus der Hinterlassenschaft zerfallener Großreiche stammen. Sie haben die Grundlagen für die aus ihnen entstandenen Nationen bis in die Gegenwart gelegt. David und Salomon stehen am Anfang der jüdischen Geschichte, Caesar und Augustus am Beginn der romanischen Völker. Die drei wichtigsten imperialen Erbstücke – die lateinische Sprache, die christliche Religion und das römische Recht – sind aus dem Leben der Völker im werdenden Europa nicht hinwegzudenken. Ebenso handgreiflich sind die Nachwirkungen der arabisch-türkischen Reichsbildungen, der ostasiatischen Großraumordnungen und der europäischen Kolonialmächte. Wenn wir die Macht als Vehikel der Kultur begreifen, dann verlieren Entstehung und Zerfall der Universalstaaten viel von ihrem melancholischen Charakter; dann können wir die im Doppelsinn zu verstehende „Aufgabe" der Großmächte bejahen.

6. Die Weltgesellschaft

Das politische Scheitern der Weltreiche ist darüber hinaus kein Indiz dafür, daß die Zukunft den Nationalstaaten gehört. Sind sie wirklich die bessere Staatsordnung? Auf dem Boden des Osmanischen Reiches, der Donaumonarchie und der Sowjetunion finden die Menschen bis heute keinen Frieden. Das Recht auf Selbstbestimmung der Völker umfaßt nicht das Recht auf Selbstbestimmung ihrer Grenzen. Die nicht enden wollenden Versuche dazu beweisen, daß einem Bedürfnis nach ethnischer Identität, nach Wir-Gefühl – und das heißt nach Abgrenzung – nicht beizukommen ist, so daß ihm in irgendeiner Form politisch und kulturell Rechnung getragen werden muß. Das Eigenleben von Regionen und Gruppen erfordert, wie nicht zuletzt das *communitarian movement* in Amerika zeigt, zunehmend Spielraum innerhalb der bestehenden Staaten.

Dennoch: Der Fundamentalregionalismus ist keine Alternative zum Kosmopolitismus, sondern dessen Kompensat. Nach Nestwärme verlangt, wer noch nicht flügge ist – und das ist eine Frage der Zeit. Die Nationen werden bestehen bleiben, aber nicht so, wie die Fundamentalisten das wünschen, denn der Volksstaat ist mit dem Völkerkrieg verbunden. Carl Schmitt[34] sah das Wesen des Staates im *ius belli,* in dem Recht und in der Macht, „von Angehörigen des eigenen Volkes Todesbereitschaft und Tötungsbereitschaft zu verlangen", gegen welchen Staat es immer gehe, denn wenn er nur eine Ausnahme zuließe, wäre er unfrei und abhängig von diesem Staat. Sollen wir uns aber solche Souveränitäten zurückwünschen?

So wie die Großreiche immer wieder zerfallen sind, so haben sich umgekehrt Kleinstaaten immer wieder zu größeren Einheiten zusammenbinden lassen. Die Mittellinie zwischen dem Auf und Ab der Universalstaaten ergibt jedoch keine Horizontale, kein *steady state*, sondern zeigt eine Tendenz hin zu umfassenden Strukturen: Die umfassendsten, die bisher verwirklicht wurden, waren das kommunistische und das liberale Weltsystem. Solange die Welt in eine russische und eine amerikanische Einflußzone geteilt war, mußten beide Großmächte Unruhen verhindern, um dem Gegner keine Chance zu eröffnen. Das wurde mit militärischen oder ökonomischen Maßnahmen erreicht. Seitdem die Sowjetunion zusammengebrochen ist, entfällt für die Vereinigten Staaten der politische (wenn auch nicht der moralische) Grund einzuschreiten, wo immer Völker aufeinanderschlagen. Aus dem stabilen bipolaren System wurde ein labiles multipolares, das lokale Konflikte toleriert und so zum Chaos drängt. Sobald die internationale Anarchie allzu schmerzhaft wird, erhebt sich der Ruf nach einer Schutzmacht, die freilich wiederum eine Opposition provoziert, so daß abermals eine Zweisphärenwelt entstünde. Geht das *da capo al fine* endlos weiter?

Ich denke nicht. Denn der Weltverkehr bereitet eine *metabasis eis allo genos*, einen Zeitensprung vor. Weltreligionen und Weltkriege, Weltsprachen und Welthandel haben eine Ebene der Gemeinsamkeit geschaffen, sie entisolieren die Nischen und führen hinüber in eine ökumenische Politik, deren Interessen nicht mehr national definiert sind. Die Maxime „jedem Volk sein Staat!“ ist unausführbar angesichts der Tatsache, daß es gegenwärtig zwanzigmal so viele Völker wie Staaten gibt.[35] Die Irredenta wächst mit dem völkischen Eigenwillen. Um das Prinzip des Nationalstaates überall zu verwirklichen, müßten weitere Millionen deportiert werden. Kann man das wollen? Die wachsende Verflechtung, der zunehmende Verkehr, der steigende Austausch an Waren, Gedanken und Menschen überlagern die Regionalismen. Elfenbeintürme und Ghettos werden gesprengt. Der Fortschritt hat bereits eine kosmopolitische Gesellschaft geschaffen, die mehr und mehr Befugnisse übernimmt, mehr und mehr Bedürfnisse erfüllt. Deren oberstes ist der Frieden. Die Kriegsgeschichte hat mit 1945 ihren Höhe- und Wendepunkt hinter sich. Nachdem der russisch-amerikanische Atomkrieg vermieden werden konnte, sind nur noch regionale Konflikte zu erwarten, die zunehmend den Charakter internationaler Polizeiaktionen annehmen – verlustreich so lange, wie Fundamentalisten schwere Waffen führen.

Ebenso wie die von Carl Schmitt herausgestellte Wehrhoheit ist die von Platon (*Definitiones* 413 E) als Bedingung politischer Selbständigkeit geforderte Autarkie längst dahin. Fichtes *geschlossener Handelsstaat* (1800) war ein Phantom. Dem Weltmarkt und der sanften Gewalt des Geldes widersteht auf Dauer nichts. Die Universalreiche wurden von Wirtschaftsimperien überlagert und abgelöst. Sie sind die Großmächte der Zukunft. Der Kampf geht nicht mehr um Staatsgrenzen, sondern um Absatzmärkte, Rohstoffquellen und Normsysteme. Er wird mit Handelsboykott, Dumpingpreisen und Währungsmanipulationen ausgefochten. Diese Wirtschaftsriesen haben ihr Standbein in Nordamerika, Japan und Europa, aber ein bewegliches Spielbein. Eine Nationalisierung dieser Konflikte wird durch den Interessengegensatz von Produzenten und Konsumenten erschwert, so daß aus den ökonomischen kaum politische Gegensätze erwachsen. Weicht die Industrie weiter in die Billiglohnländer aus, so steigert sie die Arbeitslosigkeit daheim, aber verbessert das Angebot und mindert den demographischen Druck auf die Grenzen der zivilisierten Sphäre. Der Zug der Armen in die reichen Länder könnte diese sonst zur Verzäunung ihrer Grenzen bewegen und damit die politische Regionalisierung ins postimperiale Zeitalter verlängern. Gleichmäßige Verteilung des Wohlstands ist wünschenswert, erfordert aber in den ökonomisch entwickelten wie in den unterentwickelten Staaten gleichmäßige Verteilung der Arbeit und – noch wichtiger – gleichmäßige Verteilung der Vernunft.

Demgegenüber verschlägt es nichts, wenn die Skeptiker hinsichtlich der Aussicht auf einen Weltstaat *sensu stricto* Recht behalten. Eine politische Einheit wird der Blaue Planet vermutlich nie, regionale Rivalitäten sind so unvermeidlich wie klimatische Kontraste. Dennoch werden die Zwistigkeiten eingegrenzt, Entwicklungskrisen beschränken sich auf Krisenherde. Die Niederlagen der Weltreiche in unserem Jahrhundert berühren nicht die Universalidee als solche. Es handelt sich nur um Rückzugsgefechte gegenüber der fortschreitenden Vernetzung der Ökumene. Die seit der Romantik nostalgisch motivierte sprachliche Aufsplitterung der Welt, die Wiederbelebung der Zwergsprachen fördert die Verbreitung des Englischen – das Bedürfnis nach weltweiter Verständigung ist unabweisbar.

Vor zweihundert Jahren, 1795, veröffentlichte Immanuel Kant seine Schrift *Zum Ewigen Frieden.* Darin entwarf er einen universalen Staatenvertrag. Ihm ging es um das Zusammenleben der Völker auf republikanischer Basis. Ein solcher *contrat mondial* war undenkbar, solange einzelne Mächte sich als vom Schicksal auserkorene Schiedsrichter mit unbegrenzten Vollmachten verstanden und die Einheit des Menschengeschlechts nur in ihrem jeweiligen Weltreich verwirklichen wollten. Diese Zeit ist vorüber. Die Kolosse auf tönernen Füßen sind gefallen, vom Winde verweht wie die Spreu auf der Sommertenne. Der Stein aber, der herabgerissen ward ohne Hände und das Traumbild Nebukadnezars zermalmte, füllte die ganze Welt – Daniels Deutung versinnlicht den Triumph des universalen Prinzips über die partikularen Interessen.

Anhang

Anmerkungen

Josef Wiesehöfer · Der Zusammenbruch des Perserreiches der Achämeniden

1 *Dieter Metzler,* Reichsbildung und Geschichtsbild bei den Achämeniden, in: Seminar: Die Entstehung der antiken Klassengesellschaft. Hrsg. v. Hans G. Kippenberg. (stw, Bd. 130.) Frankfurt 1977, 285.
2 *Hermann Bengtson,* Griechische Geschichte von den Anfängen bis in die Römische Kaiserzeit. (Handbuch der Altertumswissenschaft, Abt. 3, Teil 4.) 5. durchges. und erg. Aufl. München 1977, 337f.
3 *Walter Wüst,* Indogermanisches Bekenntnis. Berlin 1942, 29.
4 *Jürgen Osterhammel,* in: Ablösung aus Imperien. Symposium des Breuninger-Kollegs vom 14.–16. Juni 1991. Stuttgart 1992, 34.
5 Ebd.
6 *Josef Wiesehöfer,* Das antike Persien von 550 v. Chr. bis 650 n. Chr. Zürich/München 1994, 71–89.
7 *Hans-Joachim Gehrke,* Geschichte des Hellenismus. (Oldenbourg Grundriß der Geschichte, Bd. 1 A.) München 1990, 14.

Alexander Demandt · Die Auflösung des Römischen Reiches

1 Demandt 1984 (Volle Titel im Literaturverzeichnis, s. u. S. 268!), 494ff.; Herzog 1987 passim; R. Herzinger/ H. Stein, Endzeit-Propheten, 1995, S. 156ff.
2 F. R. de Chateaubriand, Essai sur les révolutions, 1796
3 Kröneraus g. S. 239
4 A. Stifter, Kleine Schriften, 1940, S. 338ff.
5 MEW. 12, S. 3f.
6 F. Nietzsche, Werke in drei Bänden, 1960, I S. 237f.
7 H. Graf Kessler, Tagebücher 1918–1937, 1961/79, S. 476
8 C. Schmitt, Donoso Cortés in gesamteuropäischer Interpretation, 1950, S. 92ff.
9 R. Herzinger u. H. Stein (s. o. Anm. 1), S. 158; 171
10 Gellius XV 27
11 Digesten XXXII 11 pr.
12 So die Inschrift Sapors I auf der Kaaba – i Zerdoscht in Naqsh – i Rustem bei Persepolis
13 Demandt 1995, S. 501ff.

14 l.c. S. 533 ff.
15 F. Hartmann, Herrscherwechsel und Reichskrise, 1982
16 F. Kolb, Diokletian und die erste Tetrarchie, 1987
17 J. Burckhardt, Die Zeit Constantins d. Gr., 1880
18 A. v. Harnack, Mission und Ausbreitung des Christentums, I/II 1924
19 H. Wolfram, Geschichte der Goten, 1980
20 A. Demandt, Die Germanen im Römischen Reich. In: Ders. (Hg.), Mit Fremden leben, 1995, S. 68 ff.
21 Jordanes, Get. 146
22 Polyb. XXXVIII 22
23 A. Demandt, Der Idealstaat, 1993, S. 277 ff.
24 Vergil, Aen. I 279
25 Orosius, Adversum Paganos VII 8; 43, 5 f.
26 L. Varga, Das Schlagwort vom „finsteren Mittelalter“, 1932
27 A. Demandt, Mommsen zum Niedergang Roms, Historische Zeitschrift 261, 1995, S. 23 ff.
28 So zuletzt Averil Cameron, Das späte Rom, 1994, S. 224
29 Demandt 1984, S. 598 ff.
20 1849, in: ders., Kleine Schriften, 1940, S. 344
31 N. Berdjajew, Der Sinn der Geschichte, 1923/25, S. 291
32 Zu den von mir 1984, S. 695 aufgeführten, bisher geltend gemachten 210 Verfallsgründen kann ich 12 weitere nachtragen: *Altersschwäche* (Louis Philippe de Ségur, Histoire du Bas – Empire, 1817/1858, S. 2; 331 f.); *Aufklärung* (führt in den kulturellen Kältetod: N. Berdjajew, l.c.); *deflationäre Depression* (durch Überschuldung, bewirkt ökonomische Abwerts- bzw. Abwärtsspirale: Paul C. Martin, Chefredaktion Bild 2. XI. 95 brieflich); *Elitenversagen* (A. Heuß, Antike und Spätantike. In: J. Kunisch, Hg., Spätzeit. Studien zu den Problemen eines historischen Epochenbegriffs, 1990, S. 79); *Extensivierung der Landwirtschaft* (Jens Jessen 1941 in: K. Scholder, Die Mittwochsgesellschaft, 1982, S. 277 f.); *geschwächte Persönlichkeit* (infolge von Überfremdung, F. Nietzsche, Unzeitgemäße Betrachtungen II 5, in: ders. Werke, 1960, I, S. 238); *Religionsmischung* (Friedrich Sieburg, Gott in Frankreich?, 1933, S. 85); *schlechtes Schulsystem* (O. Denk, Geschichte des gallofränkischen Unterrichts- und Bildungswesens, 1892, S. 154); *Technikmangel* (V. Hehn, Kulturpflanzen und Haustiere, 1894/1963, S. 490); *unterentwickelter Verkehr* (G. F. Nicolai, Die Biologie des Krieges, 1919, S. 513); *Wirtschaftskriminalität* (Hans See in: H. See und D. Schenk, Wirtschaftsverbrechen, 1992, Schlußkapitel); *Zwangsstaat* (Stellen bei Demandt 1984, S. 694 s. v.)
33 A. Heuß, Das spätantike römische Reich kein „Zwangsstaat“? In: Geschichte in Wissenschaft und Unterricht, 10, 1986, S. 603 ff.
34 K. L. Noethlichs, Beamtentum und Dienstvergehen, 1981
35 Cod. Theod. I 2,2 f.
36 Cod. Just. XII 19,7; Nov. 8
37 Cod. Just. VIII 10,10; H. Dessau, ILS. Nr. 1279
38 Cod. Theod. IX 14,2
39 Nov. Valent. IX; Nov. Maior. VIII

40 Demandt 1989, S. 334
41 Augustin ed. J. Divjak, 1981 (CSEL 88), S. 8
42 Ammian XV 12,3; Cod. Theod. VII 13,4f.
43 M. Waas, Germanen im römischen Dienst im 4. Jahrhundert n. Chr., 1971
44 Constantin, Julian, Valentinian II
45 St. Elbern, Usurpationen im spätrömischen Reich, 1984
46 14 n. Chr. in Pannonien und Niedergermanien, 68 in der Lugdunensis
47 337 in Konstantinopel, 360 in Paris, 408 in Ticinum, 409 in Ravenna
48 Procop, Bell. Got. III 1,20
49 399 Tribigild, 400 Gainas, 402 (?) Fravitta, 471 Ardabur und Aspar, 481 Sabinianus
50 A. Demandt, Der spätrömische Militäradel. In: Chiron 10, 1980, S. 609 ff.; Stammtafel: ders. 1989, nach S. 504; ders., The Osmosis of the Late Roman and Germanic Aristocracies. In: E. Chrysos u. A. Schwarcz (Hgg.), Das Reich und die Barbaren, 1989, S. 75 ff.

Reinhard Schneider · Krise und Auflösung des fränkischen Großreiches

1 Für die Geschichte des Frankenreiches sei allgemein auf die einschlägigen Handbücher verwiesen, insbes.: Heinz Löwe, in: Gebhardt, Handbuch der deutschen Geschichte, Bd. 1 (⁹1970); Handbuch der europäischen Geschichte, Bd. 1, hrsg. von Theodor Schieffer (1976); Pierre Riché, Les carolingiens (1983); Reinhard Schneider, Das Frankenreich (³1995); Rudolf Schieffer, Die Karolinger (1992).
2 Theodor Schieffer, im Handbuch der europäischen Geschichte (wie Anm. 1), S. 42. Die kursiv gesetzten Zitatteile bereits bei Schieffer.
3 Josef Fleckenstein, Karl der Große (1962), S. 89; vgl. ders., Das Großfränkische Reich: Möglichkeiten und Grenzen der Großreichsbildung im Mittelalter, in: Historische Zeitschrift 233 (1981) S. 265–294.
4 François Louis Ganshof, L'échec de Charlemagne (Académie des Inscriptions et Belles-Lettres. Compte-rendus des Séances 1947); ders., La fin du règne de Charlemagne. Une décomposition, in: Zeitschrift für Schweizerische Geschichte 28 (1948) S. 433–452.
5 Heinrich Fichtenau, Das karolingische Imperium. Soziale und geistige Problematik eines Großreiches (1949).
6 Walter Schlesinger, Die Auflösung des Karlsreiches, in: Karl der Große, Bd. 1 (1965) S. 792–858.
7 Grundsätzlich sei auf die in Anm. 1 genannten Darstellungen verwiesen, zusätzlich: Eugen Ewig, Die Merowinger und das Frankenreich (1988).
8 Zu Begriff und Sache s. Reinhard Wenskus, Stammesbildung und Verfassung. Das Werden der frühmittelalterlichen gentes (1961), S. 517f.
9 Eugen Ewig, im Handbuch der europäischen Geschichte (wie Anm. 1), S. 260.
10 Reinhard Schneider, Fränkische Alpenpolitik, in: H. Beumann u. W. Schröder (Hrsg.), Die transalpinen Verbindungen der Bayern, Alemannen und Franken bis zum 10. Jahrhundert (Nationes 6), 1987, S. 23–49.

11 Peter Classen, Karl der Große, das Papsttum und Byzanz. Die Begründung des karolingischen Kaisertums (1985), bes. S. 25ff., 82–97.
12 Walter Schlesinger, Zur politischen Geschichte der fränkischen Ostbewegung vor Karl dem Großen, in: Ders. (Hrsg.), Althessen im Frankenreich (1975) S. 9–61.
13 Josef Deér, Karl der Große und der Untergang des Awarenreiches, in: Karl der Große, Bd. 1 (1965) S. 719–791; Walter Pohl, Die Awaren. Ein Steppenvolk in Mitteleuropa. 567–822 n. Chr. (1988).
14 Vgl. Reinhard Schneider, Königswahl und Königserhebung im Frühmittelalter. Untersuchungen zur Herrschaftsnachfolge bei den Langobarden und Merowingern (1972), S. 243ff. (4, II: Die wesentlichsten Machtmittel: Heer und Hort).
15 Ludo Moritz Hartmann, Ein Kapitel vom spätantiken und frühmittelalterlichen Staate (1913).
16 Wolfgang Fritze, Untersuchungen zur frühslawischen und frühfränkischen Geschichte bis ins 7. Jahrhundert (1994).
17 Vgl. R. Schneider, Königswahl (wie Anm. 14) S. 187ff. und 261ff.
18 Herbert Helbig, Fideles Dei et regis. Zur Bedeutungsentwicklung von Glaube und Treue im hohen Mittelalter, in: Archiv für Kulturgeschichte 33 (1951) S. 275–306.
19 Herwig Wolfram, Intitulatio I. Lateinische Königs- und Fürstentitel bis zum Ende des 8. Jahrhunderts (MJÖG, Erg.-bd. 21, 1967).
20 R. Schneider, Königswahl (wie Anm. 14)
21 Nithardi Historiarum liber I, c. 1 (MGH SSrG 44, 1907, S. 1f.).
22 Friedrich Prinz, Klerus und Krieg im früheren Mittelalter. Untersuchungen zur Rolle der Kirche beim Aufbau der Königsherrschaft (1971).
23 Hans K. Schulze, Die Grafschaftsverfassung der Karolingerzeit in den Gebieten östlich des Rheins (1973); Ulrich Nonn, Pagus und Comitatus in Niederlothringen: Untersuchungen zur politischen Raumgliederung im frühen Mittelalter (1983); Michael Borgolte, Geschichte der Grafschaften Alemanniens in fränkischer Zeit (1984); ders., Die Grafen Alemanniens in merowingischer und karolingischer Zeit: eine Prosopographie (1986).
24 Einhardi Vita Karoli Magni c. 18 (MGH SSrG 25, hrsg. O. Holder-Egger, 1911) S. 21.
25 Reinhard Schneider, Karl der Große – politisches Sendungsbewußtsein und Mission, in: Kirchengeschichte als Missionsgeschichte, Bd. II, 1 (1978) S. 227–248.
26 MGH Capitularia 1, Nr. 71–73, S. 161–165.
27 Vgl. W. Schlesinger, Die Auflösung des Karlsreiches (wie Anm. 6) S. 797.
28 François Louis Ganshof, Charlemagne et l'usage de l'écrit en matière administrative, in: Le Moyen Age 57 (1951) S. 1–25; ders., Charlemagne et les institutions de la monarchie franque, in: Karl der Große, Bd. 1 (1965) S. 391ff.; ders., Was waren die Kapitularien? (1961); Reinhard Schneider, Schriftlichkeit und Mündlichkeit im Bereich der Kapitularien, in: P. Classen (Hrsg.), Recht und Schrift im Mittelalter (1977) S. 257–279.
29 Vgl. Walter Schlesinger, Die Auflösung des Karlsreiches (wie Anm. 6) S. 826.

30 Regionis abbatis Prumiensis Chronicon ad 888 (MGH SSrG 50, hrsg. F. Kurze, 1890) S. 129. Die Übersetzung folgt R. Rau, Quellen zur karolingischen Reichsgeschichte, Teil 3 (Darmstadt 1960) S. 279. – Den letzten Teil des zitierten Textes hat Regino in starker Anlehnung an Justinus, Buch 13, Kap. 1 und 2 formuliert.

31 Vgl. Reinhard Schneider, Das Königtum als Integrationsfaktor im Reich, in: J. Ehlers (Hrsg.), Ansätze und Diskontinuität deutscher Nationsbildung im Mittelalter (Nationes 8), 1989, S. 60ff.

Renate Pieper · Das Ende des spanischen Kolonialreiches in Amerika

1 Siehe hierzu die klassische Studie von. E. Gibbon (1854) aber auch neuere politologische Arbeiten wie die von Klaus von Beyme (1994).

2 P. Kennedy (1989); In seiner umfangreichen Beispielsammlung berücksichtigt Kennedy den Zerfall des Hispanoamerikanischen Kolonialreiches nicht.

3 Eine Zusammenfassung der Debatte um „Race and Class" in Hispanoamerika findet sich bei J. Meißner (1993), 1. Kapitel.

4 H. Favre (1994); F. Safford (1991); H. König (1986). Die verschiedenen hispanoamerikanischen Regionen werden in dem Sammelband Problemas de la formación del estado (1984) behandelt; siehe auch D. Bushnell, N. Macaulay (1988).

5 S. O'Phelan Godoy (1992), die diese Rebellionen auch nicht als Vorläufer der Unabhängigkeitsbewegung interpretiert, ebensowenig wie Manfred Kossok (1991); vgl. J. Tutino (1986).

6 R. Romano (1992); I. A. A. Thompson, B. Yun Casalilla (1994); R. Fernández Díaz (1985).

7 Siehe den Literaturüberblick bei L. Navarro García (1989); vgl. auch J. Lynch (1986); B. Hamnett (1986); T. Halperín Donghi (1985); T. Anna (1983); I. Buisson, H. Schottelius (1980).

8 M. Carmagnani (1994).

9 D. Brading (1994).

10 So beginnen einige der Überblickswerke auch erst mit den Ereignissen im 19. Jahrhundert, F. X. Guerra (1992); M. P. Costeloe (1986); J. Lynch (1986).

11 Einen von der spanischen Nationalgeschichtsschreibung geprägten Überblick gibt G. Lohmann Villena (1989).

12 H. Pietschmann (1994); ders. (1982).

13 J. C. Chiaramonte (1994).

14 Einen Überblick über die kolonialen Handelsstrukturen gibt John R. Fisher (1992a), siehe auch R. Romano (1992).

15 M. Carmagnani (1994).

16 Ebda. Mit dieser Interpretation liefert Carmagnani erstmals eine schlüssige Erklärung für die Klagen der spanischen Kaufmannschaft, die in der Literatur mit der Unfähigkeit oder dem mangelnden Unternehmungsgeist insbesondere der andalusischen Kaufleute begründet werden.

17 Eine zusammenfassende wissenschaftliche Darstellung zu diesem Themenkomplex steht noch aus, obwohl sich in zahlreichen, zeitlich begrenzten

Regionalstudien vielfältige Hinweise zu den Auswirkungen des kolonialen Systems auf die Metropole finden.

18 Der Schmuggelhandel wurde bislang vorwiegend unter der normenüberschreitenden Perspektive betrachtet, daher sei auf die Arbeiten von H. Pietschmann (1982) und R. Romano (1992) verwiesen.

19 J. P. Merino Navarro (1981).

20 Zur Diskussion um den „pactismo" siehe J. C. Chiaramonte (1994) und H. Pietschmann (1994).

21 Zusammenfassend hier zu R. Romano (1992).

22 Zur Krise des 17. Jahrhunderts in Spanien siehe den Sammelband von I. A. A. Thompson, B. Yun Casalilla (1994).

23 D. Brading (1991).

24 Ein Überblick über die Literatur zu den Bourbonischen Reformen findet sich bei H. Pietschmann (1994).

25 D. Brading (1994).

26 R. Pieper (1990).

27 Zur Entwicklung Spaniens im 18. Jahrhundert siehe R. Fernández Díaz (1985); auch in diesem Sammelband findet sich kein eigenes Kapitel über die hispanoamerikanischen Kolonien.

28 J. K. J. Thomson (1992).

29 Zwei Fallbeispiele aus Mexiko zeigen dies mit aller Deutlichkeit: Jochen Meißner (1993); Reinhard Liehr (1971).

30 S. O'Phelan Godoy (1992).

31 Arij Ouweneel (1988); Horst Pietschmann (1972).

32 M. Carmagnani (1994).

33 J. P. Merino Navarro (1981); R. Pieper (1988); J. A. Barbier, H. S. Klein (1985).

34 J. R. Fisher (1992b).

35 C. I. Archer (1982).

36 Zur Einrichtung einer Sekundogenitur in Amerika gab es bereits Ende des 18. Jahrhunderts Überlegungen am spanischen Hof.

37 F.-X. Guerra (1994).

38 J. R. Fisher (1992b) zeigt, wie sich der Kolonialhandel bis 1820 nach den Unterbrechungen durch die Handelsblockaden sehr schnell wieder erholte. Dies läßt erkennen, daß die kommerziellen Beziehungen bis zur Unabhängigkeit bestanden.

39 J. Meißner (1993).

40 Während die führende Rolle einer liberal gesinnten Gruppe im Fall der Unabhängigkeit Perus schon länger bekannt ist, galt Mexiko lange Zeit als das Beispiel einer konservativen Unabhängigkeitsbewegung. Erst jüngste Untersuchungen haben betont, daß auch in Mexiko die Unabhängigkeit von neuen kreolischen Gruppen ausging, die die Verfassung von Cádiz unterstützten, F.-X. Guerra (1994); J. Meißner (1993); zum La Plata-Gebiet siehe L. Castro Leiva (1994); J. C. Chiaramonte (1994).

Martin Schulze Wessel · Der Niedergang der Donaumonarchie

1 J. Frh. v. Eötvös, Die Garantien der Macht und Einheit Österreichs, Leipzig 1859, S. 85.

2 Wandruszka, Adam, Finis Austriae? Reformpläne und Untergangsahnungen in der Habsburgermonarchie, in: Der österreichische Ausgleich von 1867. Seine Grundlagen und Auswirkungen. Buchreihe der Südostdeutschen Historischen Kommission, Bd. 20, München 1968.

3 Zöllner, Erich, Der Österreich-Begriff. Formen und Wandlungen in der Geschichte, Wien 1988, S. 11 f.

4 Evans, Robert J. W., Das Werden der Habsburgermonarchie 1550–1700. Gesellschaft, Kultur, Institutionen, Wien, Köln, Graz 1986, S. 66.

5 Hörnigk, Österreich über alles, wenn es nur will. Das ist wohlmeinender Fürschlag ..., 1684, S. 23.

6 Brunner, Otto, Das Haus Österreich und die Donaumonarchie, in: Südostforschungen 14 (1955), S. 122–144.

7 Ders., Staat und Gesellschaft im vormärzlichen Österreich im Spiegel von J. Beidtels Geschichte der österreichischen Staatsverwaltung 1740–1848, in: Staat und Gesellschaft im deutschen Vormärz 1815–1848, hrsg. v. Werner Conze, Stuttgart 1962, S. 39–78, hier S. 51.

8 Sutter, Bertold, Erzherzog Johanns Kritik an Österreich, in: Mitteilungen des Österreichischen Staatsarchivs 16 (1963), S. 165 ff.; Wandruszka, Finis Austriae, S. 114.

9 Diese Zitate sind entnommen: Ritter von Srbik, Heinrich, Österreichs Schicksal im Spiegel des geflügelten Wortes, in: Aus Österreichs Vergangenheit. Von Prinz Eugen zu Franz Joseph, Salzburg 1949, S. 243 ff.

10 McCagg, William O., A History of Habsburg Jews, 1670–1918, Bloomington 1989.

11 Palacký, František, Eine Stimme über Österreichs Anschluß an Deutschland (1848), in: ders., Gedenkblätter, Prag 1867, S. 148–155, hier S. 152.

12 Schiemann, Theodor, Geschichte Rußlands unter Nikolaus I., 4 Bde., Berlin 1908–1919, Bd. 3, S. 276.

13 Ashley, E., The Life and Correspondence of Palmerston, London 1879, Bd. 2, S. 95 f.

14 Kennedy, Paul, Aufstieg und Fall der Großen Mächte. Ökonomischer Wandel und militärischer Konflikt von 1500 bis 2000, Frankfurt a. M. 1989, S. 257.

15 Buol an Prokesch, 1. 7. 1853, zitiert nach: Österreichische Akten zur Geschichte des Krimkrieges, Bd. 1, Wien 1980, S. 233.

16 Bridge, Francis Roy, Österreich(-Ungarn) unter den Großmächten, in: Die Habsburgermonarchie im System der internationalen Beziehungen, Bd. 1, Wien 1989, S. 224.

17 Zitiert nach: Bridge, Österreich, S. 231.

18 Zitiert nach Redlich, Staats- und Reichsproblem, Bd. 2, S. 557 und 561.

19 Palacký, František, Österreichs Staatsidee, Prag 1866, S. 50 und 77.

20 Zitiert nach: Bridge, Österreich, S. 242.

21 Stourzh, Gerald, Die dualistische Reichsstruktur. Österreichbegriff und

Österreichbewußtsein 1867–1918, in: Innere Staatsbildung und gesellschaftliche Modernisierung in Österreich und Deutschland 1867/71–1914, hrsg. v. Helmut Rumpler, Wien, München 1991, S. 53–68, hier S. 62.

22 Deák, István, Der k.u.k. Offizier. 1848–1918, Wien 1991, S. 197f.

23 Good, David F., Der wirtschaftliche Aufstieg des Habsburgerreiches 1750–1914, Wien, Köln, Graz 1986.

24 Robert Musil, Der Mann ohne Eigenschaften, Erster Teil, Kapitel 8.

25 Hanak, Peter, Die Parallelaktionen von 1898, in: Österreichische Osthefte 27 (1985), S. 366–380.

26 Für die Polen siehe: Wereszycki, H., Historia polityczna Polski 1864–1918, Paris 1979, S. 71; für die Tschechen: Kren, Jan, Nationale Behauptung im Vielvölkerstaat. Politische Konzeptionen des tschechischen Nationalismus 1890–1938, in: Integration oder Ausgrenzung. Deutsche und Tschechen 1890–1945, hrsg. v. ders. u.a., Bremen 1986, s. 15–65.

27 Joseph Roth, Radetzkymarsch.

28 Kren, Nationale Behauptung.

29 Mommsen, Hans, Die Sozialdemokratie und die Nationalitätenfrage im habsburgischen Vielvölkerstaat, Wien 1963, S. 314–388.

30 Conze, Werner, Die Strukturkrise des östlichen Mitteleuropa vor und nach 1919, in: Vierteljahrshefte für Zeitgeschichte 1 (1953), S. 319–337, hier S. 321.

31 Weg von Österreich! Das Weltkriegsexil von Masaryk und Beneš im Spiegel ihrer Briefe und Aufzeichnungen aus den Jahren 1914 bis 1918. Eine Quellensammlung, hrsg. v. Frank Hadler, Berlin 1995.

32 Valiani, La dissolluzione dell' Austria-Ungheria, Milan 1966.

33 Zernack, Klaus, Am Ende der Großen Mächte?, in: Polen und Deutschland im europäischen Staatensystem vom späten Mittelalter bis zur Mitte des 19. Jahrhunderts, hrsg. v. der Gemeinsamen deutsch-polnischen Schulbuchkommission Braunschweig 1992, S. 11–22.

Fikret Adanır · Der Zerfall des Osmanischen Reiches

1 Siehe z.B. Wolfgang Höpken, Die Unfähigkeit zusammenzuleben. Der nie bewältigte Nationalitätenkonflikt, in: Jugoslawien: Ein Staat zerfällt, hrsg. von J. Furkes/K.-H. Schlarp, Reinbek b. Hamburg 1991, S. 32–62.

2 Nicolae Iorga, Geschichte des Osmanischen Reiches, nach den Quellen dargestellt, Bd. 1, Gotha 1908, Vorwort.

3 Die Osmanen und die spanische Monarchie im 16. und 17. Jahrhundert (Sämtliche Werke, Bd. 35/36), Leipzig 1877, S. 82.

4 Geschichte des Osmanischen Reiches, Bd. 9, Pest 1833, S. XXXIX.

5 „This defeat obliged the Ottomans to resign definitely and for ever any ambition of ruling over Christian countries, and this meant not less than the renunciation of their dominant idea, of the *raison d'être* of their state." Paul Wittek, The Rise of the Ottoman Empire, London 1938 (repr. 1967), S. 3.

6 „The world is conceived as being divided into two parts, the Domain of Islâm, and the Domain of War. It ist the duty of true-believers, where they

can, to extend the first at the expense of the second." Hamilton A. R. Gibb and Harold Bowen, Islamic Society and the West: A Study of the Impact of Western Civilization on Moslem Culture in the Near East, Vol. I: Islamic Society in the Eighteenth Century, Part 1, London–New York–Toronto 1950, S. 20.

7 H. A. R. Gibb and H. Bowen, Islamic Society and the West, I/1, S. 173–199.

8 Bernard Lewis, The Emergence of Modern Turkey, London–New York–Toronto 1961, S. 26f.

9 Bernard Lewis sieht die Wende schon mit der ersten Belagerung Wiens 1529 eintreten: „The event was decisive [...] the cause was already lost. The Ottoman Empire had reached the line beyond which it could not advance, from which it could only withdraw." The Emergence of Modern Turkey, S. 25. Kapitel II des Werkes wurde unter der Überschrift „Some Reflections on the Decline of the Ottoman Empire" nachgedruckt in Carlo M. Cipolla (ed.), The Economic Decline of Empires, London 1970, S. 215–234.

10 Perry Anderson, Die Entstehung des absolutistischen Staates, Frankfurt am Main 1979, S. 470.

11 Halil İnalcık, The Ottoman State: Economy and Society, 1300–1600, in: An Economic and Social History of the Ottoman Empire 1300–1914, ed. by H. İnalcık and D. Quataert, Cambridge 1994, S. 9–409, hier S. 11.

12 Für eine fundierte wie scharfsinnige Kritik am vorherrschenden Paradigma siehe Rifa'at 'Ali Abou-El-Haj, Formation of the Modern State: the Ottoman Empire, Sixteenth to Eighteenth Centuries, Albany, NY, 1991. Kritische Neuwertungen des Ansatzes von Wittek bei Ronald C. Jennings, Some Thoughts on the Gazi-Thesis, in: Wiener Zeitschrift für die Kunde des Morgenlandes 76 (1986), S. 151–161; Colin Heywood, Wittek and the Austrian Tradition, in: Journal of the Royal Asiatic Society 1988, S. 7–25; ders., „Boundless Dreams of the Levant": Paul Wittek, the George-Kreis, and the Writing of Ottoman History, in: Journal of the Royal Asiatic Society 1989, S. 32–50. Erörterung verschiedener Aspekte des „economic decline" bei Roger Owen, „Introduction" to Part 2, in: Studies in Eighteenth Century Islamic History, ed. by Thomas Naff and Roger Owen, Carbondale and Edwardsville, IL, 1977, S. 133–151; ders., The Middle East in the World Economy 1800–1914, London and New York 1981, besonders S. 1–23.

13 „Die gravierende Folge war jedenfalls, daß das osmanische System seit dem 15. Jahrhundert eine Stagnation der ohnedies bereits hinterherhinkenden Entwicklung einleitete. Die Herausbildung frühkapitalistischer Elemente wurde unterdrückt, der ökonomische, soziale und kulturelle Rückstand gegenüber West- und Mitteleuropa wurde immer größer." Karl Kaser, Südosteuropäische Geschichte und Geschichtswissenschaft. Eine Einführung, Wien–Köln 1990, S. 136.

14 Johannes Koder, Der Lebensraum der Byzantiner. Historisch-geographischer Abriß ihres mittelalterlichen Staates im östlichen Mittelmeerraum, Darmstadt 1984, S. 55. Weiterführende Literatur bei Fikret Adanır, *Mezra'a:* zu

einem Problem der Siedlungs- und Agrargeschichte Südosteuropas im ausgehenden Mittelalter und in der Frühen Neuzeit, in: Deutschland und Europa in der Neuzeit (Festschrift Aretin), Hlbbd. 1, Stuttgart 1988, S. 193–204.

15 Für eine ereignisgeschichtliche Zusammenfassung siehe John V. A. Fine Jr., The Late Mediaeval Balkans. A Critical Survey from the Late Twelfth Century to the Ottoman Conquest, Ann Arbor 1987, Ch. 7: The Balkans from Dušan's Death (1355) to the Eve of Kosovo (1389), S. 345–405. Aus der reichhaltigen Literatur über die Dominanz der Italiener im Orient und auf dem Balkan seien nur erwähnt: G. I. Brătianu, Recherches sur le commerce génois dans la Mer Noire au XIIIe siècle, Paris 1929; Freddy Thiriet, La Romanie vénitienne au moyen âge. Le développement et l'exploitation du domaine colonial vénitien (XIIIe–XVe siècle), Paris 1959; Bariša Krekić, Dubrovnik et le Levant au Moyen-Age, Paris–The Hague 1961; ders., Venetian Merchants in the Balkan Hinterland in the Fourteenth Century, in: Wirtschaftskräfte und Wirtschaftswege. Festschrift für Hermann Kellenbenz, Nürnberg 1978, Bd. 1, S. 413–429; G. Pistarino, Chio dei Genovesi, in: Studi Medievali 10 (1969), S. 3–68; Eliyahu Ashtor, The Venetian Supremacy in Levantine Trade: Monopoly or Pre-Colonialism?, in: Journal of European Economic History 3 (1974), S. 5–53; Michel Balard, La Romanie génoise (XIIe–début du XVe siècles), Genova-Rome 1978.

16 Für diese Interpretation siehe Jean Meyendorff, Les débuts de la controverse hésychaste, in: Byzantion 23 (1953), S. 87–120; ders., „L'origine de la controverse palamite. La première lettre de Palamas à Akindynos", in: Theologia 25 (1954), S. 3–28.

17 David Jacoby, The Encounter of Two Societies: Western Conquerors and Byzantines in the Peloponnesus after the Fourth Crusade, in: American Historical Review 78 (1973), S. 873–906. Siehe auch die Beiträge in: Latins and Greeks in the Eastern Mediterranean after 1204, London 1989, ed. by B. Arbel, B. Hamilton and D. Jacoby, London 1989.

18 Stephen Fischer-Galaţi, Ottoman Imperialism and German Protestantism, 1521–1555, Cambridge, MA, 1959; ders., The Protestant Reformation and Islam, in: The Mutual Effects of the Islamic and Judeo-Christian Worlds: the East European Pattern, ed. by A. Ascher et al., New York 1979, S. 53–64; Carl Max Kortepeter, Ottoman Imperialism During the Reformation: Europe and the Caucasus, New York 1972; Mihály Bucsay, Der Protestantismus in Ungarn 1521–1978. Ungarns Reformationskirchen in Geschichte und Gegenwart, Teil 1–2, Wien–Köln–Graz 1977.

19 Donald M. Nicol, Der Niedergang von Byzanz, in: Byzanz, hg. v. F. G. Maier, Frankfurt/M. 1973, S. 348–406, hier S. 393.

20 Für eine Diskussion verschiedener Faktoren in diesem Zusammenhang siehe Klaus-Peter Matschke, Die Schlacht bei Ankara und das Schicksal von Byzanz. Studien zur spätbyzantinischen Geschichte zwischen 1402 und 1422, Weimar 1981.

21 Halil İnalcık, Timariotes chrétiens en Albanie au XVe siècle d'après un registre de timars ottoman, in: Mitteilungen des Österreichischen Staatsarchivs 4 (1952), S. 118–138; Bistra Cvetkova, Novye dannye o christianach-spachijach na Balkanskom poluostrove v period tureckogo gospodstva

[Neue Materialien über die christlichen Sipahi auf der Balkanhalbinsel unter türkischer Herrschaft], in: Vizantijski vremennik 13 (1958), S. 184–197; Nicoară Beldiceanu, Timariotes chrétiens en Thessalie (1454/55), in: Südost-Forschungen 44 (1985), S. 45–81.

22 Im Jahre 1490/91 wurden im Sancak Hercegovina 6853 Haushalte mit Walachenstatus gegenüber 15730 kopfsteuerpflichtigen Haushalten registriert. Die entsprechenden Zahlen für das Gebiet Smederevo-Kruševac lauten 9196 gegenüber 11828. Siehe Ömer Barkan, 894 (1488/1489) yılı cizyesinin tahsilâtına âit muhasebe bilânçoları [Rechnungsabschlüsse über die einkassierten Beträge der Kopfsteuer des Jahres 894 (1488/1489)], in: Belgeler 1 (1964), S. 58, 64, 69, 112f. Nach Nicoară Beldiceanu, La région de Timok-Morava dans les documents de Mehmed II et de Selim I, in: Revue des Etudes Roumaines 3–4 (Paris 1957), S. 111–129, hier S. 124, belief sich die Zahl der Martolosen- und Vojnukenhaushalte im 16. Jahrhundert auf mehr als 90000, was ca. 10 Prozent der Gesamtzahl aller Haushalte auf dem osmanischen Balkan entsprach. Über den Martolosendienst siehe auch Milan Vasić, Martolosi u jugoslovenskim zemljama pod turskom vladavinom, Sarajevo 1967.

23 Siehe z.B. Nicoară Beldiceanu, Les Roumaines à la bataille d'Ankara, in: Südost-Forschungen 14 (1955), S. 441–450.

24 Über den *reaya*-Status und den kleinbäuerlichen Steuerhaushalt *çifthane* siehe Halil İnalcık, The Ottoman State: Economy and Society, 1300–1600, in: An Economic and Social History of the Ottoman Empire 1300–1914, ed. by Halil İnalcık and Donald Quataert, Cambridge 1994, S. 103–154.

25 Nikolaj Todorov, Sur quelques aspects du passage du féodalisme au capitalisme dans les territoires balkaniques de l'Empire ottoman, in: Revue des Etudes Sud-Est Européennes 1 (1963), no. 1–2, S. 103–136, hier S. 118, 121.

26 Halil İnalcık, The Foundations of the Ottoman Economico-Social System in Cities, in: La Ville balkaniques, Sofia 1970, S. 17–24. Vgl. dagegen K. Kaser, Südosteuropäische Geschichte, S. 136: „Die türkische Zentralmacht stützte sich vorderhand auf das Land und nicht auf die Stadt."

27 Fikret Adanır, Skopje: eine Balkan-Hauptstadt, in: Hauptstädte in Südosteuropa. Geschichte – Funktion – Nationale Symbolkraft, hg. von Harald Heppner, Wien–Köln–Weimar 1994, S. 149–169, hier S. 155. Über die städtische Entwicklung auf dem Balkan unter osmanischer Herrschaft siehe u.a. Nicoară Beldiceanu, Recherche sur la ville ottomane au XVe siècle. Etude et actes, Paris 1973; Aleksandar Stojanovski, Gradovite na Makedonija od krajot na XIV do XVII vek. Demografski proučuvanja [Die Städte Makedoniens vom Ende des 14. bis zum 17. Jahrhundert. Demographische Untersuchungen], Skopje 1981; Nikolaj Todorov, Balkanskijat grad, XV–XIV vek, Sofija 1972 (Engl.: The Balkan City, 1400–1900, Seattle 1983).

28 Halil İnalcık, The History of the Black Sea Trade, I: The Register of Customs of Caffa, Cambridge, MA, 1993.

29 Traian Stoianovich, The Conquering Balkan Orthodox Merchant, in: Journal of Economic History 20 (1960), S. 234–313; Ugo Tucci, Tra Venezia e

mondo turco: i mercanti, in: Venezia e i Turchi. Scontri confronti di due civiltà, Milano 1985, S. 38–55; Cemal Kafadar, A Death in Venice (1575): Anatolian Muslim Merchants Trading in the Serenissima, in: Journal of Turkish Studies 10 (1986), S. 191–218.

30 Vgl. André Raymond, The Ottoman Conquest and the Development of the Great Arab Towns, in: International Journal of Turkish Studies I/1, Winter 1979–80, S. 84–101; ders., The Great Arab Cities in 16th–18th Centuries, New York 1985.

31 Für eine Korrektur alter Vorstellungen siehe Antonina Željazkova, Razprostranenie na isljama v zapadnobalkanskite zemi pod osmanska vlast, XV–XVIII vek [Verbreitung des Islam in den westbalkanischen Ländern unter osmanischer Herrschaft, 15–18. Jahrhundert], Sofija 1990; dies., The Problem of the Authenticity of Some Domestic Sources on the Islamization of the Rhodopes, Deeply Rooted in Bulgarian Historiography, in: Etudes Balkaniques 1990/4, S. 105–111; sowie die Beiträge von Michel Balivet, Aux origines de l'Islamisation des Balkans ottomans, in: Les Balkans à l'époque ottomane, éd. Daniel Panzac, Aix-en-Provence 1992 (Revue du Monde Musulman et de la Méditerranée, No. 66), S. 11–20, und Machiel Kiel, La diffusion de l'Islam dans les campagnes bulgares à l'époque ottomane (XV2–XIXe siècles). Colonisation et conversion, ebd., S. 39–53.

32 Siehe Tabellen in N. Todorov, The Balkan City, S. 54–56.

33 Über die Stellung nichtmuslimischer Gemeinschaften siehe die Beiträge in Benjamin Braude and Bernard Lewis (eds.), Christians and Jews in the Ottoman Empire. The Functioning of a Plural Society, Vol. 1: The Central Lands, Vol. 2: The Arabic-Speaking Lands, New York–London 1982, ferner Michael Ursinus, Zur Diskussion um „millet" im Osmanischen Reich, in: Südost-Forschungen 48 (1989), S. 195–207.

34 Hierzu und zu folg. vgl. Christo Christov, Bălgarskite obštini prez văzraždaneto [Die bulgarischen Gemeinden in der Zeit der nationalen Wiedergeburt], Sofija 1973; N. Todorov, The Balkan City, *passim*.

35 Muhamed Hadžijahić, Die privilegierten Städte zur Zeit des osmanischen Feudalismus. Mit besonderer Berücksichtigung der Privilegien der Stadt Sarajevo, in: Südost-Forschungen 20 (1961), S. 130–158.

36 Bistra Cvetkova, K voprosu o položenii dervendžijskogo naselenija v bolgarskich zemljach v period tureckogo gospodstva [Zur Frage der Situation der Bevölkerung mit Paßwächterstatus in den bulgarischen Ländern zur Zeit der Türkenherrschaft], in: Učenye Zapiski Instituta Slavjanovedenija 20 (1960), S. 196–220; Elena Grozdanova, Bevölkerungskategorien mit Sonderpflichten und Sonderstatus, in: Osmanistische Studien zu Wirtschafts- und Sozialgeschichte, hrsg. von H. G. Majer, Wiesbaden 1986; Aleksandar Stojanovski, Dervendžistvoto vo Makedonija [Die Bevölkerung mit Paßwächterstatus in Makedonien], Skopje 1974; ders., Raja so specijalni sadolženija vo Makedonija (vojnuci, sokolari, orizari i solari) [Bauern mit Sonderpflichten in Makedonien (Bauernsoldaten, Falkner, Reisbauern und Salinenarbeiter)], Skopje 1990.

37 Siehe zuletzt die Beiträge in Gilles Veinstein (ed.), Soliman le magnifique et

son temps, Paris 1993; Metin Kunt and Christine Woodhead (eds.), Süleyman the Magnificent and His Age. The Ottoman Empire in the Early Modern World, London and New York 1995.

38 Cornell Fleischer, Royal Authority, Dynastic Cyclism, and „Ibn Khaldûnism" in Sixteenth-Century Ottoman Letters, in: Ibn Khaldun and Islamic Ideology, ed. by Bruce B. Lawrence, Leiden 1984, S. 46–68, hier S. 56.

39 Nicoară Beldiceanu (ed.), Code de lois coutumières de Meḥmed II: Kitāb-i qavānīn-i ʿörfiyye-i ʿOṣmānī, Wiesbaden 1967; Halil İnalcık, Süleyman the Lawgiver and Ottoman Law, in: Archivum Ottomanicum 1 (1969), S. 105–138; Rifaʿat ʿAli Abou-El-Haj, Power and Social Order. The Uses of the *Kanun*, in: The Ottoman City and Its Parts. Urban Structure and Social Order, ed. by I. A. Bierman, R. A. Abou-El-Haj and D. Preziosi, New Rochelle, N. Y., 1991, S. 77–99; Haim Gerber, State, Society and Law in Islam: Ottoman Law in Comparative Perspective, Albany, NY, 1994.

40 Metin I. Kunt, The Sultan's Servants. The Transformation of Ottoman Provincial Government, 1550–1650, New York 1983. Siehe auch die kritische Rezension dieser Arbeit durch Rifaʿatʿ Ali Abou-El-Haj in: Osmanlı Araştırmaları 6 (1986), S. 221–246.

41 Mustafa Akdağ, Celâlî isyanları (1550–1603) [Die celâlî-Aufstände (1550–1603)], Ankara 1963; William J. Griswold, The Great Anatolian Rebellion, 1000–1020/1591–1611, Berlin 1983; I. Beldiceanu-Steinherr/ J.-L. Bacqué-Grammont, A propos de quelques causes de malaises sociaux en Anatolie Centrale aux XVIe et XVIIe siècles, in: Archivum Ottomanicum 7 (1982), S. 71–115; Karen Barkey, Bandits and Bureaucrats: The Peculiar Route of Ottoman State Centralization, Ithaca, NY, 1994. Für die Balkanprovinzen siehe Fikret Adanır, Heiduckentum und osmanische Herrschaft. Sozialgeschichtliche Aspekte der Diskussion um das frühneuzeitliche Räuberwesen in Südosteuropa, in: Südost-Forschungen 41 (1982), S. 43–116.

42 Siehe Avdo Sućeska, Ajani. Prilog izučavanju lokalne vlasti u našim zemljama za vrijeme Turaka [Die Ayans. Ein Beitrag zur Erforschung lokaler Herrschaften in unserem Land in der Türkenzeit], Sarajevo 1965; ders., Bedeutung und Entwicklung des Begriffes A'yân im Osmanischen Reich, in: Südost-Forschungen 25 (1966), S. 3–26; Yücel Özkaya, Osmanlı İmparatorluğunda âyânlık [Die ayan-Herrschaft im Osmanischen Reich], Ankara 1977; Bruce McGowan, The Age of the *Ayans*, 1699–1812, in: An Economic and Social History of the Ottoman Empire, 1300–1914, ed. by Halil İnalcık and Donald Quataert, Cambridge 1994, S. 637–758.

43 Siehe besonders Cornell Fleischer, Bureaucrat and Intellectual in the Ottoman Empire. The Historian Mustafa Âli (1541–1600), Princeton, NJ, 1986; ferner Pál Fodor, State and Society, Crisis and Reform, in 15th–17th Century Ottoman Mirror for Princes, in: Acta Orientalia Academiae Scientiarum Hungaricae 40 (1986), S. 217–240; Douglas A. Howard, Ottoman Historiography and Literature of „Decline" of the 16th and 17th Centuries, in: Journal of Asian History 22 (1988), 52–77; Rhoads Murphey, Mustafa Ali and the Politics of Cultural Despair, in: International Jornal of Middle Eastern Studies 21 (1989), S. 243–255; Cemal Kafadar, Les

troubles monétaires de la fin du XVIe siècle et la prise de conscience ottomane du déclin, in: Annales ESC 46 (1991), 381–400.

44 Kritik der bisherigen Historiographie in Rifa'at 'Ali Abou-El-Haj, The Ottoman *Nasihatname* as a Discourse over „Morality", in: Revue d'Histoire Maghrebine 47–48 (1987), S. 17–30. Gute Zusammenfassung der Literatur unter der Rubrik „The Myth of Decline" in Linda T. Darling, Revenue-Raising and Legitimacy. Tax Collection and Finance Administration in the Ottoman Empire 1560–1660, Leiden–New York–Köln 1996, S. 1–21.

45 „Il n'y aura eu décadence franche de l'Empire turc qu'avec les premières années du XIXe siècle." Fernand Braudel, L'Empire turc est-il une économie-monde?, in: Mémorial Ömer Lûtfi Barkan, éd. R. Mantran, Paris 1980, S. 49. Für ein ähnliches Statement siehe Peter F. Sugar, Southeastern Europe under Ottoman Rule, 1354–1804, Seattle and London 1977, S. 282.

46 Siehe Jack A. Goldstone, East and West in the Seventeenth Century: Political Crises in Stuart England, Ottoman Turkey, and Ming China, in: Comparative Studies in Society and History 30 (1988), S. 103–142; Karen Barkey, Rebellious Alliances: The State and Peasant Unrest in Early Seventeenth-Century France and the Ottoman Empire, in: American Sociological Review 56 (1991), S. 699–715.

47 M. A. Cook, Population Pressure in Rural Anatolia, 1450–1600, London 1972; Suraiya Faroqhi, Crisis and Change, 1590–1699, in: An Economic and Social History of the Ottoman Empire 1300–1914, ed. by H. İnalcık and D. Quataert, Cambridge 1994, S. 411–636, besonders S. 438–447.

48 Ömer L. Barkan, Le déclin de Venise dans ses rapports avec la décadence économique de l'Empire ottoman, in: Aspetti i cause della decadenza economica veneziana nel secolo XVII, Venezia-Roma 1961, S. 275–279.

49 Siehe Bruce McGowan, Economic Life in Ottoman Europe. Taxation, Trade and the Struggle for Land, 1600–1800, Cambridge-Paris 1981; Fikret Adanır, Tradition and Rural Change in Southeastern Europe During Ottoman Rule, in: The Origins of Backwardness in Eastern Europe, ed. by Daniel Chirot, Berkeley–Los Angeles 1989, 131–176, sowie die Beiträge in: Landholding and Commercial Agriculture in the Middle East, ed. by Çağlar Keyder and Faruk Tabak, Albany, NY, 1991.

50 Siehe H. İnalcık, The Ottoman State: Economy and Society, speziell der Abschnitt über „The Economic Mind", S. 44–54. Vgl. ferner Halil İnalcık, The Ottoman Decline and its Effects upon the *Reaya,* in: Aspects of the Balkans. Continuity and Change, ed. by Henrik Birnbaum and Speros Vryonis Jr., The Hague-Paris 1972, S. 338–354. Traian Stoianovich spricht von einem Prinzip der „centricity, which entailed the adoption not of the control patterns of autonomous markets but those of a highest-order central place (Istanbul) and, in a hierarchical relationship with the central place and with each other, of a set of lower levels of territorial administration". Balkan Worlds. The First and last Europe, Armonk, NY–London 1994, S. 195.

51 Siehe die Beiträge in: Studies in Eighteenth Century Islamic History, ed. by Th. Naff and R. Owen, Carbondale and Edwardsville, IL, 1977. Beach-

tenswert in dieser Hinsicht zuletzt auch Ariel C. Salzmann, An Ancient Regime Revisited: „Privatization" and Political Economy in the Eigtheenth-Century Ottoman Empire, in: Society and Politics 21 (1993), S. 393–423, und ders., Measures of Empire: Tax Farmers and the Ottoman Ancien Régime, 1695–1807, PhD thesis, Columbia University, 1995.

52 Fikret Adanır, Die Schulbildung in Griechenland (1750–1830) und in Bulgarien (1750–1878) im Spannungsfeld von Bewahrung der ethnisch-konfessionellen Identität, Entstehung der bürgerlichen Gesellschaft und Herausbildung des Nationalbewußtseins, in: Revolution des Wissens? Europa und seine Schulen im Zeitalter der Aufklärung (1750–1825). Ein Handbuch zur europäischen Schulgeschichte, hrsg. von W. Schmale und N. L. Dodde, Bochum 1991, S. 433–468.

53 Diese Konvention wurde kritisiert besonders von Rifa'at 'Ali Abou-El-Haj, Formation of the Modern State, S. 61–72. Einige Autoren haben gezeigt, daß sogar der Verwestlichungsprozeß selbst auf die Initiative alter Eliten zurückging und primär im Kontext der innerosmanischen gesellschaftlich-politischen Dynamik zu begreifen ist. Vgl. Uriel Heyd, The Ottoman 'Ulemā and Westernization in the Time of Selīm III and Mahmūd II, in: Studies in Islamic History and Civilization, ed. by U. Heyd, Jerusalem 1961, S. 63–96, und Butrus Abu-Manneh, The Islamic Roots of the Gülhane Rescript, in: Die Welt des Islams 34 (1994), S. 173–203.

54 Siehe Norbert Reiter, Sprache in nationaler Funktion, in: Ethnogenese und Staatsbildung in Südosteuropa, hrsg. von K.-D. Grothusen, Göttingen 1974, S. 104–115, und die Beiträge in: Nationalbewegungen auf dem Balkan, hrsg. von N. Reiter, Wiesbaden 1983.

55 Komparatistische Ansätze in der modernen Nationalismusforschung führen zu einer Neueinschätzung der nationalen Entwicklung in Südosteuropa. Siehe z. B. Benedict Anderson, Imagined Communities. Reflections on the Origin and Spread of Nationalism, 2. ed., London–New York 1991, und Paschalis M. Kitromilides, „Imagined Communities" and the Origins of the National Question in the Balkans, in: European History Quarterly 19 (1989), S. 149–194.

56 Stefan Troebst, Fluchtpunkt San Stefano – Nationalismus in Bulgarien, in: Die Neue Gesellschaft/Frankfurter Hefte 37 (1990), S. 405–414.

57 Roderic H. Davison, Turkish Attitudes Concerning Christian-Muslim Equality in the Nineteenth Century, in: American Historical Review 59 (1953/54), S. 844–864; Bernard Lewis, Tanzimat and Social Equality, in: J.-L. Bacqué-Grammont/P. Dumont (eds.), Economie et sociétés dans l'Empire ottoman, Paris 1983, S. 47–54.

58 „Mechveret", Paris, 3. Dezember 1895, zit. in E. E. Ramsaur, Jr., The Young Turks. Prelude to the Revolution of 1908, Princeton 1957, S. 25.

59 Namık Kemâl, Makâlât-ı siyâsiyye ve edebiyye [Politische und literarische Aufsätze], İstanbul n. d. (arabische Schrift). Ich folge der Interpretation von Şerif Mardin, The Genesis of Young Ottoman Thought. A Study in the Modernization of Turkish Political Ideas, Princeton, NJ, 1962. Vgl. auch Ju. A. Petrosjan, „Novye Osmany" i bor'ba za konstituciju 1876 g. v Turcii [Die „Neuen Osmanen" und der Kampf um die Verfassung von 1876 in

der Türkei], Moskva 1958; Marcel Colombe, La réforme des institutions dans l'Empire ottoman au XIXe siècle d'après le poète et écrivain turc Namık Kemal, in: Orient 13 (1960/61), 123–133; I. E. Petrosjan, On the Motive Forces of the Reformist and Constitutionalist Movement in the Ottoman Empire (Some social transformation processes), in: J.-L. Bacqué-Grammont/Paul Dumont (eds.), Economie et société dans l'Empire ottoman, Paris 1983, S. 13–24.

60 Friedrich von Hellwald, Die Umgestaltung des Orients als Culturfrage, Augsburg 1878, S. 18–20.

61 Zum Begriff siehe Roland E. Robinson and John Gallagher, The Imperialism of Free Trade, in: Economic History Review 6 (1953), S. 1–15.

62 Politisches Archiv des Auswärtigen Amtes, Bonn, Türkei 156, Bd. 128, Salonik, 17. September 1907, Nr. 79, A. 14919.

63 Friedrich Naumann, „Asia". Eine Orientreise über Athen, Konstantinopel, Baalbek, Nazareth, Jerusalem, Kairo, Neapel, 7. Aufl., Berlin 1913, S. 34.

64 Karl Kaerger, Kleinasien. Ein deutsches Kolonisationsfeld. Kolonialwirthschaftliche Studie, Berlin 1892, S. 78.

65 Fikret Adanır, Wandlungen des deutschen Türkeibildes in der ersten Hälfte des 20. Jahrhunderts, in: Zeitschrift für Türkeistudien 4 (1991), S. 195–211.

66 Oberstleutnant von Lossow über den Balkankrieg, Anlage zum Bericht des Kriegsministeriums an den Reichskanzler, Berlin, 2. Juni 1913, Nr. 1184/4, Geheim, PAAA, Türkei 203, Bd. 16, A. 11098. Siehe auch Fikret Adanır, Christliche Rekruten unter dem Halbmond: Zum Problem der Militärdienstpflicht für Nichtmuslime im spätosmanischen Reich, in: Von der Pruth-Ebene bis zum Gipfel des Ida. Studien zur Geschichte, Literatur, Volkskunde und Wissenschaftsgeschichte des Donau-Balkan-Raumes (Festschrift Emanuel Turczynski), hg. von G. Grimm, München 1989, S. 153–164.

67 „If the Turks fail to produce among themselves a bourgeois class [...], the chances of survival of a Turkish society composed only of peasants and officials will be very slim." Yusuf Akçura in *Türk Yurdu*, no. 140, 25. Aug. 1916, S. 2521 f., zitiert in Niyazi Berkes, The Development of Secularism in Turkey, Montreal 1964, S. 426. Siehe auch François Georgeon, Aux origines du nationalisme turc. Yusuf Akçura (1876–1935), Paris 1980; Zafer Toprak, Türkiye'de „Milli İktisat" (1908–1918) [„Nationalökonomie" in der Türkei (1908–1918)], Ankara 1982.

68 Auch die intellektuelle Formation der jungtürkischen Kader verdient in diesem Kontext nähere Berücksichtigung. Siehe Şerif Mardin, Jön Türklerin Siyasi Fikirleri [Die politischen Ideen der Jungtürken], Ankara 1964, und zuletzt M. Şükrü Hanioğlu, The Young Turks in Opposition, New York–Oxford 1995.

69 Siehe Die Internationalen Beziehungen im Zeitalter des Imperialismus. Dokumente aus den Archiven der Zarischen und der Provisorischen Regierung, die deutsche Ausgabe hrsg. von Otto Hoetzsch, Reihe I, Bd. 1, Berlin 1931, S. 283–296.

70 Friedrich Stieve (Hrsg.), Iswolski im Weltkriege. Der Diplomatische Schrift-

wechsel Iswolskis aus den Jahren 1914–1917. Neue Dokumente aus den Geheimakten der russischen Staatsarchive, Berlin 1926, S. 38. Vgl. auch Joseph Heller, British Policy towards the Ottoman Empire 1908–1914, London 1983, S. 143.

71 Begleitumstände des Kriegseintritts des Osmanischen Reiches werden in der Forschung kontrovers diskutiert. Vgl. u.a. Yuluğ Tekin Kurat, How Turkey Drifted into World War I, in: K. Bourne and D. C. Watt (eds.), Studies in International History, London 1967, S. 291–315; Ulrich Trumpener, Germany and the Ottoman Empire 1914–1918, Princeton 1968, S. 6–20; Jehuda Lothar Wallach, Anatomie einer Militärhilfe. Die preußisch-deutsche Militärmission in der Türkei, 1835–1919, Düsseldorf 1976, S. 126–162; Feroz Ahmad, Ottoman Armed Neutrality and Intervention, August–November 1914, in: Sinan Kuneralp (ed.), Studies on Ottoman Diplomatic History IV, Istanbul 1989, S. 41–69.

72 Siehe zuletzt Herbert Müller, Islam, ǧihād („Heiliger Krieg") und Deutsches Reich, Frankfurt am Main 1991.

73 Siehe Tekin Alp, Türkismus und Pantürkismus, Weimar 1915, S. 53.

74 Die Forschungslage wird referiert in Fikret Adanır, Deutsch-türkisches Bündnis und Transkaukasien im Ersten Weltkrieg, in: Deutschland und Kaukasus im 19. und 20. Jahrhundert. Symposium im Rahmen der Kulturwochen der Bundesrepublik Deutschland im Kaukasus, Jerevan 1994 (im Druck).

75 Fikret Adanır, „Imperial Responses to Nationalism: Austro-Hungarian and Ottoman Cases In Comparison", paper submitted to The Fernand Braudel Center's Fifth Biennial Conference on Ottoman History, Binghamton, NY, November 1992 (unveröffentlichtes Manuskript).

76 Über Diskussionen um „civil society" in verschiedenen Ländern Ost- und Südosteuropas im Zusammenhang mit dem osmanischen Erbe siehe u.a. Halil İnalcık, Decision Making in the Ottoman State, in: Decision Making in the Ottoman Empire, ed. by Caesar E. Farah, Kirksville, MO, 1993, S. 9–18, und Metin Heper, The State Tradition in Turkey, Walkington 1985.

Bernard Porter · Die Transformation des British Empire

1 Vergleiche das Literaturverzeichnis u. S. 266!

2 Mellor (1951).

3 Hyam (1992) S. 59.

4 Bodelsen (1924), Schuyler (1921), Porter (1968), Howe (1993).

5 Price (1972), Porter (1990).

6 Seeley (1883), S. 10.

7 Lowe (1967).

8 Koebner u. Schmidt (1964) Kap. 1.

9 Schumpeter (1955).

10 Bright u. Rogers (1870) II, S. 362–363.

11 Gallagher u. Robinson (1953), Robinson (1972).

12 Gallagher u. Robinson (1953).

13 Gamble (1988).
14 Aydelotte (1954).
15 Wiener (1981).
16 Mackenzie (1992).
17 Porter (1990).
18 Wilson (1946).
19 Hinden (1945).
20 Der britische Meinungstrend zum Wohlfahrtsstaat im politischen Konsens der Nachkriegszeit kann zum Beispiel nur in diesem Zusammenhang ganz verstanden werden. Es ist kein Zufall, daß die Errichtung des Wohlfahrtsstaates unter einem Premierminister der Labourpartei – Attlee – vollzogen wurde, der gleichzeitig ein alter Haileyburyaner war – das Haileybury College wurde einst gegründet, um die Kolonialverwalter auszubilden.
21 Omissi (1989).
22 Marks (1970).
23 Lugard (1929).
24 Louis u. Robinson (1994), S. 487.
25 Smith (o. J.), Kap. 14.
26 Louis u. Robinson (1994).

Gerhard Simon · Die Desintegration der Sowjetunion

1 G. Fedotov, Sud'ba imperij, in: Novyj žurnal, Bd. 16, 1947, S. 163.
2 Sojuz možno bylo sochranit'. Belaja kniga (im weiteren: Belaja kniga). Hrsg. Gorbačev-Fond, Moskau 1995, S. 233 f., Gesprächsaufzeichnung der sowjetischen Seite. „Union Souveräner Staaten" war der damals vorgesehene Staatsname für eine erneuerte UdSSR.
3 Belaja kniga, S. 238; sowjetische Gesprächsaufzeichnung.
4 Vgl. D. Geyer, Der Zerfall der Sowjetunion in historischer Perspektive, in: Die Gemeinschaft Unabhängiger Staaten (GUS). Hrsg. Landeszentrale für politische Bildung Baden-Württemberg, Stuttgart 1992, S. 27–36.
5 M. Malia, From under the rubble, what?, in: Problems of Communism, Bd. 41, Januar–April 1992, S. 89–106; W. Leonhard, Am Vorabend einer neuen Revolution? Die Zukunft des Sowjetkommunismus, München 1975. Wenige westliche Forscher diskutierten die Möglichkeiten von Niedergang und Zerfall, so Zbigniew Brzezinski und Robert Conquest. Einige Dissidenten in Osteuropa rechneten mit dem Untergang, so Jacek Kuroń und Karol Modzelewski in Polen und Andrej Amalrik in der Sowjetunion (Leonhard, S. 310 ff., 396, 399); A. v. Borcke, Die Sowjetunion und der Machtwechsel, in: Sowjetunion 1982/83. Hrsg. BIOst, München 1983, S. 27 ff.
6 S. Bialer, Stalin's successors. Leadership, stability and change in the Soviet Union, Cambridge 1980, S. 207. Vgl. T. Rakowska-Harmstone, The dialectics of nationalism in the USSR, in: Problems of Communism 23, 3/1974, S. 1–32; R. Pipes, Introduction: the nationality problem, in: Handbook of major Soviet nationalities. Hrsg. Z. Katz/R. Rogers/F. Harned, N. Y. 1975, S. 1–5; H. Carrère d'Encausse, L'Empire éclaté. La révolte des nations en

URSS, Paris 1978; G. Simon, Nationalitätenprobleme und die Regierbarkeit der Sowjetunion, in: Osteuropa 34, 1984, S. 759–768.

7 Fedotov, Sud'ba imperij, S. 167 ff.

8 T. Parsons, Evolutionary universals in society, in: American Sociological Review 29, 1964, S. 356; zitiert nach: St. White, Political culture and Soviet politics, London 1979, S. 171.

9 Der Artikel wurde auszugsweise wieder abgedruckt in: The National Interest 31, Frühjahr 1993, S. 64 f.

10 Einige Beispiele aus der insgesamt führenden englischsprachigen Forschung: From Union to Commonwealth. Nationalism and separatism in the Soviet republics. Hrsg. G. Lapidus/V. Zaslavsky, Cambridge und N.Y. 1992; The post-Soviet nations. Perspektives on the demise of the USSR. Hrsg. A. J. Motyl, N.Y. 1992; After the Soviet Union. From empire to nations. Hrsg. T. J. Colton/R. Legvold, N.Y. 1992; Nationalism and the breakup of an Empire. Russia and its periphery. Hrsg. M. Rezun, Westport 1992; Nationalism and Empire. The Habsburg Empire and the Soviet Union. Hrsg. R. L. Rudolph/D. F. Good, N. Y. 1992; B. Fowkes, The rise and fall of communism in Eastern Europe, N.Y. 1993; R. Daniels, The end of the communist revolution, London 1993; B. Kiernan, The end of Soviet politics. Elections, legislatures, and the demise of the Communist Party, Boulder CO 1993; J. B. Dunlop, The rise of Russia and the fall of the Soviet Union, Princeton NJ 1993; G. Gill, The collapse of a single-party system. The disintegration of the Communist Party of the Soviet Union, Cambridge 1994; R. Pearson. The making of '89: Nationalism and the dissolution of communist Eastern Europe, in: Nations and Nationalism, Bd. I, Heft 1, März 1995, S. 69–79. Beispiele aus der deutschen Forschung: H. Hecker, Untergang eines Weltreiches, in: Osteuropa 42, 1992, S. 465–481; E. Jahn, Der Umbruch in Osteuropa – ein Ereignis mit weltpolitischen Auswirkungen, in: Osteuropa 43, 1993, S. 21–32; H. Horn, Der Kollaps des kommunistischen Herrschaftssystems in der Sowjetunion. Ursachen und Folgen, in: Osteuropa 43, 1993, S. 33–43; G. und N. Simon, Verfall und Untergang des sowjetischen Imperiums, München 1993; Die revolutionäre Umwälzung in Mittel- und Osteuropa. Hrsg. Göttinger Arbeitskreis, Berlin 1993; J. Franzke, Imperium unter dem roten Banner. Überlegungen zum Ende der Sowjetunion, in: Welt Trends 6, 1995, S. 55–75.

11 Vgl. A. G. Višnevskij, Edinaja i nedelimaja, in: Političeskie issledovanija 2/1994, S. 26–38; V. M. Zubok, Istočniki delegitimizacii sovetskogo režima, in: Ebd., S. 88–97.

12 M. Malia, The Soviet tragedy. A history of socialism in Russia, 1917-1991. N.Y. 1994.

13 A. Dallin, Causes of the collapse of the USSR, in: Post-Soviet Affairs 1992, 8, 4, S. 279–302.

14 Vgl. die Rezension von R. Pipes zu B. Bonwetsch, Die russische Revolution 1917. Eine Sozialgeschichte von der Bauernbefreiung 1861 bis zum Oktoberumsturz, Darmstadt 1991, in: Jahrbücher für Geschichte Osteuropas 42, 1994, S. 118.

15 G. Simon, Zukunft aus der Vergangenheit. Elemente der politischen Kultur in Rußland, in: Osteuropa, Heft 5, 1995, S. 455–482.
16 Chruschtschow erinnert sich, Reinbek 1971, S. 231 ff.
17 G. Simon, Chruščevismus. Wie wandlungsfähig ist das Sowjetsystem? In: Weltmacht Sowjetunion. Hrsg. G. Simon, Köln 1987, S. 53 ff.
18 M. Voslensky, Nomenklatura. Die herrschende Klasse in der Sowjetunion, Wien 1980.
19 Sowjetunion 1990/91. Krise–Zerfall–Neuorientierung. Hrsg. BIOst, München 1991, S. 345.
20 M. E. Ruban, Einkommen und Lebensstandard, in: Länderbericht Sowjetunion. Hrsg. G. Bütow, Bonn 1988, 2. Auflage, S. 120.
21 M. Yanowitch, Schooling and inequalities, in: The Soviet worker. Hrsg. L. Schapiro/J. Godson, London 1981, S. 134.
22 G. und N. Simon, Verfall und Untergang des sowjetischen Imperiums, München 1993, S. 107.
23 R. Götz, Die Wirtschafts- und Gesellschaftsstruktur der Sowjetunion als Hypothek für die Systemtransformation in Rußland, in: Berichte des BIOst, 8/1994, S. 14.
24 S. White, Gorbachev in power, Cambridge 1990, S. 59.
25 V. M. Zubok, Istočniki delegitimizacii sovetskogo režima, in: Političeskie issledovanija 2/1994, S. 94.
26 M. Sapper, Die Auswirkungen des Afghanistan-Krieges auf die Sowjetgesellschaft. Eine Studie zum Legitimitätsverlust des Militärischen in der Perestrojka, Münster 1994, das Zitat S. 341.
27 G. Simon, Nationalismus und Nationalitätenpolitik in der Sowjetunion, Baden-Baden 1986.
28 M. Guboglo, Sprachengesetzgebung und Sprachenpolitik in der UdSSR und in den Nachfolgestaaten der UdSSR seit 1989, Berichte des BIOst, 32/1994. In den drei transkaukasischen Unionsrepubliken wurden keine Sprachgesetze erlassen, weil hier die Nationalsprachen seit langem als Staatssprachen in den Verfassungen verankert waren.
29 G. Simon, Probleme der Staatsbildung auf dem Territorium der früheren Sowjetunion, in: Demokratie und Marktwirtschaft in Osteuropa. Hrsg. W. Weidenfeld, Gütersloh 1993, S. 147; G. Brunner, Nationalitätenprobleme und Minderheitenkonflikte in Osteuropa, Gütersloh 1993, S. 27.
30 Souveränitätserklärung der RSFSR in deutscher Übersetzung in: Die Russen. Ihr Nationalbewußtsein in Geschichte und Gegenwart. Hrsg. A. Kappeler, Köln 1990, S. 206–208.
31 W. A. Tichonow, Ohne Illusionen leben, in: Ogonek 36, 2.–9. Sept. 1989, deutsch in: G. und N. Simon, Verfall und Untergang des sowjetischen Imperiums, München 1993, S. 228.
32 A. Kozyrev, Preobraženie, Moskau 1995, S. 173 f.
33 I. M. Kljamkin, V. V. Lapkin, V. I. Pantin, Meždu avtoritarizmom i demokratiej, in: Političeskie issledovanija, 2/1995, S. 59, 83.
34 O. D. Kucenko, Tendencii formirovanija i struktura regional'noj elity v Ukraine, 1995, Manuskript im BIOst, Köln.
35 A. Ignatow, Ein Scheintod: Die kommunistische Ideologie im postkommu-

nistischen Rußland, Berichte des BIOst, 31/1995; J. B. Urban, The communist movement in Russia today, Aktuelle Analysen des BIOst, 55/1995, 4. Aug. 1995.

Alexander Demandt · Die Weltreiche in der Geschichte

* Ausführliche Fassung meines Vortrags, den ich am 29. August 1995 englisch auf dem 18. Internationalen Historikertag in Montreal gehalten habe, und der in den Akten (S. 293 ff.) deutsch gedruckt wurde. Am 20. September 1995 habe ich ihn an der Universität Vilnius (Litauen) und am 24. Mai 1996 an der Technischen Hochschule Aachen nochmals zur Diskussion gestellt.

1 Auctor ad Herennium IV 9,13; Cicero, De provinciis 29; Livius IV 3,13.

2 Horaz (carm. IV 15,14 f.) rühmte am römischen Reich seine Erstreckung von Sonnenauf- bis -untergang.

3 McNeill in Lundestad 1994 (volle Titel im Literaturverzeichnis S. 268), S. 3 ff.; Geiss ebd. S. 23 ff.; Lundestad ebd. S. 383 ff. Auf die Beiträge des vorliegenden Bandes wird im folgenden nicht eigens hingewiesen.

4 Alfred Heuss, Weltgeschichte. In: ders., Gesammelte Schriften in 3 Bänden I, 1995, S. 581 ff.

5 Carl Schmitt 1942/1981.

6 Jesaja 45,1.

7 Xenophon, Kyropädie; Platon, Gesetze 694 AB.

8 Athenaios 30 A.

9 Peter Julius Junge, Dareios I. König der Perser, 1944.

10 Demandt 1995, 109 ff.

11 Demandt 1995, 267 ff.; M. Errington in: Altrichter und Neuhaus 1996, S. 65 ff.

12 K. Christ, Geschichte der Römischen Kaiserzeit 1995; Demandt 1995, 437 ff.

13 Richard Klein in: Altrichter und Neuhaus 1996, S. 79 ff.

14 G. Ostrogorski, Geschichte des byzantinischen Staates, 1963.

15 Peter Schreiner in: Altrichter und Neuhaus 1996, S. 133 ff.

16 E. Zöllner, Geschichte der Franken, 1970; Demandt 1995, S. 623 ff.

17 Beulertz in: Altrichter und Neuhaus 1996, S. 111.

18 Edmund E. Stengel, Regnum und Imperium. Engeres und weiteres Staatsgebiet im Alten Reich. Marburger Akademische Reden Nr. 49, 1930, S. 25.

19 Montesquieu, L'esprit des Loix, 1748, VI ch. 2.

20 Th. Philipp in: Altrichter und Neuhaus 1996, S. 211 ff.

21 Nove in Lundestad 1994, S. 125 ff.; G. und N. Simon, Verfall und Untergang des sowjetischen Imperiums, 1993; Altrichter in: Altrichter und Neuhaus 1996, S. 283 ff.

22 Deak in: Lundestad 1994, S. 81 ff.; Adam Wandruszka und Peter Urbanisch (Hgg.), Die Habsburgermonarchie im System der Internationalen Beziehungen, 1989/1993: Rauchensteiner in: Altrichter und Neuhaus 1996, S. 225 ff.

23 Steiner in: Lundestad 1994, S. 47 ff.; Bernecker in: Altrichter und Neuhaus 1996, S. 159 ff.

24 S. Hedin, Große Männer, denen ich begegnete I, 1952, S. 312.
25 B. Shaw, Vorwort für Politiker. Über Demokratie. Zwei Vorreden, 1965, S. 55.
26 Wolfgang Mommsen in Lundestad 1994, S. 103 ff.
27 H. Rauschning, Gespräche mit Hitler, 1940, S. 258.
28 H. Picker, Hitlers Tischgespräche, 1963, S. 143.
29 So F. Fukuyama, Das Ende der Geschichte, 1992.
30 A. Demandt, Geschichte als Argument, 1972, S. 18 ff.
31 Michael Stürmer in: Altrichter und Neuhaus 1996, S. 247 ff.
32 Thomas Mann, Betrachtungen eines Unpolitischen, 1918.
33 D. Kurze, Krieg und Frieden im mittelalterlichen Denken. In: H. Duchhardt (Hg.), Zwischenstaatliche Friedenswahrung etc. 1991, S. 1 ff.
34 C. Schmitt, Der Begriff des Politischen, 1927/1932, S. 33 f.
35 Lundestad 1994, 307.

Literaturen

Josef Wiesehöfer: Der Zusammenbruch des Perserreiches der Achämeniden

Briant, Pierre: De Cyrus à Alexandre. Une histoire de l'Empire achémenide. Leiden (im Druck).

–: Histoire et idéologie. Les Grecs et la „decadence perse". In: Mélanges Pierre Lévêque. Bd. 1. Besançon 1989. 33–47.

–: Alexandre le Grand. Paris [4]1994.

Brosius, Maria: Women in ancient Persia (559–331 B.C.). Oxford 1996.

Carlsen, Jesper u.a. (Hg.): Alexander the Great. Reality and Myth. Rom 1993.

Dandamaev, Muchammed A.: A Political History of the Achaemenid Empire. Leiden 1989.

Frye, Richard N.: The History of Ancient Iran. München 1984.

Lauffer, Sigfried: Alexander der Große. München [2]1981.

Sancisi-Weerdenburg, Heleen/Kuhrt, Amélie (Hg.): Achaemenid History I–VIII. Leiden 1986ff.

Seibert, Jakob: Alexander der Große. Darmstadt [3]1990.

Tarn, William W.: Alexander the Great. 2 Bde. Cambridge 1948–1950.

Wiesehöfer, Josef: Zur Geschichte der Begriffe „Arier" und „arisch" in der deutschen Sprachwissenschaft und Althistorie des 19. und der ersten Hälfte des 20. Jahrhunderts. In: Heleen Sancisi-Weerdenburg/J.W. Drijvers (Hg.): Achaemenid History V. Leiden 1990. 147–163.

–: „Denn es sind welthistorische Siege..." Nineteenth and Twentieth-Century German Views of the Persian Wars. In: Culture and History 12 (1992). 61–83.

–: Das antike Persien von 550 v. Chr. bis 650 n. Chr. Zürich/München 1994.

–: Die „dunklen Jahrhunderte" der Persis. München 1994.

Alexander Demandt: Die Auflösung des Römischen Reiches

Alföldy, Geza: Der Fall der Fälle. In: Ders.: Die Krise des Römischen Reiches. Stuttgart 1989. 464–490.

Christ, Karl (Hg.): Der Untergang des Römischen Reiches. Darmstadt 1970.

–: Decline and Fall. In: Historische Zeitschrift 240 (1985). 641–647.

Croke, Brian: A.D. 476. The Manufacture of a Turning Point. In: Chiron 13 (1983). 81–119.

Deininger, Jürgen: Der politische Widerstand gegen Rom in Griechenland 217–86 v. Chr. Berlin/New York 1971.

Demandt, Alexander: Der Fall Roms. Die Auflösung des Römischen Reiches im Urteil der Nachwelt. München 1984.

–: Neuere Literatur zum Dekadenzproblem. In: Historische Zeitschrift 241 (1985). 105–118.

–: Die Spätantike. Römische Geschichte von Diocletian bis Justinian 284–565 n. Chr. München 1988.
–: Antike Staatsformen. Eine vergleichende Verfassungsgeschichte der Alten Welt. Berlin 1995.
Demougeot, Emilienne: À propos des interpretations de la chute de Rome et du déclin de l'Empire romain. In: Revue des Études Anciennes 90 (1988). 423–435.
Dudley, L.: Structural Change in Independent Bureaucracies. Was Rome's Failure Economic or Military? In: Explorations in Economic History 27 (1990). 232–248.
Gibbon, Edward: The History of the Decline and Fall of the Roman Empire. London 1776ff.
Grant, Michael: The Fall of the Roman Empire. Is it Relevant to Us? In: Otto Molden (Hg.): Evolution und die Zukunft der Menschheit. Wien 1986. 211–221.
Herzog, Reinhart: „Wir leben in der Spätantike". Eine Zeiterfahrung und ihre Impulse für die Forschung. Bamberg 1987.
Jones, Arnold H.: The Later Roman Empire 284–602. A Social, Economic and Administrative Survey. 3 Bde. Oxford 1965.
Seeck, Otto: Geschichte des Untergangs der Antiken Welt. Berlin 1895ff.
Siegert, B.: Der Untergang des Römischen Reiches. In: Hans Ulrich Gumbrecht/Karl L. Pfeiffer (Hg.): Paradoxien, Dissonanzen, Zusammenbrüche. Stationen offener Epistemologie. Frankfurt/M. 1991. 495ff.
Whitman, James Q.: The Lawyers Discover the Fall of Rome. In: Law and History Review 9 (1991). 191–220.
Yoffee, Norman/Cowgill, G. L. (Hg.): The Collapse of Ancient States and Civilisations. Tucson 1988.

Reinhard Schneider: Krise und Aufteilung des fränkischen Großreiches

Borgolte, Michael: Geschichte der Grafschaften Alemanniens in fränkischer Zeit. Sigmaringen 1984.
Classen, Peter: Karl der Große, das Papsttum und Byzanz. Die Begründung des karolingischen Kaisertums. Sigmaringen 1985.
Ewig, Eugen: Die Merowinger und das Frankenreich. Stuttgart 1988.
Fichtenau, Heinrich: Das karolingische Imperium. Soziale und geistige Problematik eines Großreiches. Zürich 1949.
Fleckenstein, Josef: Karl der Große. Göttingen 1962.
–: Das Großfränkische Reich: Möglichkeiten und Grenzen der Großreichsbildung im Mittelalter. In: Historische Zeitschrift 233 (1981). 265–294.
Fritze, Wolfgang: Untersuchungen zur frühslawischen und frühfränkischen Geschichte bis ins 7. Jahrhundert. Frankfurt/M. 1994.
Ganshof, François Louis: La fin du règne de Charlemagne. Une décomposition. In: Zeitschrift für Schweizerische Geschichte 28 (1948). 433–452.
–: Was waren die Kapitularien? Darmstadt 1961.
–: Charlemagne et les institutions de la monarchie franque. In: Wolfgang Braunfels (Hg.): Karl der Große. Bd. 1. Düsseldorf 1965. 349–393.

Nonn, Ulrich: Pagus und Comitatus in Niederlothringen. Untersuchungen zur politischen Raumgliederung im frühen Mittelalter. Bonn 1983.
Pohl, Walter: Die Awaren. Ein Steppenvolk in Mitteleuropa. 567–822 n. Chr. München 1988.
Prinz, Friedrich: Klerus und Krieg im früheren Mittelalter. Untersuchungen zur Rolle der Kirche beim Aufbau der Königsherrschaft. Stuttgart 1971.
Riché, Pierre: Les carolingiens. Paris 1983.
Schieffer, Rudolf: Die Karolinger. Stuttgart 1992.
Schlesinger, Walter: Die Auflösung des Karlsreiches. In: Wolfgang Braunfels (Hg.): Karl der Große. Bd. 1. Düsseldorf 1965. 792–858.
–: Zur politischen Geschichte der fränkischen Ostbewegung vor Karl dem Großen. In: Ders. (Hg.): Althessen im Frankenreich. Sigmaringen 1975. 9–61.
Schneider, Reinhard: Königswahl und Königserhebung im Frühmittelalter. Untersuchungen zur Herrschaftsnachfolge bei den Langobarden und Merowingern. Stuttgart 1972.
–: Schriftlichkeit und Mündlichkeit im Bereich der Kapitularien. In: Peter Classen (Hg.): Recht und Schrift im Mittelalter. Sigmaringen 1977. 257–279.
–: Karl der Große – politisches Sendungsbewußtsein und Mission. In: Kirchengeschichte als Missionsgeschichte. Bd. II, 1. München 1978. 227–248.
–: Fränkische Alpenrepublik. In: Helmut Beumann/W. Schröder (Hg.): Die transalpinen Verbindungen der Bayern, Alemannen und Franken bis zum 10. Jahrhundert. Sigmaringen 1987. 23–49.
–: Das Königstum als Integrationsfaktor im Reich. In: Joachim Ehlers (Hg.): Ansätze und Diskontinuität deutscher Nationsbildung im Mittelalter. Sigmaringen 1989. 59–82.
–: Die Einheit des Frankenreiches und das Teilungsprinzip. In: Hans-Walter Herrmann/Reinhard Schneider (Hg.): Lotharingia. Eine europäische Kernlandschaft um das Jahr 1000. Saarbrücken 1995. 15–30.
–: Das Frankenreich. München ³1995.
Schulze, Hans K.: Die Grafschaftsverfassung der Karolingerzeit in den Gebieten östlich des Rheins. Berlin 1973.
Wenskus, Reinhard: Stammesbildung und Verfassung. Das Werden der frühmittelalterlichen Gentes. Köln 1961.
Wolfram, Herwig: Intitulatio I. Lateinische Königs- und Fürstentitel bis zum Ende des 8. Jh. Graz 1967.

Donald M. Nicol: Der Fall von Byzanz

Zusammengestellt von Ralph-Johannes Lilie.

Angold, Michael: A Byzantine Government in Exile. Government and Society under the Lascarids of Nicaea 1204–1261. Oxford 1975.
Arbel, Benjamin/Hamilton, Bernard/Jacoby David (Hg.): Latins and Greeks in the Eastern Mediterranean after 1204. London 1989.
Babinger, Franz: Mehmed II. Der Eroberer und seine Zeit. München 1953.
Balard, Michel: La Romanie génoise (XIIe – début du XVe siècle). 2 Bde. Genua/Rom 1978.

Barker, John W.: Manuel II Palaeologus (1391–1425). A study in late Byzantine statesmanship. New Brunswick 1969.
Beck, Hans-Georg: Das byzantinische Jahrtausend. München ²1994.
Bryer, Anthony A.M.: The Empire of Trebizond and the Pontos. London 1980.
Cahen, Claude: Pre-Ottoman Turkey. A general survey of the material and spiritual culture and history c. 1071–1330. New York 1968.
Cheynet, Jean-Claude: Pouvoir et Contestations à Byzance (963–1210). Paris 1990.
Franchi, Antonino: I Vespri Siciliani e le relazione tra Roma e Bisanzio. Studio critico sulle fonti. Palermo 1984.
Geanakoplos, Deno J.: Emperor Michael Palaeologus and the West 1258–1282. A Study in Byzantine-Latin Relations. Hamden ²1973.
–: Interaction of the „Sibling" Byzantine and Western Cultures in the Middle Ages and Italian Renaissance (330–1600). New Haven/London 1976.
Hendy, Michael F.: Studies in the Byzantine Monetary Economy c. 300–1450. Cambridge 1985.
Hunger, Herbert: Graeculus perfidus – Italos itamos. Il senso dell' Alterità nei rapporti Greco-Romani ed Italo-Bizantini. Rom 1987.
Iorga, Nicolae: Byzance après Byzance. Bukarest 1971.
Janssens, Emile: Trébizonde en Colchide. Brüssel 1969.
Karpov, Sergej P.: L'impero di Trebisonda, Venezia, Genova e Roma 1204–1461. Rom 1986.
Kianka, Frances: Demetrius Cydones (c. 1324–1397). Intellectual and diplomatic relations between Byzantium and the West in the fourteenth century. (Diss.) New York 1981.
Laiu, Angelike E.: Constantinople and the Latins. The foreign policy of Andronicus II 1282–1328. Cambridge 1972.
Langdon, John S.: Byzantium's Last Imperial Offensive in Asia Minor. The documentary Evidence for and Hagiographical Lore about John III Dùcas Vatatzes' Crusade against the Turks. 1222 or 1225 to 1231. New Rochelle 1992.
Lilie, Ralph-Johannes: Byzanz, Kaiser und Reich. Köln/Weimar/Wien 1994.
Löhneysen, Wolfgang von: Mistra. Griechenlands Schicksal im Mittelalter. Morea unter Franken, Byzantinern und Osmanen. München 1977.
Matschke, Klaus-Peter: Die Schlacht bei Ankara und das Schicksal von Byzanz. Studien zur spätbyzantinischen Geschichte zwischen 1402 und 1422. Weimar 1981.
–: Fortschritt und Reaktion in Byzanz im 14. Jahrhundert. Konstantinopel in der Bürgerkriegsperiode von 1341 bis 1354. Berlin 1971.
Miller, William: Trebizond, the last Greek Empire of the Byzantine era. 1204–1461. London ²1969.
Nicol, Donald M.: Der Niedergang von Byzanz. In: Franz Georg Maier (Hg.): Byzanz. Frankfurt/M. 1973. 348–406.
–: The despotate of Epiros 1267–1479. A contribution to the history of Greece in the middle ages. Cambridge 1984.
–: The Last Centuries of Byzantium. 1261–1453. Cambridge ²1993.
Ostrogorsky, Georg: Geschichte des byzantinischen Staates. München ³1963.

Pertusi, Agostino: La Caduta di Constantinopoli. Verona 1976.
Runciman, Steven: Das Patriarchat von Konstantinopel vom Vorabend der türkischen Eroberung bis zum griechischen Unabhängigkeitskrieg. München 1970.
–: Mistra. London 1980.
Schreiner, Peter: Byzanz. München ²1994.
Setton, Kenneth M.: Catalan Domination of Athens. 1311–1388. Cambridge 1948.
–: The Papacy and the Levant (1204–1571). 2 Bde. Philadelphia 1976–1978.
Thiriet, Freddy E.: La Romanie Vénitienne au Moyen Age. Paris ²1975.
Vryonis, Speros: The decline of medieval Hellenism in Asia Minor and the process of Islamization from the eleventh to the fifteenth century. Berkeley 1971.
Werner, Ernst: Die Geburt einer Großmacht. Die Osmanen (1300–1481). Ein Beitrag zur Genesis des türkischen Feudalismus. Berlin ³1978.
Wilson, Nigel G.: From Byzantium to Italy. Greek Studies in the Italian Renaissance. London 1992.
Zakythenos, Dionysios A.: Le despotat grec de Morée. London 1975.

Renate Pieper: Das Ende des spanischen Kolonialreiches in Amerika

Anna, Timothey E.: Spain and the Loss of America. Nebraska 1983.
Annino, Antonio/Castro Leiva, Luis/Guerra, François-Xavier (Hg.): De los imperios a las naciones: Iberoamérica. Zaragoza 1994.
Archer, Christon I.: The Officer Corps in New Spain. The Martial Career. 1759–1821. In: Jahrbuch für Geschichte von Staat, Wirtschaft und Gesellschaft Lateinamerikas 19 (1982). 137–158.
Barbier, Jacques A./Klein, Herbert S.: Las prioridades de un monarca ilustrado. El gasto público bajo el reinado de Carlos III. In: Revista de Historia Económica 3 (1985). 473–495.
Beyme, Klaus von: Systemwechsel in Osteuropa. Frankfurt/M. 1994.
Brading, David A.: The First America. The Spanish Monarchy, Creole Patriots and the Liberal State. 1492–1867. Cambridge 1991.
–: La monarquía católica. In: Annino/Castro Leiva/Guerra (1994). 19–43.
Buisson, Inge/Schottelius, Herbert: Die Unabhängigkeitsbewegungen in Lateinamerika 1788–1826. Stuttgart 1980.
Bushnell, David/Macaulay, Neill: The Emergence of Latin America in the Nineteenth Century. New York/Oxford 1988.
Carmagnani, Marcello: Die koloniale Raumordnung. Mutterland, Peripherie und Grenzgebiete. In: Handbuch der Geschichte Lateinamerikas. Bd. 1. Stuttgart 1994. 534–555.
Castro Leiva, Luis: Memorial de la modernidad. Lenguajes de la razón e invención del individuo. In: Annino/Castro Leiva/Guerra (1994). 129–165.
Chiaramonte, José Carlos: Modificaciones del Pacto Imperial. In: Annino/Castro Leiva/Guerra (1994). 105–127.
Costeloe, Michael P.: Response to Revolution. Imperial Spain and the Spanish American Revolutions. 1810–1840. Cambridge 1986.

Favre, Henri: Race et nation au Méxique de l'indépendance à la revolution. Annales ESC 49/4 (1994). 951–976.

Fernández, Díaz, Roberto (Hg.): España en el siglo XVIII. Homenaje a Pierre Vilar. Barcelona 1985.

Fisher, John R.: Relaciones económicas entre España y América hasta la independencia. Madrid 1992 (a).

–: Trade, War and Revolution. Exports from Spain to Spanish America. 1797–1820. Liverpool 1992 (b).

Gibbon, Edward: Geschichte des römischen Weltreiches. Leipzig [3]1854.

Guerra, François-Xavier: La desintegración de la Monarquía hispánica. Revolución de Independencia. In: Annino/Castro Leiva/Guerra (1994). 195–227.

Halperín Donghi, Tulio: Reforma y disolución de los imperios ibéricos 1750–1850. Madrid 1985.

Hamnett, Brian R.: Roots of Insurgency. Mexican Regions 1750–1824. New York 1986.

Kennedy, Paul: Aufstieg und Fall der großen Mächte. Ökonomischer Wandel und militärischer Konflikt von 1500–2000. Frankfurt/M. 1989.

König, Hans-Joachim: Auf dem Wege zur Nation. Nationalismus im Prozeß der Staats- und Nationbildung Neu-Granadas 1750–1856. Stuttgart 1986.

Kossok, Manfred: Alternativen gesellschaftlicher Transformation in Lateinamerika. Die Unabhängigkeitsrevolutionen von 1790 bis 1830. Eine Problemskizze. In: Jahrbuch für Staat, Wirtschaft und Gesellschaft Lateinamerikas 28 (1991). 223–249.

Liehr, Reinhard: Stadtrat und städtische Oberschicht von Puebla am Ende der Kolonialzeit. Wiesbaden 1971.

Lohmann Villena, Guillermo: La acción de España en Hispanoamérica (s. XVI y XVII). In: Valentín Vázquez de Prada /Ignacio Olabarri (Hg.): Balance de la Historiografía sobre Iberoamérica. Pamplona 1989. 461–512.

Lynch, John: The Spanish American Revolutions 1808–1826. New York/London [2]1986.

Meißner, Jochen: Eine Elite im Umbruch. Der Stadtrat von Mexiko zwischen kolonialer Ordnung und unabhängigem Staat (1761–1821). Stuttgart 1993.

Merino Navarro, José Patricio: La armada española en el siglo XVIII. Madrid 1981.

Navarro García, Luis: La Independencia de Hispanoamérica. In: Valentín Vázquez de Prado/Ignacio Olabarri (Hg.): Balance de la Historiografía sobre Iberoamérica. Pamplona 1989. 527–555.

O'Phelan Godey, Scarlett: Rebeliones andinas anticoloniales. Nueva Granada, Peru y Charcas entre el siglo XVIII y el XIX. In: Anuario Estudios Americanos 49 (1992). 395–440.

Ouweneel, Arij: Onderbroken groei in Anáhuac. De ecologische achtergrond van ontwikkeling en armoede op het platteland van Centraal-Mexico (1730–1810). Amsterdam 1988.

Pieper, Renate: Die spanischen Kronfinanzen in der zweiten Hälfte des 18. Jahrhunderts (1753–1788). Ökonomische und soziale Auswirkungen. Stuttgart 1988.

–: La aportación americana a la Real Hacienda española en la segunda mitad

del siglo XVIII. In: Estudios de Historia Social y Económica de América 6 (1990). 69–74.
Pietschmann, Horst: Alcaldes Mayores, Corregidores und Subdelegados. Zum Problem der Distriktbeamtenschaft im Vizekönigreich Neuspanien. In: Jahrbuch für Geschichte von Staat, Wirtschaft und Gesellschaft Lateinamerikas 9 (1972). 173–270.
–: Burocracia y corrupción en Hispanoamérica colonial. Una aproximación tentativa. In: Nova Americana 5 (1982). 11–32.
–: Los principios rectores de organización estatal en las Indias. In: Annino/Castro Leiva/Guerra (1994). 75–103.
Problemas de la formación del estado y de la nación en Hispanoamérica. Bonn 1984.
Romano, Ruggiero: Conjonctures opposées. La „crise“ du XVIIe siècle en Europe et en Amérique ibérique. Genf 1992.
Safford, Frank: Race, Integration and Progress. Elite Attitudes and the Indian in Colombia. 1750–1870. In: Hispanic American Historical Review 71 (1991). 1–33.
Thompson, I. A. A./Yun Casalilla, Bartolomé (Hg.): The Castilian crisis of the seventeenth century. New perspectives on the economic and social history of seventeenth century Spain. Cambridge 1992.
Thomson, J. K. J.: A Distinctive Industrialization. Cotton in Barcelona. 1728–1832. Cambridge 1992.
Tutino, John: From Insurrection to Revolution in Mexico. Social Bases of Agrarian Violence. 1750–1940. Princeton 1986.

Martin Schulze Wessel: Der Niedergang der Donaumonarchie

Bibl, Victor: Der Zerfall Österreichs. 2 Bde. Wien 1922–24.
Deak, Istvan: Beyond Nationalism. A Social and Political History of the Habsburg Officer Corps. 1848–1918. New York 1990.
–: The Fall of Austria-Hungary. Peace, Stability and Legitimacy. In: Geir Lundestad (Hg.): The Fall of Great Powers. Peace, Stability and Legitimacy. New York 1994. 81–102.
Jaszi, Oszkar: The Dissolution of the Habsburg Monarchy. Chicago 1964.
Kann, Robert A.: Werden und Zerfall des Habsburgerreiches. Graz/Wien/Köln 1962.
–: Das Nationalitätenproblem in der Habsburger Monarchie. Geschichte und Ideengehalt der nationalen Bestrebungen vom Vormärz bis zur Auflösung des Reiches im Jahre 1918. Graz [2]1964.
Kann, Robert A./Kiraly, Bela K./Fichtner, Paula S. (Hg.): The Habsburg Empire in World War I. Essays in Intellectual, Military, Political and Economic Aspects of the War Effort. New York 1977.
Macartney, Carlile A.: The Habsburg Empire. 1790–1918. London 1968.
Masaryk, Tomas G.: Die Weltrevolution. Erinnerungen und Betrachtungen 1914–1918. Berlin 1925.
May, Arthur J.: The Passing of the Habsburg Monarchy. 1914–1918. 2 Bde. Philadelphia 1966.

Plaschka, Richard/Mack, Karlheinz (Hg.): Die Auflösung des Habsburgerreiches. Zusammenbruch und Neuorientierung im Donauraum. Wien 1970.
Redlich, Josef: Das Österreichische Staats- und Reichsproblem. Geschichtliche Darstellung der inneren Politik der habsburgischen Monarchie von 1848 bis zum Untergang des Reiches. Leipzig 1920.
Shanafelt, Garry W.: The Secret Enemy. Austria-Hungary and the German Alliance. 1914–1918. New York 1985.
Sked, Alan: Der Fall des Hauses Habsburg. Der unzeitige Tod eines Kaiserreiches. Berlin 1993.
Valiani, Leo: La dissolluzione dell' Austria-Ungheria. Mailand 1966.
Wandruszka, Adam/Urbanitsch Peter (Hg.): Die Habsburgermonarchie 1848–1918. 6 Bde. Wien 1973–1993.
Zeman, Zbynek A.B.: The Break-up of the Habsburg Empire. 1914–1918. A Study in National and Social Revolution. London 1961.

Fikret Adanır: Der Zerfall des Osmanischen Reiches

Abou-El-Haj, Rifa'at 'Ali: Formation of the Modern State. The Ottoman Empire. Sixteenth to Eighteenth Centuries. Albany 1991.
Adanır, Fikret: Tradition and Rural Change in Southeastern Europe During Ottoman Rule. In: Daniel Chirot (Hg.): The Origins of Backwardness in Eastern Europe. Los Angeles 1989. 131–176.
Barkey, Karen: Bandits and Bureaucrats. The Peculiar Route of Ottoman State Centralization. Ithaca 1994.
Berkes, Niyazi: The Development of Secularism in Turkey. Montreal 1964.
Braude, B./Lewis, B. (Hg.): Christians and Jews in the Ottoman Empire. The Functioning of a Plural Society. Bd. 1: The Central Lands. Bd. 2: The Arabic Speaking Lands. New York/London 1982.
Darling, Linda T.: Revenue-Raising and Legitimacy. Tax Collection and Finance Administration in the Ottoman Empire 1560–1660. New York/Köln 1996.
Farah, Caesar E. (Hg.): Decision Making in the Ottoman Empire. Kirksville 1993.
Faroqhi, Suraiya: Crisis and Change. 1590–1699. In: Halil İnalcik/Donald Quataert (Hg.): An Economic and Social History of the Ottoman Empire 1300–1914. Cambridge 1994. 411–636.
Georgeon, François: Aux origines du nationalisme turc. Yusuf Akçura (1876–1935). Paris 1980.
Gerber, Haim: State, Society and Law in Islam. Ottoman Law in Comparative Perspective. Albany 1994.
Hanioglu, M. Sükrü: The Young Turks in Opposition. New York/Oxford 1995.
Heller, Joseph: British Policy towards the Ottoman Empire 1908–1914. London 1983.
İnalcik, Halil: The Ottoman Decline and its Effects upon the Reaya. In: H. Birnbaum/Speros Vryonis Jr. (Hg.): Aspects of the Balkans. Continuity and Change. Den Haag/Paris 1972. 338–354.
Karpat, Kemal H.: An Inquiry into the Social Foundations of Nationalism in

the Ottoman State. From Social Estates to Classes, from Millets to Nations. Princeton University Center of International Studies. Research Monograph 39 (1973).

Kent, Marian (Hg.): The Great Powers and the End of the Ottoman Empire. London 1984.

Kössler, Armin: Aktionsfeld Osmanisches Reich. Die Wirtschaftsinteressen des Deutschen Kaiserreiches in der Türkei 1871–1908. New York 1981.

Mardin, Serif: The Genesis of Young Ottoman Thought. A Study in the Modernization of Turkish Political Ideas. Princeton 1962.

McGowan, Bruce: Economic Life in Ottoman Europe. Taxation, Trade and the Struggle for Land. 1600–1800. Cambridge/Paris 1981.

Pamuk, Sevket: The Ottoman Empire and European Capitalism. 1820–1913. Trade, Investment and Production. Cambridge 1987.

Panzac, Daniel: La peste dans l'Empire ottoman (1750–1850). Louven 1985.

Quataert, Donald: Social Disintegration and Popular Resistance in the Ottoman Empire. 1881–1908. Reactions to European Economic Penetration. New York/London 1983.

Salzmann, Ariel C.: Measures of Empire. Tax Farmers and the Ottoman Ancien Régime. 1695–1807. (Diss.) Columbia University 1995.

Stoianovich, Traian: Balkan Worlds. The First and Last Europe. Armonk/New York/London 1994.

Thobic, Jacques: Intérêts et impérialisme français dans l'Empire ottoman 1895–1914. Paris 1977.

Trumpener, Ulrich: Germany and the Ottoman Empire 1914–1918. Princeton 1968.

Toru Yuge: Der Untergang des Japanischen Imperiums

Allen, Louis: The End of War in Asia, London 1976.

Bergamini, David: Japan's Imperial Conspiracy, London 1971.

Borton, Hugh: Japan since 1931. Its political and social developments, New York 1940.

Butow, Robert, C.: Japan's Decision to Surrender, Stanford 1975.

Feis, Herbert: The Atomic Bomb and the End of World War II, Princeton 1966.

Jansen, Marius: Japan and China from War to Peace 1894–1972, Chicago 1975.

Kawai, Hidekazu: The Imperialist Rivalry between Great Britain and the US during World War II, in: Papers prepared for the International Symposium on the International Environment in Post War Asia, Bd. 1, Kyoto Nov. 1975, Tokio 1975.

Lensen, George Alexander: The Strange Neutrality: Soviet-Japanese Relations during the Second World War 1941–1945, Tallahassee 1972.

Sherwin, Martin J.: A World Destroyed. The Atomic Bomb and the Grand Alliance, New York 1975.

Shigemitsu, Mamoru: Die Schicksalsjahre Japans, Frankfurt a.M. 1959.

Thorne, Christopher: Allies of a Kind. The United States, Britain and the War against Japan, 1941–1945, London 1978.

Bernard Porter: Die Transformation des British Empire

Aydelotte, William O.: The House of Commons in the 1840s. In: History 39 (1954). 249–262.

Bodelsen, Carl A.: Studies in Mid-Victorian Imperialism. Kopenhagen 1924.

Bright, John/Rogers, Thorold (Hg.): Speeches on Questions of Public Policy by Richard Cobden, M.P. London 1870.

Cain, Peter J./Hopkins, A.G.: British Imperialism. Crisis and Deconstruction 1914–1990. London 1993.

Darwin, John: Britain and Decolonisation. London 1988.

–: The End of the British Empire. The Historical Debate. Oxford 1991.

Gallagher, J.A./Robinson R.E.: The Imperialism of Free Trade. In: Economic History Review 6 (1953). 1–15.

Gamble, Andrew: The Free Economy and the Strong State. London 1988.

Gifford, Prosser/Louis, W.R. (Hg.): The Transfer of Power in Africa. Decolonisation 1940–1960. Yale 1982.

Hargreaves, John D.: Decolonization in Africa. London 1988.

Hinden, Rita (Hg.): Fabian Colonial Essays. London 1945.

Holland, R.F.: European Decolonization 1918–81. An Introductory Survey. Basingstoke 1985.

Holland, R.F./Rizvi, G. (Hg.): Imperialism and Decolonization. Journal of Imperial and Commonwealth History 12/2 (1984). Sonderausgabe.

Howe, Stephen: Anticolonialism in British Politics. The Left and the End of Empire. 1918–1964. Oxford 1993.

Hyam, Ronald (Hg.): British Documents on the End of Empires. Series A. Vol. II: The Labour Government and the End of Empire 1945–51. London 1992.

Koebner, Richard/Schmidt, Helmut Dan: Imperialism. The Story and Significance of a Political Word 1840–1960. Cambridge 1964.

Louis, Wm. Roger/Robinson, Ronald: The Imperialism of Decolonization. In: Journal of Imperial and Commonwealth History 22/3 (1994). 462–511.

Lowe, Cedric J.: The Reluctant Imperialists. London 1967.

Lugard, Frederick D.: The Dual Mandate in British Tropical Africa. London 1929.

Mackenzie, John (Hg.): Popular Imperialism and the Military 1850–1950. Manchester 1992.

Marks, Shula: Reluctant Rebellion. The 1906–8 Disturbances in Natal. Oxford 1970.

Mellor, George R.: British Imperial Trusteeship 1783–1850. London 1951.

Omissi, David: Air Power and Colonial Control. The Royal Air Force 1913–1939. Manchester 1989.

Porter, A.N./Stockwell A.J.: British Imperial Policy and Decolonization 1938–64. 2 Bde. Basingstoke 1987–1989.

Porter, Bernard: Jingoism, Imperialism and Soames Forsyte. In: E. Serra/C. Seton-Watson (Hg.): Italia e Inghilterra nell'età dell'imperialismo. Mailand 1990.

Price, Richard: An Imperial War and the British Working Class. London 1972.

Robinson, R.E.: Non-European Foundations of European Imperialism. Sketch for a theory of collaboration. In: Roger Owen/Bob Sutcliffe (Hg.): Studies in the Theory of Imperialism. London 1972. P2. S. 117–142.
Schumpeter, Joseph A.: Zur Soziologie der Imperialismen, in: Archiv für Sozialwissenschaft und Sozialpolitik 46 (1918/19), S. 1–39, 275–310.
Schuyler, Robert L.: The climax of anti-imperialism in England. In: Political Science Quarterly 36 (1921), S. 537–560.
Seeley, John R.: The Expansion of England. London 1883.
Smith, Harold: Appointment in Lagos. (unveröffentl. Typoskript; undatiert).
Wiener, Martin J.: English Culture and the Decline of the Industrial Spirit 1850–1980. Cambridge 1981.
Wilson, Charles: The History of Unilever. London 1946.

Gerhard Simon: Die Desintegration der Sowjetunion

Brown, A.: The Gorbachev factor. Oxford 1996.
Brunner, Georg: Nationalitätenprobleme und Minderheitenkonflikte in Osteuropa. 2. Auflage, Gütersloh 1996.
Dallin, Alexander: Causes of the collapse of the USSR. In: Post-Soviet Affairs 8/4 (1992). 279–302.
Dunlop, John B.: The rise of Russia and the fall of the Soviet Empire. Princeton 1993.
Fowkes, Ben: The rise and fall of communism in Eastern Europe. Houndsmill 1993.
Geyer, Dietrich: Der Zerfall der Sowjetunion in historischer Perspektive. In: Landeszentrale für politische Bildung Baden-Württemberg (Hg.): Die Gemeinschaft Unabhängiger Staaten (GUS). Stuttgart 1992. 27–36.
Gill, Graeme J.: The collapse of a single-party system. The disintegration of the Communist Party of the Soviet Union. Cambridge 1994.
Hecker, Hans: Untergang eines Weltreiches. In: Osteuropa 42 (1992). 465–481.
Horn, Hannelore: Der Kollaps des kommunistischen Herrschaftssystems in der Sowjetunion. Ursachen und Folgen. In: Osteuropa 43 (1993). 33–43.
Jahn, Egbert: Der Umbruch in Osteuropa – ein Ereignis mit weltpolitischen Auswirkungen. In: Osteuropa 43 (1993). 21–32.
Kappeler, Andreas (Hg.): Die Russen. Ihr Nationalbewußtsein in Geschichte und Gegenwart. Köln 1990.
Keep, J.: Last of the Empires. A history of the Soviet Union 1945–1991. Oxford 1995.
Löwenhardt, J.: The reincarnation of Russia. Struggling with the legacy of communism. 1990–1994. Durham N. C. 1995.
Malia, Martin E.: The Soviet tragedy. A history of socialism in Russia. 1917–1991. New York 1994.
Simon, Gerhard: Nationalismus und Nationalitätenpolitik in der Sowjetunion. Von der totalitären Diktatur zur nachstalinschen Gesellschaft. Baden-Baden 1986.
Simon, Gerhard/Simon, Nadja: Verfall und Untergang des sowjetischen Imperiums. München 1993.

Szporluk, R. (Hg.): National identity and ethnicity in Russia and the new States of Eurasia. Armonk u. a. 1994.

Alexander Demandt: Die Weltreiche in der Geschichte

Altrichter, Helmut/Neuhaus, Helmut (Hg.): Das Ende von Großreichen. Erlangen/Jena 1996.
Breuer, Stefan: Imperien der Alten Welt. Stuttgart 1987.
Demandt, Alexander: Der Fall Roms. Die Auflösung des Römischen Reiches im Urteil der Nachwelt. München 1984.
–: Antike Staatsformen. Eine vergleichende Verfassungsgeschichte der Alten Welt. Berlin 1995.
Duverger, Maurice (Hg.): Le concept d'Empire. Paris 1980.
Fleckenstein, Josef: Das Großfränkische Reich: Möglichkeiten und Grenzen der Großreichsbildung im Mittelalter. In: Historische Zeitschrift 233 (1981). 265–294.
Les grands empires. Société Jean Bodin Recueil 31 (1973).
Gregorovius, Ferdinand: Die großen Weltreiche in der Geschichte (1890). In: ders., Kleine Schriften III, Leipzig 1892, S. 223 ff.
Heuß, Alfred: Weltreichsbildung im Altertum. In: Historische Zeitschrift 232 (1981). 265–326.
Huntington, Samuel: The Clash of Civilizations? In: Foreign Affairs 72 (1993). 22–49.
Kennedy, Paul: Aufstieg und Fall der großen Mächte. Ökonomischer Wandel und militärischer Konflikt von 1500–2000. Frankfurt/M. 1989.
Kunisch, Johannes (Hg.): Spätzeit. Studien zu den Problemen eines historischen Epochenbegriffs. Berlin 1990.
Lundestad, Geir (Hg.): The Fall of Great Powers. New York 1994.
Mommsen, Wolfgang J. (Hg.): Das Ende der Kolonialreiche. Dekolonisation und die Politik der Großmächte. Frankfurt/M. 1990.
Müller, Walter Felix (Hg.): Aufstieg und Untergang der Großreiche des Altertums. Stuttgart 1959.
Schmitt, Carl: Land und Meer. Eine weltgeschichtliche Betrachtung. Köln-Lövenich 1981.
Schreiber, Hermann (Hg.): Weltreiche. 6 Bde. Braunschweig 1980/81.
Snyder, Jack: Myths of Empire, Domestic Politics and International Ambition. Ithaca 1991.
Tainter, Joseph A.: The Collapse of Complex Societies. Cambridge 1988.
Vogt, Joseph: Vom Reichsgedanken der Römer. Leipzig 1942.
Wallerstein, Immanuel: The Modern World System. 3 Bde. New York 1974–1989.
–: The Politics of the World Economy. Cambridge 1984.
Die Weltreiche der Geschichte und die Großraumidee der Gegenwart. Vorträge der Friedrich-Wilhelms-Universität zu Breslau. 1942.
Wilcken, Ulrich: Über Werden und Vergehen der Universalreiche. Kaisergeburtstagsrede 1915.

Abkürzungen

Antike Autoren werden üblicherweise nicht nach Ausgaben mit Seitenzahl zitiert, sondern nach Buch, Kapitel und Paragraph, z.B. Livius IV 3, 13 bedeutet: Livius, Buch IV, Kap. 3, § 13. Infolgedessen erübrigt sich die Angabe einer Edition oder eines Übersetzers. Bei Autoren ohne Buchtitel ist nur ein einziger überliefert, so von Livius das Geschichtswerk „Ab urbe condita".

An.	Xenophon, Anabasis
Ann.	Tacitus, Annalen
Artox.	Plutarchs Lebensbeschreibung des Artoxerxes
BJ.	Flavius Josephus, Bellum Judaicum
Curt.	Curtius Rufus, Leben Alexanders des Großen
Dan.	Danielbuch im Alten Testament
Diels + Kranz	A. Diels, W. Kranz, Die Fragmente der Vorsokratiker, Bd. I–III, 1934–1937
Diod.	Diodor
d. J.	der Jüngere
DNB	Inschrift des Dareios in Naqsch-i Rustem bei R. G. Kent, Old Persian, 1953
Ep.	Epistula = Brief
FgrHist.	Felix Jacoby (Hg.), Fragmente der griechischen Historiker, 1925ff.
Fr.	Fragment
Frh.	Freiherr
Hdt.	Herodot
Hist.	Tacitus, Historien
Isokr.	Isokrates
Jug.	Sallust, Bellum Jugurthinum
Leg.	Leges, Platons Schrift über die Gesetze Ciceros Schrift über die Gesetze
Lucas	Evangelium des Lukas im Neuen Testament
Makk.	Makkabäerbuch in den Apokryphen des Alten Testaments
Nov.	Novellae, in: Theodor Mommsen (Hg.), Codex Theodosianus, Bd. II, 1905
Paneg.	Isokrates, Panegyrikos
Pers.	Aischylos, Die Perser
Phil.	Philippos-Rede des Isokrates
Plut.	Plutarch
Praef.	Praefatio = Vorwort
Rep.	Cicero, De republica
RF	Russische Föderation

Rhet.	Aristoteles, Rhetorik
RSFSR	Russische Sozialistische Föderative Sowjetrepublik
SEG	Supplementum Epigraphicum Graecum, 1923 ff.
SSR	Sozialistische Sowjetrepublik
Them.	Plutarchs Lebensbeschreibung des Themistokles

Register

Die Autoren

Fikret Adanir, geb. 1941, Professor für die Geschichte Südosteuropas und osmanisch-türkische Geschichte an der Ruhr-Universität Bochum

Alexander Demandt, geb. 1937, Professor für alte Geschichte an der Freien Universität Berlin

Donald M. Nicol, geb. 1923, Professor (em.) für byzantinische Geschichte an der University of Cambridge

Renate Pieper, geb. 1956, Privatdozentin an der Universität Hamburg

Bernard Porter, geb. 1941, Professor für Neuere Geschichte an der Universtity of Newcastle-upon-Tyne

Reinhard Schneider, geb. 1934, Professor für mittelalterliche Geschichte an der Universität Saarbrücken

Gerhard Simon, geb. 1937, wissenschaftlicher Direktor des Bundesinstituts für ostwissenschaftliche und internationale Studien in Köln

Martin Schulze Wessel, geb. 1962, Privatdozent an der Universität Halle

Toru Yuge, geb. 1924, Präsident der Ferris University in Yokohama (Japan)

Josef Wiesehöfer, geb. 1951, Professor für Alte Geschichte an der Universität Kiel

Buchanzeigen

Herrschergestalten bei C. H. Beck
Eine Auswahl

Helmut Beumann (Hrsg.)
Kaisergestalten des Mittelalters
3., durchgesehene Auflage. 1991. 396 Seiten mit 15 Abbildungen.
Leinen

Italo Alighiero Chiusano
Konradin, der letzte Staufer
Roman
Aus dem Italienischen von Bettina Kienlechner und Christel Roßkopf
1992. 335 Seiten. Leinen

Karl Christ
Caesar
Annäherungen an einen Diktator
1994. 398 Seiten mit 16 Abbildungen und 5 Karten. Leinen

Alexander Demandt
Das Privatleben der römischen Kaiser
1996. 287 Seiten mit 28 Abbildungen. Leinen

Roger Dufraisse
Napoleon
Revolutionär und Monarch. Eine Biographie
Aus dem Französischen von Suzanne Gangloff
1994. 181 Seiten mit 13 Abbildungen. Leinen

Peter Carl Hartmann
Französische Könige und Kaiser der Neuzeit
Von Ludwig XII. bis Napoleon III. 1498–1870
1994. 500 Seiten mit 16 Abbildungen. Leinen

Verlag C. H. Beck München

Herrschergestalten bei C. H. Beck
Eine Auswahl

Jürgen Heideking (Hrsg.)
Die amerikanischen Präsidenten
41 historische Porträts von George Washington bis Bill Clinton
2., durchgesehene und aktualisierte Auflage. 1997
Etwa 470 Seiten mit 41 Abbildungen. Leinen

Jörg K. Hoensch
Kaiser Sigismund
Herrscher an der Schwelle zur Neuzeit. 1368–1437
1996. 652 Seiten mit 33 Abbildungen und 5 Karten. Leinen

John C. G. Röhl
Wilhelm II.
Die Jugend des Kaisers 1859–1888
1993. 980 Seiten mit 32 Abbildungen. Leinen

Marlis Steinert
Hitler
Aus dem Französischen von Guy Montag und Volker Wieland
1994. 749 Seiten mit 73 Abbildungen. Leinen

Hans-Joachim Torke (Hrsg.)
Die russischen Zaren 1547–1917
1995. 406 Seiten mit 24 Abbildungen. Leinen

Verlag C. H. Beck München